教育部哲学社会科学发展报告项目“中国特殊教育发展报告”
（项目号：13JBGP041）成果
“北京联合大学 2018 年科技创新服务能力建设—基本科研业务费（科研类）项目—促进残疾人教育的支持技术与相关领域学术问题研究（122139918290104063）”资助

中国特殊教育发展报告

（2016 年）

刘全礼 等 著

南京师范大学出版社
NANJING NORMAL UNIVERSITY PRESS

图书在版编目(CIP)数据

中国特殊教育发展报告.2016年 / 刘全礼等著. -- 南京：南京师范大学出版社，2018.7

ISBN 978-7-5651-3773-0

Ⅰ.①中… Ⅱ.①刘… Ⅲ.①特殊教育—研究报告—中国—2016 Ⅳ.①G769.2

中国版本图书馆CIP数据核字(2018)第125799号

书　　名	中国特殊教育发展报告(2016年)
作　　者	刘全礼等
责任编辑	徐文娟
出版发行	南京师范大学出版社
地　　址	江苏省南京市玄武区后宰门西村9号(邮编:210016)
电　　话	(025)83598919(总编办)　83598412(营销部)　83598297(邮购部)
网　　址	http://www.njnup.com
电子信箱	nspzbb@163.com
照　　排	南京理工大学资产经营有限公司
印　　刷	江苏中山印务有限公司
开　　本	787毫米×1092毫米　1/16
印　　张	22.5
字　　数	506千
版　　次	2018年7月第1版　2018年7月第1次印刷
书　　号	ISBN 978-7-5651-3773-0
定　　价	76.00元

出 版 人　彭志斌

前　言

Foreword

当戊戌年正月初二傍晚 6 点 20 分整理完本书的最后一段文字时，我长长地舒了一口气，连续四十天的统稿终于结束了。这已经是我承担的教育部发展报告项目“中国特殊教育发展报告”（培育项目）的第 4 本报告、第 5 本专著了（2017 年春节一过，我们还发布了电子版的《中国特殊教育发展报告》暨同名电视片）。

从 2014 年开始，连续四个春节我都是在“发展报告”紧张的统稿中度过的。

申请本项目时承诺团队建设是项目的内容之一，加之报告本身的特点，这使得每一年的报告必须有若干个团队成员参与才能完成，最多时有 50 余人同时参与项目的研究和报告撰写，用实践验证了我在电视片《中国特殊教育发展报告》中说的，中国特殊教育的科研已经不再是几个人孤军奋战，而是一支人数不少的队伍在为特殊教育事业共同奋斗。这从一个侧面反映了我国大陆特殊教育的可喜变化。

确实，从我们开始报告的 2013 年以来，中国大陆的特殊教育发展有了若干可圈可点的“事件”。首先是 2014 年出台了具有重要意义的第一期《特殊教育提升计划（2014—2016 年）》，接着 2017 年出台了《残疾人教育条例》的修订版，同时出台了《第二期特殊教育提升计划（2017—2020 年）》，最重要的则是 2017 年中国共产党第十九次全国代表大会上提出的“办好特殊教育”这六个字（十八届五中全会也谈到了“办好特殊教育”），是党和政府把特殊教育从慈善视野（关心特殊教育）、旁观视野（支持特殊教育）郑重切换到了主体视野。这种转变应该是中国特殊教育大发展的集合号，更是冲锋号。

当然，特殊教育的变化和成就并非仅仅体现在党和中央政府的态度、政策法规的建设和经费的投入上，也不仅仅体现在全国接受特殊教育的学生和特殊教育学校数量的增加上，更重要的还体现在人们对特殊教育认识的提高和对残障儿童开始建立接纳的文化上。建立了这样的文化，我国的特殊教育学校不仅很快从 2 080 所（这里的统计不包括港澳台地区）变成3 080所，也会将包括学习障碍儿童、情绪障碍儿童和行为异常儿童等在内的更多有特殊教育需求的儿童列为特殊教育的对象，更会把普通教育场所变成特殊教育的实施场所，从而实现真正的全面覆盖的因材施教，为人民提供满意的教育，为实现中华民族复兴的中国梦奠定基础。

与往年一样，2016 年报告也是集体智慧的结晶。在我拟定大纲框架并与团队成员协商后，大家分头研究、撰写，最后由我统稿。各章节作者分别是：第一章，刘全礼（北京联合大学）。第二章第一节，刘全礼、刘思雨（北京联合大学）。第二章第二节，刘全礼、王建新（北京联合大学）；第二章第三节，刘全礼、李逍遥（北京联合大学）；第二章第四节、第五节，刘全礼、岳好（北京联合大学）。第三章，兰继军、马瑞麒、范嘉欣、张艳楠（陕西师范大学）。

第四章第一节，刘全礼、杨亚娇、李嘉微、王迪（北京联合大学）；第四章第二节，刘全礼、肖玲（北京联合大学）；第四章第三节，刘全礼、肖玲、王迪；第五章第一节、第二节、第三节，刘全礼；第五章第四节，张皓月、齐培育、赵斌（西南大学）。第六章，刘全礼；第七章第一节，刘全礼；第七章第二节，任春雷、申仁洪（重庆师范大学）；第七章第三节，陈影、雷江华（华中师范大学）；第七章第四节，刘全礼。第八章第一节，顾俊朴（海南师范大学）、申仁洪；第八章第二节，黄儒军（贵州工程应用技术学院）、申仁洪；第八章第三节、第四节，罗司典、雷江华。第九章，申仁洪。

我的学生郝晓敏、鞠欣、王迪、岳好负责了全书的校对，岳好、王迪对大部分数据进行了重新计算。兰继军的学生、现在在华东师范大学读博士的姚小雪处理了第五章第二、三、四节的数据。

在狗年即将来临的鸡年的腊月二十八，因为统稿的烦躁，我又产生了想砸电脑的冲动，又想起了几年前有人问我的“你做这个报告有报酬么”这句话。有报酬么？我和我的团队不仅没有报酬，为了出版报告、拍摄电视片，还砸进去20多万元。这值得么？

10年前的2008年的春节，那时我的父母尚在，大年初五我在写《智力落后儿童的特点与教育纲要》的前言时，有感于孟子的不孝有三我占其二的现实，曾经发誓来年要回老家和父母兄弟共放鞭炮、同享天伦。可惜，10年过去了，我还是那个被我二嫂定义的读书读傻了的“他三叔”，我还是没有兑现自己的誓言，我还是那个大不孝的儿子，我还是沉溺在这些特殊教育的事情里。

这真的值得么？真的有价值么？我们那么认真地对待我们的研究，我们呕心沥血地提出我们的建议，我们毫无保留地贡献出我们的思考和想法……我那些接近1 000万字的著作和文章，对我国特殊教育乃至教育的发展真的有意义么？

就在我百般否定自己时，过年的拜年微信使我有了些许释然。在这些信息发送者中，既有看到我的书后与我建立联系的智力障碍儿童家长，也有向我咨询后建立联系的孤独症、听力障碍等儿童家长，还有普通儿童的家长，更有普通学校的根据我们特殊教育的思想、做法进行教育实践的老师。

由此，我想到了13年前我开始提出的“用特殊教育的思想，影响、改造普通教育”的理想。假如我们的这些著作、我们的言行、我们的努力，无意中能帮到一个妈妈、一个爸爸、一个校长或教师，能使他们用平常心看待孩子，能用特殊教育的方法指导、教育孩子或者学生；假如我们的作品能触动某个官员的心灵，并促进当地包括特殊教育事业在内的教育事业的发展，那我们的劳动就值了。

我想，我那做了30年教师的父亲，我那一个字也不认识的母亲，在天上看到这些，也一定如在世时一样，不会责怪他们的儿子。我想，会的。

感谢“绿色北京”政策下没有鞭炮声的京城环境，使我能安静地审读完2016年特殊教育发展报告的所有文字；感谢多年来一起战斗的伙伴，包括陕西师范大学兰继军，华中师范大学雷江华，重庆师范大学申仁洪，西南大学赵斌，华东师范大学于素红、刘春玲、曾凡林，北京师范大学肖非、邓猛，南京特殊教育师范学院谢明、盛永进，乐山师范学院汪红烨，昆明学院李里，新疆教育学院张阿妮，绥化学院徐景俊，长沙职业技术学院王得义等，正是大家的共同努力，才使我们的又一报告完美收官；感谢北京联合大学的同人给予的帮助，使我能心无旁骛地做好自己的事情；感谢南京师范大学出版社的徐蕾总编和彭茜编辑，尤其是一见如故的徐蕾教授，是她对特殊教育事业的关心和厚爱，才促成了本书在南师大出版社的出版；感谢“办好特殊教育”带给我们的希望、动力、信心与氛围……

预祝祖国的特殊教育有更快、更大的发展。

刘全礼于北京芍药居北里

初稿于2018年2月18日12点（戊戌年正月初三）

修改于2018年2月24日17点25分

目 录
Contents

第一章　2016 年中国大陆特殊教育的发展概况

第一节　2016 年中国大陆特殊教育的主要成就

2016 年是中国大陆实施《特殊教育提升计划(2014—2016 年)》的最后一年,特殊教育又取得了长足的进步,几个领域有显著的发展。

一、颁布了特殊教育课程标准

自 2001 年开始的特殊教育新一轮课改,历时六年于 2007 年颁布了课程计划(原称教学计划),又经过 10 年的努力,并于 2016 年颁布了盲、聋、培智学校共计 42 门课程的课程标准。这是 2016 年我国特殊教育领域尤其是特殊学校教育领域最为重大的进展。

毋庸置疑,课标的颁布对于促进中国大陆特殊教育的发展具有重要的意义。总体而言,新一轮课标的特点明显。例如,突出、坚持了正确的政治方向,强化了有机渗透社会主义的核心价值观,强化了法制教育的内容;坚持了学术正确的导向,强调任何一门学科都要建立在学术正确的基础上等。

当然,在课程标准制定的相关细节上也体现出明显的特点。①

例如,培智学校的"数学课标"在实施建议中就明确强调要根据培智学校学生个别差异巨大的特点,贯彻个别化教育的原则,强调重视智力障碍儿童数学经验的积累并力争把智力障碍儿童获得的数学知识用于现实,要求发挥教师在学生发展中的主导作用和学生的主体地位与主观能动性,并且建议采取形式多样的教学方法等。

再如,盲校的"定向行走"课程标准在课程设置的理念上明确强调本课程是把学生放在发展中心的位置,充分利用学生的本体觉、前庭觉、听觉、皮肤觉、嗅觉以及剩余视觉等感知觉的功能,认识与理解周围环境并掌握定向行走的知识与技能,从而矫正缺陷,为形成健康人格,实现安全、有效出行,提升生活品质奠定基础。

还如,聋校的"沟通与交往"的课程标准就明确规定聋生在 4—6 年级要掌握口语沟通的基本方法,能听(看)懂课堂用语和生活日常用语,能听(看)懂、理解和使用常见语句;掌握手语表达的基本方法,能看懂、理解手语语句并能使用手语流畅地与他人进行交流;结合看话和手语,正确理解其意思并转换成基本正确的书面语;能恰当使用体态,了解和会用日常生活中的常用标志和功能性符号。

① 关于新一轮课程标准的相关特点的详细报告请见第七章第一节。

二、酝酿出台《残疾人教育条例》修订版

中国尚无特殊教育法，特殊教育的相关规定是散落在有关的法律或法规中的。如《中华人民共和国宪法》第45条就有关于对残疾人的包括教育在内的规定；《中华人民共和国义务教育法》中则较多涉及了义务教育阶段的残疾儿童的教育问题；《中华人民共和国高等教育法》第九条第二款规定了残疾人的高等教育（高等学校必须招收符合国家规定的录取标准的残疾学生入学，不得因其残疾而拒绝招收）；《中华人民共和国母婴保障法》则对残疾儿童产前的预防和筛查以及出生后的鉴别进行了规定；《中华人民共和国预防未成年人犯罪法》则对有关未成年人的不良行为、预防和矫治（教育）进行了规定。

同时，中国大陆还颁布了一系列关于特殊教育的文件，这些文件有的是政府颁布的红头文件，有的则是党内文件，这些文件有的是中华人民共和国成立初期就颁布的，有的则是改革开放以后下发的。例如，1985年5月27日中共中央颁发了《关于教育体制改革的决定》，在第二部分"把发展基础教育的责任交给地方，有步骤地实行九年制义务教育"中指出："在实行九年制义务教育的同时，还要努力发展幼儿教育，发展盲、聋、哑、残人和智力障碍儿童的特殊教育。"1989年5月国务院办公厅转发了国家教委、国家计委、民政部、财政部、人事部、劳动部、卫生部、中国残联八部委共同制定的《关于发展特殊教育的若干意见》，对当时特殊教育的发展进行了规定。中国共产党的第十七次和第十八次代表大会更是明确提出关心特殊教育和支持特殊教育。

然而，中国到1990年才颁布了第一部针对残疾人的法律，就是《中华人民共和国残疾人保障法》。该法对残疾人的权利、康复、教育、就业和生活等进行了详细的规定，这是中国大陆第一次对残疾人的相关事业进行专门法律的规定。

1994年，中国大陆出台了《残疾人教育条例》，这是中国大陆第一次在法规层次上对残疾人的教育进行专门规定。无疑它对残疾人的教育具有重要的推动作用，尤其是对保障残疾人受教育的权利、发展残疾人教育事业具有重要的作用。

然而，从1994年到2016年，我国大陆的特殊教育发生了很大的变化，包括对残疾儿童的认识、对残疾儿童的教育安置模式、对残疾儿童教育效果的期望等都发生了很大的变化，1994年颁布的《残疾人教育条例》已经不适应事业发展的需要。因此，从2012年开始有关部门即组织相关机构、组织、部门和人员对《残疾人教育条例》进行修订，至2016年全部完成。

三、在各地开展送教上门

送教上门在2016年逐渐成为特殊教育的热点之一，也成为某些基层特殊教育学校的一项重要工作。

从渊源和安置方式的角度看，送教上门是在《特殊教育提升计划（2014—2016年）》中提出的一种特殊教育的辅助方式，是一种残疾儿童家庭安置的教育方式，是为一部分重度残疾儿童能接受特殊教育而提出的。《特殊教育提升计划（2014—2016年）》第三部分的扩大残疾儿童义务教育的规模中规定：组织开展送教上门。县（市、区）教育行政部门要统

筹安排特殊教育学校和普通学校教育资源，为确实不能到校就读的重度残疾儿童少年提供送教上门或远程教育等服务，并将其纳入学籍管理。

从送教上门的内容来看，目前实施的送教上门并不一定是送教育，而且往往也不是送教育。那是送什么呢？首先是送温暖服务，就是让残疾儿童的家庭、家长和残疾学生本人感受到政府的温暖，这些温暖往往体现在送教上门者送来的有形物品如食物、玩具上；其次是送理念，就是给残疾儿童的家庭、家长和残疾学生本人传达残疾儿童可以接受教育的理念；再次是送残疾儿童教育甚至康复的方法，就是教给家长或者监护人或者家庭成员如何在家里进行相应的教育和训练的方法；最后才是送教育，就是在家庭开展对残疾儿童的教育活动。

从送教上门的组织来看，除了省级政府外，送教上门的具体实施单位也出台了相应的管理办法，并建立了相应的管理班子。例如，山东省教育厅、财政厅、人力资源社会保障厅以及残疾人联合会四部门就曾联合下发《关于开展义务教育阶段重度残疾儿童少年送教上门服务工作的意见》，这便是省级的送教上门的管理办法。校级的送教上门管理则主要是建立由校长（或特殊教育中心主任）任组长，教学副校长（副主任）、教务主任为副组长，各班子成员及各班班主任为成员的管理领导小组，然后组织教师开展送教上门工作。

从送教上门的具体实施看，模式不一。就送教时间看，有所谓的“1＋2”模式，也有所谓的“1＋1”模式等，不一而足。所谓的“1＋2”模式是指一周送教两次，而“1＋1”模式则是一个月送教一次或者一周送教一次。就每次送教的团队人数来看，有所谓的“2＋1”模式、“1＋1”模式等。所谓的“2＋1”模式是指送教上门团队由两个教师和一个司机组成，“1＋1”模式则是指送教上门团队由一个教师和一个司机组成。也有两个或两个以上教师自己组成送教上门团队而不用司机的情况，个别情况下是一个教师送教上门。

不管哪种模式，送教上门团队的成员一般是由责任心强、有爱心、有耐心、能胜任的教师组成教学团队，由技术熟练、能吃苦耐劳的专业司机提供全程护送、全程服务的工作。

从送教上门的实施主体来看，一些地方的残联也参与进来了。也就是说，送教上门并非仅仅是特殊教育学校的教师的工作，同时，残联系统也在参与，且残联系统往往利用教师送教上门的机会完成残联的相关工作；有的地方存在着残联出送教上门经费的情况。

从送教上门的服务实践看，既有面对面的送教上门，也有远程的利用现代技术实现的非面对面的服务。

四、出台了《普通学校特殊教育资源教室建设指南》

2016 年 1 月 20 日教育部办公厅转发了教基二厅〔2016〕1 号文件，即“教育部办公厅关于印发《普通学校特殊教育资源教室建设指南》的通知”（以下简称“通知”），这是我国大陆第一个关于资源教室建设的专门文件。

“通知”指出：特殊教育资源教室是推进残疾儿童少年在普通学校随班就读工作的关键支撑，对全面提高特殊教育普及水平具有不可替代的重要作用。“通知”强调：各级教育行政部门要坚持特教特办的原则，根据《普通学校特殊教育资源教室建设指南》（以下简称《指南》）要求，科学规划，统筹安排，合理布局，协调落实好普通学校特殊教育资源教室建设所需的资金、人员和相关政策，切实做好特殊教育资源教室的建设与管理工作。

《指南》共分八个部分和一个附表，前面的八个部分主要是对资源教室建设的功能和要求等进行了规定，附表则对资源教室中的器材类型和范围等进行了规定。无疑，这个文件对于提高随班就读的效益进而提高整个特殊教育的效益具有重要的作用。

第一，第一次以文件的形式规定了普通学校要设置资源教室：资源教室应当优先设立在招收较多残疾学生随班就读且在当地学校布局调整规划中长期保留的普通学校。招收5人以上数量残疾学生的普通学校，一般应设立资源教室。不足5人的，由所在区域教育行政部门统筹规划资源教室的布局，辐射片区所有随班就读学生，实现共享发展。

第二，第一次以文件的形式对资源教室的六个功能进行了详细的规定：一是开展特殊教育咨询、测查、评估、建档等活动，二是进行学科知识的辅导（就是补救教学），三是进行生活辅导和社会适应性训练，四是进行基本的康复训练（就是特异训练），五是提供支持性教育环境和条件，六是开展普通教师、学生家长和有关社区工作人员的培训。

第三，第一次对资源教室的软硬件配置做出了规定。例如，规定资源教室的面积应不小于60平方米，若其由多个房间组成，应安排在一起；资源教室要设置学习训练、资源评估和办公接待等基本区域，用于开展专门训练、儿童测量和接待；要按照基本配备与可选配备配足相关室内物，包括基本配备的教育教学和康复训练设施设备、图书资料与可选配备的根据残疾学生的残疾类型、程度及其他特殊需要配备的教育教学和康复训练设施设备、图书资料等。

第四，资源教室要配备资源教师，以保障资源教室能正常发挥作用；同时，规定资源教师原则上须具备特殊教育、康复或其他相关专业背景，符合《教师法》规定的学历要求，具备相应的教师资格，符合《特殊教育教师专业标准》的规定，经过岗前培训，掌握特殊教育和康复训练的基本理论、专业知识和操作技能。

第五，规定了资源教室的运行，包括开放时间、经费投入、日常管理和指导评估四个方面。它特别规定了经费投入的问题，要求各地教育行政部门将资源教室建设（经费）纳入当地特殊教育事业发展的总体规划，建立财政支持保障的长效机制；也要求学校将资源教室的建设、维护以及工作运行纳入年度经费预算，保证资源教室工作正常开展。

五、稳步推进残障人士的特殊教育

在2014—2016计划的助推下，我国大陆的残障人士教育、服务在2016年又获得稳步发展。

就残障人士的早期教育或早期康复服务而言，2016年全年有15.0万0—6岁残疾儿童得到基本康复服务，其中有2.0万0—6岁残疾儿童得到人工耳蜗植入手术、助听器适配、听觉言语功能训练及家长支持性服务；有5.6万0—6岁的智力残疾儿童，1.8万0—6岁孤独症儿童得到认知及适应训练、支持性服务；有5.0万0—6岁残疾儿童得到矫治手术、辅助器具适配、运动及适应训练、家长支持性服务。截至2016年，全国已有残疾人康复机构7 858个，其中，残联办康复机构 3 049 个。①

就残障人士的基础教育而言，2016 年全国共有盲、聋、智力障碍学校 2 080 所，在校生 49.17 万人，包括视力障碍学生 3.61 万人，听力残疾学生 9.00 万人，智力残疾学生 26.05 万人，其他残疾学生 10.51 万人；2016 年特殊教育毕业生 5.92 万人。在所有接受特殊教育的学生中，在普通学校接受随班就读和特殊班的学生 27.08 万人，占整个特殊教育在校生的 55.06%。②

就高中及以上教育而言，2016 年全国共有特殊教育普通高中班(部)111 个③，在校生 7 686 人，其中聋生 6 129 人，盲生 1 557 人；残疾人中等职业学校（班）118 个，在校生 11 209人，毕业生 3 855 人，其中 2 206 人获得职业资格证书。全国有 9 592 名残疾人被普通高等院校录取，1 941 名残疾人进入高等特殊教育学院学习。④

六、持续关注非残障人士的特殊教育

2016 年中国大陆两类主要的非残障人士，即智力超常和轻微违法犯罪儿童的特殊教育未见大发展的势头，未有明显的进步。

就工读教育而言，2016 年全国有工读学校 89 所，比 2015 年的 86 所增加了 3 所；在校生 7 181 人，比 2015 年的 7 920 人减少了 739 人。实际上，近年来，我国大陆的工读教育一直呈现萎缩的趋势，不仅表现在学校数目的减少上，还体现在在校生数量的降低上。尽管 2016 年工读学校的数量有所增加，但在校生人数却下降明显。

就智力超常儿童教育而言，和过去一样，教育部并未将其作为一个单独的特殊教育的类别进行统计，因此它的规模并不清楚。但可以肯定的是，包括民办机构在内的各种机构开展的囊括了培养超常儿童的特殊才能和一般学科才能的活动并不少见。

七、孤独症教育等依然热度不减

2016 年孤独症教育的热度不减，主要表现在两个方面：一是孤独症的学前教育或培训大有方兴未艾之势，许多机构(包括没有教育资质的机构)看准了家长的需求和其中的利益，热心地开展孤独症儿童的学前教育与训练工作，使孤独症的学前教育看上去一派繁荣；二是义务教育学校学生的成分有所改变，孤独症学生的数量大大增加，这使得全国各地的培智学校特别重视孤独症儿童的教学，从而使孤独症儿童的教育、教研和相关活动呈现出未有的气象。

医教结合依然是特殊教育的热名词。尽管医教结合在实施上、在具体操作上、在理论框架上都有难以言喻的地方，但因为它是第一期提升计划中极力倡导的一种行为，所以地方政府的相关文件、各地学校的相关汇报、相关学校的各种活动中依然频频使用医教结合这个名词，造成它依然是热点的氛围。

---

① 见《2016 年中国残疾人事业发展统计公报》(残联发〔2017〕15 号)。

② 见《2016 年全国教育事业发展统计公报》。

③ 本数据与教育部统计的数据有重叠，即残障人士普通高中的班数和人数在教育部的教育统计中已经统计。

④ 见《2016 年中国残疾人事业发展统计公报》(残联发〔2017〕15 号)。

2016年特殊教育的师资培训也是一个热点，不仅全国设置特殊教育专业的高校数量大大增加，特殊教育教师的继续教育也呈现出一派繁荣景象。2016年不仅有全国层次的培训，还有各省、市、区自己开展的培训，更有各个学校自己或者一些民间机构开展的培训活动，尤其是一些以孤独症儿童的教育、课程标准的培训为主的培训班，显示出特殊教育经费增加后的培训繁荣。

八、一些问题亟待解决

毫无疑问，2016年中国大陆的特殊教育取得了重要的成就，但是也存在诸多问题，包括我们过去报告过的亟待解决的特殊儿童的类别、界定、法律用语等。就2016年而言，较明显的问题有如下几点。

一是医教结合问题。自《特殊教育提升计划(2014—2016年)》发布以来，医教结合成为各种文件倡导的特殊教育的重要举措。然而，它内涵模糊、外延不确定，且混淆了特殊教育行业与医疗行业的区别，使得特殊教育理论界思想混乱，实践界无所适从。因此，亟须从事物的本源出发，对医教结合做出可行与否的规定。如果可行，就给出操作规程；如果不可行，则使之从特殊教育界消失，免得阻碍特殊教育的健康发展。

二是送教上门问题。送教上门作为过渡时期解决残疾儿童接受特殊教育的一种辅助方式具有特定的含义。从对象而言，需要送教上门的残疾儿童是重度的没法到校读书的儿童，而且这些重度残疾儿童主要是以身体运行能力为参照系的，重度的视障、听障等能够自由位移的儿童应该不在之列，但是现实中被送教上门的儿童却往往不是这样的儿童。从送教上门的本质看，送教上门重在教，且只有连续不断的教育活动才可能对这些残疾儿童产生教育效果，但实践中的送教上门往往是不连续的且演变为送温暖的活动，背离了教育的初衷。从公平与效率的角度看，目前各特殊教育学校的编制均紧张，在这种情况下抽调那么多力量对本该到校上学的学生开展送教上门，不仅仅是鼓励了家长不送、学校不收学生的违法行为，更重要的是浪费了纳税人的钱财。因此，应该力促残疾学生入学，而非过多宣传送教上门。

三是特殊教育的课程问题。尽管到2016年特殊教育的新一轮课程改革取得了重大进展，不仅颁布了盲校、聋校、培智学校总共42门课程的课程标准，而且某些学科已经进入学生用书的编写阶段，但是总体而言特殊教育的课程依然存在许多问题，这些问题不解决，就难以在最后的教学层面办好特殊教育。例如，盲校、聋校是否需要离开义务教育的课程计划和标准单独搞一套义务教育阶段的盲校、聋校课程？课程与标准如何体现盲、聋教育的特点，并在完成义务教育目标的同时满足盲、聋儿童的特殊教育需要？再如，培智学校的课程是否都需要以生活为题？应该如何在义务教育的基本框架下体现智力障碍教育的特点？

四是特殊教育法规政策的问题。2015年的报告中已经报告过我国大陆涉及特殊教育的法规有20余部，相关文件更是不计其数，且在2016年的1月就出台了关于资源教室的文件，但2016年全国在读的特殊学生还不到50万，原因何在？是我国大陆没有那么多特殊儿童，还是我们的统计有问题，把一些入学的特殊儿童漏掉了？可能这些原因都存在，但是其中最根本的则是特殊教育的法律法规和政策的制定与实施问题。例如，在制定中缺少明确实施的罚则、在执行中不能根据罚则实施是最主要的原因。[①] 从目前我国大陆的现实看，办不办特殊教育是县级政府的事，如果对县级官员执法严格了，特殊教育的发展定会上一个新台阶。

五是特殊教育的课堂教学效益问题。毫无疑问，自《特殊教育提升计划（2014—2016年）》发布以来，全国各特殊教育学校的经费得到了基本的保障。但是，特殊教育的课堂教学效益不见得有大的进步。在未建立特殊教育学校之前，办不办特殊教育是政府的事。但是，当建立了特殊教育学校或者开展了特殊教育工作且经费得到基本保障的情况下，课堂教学效益如何，就是校长的责任了。目前的一些校长由于种种原因未能把主要精力放在学校的教学上，这是中国大陆特殊教育的一个重要问题，也是学校特殊教育效益不高的原因之一。

六是特殊教育的师资培养存在亟须解决的问题。职前教育的问题主要在于各相关开办特殊教育专业的大学严重缺乏特殊教育专业、特殊教育专业和科学教学结合的师资，进而导致职前培养的质量堪忧；特殊教育学校教师的继续教育问题则主要体现在未能把培训的主要精力放在钻研教材、钻研教学方法、如何提高课堂教学效益上，而把精力放在追求那些内容支离破碎、观点不一定正确、方法往往言过其实的所谓的国培、省培、市培和各种民办培训班上；无论是职前培养，还是职后的继续教育，教师们迫切需要提高学科素养和特殊教育的素养，否则，办好特殊教育就是一句空话。

第二节　2016年中国大陆特殊教育概述

一、2016年障碍儿童的学前康复与教育

（一）2016年学前障碍儿童的训练机构数

由于目前中国大陆残障儿童的早期教育或康复采取的是多元举办的模式，除了残联系统和教育系统外，民间力量也多有涉及，加之民办机构具有不稳定的特点，是故2016年全国有多少机构开展了残障儿童的学前教育或康复并非完全清晰。与过去比较，中国大陆2016年残障儿童学前教育的形式并未有大的变化，主要是两类、四种机构。两类主要是指公办机构和私立机构。四种主要是指下面四种：一是残联系统的早教机构，往往被称为康复中心；二是特殊教育学校的早教部；三是普通幼儿园的障碍儿童训练部，包括公立幼儿园和私立幼儿园；四是私立的专门以孤独症和脑瘫训练为主的相关机构，包括以有限责任公司的名义开办的工商注册的机构和在家中招收儿童训练的未注册的机构。

根据中国残联发布的残疾人事业2016年发展公报，截至2016年年底，全国已有残疾人康复机构7 858个，其中，残联办康复机构3 049个，分布在947个市辖区和2 015个县

① 有关特殊教育政策制定的相关问题详见第六章第一节。

(市)。[①] 这些机构包括了学前残障儿童的教育与训练机构。

（二）2016 年学前障碍儿童接受服务的数量

根据中国残联 2016 年残疾人事业公报，该年有 2.0 万 0—6 岁听力残疾儿童得到人工耳蜗植入手术、助听器适配、听觉言语功能训练及家长支持性服务，比 2015 年减少了 1.1 万人[②]；有 5.6 万 0—6 岁的智力残疾儿童得到认知及适应训练、支持性服务，比 2015 年减少了 1.7 万人；有 1.8 万 0—6 岁孤独症儿童得到沟通及适应训练、支持性服务，比 2015 年减少了 0.5 万人；有 5.0 万 0—6 岁肢体残疾儿童得到矫治手术、辅助器具适配、运动及适应训练、家长支持性服务。

从表 1-2-1 中可以看出，2016 年接受学前康复服务的 0—6 岁的听力障碍儿童数、智力障碍儿童数和孤独症儿童数明显下降，肢体残疾儿童的数量虽然高于 2015 年的脑瘫儿童数量，但 5.0 万接受早期康复服务的肢体残疾儿童并非仅仅是脑瘫儿童；从 2013 年到 2016 年的四年中，2015 年是接受学前服务人数最多的年份。

表 1-2-1　2013—2016 年四类障碍儿童的受训人数（单位：万）

儿童类别	年度	本年度新收儿童数	训练或接受服务人数
听力障碍	2013	2.0	3.2
	2014	1.9	3.2
	2015	1.9	3.1
	2016	—	2.0
智力障碍	2013	—	2.4 资助数*
	2014	—	3.1 资助数
	2015	—	7.3 资助数
	2016	—	5.6
孤独症	2013	—	1.7
	2014	—	2.0
	2015	—	2.3
	2016	—	1.8
脑瘫	2013	—	3.5 资助数
	2014	—	4.0 资助数
	2015	—	4.5 资助数
	2016	—	5.0**

① 见《2016 年中国残疾人事业发展统计公报》(残联发〔2017〕15 号)。

② 请注意，这里的 2.0 万接受相关服务的 0—6 岁儿童并未说明是单纯的接受听力语言训练，与之前的统计口径并不一致，但为了比较，本报告把接受康复的相关服务等同于教育服务，本部分包括智力障碍、孤独症儿童在内的学前教育服务的含义等同于此。

续　表

儿童类别	年度	本年度新收儿童数	训练或接受服务人数
合计	2013	2.0	10.8
	2014	1.9	12.3
	2015	1.9	17.2
	2016	—	14.4

[注:"—"处为中国残联公报未报告。
* 资助数是指当年在资助下接受训练的儿童数。
** 2016 年并非单纯脑瘫儿童的数量,而是所有 0—6 岁肢体残疾儿童的数量]

二、2016 年残疾儿童的基础教育①

(一) 2016 年残疾儿童的在校生状况

1. 2016 年全国残疾学生的增加率

2016 年全国(此处统计未含港、澳、台地区,下同)残疾学生(包括在特殊教育学校、普通学校的特殊班和普通学校随班就读的学生)为 491 740 人,比 2015 年的 442 223 人增加了 49 517 人,比 2015 年增加了 11.2%。其中,在特殊教育学校学习的为 220 918 人,比 2015 年增加了 9.1%;在普通学校(包括随班就读和特殊班)就读的学生 270 822 人,比 2015 年增加了 13.0%(见表 1-2-2)。

表 1-2-2　2015—2016 年残疾学生在校生状况

类别	2015 年在校生(人)	2016 年在校生(人)	2016 比 2015 增加数(人)	增加率(%)
在特校	202 526	220 918	18 392	9.1
在普通学校	239 697	270 822	31 125	13.0
合计	442 223	491 740	49 517	11.2

2. 2016 年全国残疾儿童的在学率

和 2013 年开始计算在学率一样,因为没法准确获知目前中国大陆有多少适龄的残疾儿童,所以难以准确算出 2016 年中国大陆残疾儿童的在学率。但是根据 2013 年报告的统一算法,即根据 2006 年我国残疾人抽样调查获得的适龄残疾儿童(6—14 岁)为 246 万②来估算的话,2016 年中国残疾儿童的在学率仅仅为 20.0%。即使 6—14 岁的 246 万残疾儿童中扣除言语残疾 17 万人、精神病残疾 6 万人、多重残疾 75 万人,即按照残疾儿童 148 万计算,2016 年残疾儿童的在学率也仅仅有 491 740÷(2 460 000－170 000－60 000－750 000)×100%＝33.2%,为残障儿童的三分之一,这离提升计划 2016 年要达到的目标相去甚远。

① 除特别说明外,本部分的原始数据皆来自于 2017 年 8 月后教育部陆续公布的 2016 年教育统计。
② 《2006 年第二次全国残疾人抽样调查主要数据公报(第二号)》公布的数据,见中国残疾人网站。

3. 2016 年残疾儿童的流失率

流失率是本报告使用的一个专门刻画前后两个年度在校生、毕业生和新招学生间相互关系的一个术语，它能从一定程度上反映办学的质量，也能反映数据之间的逻辑关系是否符合逻辑常理。或者说，流失率能反映数据是否客观真实。根据 2013 年本报告使用的流失率的定义，把流失率界定为本年度学生的流失数除以上年度的在校生数量，而本年度学生流失数就是上年度的在校生数量减去本年度毕业生的数量加上本年度的招生数量，再减去本年度的在校生数量。①

根据教育部教育统计，2015 年在校学生数是 442 223 人，2016 年毕业学生数 59 164 人，2016 年招收学生数 91 521 人，那么 2016 年理论在校生数是：442 223－59 164＋91 521＝474 580。因为 2016 年实际在校生数是 491 740，那么，流失学生数是：474 580－491 740＝－17 160，2016 年的流失率就是：－17 160÷442 223×100％＝－3.88％

和前几年的报告相同，从理论上来讲，假如数据准确，流失率不应该是负值，要么是真流失，大于 0；要么是等于 0，就是理论的本年度的在校生数量和实际数量一致。这里出现负值，说明 2016 年突然冒出来一些学生，这些学生是无案可稽的，不在 2015 年的在校生里，也不在 2016 年的招生数里，是突然增加的数量。这只能说 2016 年理论在校生数比实际在校生数少17 160 人，或者实际在校生数比理论在校生数增加了 17 160 人。

当然，不否认一些学生并非招生时进入学校的，而是平时插班进入的。但是，总体而言，流失率为负值说明我们的数据统计存在难以解释的问题，由此可以质疑数据的真实性。

表 1－2－3 给出了 2011 年到 2016 年的流失率数据，从这六年的流失率分布看，2011 年流失率最高，2012 年次之，2013 年居第三，2014 年以来则呈现负值，且以 2015 年最低。它们的波动也说明了我们的数据存在难以解释的现象。

表 1－2－3　2011—2016 年残疾学生的流失情况

年度	毕业生数(人)	招生数(人)	在校生数(人)	流失学生数(人)	流失率(％)
2016	59 164	91 521	491 740	－17 160	－3.88
2015	52 899	83 314	442 223	－16 938	－4.29
2014	49 032	70 713	394 870	－5 086	－1.38
2013	50 739	65 977	368 103	25 886	6.83
2012	48 590	65 699	378 751	37 094	9.30
2011	44 194	64 086	398 736	46 769	10.99
2010	58 941	64 869	425 613	—	—

① 实际上，从理论上看，流失率作为一个理论数值，更合理的界定应该是当年学生的流失数除以当年的理论在校生数，而理论在校生数就是上年的在校生数减去当年的毕业生数加上当年的招生数。因为本报告使用了 2013 年报告的界定，为保持连续性，2016 年报告仍旧使用前述流失率的界定。

（二）2016 年特殊教育学校的办学规模

根据教育部教育统计，2016 年全国有特殊教育学校 2 080 所，毕业学生 22 541 人，招收学生 39 698 人，在校生 220 918 人，在校生数量是 2010 年以来最多的(见表 1－2－4)。

表 1－2－4　2010—2016 年特殊教育学校的办学规模

年度	学校数（所）	毕业生数(人)		招生数(人)		在校生数(人)	
		总数	校均	总数	校均	总数	校均
2016	2 080	22 541	10.84	39 698	19.09	220 918	106.21
2015	2 053	20 988	10.22	38 521	18.76	202 526	98.65
2014	2 000	20 311	10.16	32 648	16.32	185 746	92.87
2013	1 933	21 557	11.15	30 894	15.98	177 195	91.67
2012	1 853	19 580	10.57	30 679	16.56	178 998	96.60
2011	1 767	18 538	10.49	27 711	15.68	173 503	98.19
2010	1 706	16 567	9.71	25 132	14.73	166 012	97.31

实际上，从校均来看，自 2010 年到 2016 年，全国特殊教育学校平均每个学校有学生 90 余人，以 2016 年的校均最高，达到 106.21 人，其余年份在 91—100 人，说明全国特殊教育学校的校均人数不高；每年毕业学生 10 人左右，新招收学生 14—20 人(见表 1－2－4)。每年毕业的学生比招收的学生少，和学生的流失有关系。

总体而言，自 2010 年以来，特殊教育学校的毕业生数、招生数和在校生数均呈上升趋势。

每年毕业一个班(10 人左右)、招生一个班(15 人左右)，学校规模 100 人左右，这就是目前中国特殊教育学校的总体办学规模，符合特殊教育学校的基本特点。

（三）2016 年残疾儿童的安置方式

2016 年中国大陆特殊儿童的安置方式依然主要有三种：特殊教育学校、附设在普通学校的特殊教育班和在普通学校的普通班就读的随班就读(送教上门学生的学籍在特殊教育学校)。

根据教育部教育统计，2016 年的 491 740 名在校生中，随班就读的学生最多，为 267 452 名，占比 54.39%；在特殊教育学校就读的为 220 918 名，占比 44.93%，不到总人数的一半，低于 2014 年的 47.06%、2015 年的 45.80%，显示出在特教学校就读的学生比例在下降；在特殊班就读的学生为 3 370 名，占总就读人数的 0.69%。

从 2016 年毕业学生和新招学生来看，随班就读的学生占比分别为 61.34%、55.94%，超过特殊教育学校毕业和新招学生的 38.10%、43.38%(见表1－2－5)。说明和 2013、2014、2015 年一样，随班就读已经是我国大陆特殊教育的主要方式。

表 1-2-5　2016 年残疾儿童的三种安置方式(基础教育阶段)

类别	毕业生		招生		在校生	
	人数	百分数	人数	百分数	人数	百分数
特殊教育学校	22 541	38.10	39 698	43.37	220 918	44.93
特殊班	330	0.56	630	0.69	3 370	0.69
随班就读	36 293	61.34	51 193	55.94	267 452	54.38
合计	59 164	100.00	91 521	100.00	491 740	100.00

从五种不同就学阶段的安置方式看,在特殊教育学校就读的学生比例(44.93%)最高;小学随班就读的人数多于初中随班就读的人数,占总人数的39.16%;初中随班就读的人数占总人数的 15.22%,虽低于小学随班就读的比例,但既高于在小学特殊班就读的 0.61%,也高于在初中特殊班就读的0.06%,还高于在其他学校特殊班就读的 0.02%,说明特殊班的安置方式已经不是目前我国大陆特殊教育的主要形式。

从毕业生数和招生数来看,2016 年当年特殊教育学校、特殊班和随班就读的比例基本遵循在校生的规律(见表 1-2-6)。

表 1-2-6　2016 年残疾儿童的各种安置方式比较

类别	毕业生		招生		在校生	
	人数	百分数	人数	百分数	人数	百分数
特殊教育学校	22 541	38.10	39 698	43.37	220 918	44.93
小学特殊班	290	0.49	483	0.53	3 023	0.61
小学随班就读	19 031	32.17	27 299	29.82	192 598	39.16
初中特殊班	12	0.02	124	0.14	272	0.06
初中随班就读	17 262	29.18	23 894	26.11	74 854	15.22
其他学校特殊班	28	0.04	23	0.03	75	0.02
合计	59 164	100.00	91 521	100.00	491 740	100.00

仅仅就在普通学校就读的情况来看,在 270 822 名于普通学校就读的残障学生中,有 71.11%是在普通小学随班就读的,在初中随班就读的占27.63%,在小学特殊班和初中特殊班、其他学校特殊班就读的合计才占1.25%(见表 1-2-7)。2016 年当年的毕业学生、新招学生也具有这样的特点,说明在普通小学随班就读是普通学校安置方式的主体。

表 1-2-7　2016 年非特殊教育学校残疾儿童的安置方式比较

类别	毕业生		招生		在校生	
	人数	百分数	人数	百分数	人数	百分数
小学特殊班	290	0.79	483	0.93	3 023	1.12
小学随班就读	19 031	51.97	27 299	52.68	192 598	71.12
初中特殊班	12	0.03	124	0.24	272	0.10
初中随班就读	17 262	47.13	23 894	46.11	74 854	27.63
其他学校特殊班	28	0.08	23	0.04	75	0.03
合计	36 623	100.00	51 823	100.00	270 822	100.00

（四）2016 年残疾学生的类别及其分布

根据教育部数据，2016 年的 491 740 名在校残疾学生中，智力残疾最多，为 260 546 人，占残疾学生总数的 52.98%，与 2015 年的 52.48%大致持平；与 2015 年不同，其他残疾上升为第二，为 105 122 人，占 21.38%；听力残疾位居第三，为 89 990 人，占 18.30%；视力残疾最少，为 36 082 人，占 7.34%，低于 2015 年的 8.29%。

2016 年残疾学生的毕业生数也显示出智力残疾最多，其他残疾第二，听力残疾第三，视力残疾最少的特点，与 2015 年稍有区别；招生数也与此顺序相同，智力残疾最多，其他残疾次之，听力残疾第三，视力残疾最少（见表 1-2-8）。这说明与 2015 年相同，目前中国大陆的残疾学生中，智力残疾学生数量最多，并且其他残疾学生的比例在上升。

表 1-2-8　2016 各类残疾儿童的毕业、招生和在校生数量分布

类别	毕业生		招生		在校生	
	人数	百分数	人数	百分数	人数	百分数
视力残疾	6 331	10.70	6 659	7.28	36 082	7.34
听力残疾	13 156	22.24	14 566	15.91	89 990	18.30
智力残疾	26 445	44.70	47 917	52.36	260 546	52.98
其他残疾	13 232	22.36	22 379	24.45	105 122	21.38
合计	59 164	100.00	91 521	100.00	491 740	100.00

从特殊教育学校、小学随班就读、小学特殊班、初中随班就读和初中特殊班这五种不同的安置方式来看，视力残疾、听力残疾、智力残疾和其他残疾这四类残疾中，智力残疾学生是特殊教育学生的主体。其他三类学生在各种安置方式中的比例略有不同（见表 1-2-9）。

表 1-2-9　2016 年在校四类学生不同安置方式的分布

类别	特殊教育学校		小学随班就读		小学特殊班		初中随班就读		初中特殊班	
	人数	百分数	人数	百分数	人数	百分数	人数	百分数	人数	百分数
视力残疾	8 644	3.91	17 874	9.28	18	0.60	9 545	12.75	1	0.37
听力残疾	61 407	27.80	20 846	10.82	152	5.02	7 579	10.13	0	0.00
智力残疾	142 767	64.62	88 682	46.05	2 585	85.51	26 176	34.97	267	98.16
其他残疾	8 100	3.67	65 196	33.85	268	8.87	31 554	42.15	4	1.47
合计	220 918	100.00	192 598	100.00	3 023	100.00	74 854	100.00	272	100.00

在特殊教育学校中，智力残疾学生最多，占 64.62%；听力残疾学生排第二，占 27.80%；视力残疾学生排第三，占 3.91%；其他残疾学生最少，占3.67%。这说明目前的特殊教育学校的学生主要是智力残疾儿童，听力残疾儿童次之。

在小学随班就读的学生中，智力残疾学生为 46.05%，位居第一；其他残疾学生占 33.85%，排第二（比 2015 年的 30.35%约上升了 4%）；排第三的听力残疾学生（占 10.82%）和排第四的视力残疾学生数据（占 9.28%）极为接近。这说明，在小学随班就读中，视力残疾、听力残疾学生的比例已经下降，包括脑瘫在内的其他残疾的学生数量在增加。

在小学特殊班中，智力残疾学生占 85.51%，位居第一，与 2015 年的位次相同；其他残疾的学生占 8.87%，位居第二，比 2015 年的 6.86%上升了2.01%；听力残疾学生占 5.02%，位居第三，比 2015 年的 7.94%下降了2.92%；视力残疾学生最少，仅为 0.60%，说明小学的附设特殊班主要是智力落后儿童班。

初中随班就读的残疾学生比例与前述有所差别，其比例呈现出和 2014 年、2015 年一致的倾向，排第一的不是智力残疾学生，而是其他残疾学生，为 42.15%；智力残疾学生占 34.97%，位居第二；视力残疾学生比例位居第三，占 12.75%；听力残疾学生最少，仅仅占 10.13%。与 2015 年相同，初中随班就读之所以出现智力残疾学生减少这种状况，可能和文化课的难度有关系。到了高年级，智力落后学生的文化成绩很难和普通学生齐头并进，于是部分学生便回流到特殊教育学校。而肢体残疾学生、视力残疾学生只要措施得力是可以跟班的，一部分聋生也可以跟班，于是他们仍旧在初中随班就读。这样，初中随班就读的学生类别的比例就发生了变化。

在初中特殊班中，智力残疾学生最多，比例高达 98.16%；其他残疾学生占比为 1.47%，位居第二。和 2015 年不同，2016 年没有听力残疾学生在初中特殊班学习，只有一个视力残疾学生在初中特殊班学习。我们怀疑本年度关于初中阶段的特殊班的残疾学生的在读数据有问题。

各种安置方式下的残疾儿童的比例反映了特殊教育的实际，也透露出特殊教育应该发展的方向。

（五）2016 年残疾儿童就学的地域分布

教育部教育统计显示，2016 年全国的 59 164 名残疾儿童毕业生中，城市毕业生24 121

人，占 40.77%，位居第一；镇区毕业生 23 769 人，占 40.17%，接近城市比例，位居第二；乡村毕业生 11 274 人，占 19.06%，位居第三，比 2015 年的 17.62%上升了 1.44%。从分布看，2016 年从城市学校毕业的学生数远高于从乡村学校毕业的学生，高出 21.71%。

在 91 521 名新招学生中，城市学校招生 31 926 人，占 34.88%；镇区学校招生 39 519 人，占 43.18%；乡村学校招生 20 076 人，占 21.94%；镇区学校招生最多，城市次之，乡村最少，与 2015 年的分布趋势相同。

在 491 740 名在校生中，数量排第一的是镇区学校，为 203 079 人，占 41.30%；城市学校 180 307 人，占 36.67%，排第二；乡村学校有 108 354 人，占 22.03%，居第三位。这说明在校生中镇区学校最多。不同地区学校的毕业生、招生和在校生的具体数值和排比如表 1－2－10 所示。

表 1－2－10　2016 年残疾学生毕业、招生、在校生数的地域分布

地区	毕业生		招生		在校生	
	人数	百分数	人数	百分数	人数	百分数
城市	24 121	40.77	31 926	34.88	180 307	36.67
镇区	23 769	40.17	39 519	43.18	203 079	41.30
乡村	11 274	19.06	20 076	21.94	108 354	22.03
合计	59 164	100.0	91 521	100.0	491 740	100.0

三、2016 年残疾儿童的中等职业教育

近年来，中国大陆残疾人的职业教育的渠道未有大的改变，主要通过四种渠道开展。一是在教育系统的特殊教育学校开办职业教育部或职业中专或高中的职业训练部；二是在建立的残疾人的职业学校或职业培训基地；三是在高等学校的特殊教育系、科、部或者在普通高校随班就读；四是多种形式的其他培训。

从中国残疾人联合会发布的《2016 年中国残疾人事业发展统计公报》看，2016 年全国有残疾人中等职业学校（班）118 个，在校生 11 209 人，毕业生 3 855 人，其中 2 206 人获得职业资格证书（见表 1－2－11）。

表 1－2－11　2012—2016 年残疾人中等职业教育状况

年份	中等职校班数	在校生人数	毕业生人数	职业资格获得人数
2016	118	11 209	3 855	2 206
2015	100	8 134	5 123	3 761
2014	197	11 671	7 240	5 532
2013	198	11 350	7 772	6 200
2012	152	10 442	7 354	5 816

表 1－2－11 还显示，2012 年以来，中国残联公布的全国中等职业教育的班数有不规则变化的特点，2013 年最多，达到 198 个，高于 2012 年，但 2015 年下降接近 50%，2016 年虽有少量增加，但比 2013 年依然少了 80 个班。在校生人数也呈现出不规则变化

的特点，与班数不同的是，在校生最多的年份是 2014 年，为 11 671 人；2013 年位居第二，为 11 350 人；2016 年 11 209 人，列第三位；2012 年为 10 442 人，位居第四；2015 年人数最少，8 134 人。毕业生人数以 2013 年最多，达到 7 772 人；2012 年排第二，为 7 354 人；2014 年排第三，为 7 240 人；2015 年为 5 123 人，位居第四；2016 年毕业的人数最少，为3 855人。2012 年到 2016 年五年来获得职业资格人数的变化趋势与毕业生人数的变化趋势相同，2013 年最多，2012 年为第二，2014 年为第三，2015 年为第四，2016 年最少。

《2016 年中国残疾人事业发展统计公报》未涉及该年度全国有多少残疾人的职业培训机构，只是公布了 2016 年全国接受训练的人数为 60.5 万人(次)，为五年来培训人次最高(见表 1－2－12)。

表 1－2－12　2012—2016 年接受职业培训的残疾人数量

年份	残疾人培训基地数			受训人次(万)
	残联兴办	社会机构兴办	合计	
2016	—	—	—	60.5
2015	—	—	—	39.3
2014	2 211	3 943	6 154	38.2
2013	2 022	3 335	5 357	37.8
2012	1 927	3 344	5 271	29.9

四、残疾人的高等教育

和前几年形同，我国大陆残疾人的高等教育主要有两种形式。一是在高校的普通班级随班就读(这一形式包括那些参加函授、电大课程的业余学习的残疾人)，二是在高校专门建立的残疾人教育的系科或者院或者专门的残疾人高等教育机构接受教育(包括函授、电大等教育形式)。

根据《2016 年中国残疾人事业发展统计公报》，2016 全国有 9 592 名残疾人被普通高等院校录取，1 941 名残疾人进入特殊教育学院学习，两者合计 11 533 人。无论是进入普通高校随班就读的学生，还是进入特殊教育学院学习的学生，2016 年均是自 2012 年以来人数最多的一年，表明我国大陆的残疾人高等教育一直呈现上升的发展态势(见表 1－2－13)。

表 1－2－13　2012—2016 中国残疾人的高等教育入学状况(人数)

年份	被普通高校录取	被特殊教育学院录取	合计
2016	9 592	1 941	11 533
2015	8 508	1 678	10 186
2014	7 684	1 678	9 362
2013	7 538	1 388	8 926
2012	7 229	1 134	8 363

五、工读教育

根据教育部教育统计，2016 年我国大陆工读学校有 89 所，比 2015 年增加了 3 所。但是，2016 年的在校人数却比 2015 年少，2015 年有在校生 7 920 人，2016 年则下降到 7 181 人；2016 年的离校人数为 3 298 人，少于 2015 年的4 141 人；2016 年的入校人数为 3 295 人，也少于 2015 年的 3 811 人；2016 年工读学校的教职工总数为 2 889 人，多于 2013 年、2014 年，与 2015 年相比又有所减少；2016 年的专任教师数为 2 081 人，多于 2013 至 2015 年的任一年(见表 1－2－14)。

表 1－2－14　2013—2016 年工读教育情况

年份	学校数	离校人数	入校人数	在校人数	教职工数	专任教师数
2016	89	3 298	3 295	7 181	2 889	2 081
2015	86	4 141	3 811	7 920	3 071	2 077
2014	79	3 000	3 528	8 494	2 820	1 900
2013	78	3 596	3 891	9 307	2 687	1 851

第三节　2016 年中国大陆特殊教育学校的办学条件

2016 年我国大陆特殊教育学校的办学条件继续向好，无论是学校的校舍面积，还是特殊教育学校教师的学历抑或是在职教师的职称，均处于稳步趋好的态势。2016 年的具体情况如下。

一、特殊教育学校的办学硬件逐步趋稳

2016 年全国有特殊教育学校 2 080 所，在校生 491 740 名。与 2015 年、2014 年、2013 年比较时，学校的办学硬件趋于稳定。

从校舍的总建筑面积来看，2016 年全国特殊教育学校的生均校舍建筑面积是 41.82 平方米，与 2015 年的生均建筑面积 43.23 平方米、2014 年的生均建筑面积 44.18 平方米、2013 年的生均建筑面积 41.87 平方米相比，略有下降。比 2015 年生均下降了 1.41 平方米，比 2014 年生均下降了 2.36 平方米，比 2013 年生均下降了 0.05 平方米(见表 1－3－1)。

从教师办公用房、行政用房(扣除教师办公用房)、生活用房来看，2016 年生均用房比 2015 年、2014 年、2013 年均有减少，但减少幅度不到 1 平方米。2016 年全国特殊教育学校的生均教师办公用房是 2.31 平方米，生均行政用房是1.81平方米，生均生活用房是 12.06 平方米(见表 1－3－1)。

四年来的生均危房面积一直处下降态势，2016 年的生均危房面积是 0.3 平方米，低于 2015 年、2014 年、2013 年的生均面积(见表 1－3－1)。

但是，2016 年新增校舍生均面积仅为 1.99 平方米，低于 2015 年的 2.12 平方米、2014 年的 3.42 平方米、2013 年 4.00 平方米(见表 1－3－1)。

表 1-3-1　2013—2016 年特殊教育办学条件(一):校舍面积、行政用房* 等(单位:m^2)

年度	校舍总建筑面积		教师办公用房		行政用房		生活用房		危房面积		当年新增	
	总面积	生均	总面积	生均	总面积	生均	总面积	生均	总面积	生均	总面积	生均
2013	7 418 850	41.87	457 414	2.58	326 974	1.85	2 168 672	12.24	96 641	0.55	709 026	4.00
2014	8 206 368	44.18	476 394	2.56	362 532	1.95	2 376 811	12.8	81 214	0.44	635 188	3.42
2015	8 755 223.52	43.23	489 369.69	2.42	383 508.77	1.89	2 516 806.26	12.43	65 111.06	0.32	429 385.44	2.12
2016	9 238 675.41	41.82	510 394.12	2.31	399 832.36	1.81	2 663 392.94	12.06	66 992.91	0.3	438 906.37	1.99

[注:* 此处行政用房是指所有行政办公用房扣除教师办公用房后的面积]

表 1-3-2　2013—2016 年特殊教育办学条件(二):教学及辅助用房(单位:m^2)

年度	普通教室		专用教室		实验室		微机室		图书室		合计	
	总面积	生均	总面积	生均	总面积	生均	总面积	生均	总面积	生均	总面积	生均
2013	1 979 042	11.17	999 427	5.64	137 448	0.78	128 719	0.73	136 706	0.77	3 381 342	19.08
2014	2 101 891	11.32	1 180 722	6.36	149 066	0.80	138 877	0.75	159 967	0.86	3 730 523	20.08
2015	2 206 443.44	10.89	1 331 404.48	6.57	158 591.74	0.78	142 800.6	0.71	167 910.79	0.83	4 007 151.05	19.79
2016	2 337 621.62	10.58	1 411 673.56	6.39	169 525.36	0.77	146 925.36	0.67	171 700	0.78	4 237 445.9	19.18

从教学用房来看，2016 年的生均普通教室的面积为 10.58 平方米，比 2015 年、2014 年、2013 年的生均面积均低，但降幅不大，比 2015 年低 0.31 平方米，比 2014 年低 0.74 平方米，比 2013 年低 0.59 平方米；2016 年全国特殊教育学校生均专用教室的面积是 6.39 平方米，比 2015 年的 6.57 平方米下降了 0.18 平方米，比 2014 年的 6.36 平方米增加了 0.03 平方米，比 2013 年的 5.64 平方米增加了 0.75 平方米；2016 年全国特教学校的生均实验室面积为 0.77 平方米，均低于前三年，但降低幅度在 0.1 平方米之内；2016 年全国特教学校的生均微机室面积是 0.67 平方米，低于前三年，但降低幅度在 0.1 平方米之内；2016 年全国特教学校生均图书室面积为 0.78 平方米，低于 2015 年、2014 年，高于 2013 年，但幅度在 0.1 平方米之内。总体而言，2016 年全国特教学校的生均教学及辅助用房为 19.18 平方米，低于 2015 年、2014 年的生均面积(见表 1-3-2)。

从占地面积来看，2016 年全国特殊教育学校的生均占地面积是 89.18 平方米，比 2015 年的 95.47 平方米低 6.29 平方米，比 2014 年的 96.84 平方米低 7.66 平方米，比 2013 年的 94.12 平方米低 4.94 平方米；2016 年全国特殊教育学校占地面积中生均绿化用地的面积是 18.56 平方米，比 2015 年(生均 19.43 平方米)、2014 年(生均 19.93 平方米)、2013 年(生均 19.48 平方米)均有下降，但降幅在 2 平方米以内；2016 年生均运动场地面积是 21.58 平方米，比 2015 年的 23.68 平方米下降了 2.1 平方米，比 2014 年的 23.08 平方米下降了 1.5 平方米，比 2013 年的 21.73 平方米下降了 0.15 平方米(见表 1-3-3)。

表 1-3-3　2013—2016 年特殊教育办学条件(三)：学校占地面积及学习资源

年份	项目	占地总面积中		占地面积 (m^2)	图书 (册)	数字资源
		绿化用地 (m^2)	运动场地 (m^2)			(GB)
2013	总量	3 451 599	3 850 577	16 677 524	7 368 327	372 981
	生均	19.48	21.73	94.12	41.58	2.1
2014	总量	3 701 184	4 287 438	17 987 022	7 898 529	469 308.12
	生均	19.93	23.08	96.84	42.52	2.53
2015	总量	3 934 831.9	4 796 685	19 334 685	8 270 347	576 162.13
	生均	19.43	23.68	95.47	40.84	2.84
2016	总量	4 100 362.8	4 767 005	19 701 197	8 826 203	21 069 220*
	生均	18.56	21.58	89.18	39.95	95.37

[注：* 处数字是数据库(个)、电子图书(册)、音视频(小时)三个内容的和，单位不是 GB]

从全国特殊教育学校的生均图书来看，2016 年为 39.95 册，比 2015 年(生均 40.84 册)少 0.89 册，比 2014 年(生均 42.52 册)少 2.57 册，比 2013 年(生均 41.58 册)少 1.63 册(见表 1-3-3)。

但从生均数字资源来看，2016 年远高于 2015 年、2014 年、2013 年(见表 1-3-3)。出现这个结果有三个原因：一是学校的数字资源确实增加了；二是统计口径发生了变化，2016 年以前，教育部的统计数据只笼统地罗列数字资源(GB)一项，但 2016 年分成了数据库(个)、电子图书(册)、音视频(小时)三个内容；三是为了便于与 2016 年以前比较，2016 年的数字资源未区分数据库、电子图书和音视频，而把它们合计了。

总体而言，无论是生均占地面积，还是生均教师用房，抑或是生均图书，2016 年基本上都低于前三年，只有生均数字资源大大增加，在第一期提升计划的最后一年出现这种现象需要引起注意。

二、2016 年特殊教育学校的教师条件比上年更好

我国大陆特殊教育学校的教师条件在不断改善，在教师队伍基本稳定的同时，包括教师的学历、专任教师人数等在内的各种指标稳中向好。

(一) 高学历教师的比例持续增加

2013 年以来，全国特殊教育学校中以研究生和本科生为标志的高学历教师的比例持续增加。2016 年全国特殊教育学校的 53 213 名教师中，1 085 人拥有研究生学历，占 2.04%，比 2015 年的 1.90%高 0.14 个百分点，比 2014 年的 1.80%高 0.24 个百分点，比 2013 年的 1.50%高 0.54 个百分点，从 2013 年到 2016 年呈现出研究生学历逐年增加的趋势；和小学教师比较时，2016 年全国特殊教育学校的教师拥有研究生学历的比例高于普通小学教师 1.26 个百分点(见表 1-3-4)。

2016 年特殊教育学校拥有本科学历的教师比例也在上升。在教师总人数 53 213 人中，33 386 人有本科学历，占总人数的 62.74%，比 2015 年的 60.10%高 2.64 个百分点，比 2014 年的 57.80%高 4.94 个百分点，比 2013 年的 54.90%高 7.84 个百分点；与普通小学相比，特殊教育学校 2016 年拥有本科学历的比例明显高于普通小学 49.64%的比例，高出 13.1 个百分点，比 2014 年、2013 年更高(见表 1-3-4)。

相反，拥有专科和高中学历的教师数量在减少。2016 年全国特殊教育学校拥有专科学历的教师比例是 32.52%。从 2013 年的 38.50%、2014 年的 36.30%、2015 年的 34.60%下降到 2016 年的 32.52%，每年约下降 2 个百分点。在 2016 年全国特校的 53 213 名教师中，有 17 307 人拥有专科学历，其比例低于同年普通小学专科学历教师比例 10.71 个百分点(见表 1-3-4)。

2016 年全国特殊教育学校高中学历教师的比例也比 2013 年、2014 年、2015 年低，降到了 2.61%；高中以下学历者的仅占 0.09%，均比 2013 年、2014 年、2015 年低，特校高中以下学历者不到千分之一了。普通小学拥有高学历和高中以下学历教师的比例比特殊学校低一些(见表 1-3-4)。

表 1-3-4 2013—2016 年全国特殊教育学校和普通小学教师的学历比较

类别	年份	研究生毕业		本科毕业		专科毕业		高中毕业		高中以下学历		合计	
		人数	百分比	人数	百分比	人数	百分比	人数	百分比	人数	百分比	人数	百分比
特殊教育学校教师	2013	703	1.50	25 068	54.90	17 569	38.50	2 257	5.00	56	0.10	45 653	100.00
	2014	846	1.80	27 833	57.80	17 473	36.30	1 912	4.00	61	0.10	48 125	100.00
	2015	957	1.90	30 244	60.10	17 414	34.60	1 670	3.30	49	0.10	50 334	100.00
	2016	1 085	2.04	33 386	62.74	17 307	32.52	1 389	2.61	46	0.09	53 213	100.00
普通小学教师	2013	20 228	0.30	2 059 660	36.90	2 797 184	50.10	697 973	12.50	9 599	0.20	5 584 644	100.00
	2014	27 125	0.50	2 321 118	41.20	2 713 074	48.20	565 804	10.00	6 785	0.10	5 633 906	100.00
	2015	35 417	0.60	2 575 703	45.30	2 612 994	46.00	456 061	8.00	4 943	0.10	5 685 118	100.00
	2016	44 914	0.78	2 874 007	49.64	2 502 616	43.23	364 105	6.29	3 503	0.06	5 789 145	100.00

（二）教师的职称比例大致稳定

总体而言，2016 年特殊教育学校教师的高级职称比例比上年有所增加，但小学高级、小学一级的比例比上年略有下降，小学二级、小学三级和未定级的比例比上年高。具体来看，2016 年全国特殊教育学校拥有中学高级职称的教师达到了 5 777 人，为近年来最多，占整个特殊教育教师数的 10.86%，比 2015 年高 0.76 个百分点，比 2014 年高 1.36 个百分点，比 2013 年高 2.06 个百分点。和普通小学比较时发现，尽管普通小学中拥有中学高级职称的教师比例近三年也呈上升态势，但未超过 3%。2016 年特殊教育学校拥有中学高级职称的教师比例比普通小学高 7.99 个百分点，说明就高级职称来看，全国特殊教育学校的职称已经明显优于普通小学（见表 1－3－5）。

2016 年全国特殊教育学校的教师中，拥有小学高级职称的教师有 25 156 人，占总人数的 47.27%，比 2015 年的 48.40%低 1.13 个百分点，比 2014 年的 49.50%低 2.23 个百分点，比 2013 年的 50.10%低 2.83 个百分点；拥有小学一级职称的教师为 14 729 人，占总人数的 27.68%，比 2015 年的 28.70%低 1.02 个百分点，比 2014 年的 28.80%低 1.12 个百分点，比 2013 年的 29.40%低 1.72 个百分点。和普通小学比较时发现，2016 年特殊教育学校小学高级教师和小学一级教师的比例均低于普通小学，说明就小学的主体职称看，普通学校优于特殊教育学校（见表 1－3－5）。

特殊教育学校的小学高级教师和小学一级教师的比例下降，就预示着小学二级、小学三级教师的比例可能增加。从统计来看，结果确实如此。表 1－3－5 表明，2016 年全国特殊教育学校小学二级教师有 1 930 人，占总人数的 3.63%，比 2013 年、2014 年、2015 年高 0.43 个百分点；小学三级教师的人数为 234 人，占总人数的 0.44%，比 2013 年、2014 年、2015 年高 0.14 个百分点。和普通小学比较时发现，特殊教育学校小学二级、小学三级教师的比例要比普通小学高，这也反映出总体而言，中、低级职称的小学教师的比例特殊教育优于普通学校。

值得注意的是，2016 年全国特殊教育学校尚未评定职称的人数为 5 387 人，占教师总数的 10.12%，比 2015 年的 9.30%高 0.82 个百分点，比 2014 年的 8.70%高 1.42 个百分点，比 2013 年的 8.20%高 1.92 个百分点（见表1－3－5）。当然，2016 年普通小学的未定级教师的比例也不低，比特殊教育学校还高。这是否显示出整个基础教育教师的职称恰好处在一个未定级的大年，或者反映了新教师在增加？这需要进一步研究。

表 1－3－5　2013—2016 年全国特殊教育学校和普通小学教师职称的比较

类别	年份	中学高级		小学高级		小学一级		小学二级		小学三级		未定级		合计	
		人数	百分比	人数	百分比	人数	百分比	人数	百分比	人数	百分比	人数	百分比	人数	百分比
特殊教育学校教师	2013	4 013	8.80	22 891	50.10	13 415	29.40	1 447	3.20	118	0.30	3 769	8.20	45 653	100.00
	2014	4 573	9.50	23 828	49.50	13 873	28.80	1 515	3.20	129	0.30	4 207	8.70	48 125	100.00
	2015	5 066	10.10	24 346	48.40	14 435	28.70	1 629	3.20	158	0.30	4 700	9.30	50 334	100.00
	2016	5 777	10.86	25 156	47.27	14 729	27.68	1 930	3.63	234	0.44	5 387	10.12	53 213	100.00
普通小学专任教师	2013	114 805	2.00	2 919 927	52.30	1 880 106	33.70	177 237	3.20	12 469	0.20	480 100	8.60	5 584 644	100.00
	2014	127 396	2.30	2 910 398	51.60	1 866 363	33.10	178 189	3.20	12 628	0.20	538 932	9.60	5 633 906	100.00
	2015	139 889	2.50	2 883 062	50.70	1 873 513	32.90	186 614	3.30	12 890	0.20	589 150	10.40	5 685 118	100.00
	2016	166 014	2.87	2 877 403	49.70	1 879 750	32.47	200 703	3.47	16 580	0.29	648 695	11.20	5 789 145	100.00

（三）特殊教育学校专任教师的比例稳步增大

2016 年，全国 2 080 所特殊教育学校有教职工 62 468 人，其中专任教师为 53 213 人，占教职工总数的 85.19%，比 2015 年的 84.50%高 0.69 个百分点，比 2014 年的 83.90%高 1.29 个百分点，比 2013 年的 82.90%高 2.29 个百分点，是自 2013 年以来专任教师比例最高的一年。但是，和 2016 年全国普通小学比较时，普通小学专任教师的比例为 93.49%，高出特殊教育学校8.30个百分点（见表 1－3－6）。

表 1－3－6　2013—2016 年特殊教育学校和普通小学教职工人数比较

学校类别	年份	专任教师		行政人员		教辅人员		工勤人员		合计	
		人数	百分比	人数	百分比	人数	百分比	人数	百分比	人数	百分比
特殊教育学校	2013	45 653	82.90	3 561	6.50	2 325	4.20	3 557	6.40	55 096	100.00
	2014	48 125	83.90	3 532	6.20	2 215	3.70	3 488	6.20	57 360	100.00
	2015	50 334	84.50	3 523	5.90	2 258	3.80	3 433	5.80	59 548	100.00
	2016	53 213	85.19	3 443	5.51	2 255	3.61	3 557	5.69	62 468	100.00
普通小学	2013	5 096 634	91.40	176 119	3.20	96 889	3.20	124 430	2.20	5 494 072	100.00
	2014	5 105 281	93.00	161 805	2.90	97 930	1.80	123 404	2.30	5 488 420	100.00
	2015	5 112 774	93.10	154 942	2.80	98 886	1.80	122 321	2.30	5 488 923	100.00
	2016	5 176 454	93.49	140 882	2.54	98 906	1.79	120 655	2.18	5 536 897	100.00

[注：普通小学专任教师未包括校办企业职工]

2016 年全国特殊教育学校行政人员为 3 443 人，占总人数的 5.51%，低于 2015 年的 5.90%，也低于 2014 年的 6.20%，更低于 2013 年的 6.50%，但高于普通小学的行政人员的比例。尽管从 2013 年到 2016 年，特殊教育学校行政人员的比例呈下降态势，但行政人员的比例却比普通学校相应年份高出 3 个以上的百分点。

2016 年全国特殊教育学校教辅人员为 2 255 人，占教工总数的 3.61%，比 2015 年的 3.80%低 0.19 个百分点，比 2014 年的 3.70%低 0.09 个百分点，比 2013 年的 4.20%低 0.59 个百分点；2016 年特殊教育学校教辅人员的比例和普通小学比较时，比普通小学 1.79%的比例高 1.82 个百分点。

2016 年全国特殊教育学校有工勤人员 3 557 人，占整个教职工总数的5.69%，比 2015 年的 5.80%低 0.11 个百分点，比 2014 年的 6.20%低 0.51 个百分点，比 2013 年的 6.40%低 0.71 个百分点；2013 年到 2016 年，特殊教育学校的工勤人数呈下降的态势。但是，2016 年特殊教育学校的工勤人员要比普通小学高 3.51 个百分点。

值得重视的是，2016 年全国特殊教育学校仍旧有 1 403 名代课教师，占整个特殊教育学校工作人员的 2.25%，有 267 名兼任教师，占整个特殊教育学校工作人员的 0.43%。尽管这些比例和普通小学的代课教师、兼任教师的比例差异不大，但说明代课或兼任现象依然存在于特殊教育学校。

需要说明的是，特殊教育学校需要更多的包括宿管员在内的教辅或者工勤人员，这和特殊教育工作本身的性质有关。但是，行政人员过多却是特殊教育学校的一个问题。

第二章　2016 年中国大陆各省[1]特殊教育的发展

2016 年是中国大陆特殊教育非常重要的一年，是第一期特殊教育提升计划的收尾之年，各地应该完成提升计划的基本任务。下面从各省特殊教育的学校和学生情况、各省特殊教育的办学条件和各省的工读教育三个方面，报告 2016 年特殊教育的状况。[2]

第一节　2016 年各省特殊教育的学校和学生情况

一、2016 年各省特殊教育学校数

（一）2016 年各省特殊教育学校的基本情况

2016 年全国有特殊教育学校 2 080 所，比 2015 年的 2 053 所增加了 27 所（如表 2－1－1）。

从教育部 2016 年的教育统计数据看，2016 年河北省特殊教育学校的数量最多，为 160 所。特殊教育学校数超过 100 所的省份有 6 个，按数量由多到少排到分别是河北、山东、河南、广东、四川和江苏（如表 2－1－2 所示）。江西、浙江、湖北在 80 到 90 所，湖南、广西、贵州、辽宁、黑龙江、福建、安徽在 70 到 80 所，山西、云南在 60 到 70 所，陕西 56 所，其余各省在 50 所以下。

各省特殊教育学校的数量应该和本省的人口数量、人口分布、特殊教育的发展程度等因素密切相关，学校多不一定说明特殊教育发达。但从另外的角度看，学校数量至少在一定程度上彰显了特殊教育的发展程度。以河北省为例，就人口而言，河北不是全国人口最多的省份；就经济发达状况而言，河北也不是经济发达地区，但河北省的特殊教育学校数量 2013 年、2014 年、2015 年、2016 年都居全国之首，这在一定程度上说明了河北省特殊教育的发达程度，至少从学校数量看，河北省不落后，甚至是发达的，起码按照中央的要求建立了相应的特殊教育学校。

当然，特殊教育学校的数量少也不一定说明该省的特殊教育落后。换言之，目前各省特殊教育学校的数量，并非是特殊教育发达程度的唯一标志。这要与当地的人口数量、人口的分布结合起来考察才能说明问题。以西藏为例，2016 年西藏有特殊教育学校 5 所，是数量最少的省份，但从西藏地区人口的数量及分布的现实看，5 所特殊教育学校已是很了不起的成绩。

---

① 本章各省的数据统计包括直辖市，不包括香港、澳门和台湾。为了叙述的方便，本章全国各省、市、自治区一律称为省，特此说明。

② 除特别说明外，本章数据皆来自教育部教育统计数据，网址：http://www.moe.edu.cn/jyb_sjzl/。

表 2-1-1　2013—2016 年各省特殊教育学校的基本情况

地区	年份	学校数	毕业生数	招生数	在校生数
全国	2016	2 080	59 164	91 521	491 740
	2015	2 053	52 899	83 314	442 223
	2014	2 000	49 032	70 713	394 870
	2013	1 933	50 739	65 977	368 103
辽宁	2016	75	1 035	1 358	9 296
	2015	73	947	1 047	8 493
	2014	74	786	971	8 320
	2013	74	1 079	852	7 977
吉林	2016	49	684	1 338	7 484
	2015	47	592	953	6 015
	2014	47	643	765	5 403
	2013	47	805	740	5 610
黑龙江	2016	73	1 159	2 058	10 862
	2015	73	1 081	1 485	9 339
	2014	74	1 176	1 482	9 101
	2013	74	1 002	1 205	9 317
北京	2016	22	1 588	916	6 927
	2015	22	1 786	930	7 136
	2014	22	1 997	1 110	7 742
	2013	22	1 706	1 156	8 348
河北	2016	160	1 308	2 277	14 589
	2015	159	1 419	2 351	13 586
	2014	157	1 203	2 213	12 604
	2013	155	1 279	2 570	13 109
天津	2016	20	370	470	3 489
	2015	20	305	409	3 279
	2014	20	273	529	3 016
	2013	20	340	418	2 980
山西	2016	69	1 296	2 050	10 770
	2015	64	1 060	1 637	9 206
	2014	62	832	1 411	8 165
	2013	56	1 023	1 069	7 146

续 表

地区	年份	学校数	毕业生数	招生数	在校生数
内蒙古	2016	46	1 033	1 581	9 423
	2015	45	719	1 615	8 294
	2014	44	457	1 200	6 231
	2013	42	353	701	4 328
上海	2016	29	1 557	994	7 457
	2015	29	1 488	1 002	7 662
	2014	29	1 610	1 150	7 917
	2013	29	1 549	1 147	8 105
江苏	2016	101	3 282	3 964	24 662
	2015	106	3 520	3 787	23 123
	2014	106	3 018	3 403	22 378
	2013	107	3 394	3 491	23 055
浙江	2016	84	2 598	2 567	16 660
	2015	86	2 367	2 418	16 236
	2014	84	2 101	2 444	15 884
	2013	82	1 777	2 812	16 327
安徽	2016	71	1 395	3 660	20 921
	2015	68	1 257	5 100	19 272
	2014	66	1 189	2 722	14 304
	2013	65	1 132	2 072	10 344
江西	2016	88	2 717	6 253	28 006
	2015	88	1 925	4 745	23 761
	2014	87	1 638	3 888	19 765
	2013	85	2 197	3 337	17 111
福建	2016	71	3 666	4 012	25 521
	2015	73	3 416	4 202	24 911
	2014	74	3 346	4 150	25 104
	2013	73	3 441	4 203	25 142
山东	2016	146	3 233	4 418	26 324
	2015	147	2 935	4 026	23 877
	2014	145	3 297	3 607	21 805
	2013	144	2 887	3 340	20 946

续 表

地区	年份	学校数	毕业生数	招生数	在校生数
河南	2016	146	1 464	5 076	23 875
	2015	144	1 750	3 946	20 117
	2014	142	1 215	3 556	18 348
	2013	137	1 735	3 312	16 697
湖北	2016	84	1 246	2 413	11 831
	2015	83	1 112	2 047	11 057
	2014	83	1 218	2 113	11 080
	2013	80	1 227	1 788	10 576
湖南	2016	79	3 328	5 446	25 737
	2015	78	1 768	4 625	22 532
	2014	76	1 202	2 924	15 697
	2013	69	1 286	2 240	10 097
广东	2016	127	3 786	6 853	37 756
	2015	116	3 053	7 303	36 048
	2014	104	2 440	5 300	28 285
	2013	99	2 527	3 862	21 799
海南	2016	7	264	397	2 142
	2015	7	315	435	2 551
	2014	7	270	394	1 872
	2013	7	178	425	1 708
广西	2016	79	1 570	3 257	15 947
	2015	78	1 326	2 650	14 045
	2014	72	1 018	2 718	13 187
	2013	65	1 193	2 132	12 913
重庆	2016	36	1 769	2 863	16 079
	2015	36	1 706	2 515	14 059
	2014	36	1 729	2 609	13 893
	2013	36	2 101	3 316	15 622
四川	2016	125	8 192	9 579	47 780
	2015	124	8 634	8 096	43 251
	2014	122	9 004	8 014	42 289
	2013	119	9 191	8 230	43 731

续 表

地区	年份	学校数	毕业生数	招生数	在校生数
贵州	2016	76	2 049	4 443	20 235
	2015	75	1 523	4 852	17 888
	2014	65	1 470	2 769	13 535
	2013	60	1 378	2 684	12 712
云南	2016	61	4 486	5 793	27 690
	2015	60	3 432	4 392	23 314
	2014	59	2 993	4 175	21 009
	2013	53	2 825	3 829	17 421
西藏	2016	5	210	458	2 672
	2015	5	125	299	1 798
	2014	5	26	239	1 226
	2013	5	37	213	835
陕西	2016	56	1 099	1 905	10 560
	2015	55	1 101	1 762	8 630
	2014	52	883	1376	7 852
	2013	50	1 109	1 278	6 494
甘肃	2016	40	1 046	2 235	11 373
	2015	37	917	1 769	9 260
	2014	33	818	1 285	7 635
	2013	32	831	1 409	8 396
青海	2016	15	349	694	3 747
	2015	15	262	737	3 124
	2014	14	197	413	2 250
	2013	12	289	368	2 120
宁夏	2016	12	445	709	4 388
	2015	12	352	811	3 900
	2014	10	186	490	3 058
	2013	8	188	305	1 908
新疆	2016	28	940	1 484	7 537
	2015	28	706	1 368	6 459
	2014	29	797	1 293	5 915
	2013	26	680	1 473	5 229

表 2-1-2 2016 年各省特殊教育学校数量排名

省份	学校数	排名	省份	学校数	排名
河北	160	1	山西	69	17
山东	146	2	云南	61	18
河南	146	2	陕西	56	19
广东	127	4	吉林	49	20
四川	125	5	内蒙古	46	21
江苏	101	6	甘肃	40	22
江西	88	7	重庆	36	23
浙江	84	8	上海	29	24
湖北	84	8	新疆	28	25
湖南	79	10	北京	22	26
广西	79	10	天津	20	27
贵州	76	12	青海	15	28
辽宁	75	13	宁夏	12	29
黑龙江	73	14	海南	7	30
福建	71	15	西藏	5	31
安徽	71	15			

(二) 2016 年特殊教育学校数量的变化分析

学校数量的增加能反映出特殊教育学校的发展态势。从教育部统计的数据看，2015 年到 2016 年全国特殊教育学校增加 27 所。其中，广东增加最多，增加了 11 所，位居增加数排名第一；山西增加 5 所，位居第二；甘肃、安徽增加了 3 所，并列第三；河南、吉林、辽宁三省增加了 2 所，并列第五；河北、湖北、湖南、贵州、广西、云南、四川、陕西、内蒙古 9 省增加了 1 所，并列第八；江西、黑龙江、重庆、上海、新疆、北京、天津、青海、宁夏、海南、西藏十一省增加数为 0；山东减少 1 所；福建、浙江各减少 2 所；江苏减少数目最多，为 5 所(见表 2-1-3)。

从特殊儿童的类别来看，盲、聋学生的数量越来越少，原来盲校、聋校数量较多的省份，随着盲、聋学生数量的减少，盲校、聋校要么撤校，要么转招其他学生，是可能的。但是，孤独症学生、智障学生却大量增加。从可能来看，各省不是学校太多了要撤的问题，而是学校数量不能达到提升计划的要求。

表 2-1-3　2016 年各省特殊教育学校增加的数量排名

省份	增加的学校数量	排名	省份	增加的学校数量	排名
广东	11	1	江西	0	17
山西	5	2	黑龙江	0	17
甘肃	3	3	重庆	0	17
安徽	3	3	上海	0	17
河南	2	5	新疆	0	17
吉林	2	5	北京	0	17
辽宁	2	5	天津	0	17
河北	1	8	青海	0	17
湖北	1	8	宁夏	0	17
湖南	1	8	海南	0	17
贵州	1	8	西藏	0	17
广西	1	8	山东	−1	28
云南	1	8	福建	−2	29
四川	1	8	浙江	−2	29
陕西	1	8	江苏	−5	31
内蒙古	1	8			

二、2016 年各省特殊教育学生的毕业生数量

(一) 2016 年各省毕业生的基本情况

毕业生数量在一定程度上反映了各省过去在校学生的多少。目前，特殊儿童往往是接受 9 年或者 12 年的教育。因此，当年的毕业生数量和 9 年或者 12 年前特殊儿童的入学数量有关，即当年的毕业生数可以在一定程度上说明过去若干年学生的入学情况。这样，2016 年的毕业生数，实际上在一定程度上反映了 2007 年或者 2004 年的入学情况。

根据教育部 2016 年教育统计数据，我国大陆 31 个省中，毕业生最多的省份是四川，共有毕业学生 8 192 人，云南毕业生数量位居第二，数量为 4 486 人；广东、福建、湖南、江苏和山东的毕业生在 3 000—4 000 人，比位列第一的四川减少了一半左右，分别为 3 786、3 666、3 328、3 282、3 233 人，居第三到第七位；江西、浙江、贵州位居第八、第九和第十，分别是 2 717、2 598 和 2 049 人；包括重庆、北京等 14 个省，毕业生在 1 000—2 000 人，位居第十一至二十四；新疆、吉林等 7 个省的毕业生数在 1 000 以下(见表 2-1-4)。

表 2-1-4　2016 年各省特殊教育毕业生数量排名

省份	毕业人数	排名	省份	毕业人数	排名
四川	8 192	1	河北	1 308	17
云南	4 486	2	山西	1 296	18
广东	3 786	3	湖北	1 246	19
福建	3 666	4	黑龙江	1 159	20
湖南	3 328	5	陕西	1 099	21
江苏	3 282	6	甘肃	1 046	22
山东	3 233	7	辽宁	1 035	23
江西	2 717	8	内蒙古	1 033	24
浙江	2 598	9	新疆	940	25
贵州	2 049	10	吉林	684	26
重庆	1 769	11	宁夏	445	27
北京	1 588	12	天津	370	28
广西	1 570	13	青海	349	29
上海	1 557	14	海南	264	30
河南	1 464	15	西藏	210	31
安徽	1 395	16			

由于教育部统计的毕业生数并非仅仅指特殊教育学校的三类残疾儿童毕业生的数量，也包括随班就读的含盲、聋、智障儿童在内的特殊儿童的数量，因此，特殊教育的毕业生数量的多寡不仅反映出 9 年或者 12 年前特殊儿童的招生数，也反映出这些学生进校后是否辍学的情况，还在一定程度上反映出随班就读的成绩。

以天津为例，2016 年仅有毕业生 370 名，这可能有如下几个方面的解释。

一是数据不准确，因为在一个人口众多的直辖市，2007 年或者 2004 年仅有 370 名残疾儿童进入普通学校或者特殊教育学校学习是不可信的。

二是假如数据准确，那么只能说明该地区特殊教育发展的问题较多。要么是 2007 年或 2004 年的入学人数本来很多，但后来流失了，到 2016 年仅有 370 名毕业；要么是当年的入学人数只有 370 名，那就说明该市肯定还有许多该入学的儿童未能入学。

（二）2016 年各省毕业生数量的变化分析

处理数据后发现，和 2015 年相比，2016 年毕业生人数增加最多的是湖南省，比 2015 年增加了 1 560 名，位居毕业生增加数排名的第一；云南、江西、广东、贵州的增加数都在 500 人以上，分别是 1 054、792、733、526 人，位居第二、第三、第四、第五名；内蒙古增加 314 人，位居第六；山东、福建、广西、山西、新疆、浙江增加数则在 200 人以上，分别为 298、250、244、236、234、231 人，位居第七到第十二名；安徽、湖北、甘肃分别增加 138、134、129

人，位居第十三、第十四、第十五名；宁夏、吉林、辽宁、青海、西藏、黑龙江、上海、天津、重庆的增加人数在100人以下，位居第十六至二十四名。陕西、海南、河北、北京、江苏、河南、四川的毕业生数量比2015年的数量减少了，减少人数从2人到442人不等（见表2-1-5）。

毕业生数量增加说明2007年的招生数比2006年的招生数多，或者2004年的招生数比2003年的招生数多，或者入学后辍学的少。相反，毕业生数量的减少说明2007年的招生数量比2006年的少，或者2004年的招生数量比2003年少，抑或是中间辍学的多。

表2-1-5　2016年各省特殊教育毕业生数量排名

省份	增加人数	排名	省份	增加人数	排名
湖南	1 560	1	吉林	92	17
云南	1 054	2	辽宁	88	18
江西	792	3	青海	87	19
广东	733	4	西藏	85	20
贵州	526	5	黑龙江	78	21
内蒙古	314	6	上海	69	22
山东	298	7	天津	65	23
福建	250	8	重庆	63	24
广西	244	9	陕西	−2	25
山西	236	10	海南	−51	26
新疆	234	11	河北	−111	27
浙江	231	12	北京	−198	28
安徽	138	13	江苏	−238	29
湖北	134	14	河南	−286	30
甘肃	129	15	四川	−442	31
宁夏	93	16			

三、2016年各省特殊教育招生数

（一）2016年各省特殊教育招生的基本情况

招生情况反映出当年特殊教育实实在在的发展情况。特殊教育学校如果只是数量多，只是口头上重视特殊教育，而没有学生入学，那么谈不上是在发展特殊教育。

当然，每年招收了多少个特殊教育学生和特殊儿童的数量多少有关系，每个省则和每个省的人口、每个省特殊儿童尤其是残疾儿童的数量有关。

实际上，中国大陆除去极少数的几个省市外，每个省的人口都是过千万的，个别省的人口不仅过千万，还接近甚至超过一亿。这样的人口基数，残疾儿童的数量尤其是发展障碍儿童的数量肯定不是小数目,适龄残障儿童也定然不是小数目。然而,根据教育部教育统计数据,我国大陆31个省中,2016年特殊教育学生招生的数量差异极大,从397到9 579,相差近20多倍(见表2-1-6)。

表2-1-6　2016年各省招生数排名

省份	招生人数(人)	排名	省份	招生人数(人)	排名
四川	9 579	1	甘肃	2 235	17
广东	6 853	2	黑龙江	2 058	18
江西	6 253	3	山西	2 050	19
云南	5 793	4	陕西	1 905	20
湖南	5 446	5	内蒙古	1 581	21
河南	5 076	6	新疆	1 484	22
贵州	4 443	7	辽宁	1 358	23
山东	4 418	8	吉林	1 338	24
福建	4 012	9	上海	994	25
江苏	3 964	10	北京	916	26
安徽	3 660	11	宁夏	709	27
广西	3 257	12	青海	694	28
重庆	2 863	13	天津	470	29
浙江	2 567	14	西藏	458	30
湖北	2 413	15	海南	397	31
河北	2 277	16			

从表2-1-6可以看出,2016年特殊教育学生招生最多的省是四川,为9 579人;其次是广东,为6 853人;江西位居第三,为6 253人;超过5 000人的省份还有3个,依次为云南、湖南、河南,分别为5 793、5 446、5 076人;4 000—5 000人的省份有3个,依次为贵州、山东、福建,分别为4 443、4 418和4 012人;江苏、安徽和广西在3 000—4 000人,为3 964、3 660和3 257人;重庆、浙江等7个省在2 000—3 000人;陕西等5省市在1 000—2 000人,上海等7省招生数在1 000以下。

(二)各省2016年招生数量的变化分析

和2015年相比,2016年有20个省份特殊教育招生数是增长的,另外的11个省份是负增长。在增长的省份中,2016年比2015年增加最多的是江西省,增加了1 508人;其次是四川,增加1 483人;云南增加了1 401人,位居第三;河南增加了1 130人,位居第四;湖南等16个省的增加数在61到821人,居第五到第二十位(见表2-1-7)。

表 2-1-7　2016 年比 2015 年增加的招生数排名

省份	增加人数(个)	排名	省份	增加人数(个)	排名
江西	1 508	1	浙江	149	17
四川	1 483	2	陕西	143	18
云南	1 401	3	新疆	116	19
河南	1 130	4	天津	61	20
湖南	821	5	上海	−8	21
广西	607	6	北京	−14	22
黑龙江	573	7	内蒙古	−34	23
甘肃	466	8	海南	−38	24
山西	413	9	青海	−43	25
山东	392	10	河北	−74	26
吉林	385	11	宁夏	−102	27
湖北	366	12	福建	−190	28
重庆	348	13	贵州	−409	29
辽宁	311	14	广东	−450	30
江苏	177	15	安徽	−1 440	31
西藏	159	16			

在负增长即 2016 年招生数比 2015 年减少的省份中，安徽减少的人数最多，减少了 1 440 人；其次是广东，比 2015 年减少了 450 人；贵州位居第三，减少了 409 人；福建减少了 190 人，位居第四；宁夏减少了 102 人，位居第五；河北减少了 74 人，位居第六；青海减少 43 人，位居第七。

值得重视的是，北京、上海这些经济发达地区 2016 年的招生数都在下降。这些地区实际上都是人口众多的地区，招生数量的减少可能预示着其特殊教育的招生数据存在问题。我们地方政府应该针对这些问题进行研讨，以解决特殊教育学生招生萎缩的问题。

四、2016 年各省特殊教育的在校生状况

(一) 2016 年各省特殊教育在校生的基本情况

在毕业生数、招生数和在校生数三个数据中，毕业生数主要反映过去的招生状况，招生数反映的是当年儿童的入学状况，在校生数则是历年招生数、离校生数等的综合反映。从某种角度看，即使招生数量很大，但如果辍学率很高，在校生数量也不会多。因此，在毕业生数、招生数和在校生数三个数据中，在校生数实际上是反映办学状况的最重要数据。

从教育部教育统计看，2016 年全国特殊教育学生在校生数最多的是四川省，为47 780

人，接近全国在校生总数的10%；第二名是广东省，为37 756人；江西、云南、山东、湖南、福建、江苏、河南、安徽、贵州位居第三到第十一名，在校生均超过20 000人，在20 235到28 006人；浙江、重庆、广西、河北、湖北、甘肃、黑龙江、山西、陕西9个省位居第十二到第二十名，在校生数在10 560到16 660人。其余各省的在校生数均在10 000人以下，内蒙古、辽宁、新疆、吉林、上海、北京的在校生数都超过了5 000人，在6 927到9 423人；宁夏、青海、天津、西藏、海南5个省的在校生数居最后五位，在校生在2 142到4 388人(见表2-1-8)。

表2-1-8　2016年各省特殊教育的在校生数排名(个)

省份	在校生数	排名	省份	在校生数	排名
四川	47 780	1	甘肃	11 373	17
广东	37 756	2	黑龙江	10 862	18
江西	28 006	3	山西	10 770	19
云南	27 690	4	陕西	10 560	20
山东	26 324	5	内蒙古	9 423	21
湖南	25 737	6	辽宁	9 296	22
福建	25 521	7	新疆	7 537	23
江苏	24 662	8	吉林	7 484	24
河南	23 875	9	上海	7 457	25
安徽	20 921	10	北京	6 927	26
贵州	20 235	11	宁夏	4 388	27
浙江	16 660	12	青海	3 747	28
重庆	16 079	13	天津	3 489	29
广西	15 947	14	西藏	2 672	30
河北	14 589	15	海南	2 142	31
湖北	11 831	16			

就中国实际来看，全国大多数省份的人口超过千万，那么从特殊儿童的理论入学率来看，各类学龄特殊儿童尤其是残疾儿童数量一定超过目前的在学儿童数。这就是说，各省应该有相当数量的特殊儿童尚未入学。或者说，各地特殊儿童的在学数应该有很大的提升空间。

(二) 2016年在校生数量的变化分析

和2015年的在校生数量相比时，2016年全国有28个省份特殊教育学校的在校生数量有所增加，3个省份的在校生数量是负增长，即3个省份的在校生数量比2015年下降了。

在增加的省份中，四川增加最多，为4 529人；云南排第二位，增加4 376人；江西位居第三，增加 4 245 人；河南位居第四，增加 3 758 人；湖南增加3 205 人，位居第五；山东增加 2 447 人，位居第六；贵州位居第七，增加 2 347 人；甘肃增加 2 113 人，位居第八；重庆位居第九，增加 2 020 人。陕西、广西、广东、安徽、山西、江苏、黑龙江、吉林、内蒙古、新疆、河北居第十至二十位，增加数在 1 003 到 1 930 人；西藏等 8 个省的增加数在 210 到 874 人，分别列第二十一至二十八位(见表 2－1－9)。

表 2－1－9　2016 年各省特殊教育在校生增加数量的排名

省份	在校生增加数	排名	省份	在校生增加数	排名
四川	4 529	1	吉林	1 469	17
云南	4 376	2	内蒙古	1 129	18
江西	4 245	3	新疆	1 078	19
河南	3 758	4	河北	1 003	20
湖南	3 205	5	西藏	874	21
山东	2 447	6	辽宁	803	22
贵州	2 347	7	湖北	774	23
甘肃	2 113	8	青海	623	24
重庆	2 020	9	福建	610	25
陕西	1 930	10	宁夏	488	26
广西	1 902	11	浙江	424	27
广东	1 708	12	天津	210	28
安徽	1 649	13	上海	－205	29
山西	1 564	14	北京	－209	30
江苏	1 539	15	海南	－409	31
黑龙江	1 523	16			

在负增长即数量减少的 3 个省份中，2016 年在校生数比 2015 年减少最多的省是海南，2016 年比 2015 年减少了 409 人；其次是北京，减少了 209 人；上海位列第三，减少了 205 人(见表 2－1－9)。

在校生数量的减少除去招生数减少、毕业生数增加的因素，流失是一个非常重要的影响因素，各省应该深入分析，查找在校生数量减少的原因，进而找到对策。

五、2016 年各省特殊教育学生的流失率

如果说招生数、在校生数反映的是当前学生数量状况的话，流失率则反映的是巩固率。在我国义务教育实施之初，一直强调要进得来、留得住、学得好。确实，没有留得住，是谈不上接受完备的教育的。

为了考察各省特殊教育学生 2016 年的流失率，与 2014 年、2015 年报告一样，本研究界定的具体的流失率，就是当年学生的流失数除以上一年学生的在校生数。而学生流失数则是上年度的在校生数减去当年的毕业生数加上当年的招生数再减去当年的在校生数。

2016 年的流失学生数是 2015 年的在校生数减去 2016 年毕业生数，加上 2016 年招生数，再减去 2016 年的在校生数；这个数字除以 2015 年的在校生数就是 2016 年的流失率。

以吉林省为例，2014 年的在校生数是 5 403 人，2015 年的毕业生数是 592 人，招生数

是 953 人，2015 年的在校生数是 6 015 人，那么吉林省 2015 年的流失学生数就是 5 403－592＋953－6 015＝－251，流失率是－251÷5 403×100％＝－4.65％。2015 年的在校生数是 6 015 人，2016 年的毕业生数是 684 人，招生数是 1 338 人，2016 年的在校生数是 7 484人，那么吉林省 2016 年的流失学生数就是 6 015－684＋1 338－7 484＝－815，流失率是－815÷6 015×100％＝－13.55％。

从逻辑关系看，上年在校生数减去当年毕业生数再加上当年招生数应该等于当年在校生数。如果这个数字大于当年在校生数，说明学生流失了；如果这个数字小于当年在校生数，问题就更复杂，说明平白无故多出来一些学生，这些学生可能是转学来的，也可能是造假而来，或者统计不准导致。

根据上述关于流失率的定义和计算方法，发现 2016 年各省流失率最高的是海南，流失率为 21.25％；其次是广东，流失率为 3.77％；湖北位居第三，流失率为 3.55％；安徽位居第四，流失率为 3.20％；贵州流失率是 0.26％，位居第五（见表 2－1－10、表 2－1－11）。

表 2－1－10　2016 年全国及各省特殊教育学生的流失率

地区	年份	毕业生数	招生数	在校生数	流失数	流失率(％)
全国	2016	59 164	91 521	491 740	－17 160	－3.88
	2015	52 899	83 314	442 223	－16 938	－4.29
	2014	49 032	70 713	394 870	－5 086	－1.38
	2013	50 739	65 977	368 103		
辽宁	2016	1 035	1 358	9 296	－480	－5.65
	2015	947	1 047	8 493	－73	－0.88
	2014	786	971	8 320	－158	－1.98
	2013	1 079	852	7 977		
吉林	2016	684	1 338	7 484	－815	－13.55
	2015	592	953	6 015	－251	－4.65
	2014	643	765	5 403	329	5.86
	2013	805	740	5 610		
黑龙江	2016	1 159	2 058	10 862	－624	－6.68
	2015	1 081	1 485	9 339	166	1.82
	2014	1 176	1 482	9 101	522	5.60
	2013	1 002	1 205	9 317		
北京	2016	1 588	916	6 927	－463	－6.49
	2015	1 786	930	7 136	－250	－3.23
	2014	1 997	1 110	7 742	－281	－3.37
	2013	1 706	1 156	8 348		

续 表

地区	年份	毕业生数	招生数	在校生数	流失数	流失率(%)
河北	2016	1 308	2 277	14 589	−34	−0.25
	2015	1 419	2 351	13 586	−50	−0.40
	2014	1 203	2 213	12 604	1 515	11.56
	2013	1 279	2 570	13 109		
天津	2016	370	470	3 489	−110	−3.35
	2015	305	409	3 279	−159	−5.27
	2014	273	529	3 016	220	7.38
	2013	340	418	2 980		
山西	2016	1 296	2 050	10 770	−810	−8.80
	2015	1 060	1 637	9 206	−464	−5.68
	2014	832	1 411	8 165	−440	−6.16
	2013	1 023	1 069	7 146		
内蒙古	2016	1 033	1 581	9 423	−581	−7.01
	2015	719	1 615	8 294	−1 167	−18.73
	2014	457	1 200	6 231	−1 160	−26.80
	2013	353	701	4 328		
上海	2016	1 557	994	7 457	−358	−4.67
	2015	1 488	1 002	7 662	−231	−2.92
	2014	1 610	1 150	7 917	−272	−3.36
	2013	1 549	1 147	8 105		
江苏	2016	3 282	3 964	24 662	−857	−3.71
	2015	3 520	3 787	23 123	−478	−2.14
	2014	3 018	3 403	22 378	1 062	4.61
	2013	3 394	3 491	23 055		
浙江	2016	2 598	2 567	16 660	−455	−2.80
	2015	2 367	2 418	16 236	−301	−1.89
	2014	2 101	2 444	15 884	786	4.81
	2013	1 777	2 812	16 327		
安徽	2016	1 395	3 660	20 921	616	3.20
	2015	1 257	5 100	19 272	−1 125	−7.86
	2014	1 189	2 722	14 304	−2 427	−23.46
	2013	1 132	2 072	10 344		

续 表

地区	年份	毕业生数	招生数	在校生数	流失数	流失率(%)
江西	2016	2 717	6 253	28 006	−709	−2.98
	2015	1 925	4 745	23 761	−1 176	−5.95
	2014	1 638	3 888	19 765	−404	−2.36
	2013	2 197	3 337	17 111		
福建	2016	3 666	4 012	25 521	−264	−1.06
	2015	3 416	4 202	24 911	979	3.90
	2014	3 346	4 150	25 104	842	3.35
	2013	3 441	4 203	25 142		
山东	2016	3 233	4 418	26 324	−1 262	−5.29
	2015	2 935	4 026	23 877	−981	−4.50
	2014	3 297	3 607	21 805	−549	−2.62
	2013	2 887	3 340	20 946		
河南	2016	1 464	5 076	23 875	−146	−0.73
	2015	1 750	3 946	20 117	427	2.33
	2014	1 215	3 556	18 348	690	4.13
	2013	1 735	3 312	16 697		
湖北	2016	1 246	2 413	11 831	393	3.55
	2015	1 112	2 047	11 057	958	8.65
	2014	1 218	2 113	11 080	391	3.70
	2013	1 227	1 788	10 576		
湖南	2016	3 328	5 446	25 737	−1 087	−4.82
	2015	1 768	4 625	22 532	−3 978	−25.34
	2014	1 202	2 924	15 697	−3 878	−38.41
	2013	1 286	2 240	10 097		
广东	2016	3 786	6 853	37 756	1 359	3.77
	2015	3 053	7 303	36 048	−3 513	−12.42
	2014	2 440	5 300	28 285	−3 626	−16.63
	2013	2 527	3 862	21 799		
海南	2016	264	397	2 142	542	21.25
	2015	315	435	2 551	−559	−29.86
	2014	270	394	1 872	−40	−2.34
	2013	178	425	1 708		

续 表

地区	年份	毕业生数	招生数	在校生数	流失数	流失率(%)
广西	2016	1 570	3 257	15 947	—215	—1.53
	2015	1 326	2 650	14 045	466	3.53
	2014	1 018	2 718	13 187	1 426	11.04
	2013	1 193	2 132	12 913		
重庆	2016	1 769	2 863	16 079	—926	—6.59
	2015	1 706	2 515	14 059	643	4.63
	2014	1 729	2 609	13 893	2 609	16.70
	2013	2 101	3 316	15 622		
四川	2016	8 192	9 579	47 780	—3 142	—7.26
	2015	8 634	8 096	43 251	—1 500	—3.55
	2014	9 004	8 014	42 289	452	1.03
	2013	9 191	8 230	43 731		
贵州	2016	2 049	4 443	20 235	47	0.26
	2015	1 523	4 852	17 888	—1 024	—7.57
	2014	1 470	2 769	13 535	476	3.74
	2013	1 378	2 684	12 712		
云南	2016	4 486	5 793	27 690	—3 069	—13.16
	2015	3 432	4 392	23 314	—1 345	—6.40
	2014	2 993	4 175	21 009	—2 406	—13.81
	2013	2 825	3 829	17 421		
西藏	2016	210	458	2 672	—626	—34.82
	2015	125	299	1 798	—398	—32.46
	2014	26	239	1 226	—178	—21.32
	2013	37	213	835		
陕西	2016	1 099	1 905	10 560	—1 124	—13.02
	2015	1 101	1 762	8 630	—117	—1.49
	2014	883	1 376	7 852	—865	—13.32
	2013	1 109	1 278	6 494		
甘肃	2016	1 046	2 235	11 373	—924	—9.98
	2015	917	1 769	9 260	—773	—10.12
	2014	818	1 285	7 635	1 228	14.63
	2013	831	1 409	8 396		

续 表

地区	年份	毕业生数	招生数	在校生数	流失数	流失率(%)
青海	2016	349	694	3 747	−278	−8.90
	2015	262	737	3 124	−399	−17.73
	2014	197	413	2 250	86	4.06
	2013	289	368	2 120		
宁夏	2016	445	709	4 388	−224	−5.74
	2015	352	811	3 900	−383	−12.52
	2014	186	490	3 058	−846	−44.34
	2013	188	305	1 908		
新疆	2016	940	1 484	7 537	−534	−8.27
	2015	706	1 368	6 459	118	1.99
	2014	797	1 293	5 915	−190	−3.63
	2013	680	1 473	5 229		

表 2-1-11　2016 年各省特殊教育学生流失率排名

省份	流失率(%)	排名	省份	流失率(%)	排名
海南	21.25	1	辽宁	−5.65	17
广东	3.77	2	宁夏	−5.74	18
湖北	3.55	3	北京	−6.49	19
安徽	3.20	4	重庆	−6.59	20
贵州	0.26	5	黑龙江	−6.68	21
河北	−0.25	6	内蒙古	−7.01	22
河南	−0.73	7	四川	−7.26	23
福建	−1.06	8	新疆	−8.27	24
广西	−1.53	9	山西	−8.80	25
浙江	−2.80	10	青海	−8.90	26
江西	−2.98	11	甘肃	−9.98	27
天津	−3.35	12	陕西	−13.02	28
江苏	−3.71	13	云南	−13.16	29
上海	−4.67	14	吉林	−13.55	30
湖南	−4.82	15	西藏	−34.82	31
山东	−5.29	16			

值得关注的是，2016 年其他 26 个省的流失率均为负值，也就是说，这些省的学生数是平白无故增加的。从统计来看，西藏的流失率为－34.82％，有超过三分之一的学生不知道来源，即凭空增加；吉林、云南、陕西的流失率为－13.55％、－13.16％、－13.02％，甘肃为－9.98％，青海、山西、新疆分别为－8.90％、－8.80％、－8.27％，四川、内蒙古为－7.26％、－7.01％，黑龙江、重庆、北京分别为－6.68％、－6.59％、－6.49％，宁夏、辽宁、山东为－5.74％、－5.65％、－5.29％，湖南、河北等 10 个省的流失率在－4.82％—－0.25％（见表 2－1－10、表 2－1－11）。

在 26 个流失率是负值的省份中，有 4 个省份的流失率低于－13％，1 个省份低于－30％，真是触目惊心。

这么高的流失率应该引起统计部门的重视。统计部门应该彻查是数据造假还是统计问题导致的，否则对于政策制定弊害极大。

第二节　2016 年各省特殊教育学校的校舍条件

本节办学条件的含义与 2015 年报告相同，把包括校舍、教学仪器与设备、教师、图书资料等在内的与学校教学有关的要素都归于办学条件。从教育部 2016 年的教育统计数据看，特殊教育学校的办学条件大致可以分成三个部分，即校舍类硬件、教学资源和教师三个部分，其中，校舍条件是最基本的办学条件。在校舍条件中，校舍建筑面积、各种教学用房、教师及行政用房等是基本的校舍类别。

2016 年全国和各省特殊教育学校的校舍状况，包括校舍建筑面积、教学及辅助用房面积、教师办公用房面积、行政用房面积、生活用房面积和其他用房面积如表 2－2－1 所示。从表中可以看出，2016 年全国特殊教育学校校舍建筑总面积为 9 238 675.41 平方米，每所学校（按照全国共 2 080 所特殊教育学校计算）平均 4 441.67 平方米；教学及辅助用房 4 237 445.90 平方米，校均 2 037.23 平方米；教师办公用房 510 394.12 平方米，校均 245.38 平方米；行政用房 399 832.36 平方米，校均 192.23 平方米；生活用房 2 663 392.94 平方米，校均 1 280.48 平方米；其他用房 1 427 610.09 平方米，校均 686.35 平方米。各省情况如下。

一、2016 年各省特殊教育学校校舍建筑总面积

校舍建筑总面积（校均建筑面积）反映出各省特殊教育学校是否按照教育部的基本办学规范办学。从现实情况来看，一些发达的大城市由于地皮紧张等原因，其特殊教育学校的校园和校舍面积反而可能比一些中、小型城市要小。2016 年，全国校均建筑面积为 4 441.67平方米，从表 2－2－2 中可以看出，在全国 31 个省中，校均校舍建筑面积大于全国平均的有 17 个省份。

表 2-2-1　2016 年全国及各省特殊教育学校校舍建筑面积及各类用房情况

地区	各数字含义	校舍建筑总面积	教学及辅助用房	教师办公用房	行政用房	生活用房	其他用房
全国	各类校舍面积(m^2)	9 238 675.41	4 237 445.90	510 394.12	399 832.36	2 663 392.94	1 427 610.09
	各类校舍占比(%)	100.00	45.87	5.52	4.33	28.83	15.45
	2080 所平均(m^2)	4 441.67	2 037.23	245.38	192.23	1 280.48	686.35
辽宁	各类校舍面积	256 667.53	126 812.49	16 385.10	9 518.21	55 352.97	48 598.76
	各类校舍占比	100.00	49.41	6.38	3.71	21.57	18.93
	75 所平均	3 422.23	1 690.83	218.47	126.91	738.04	647.98
吉林	各类校舍面积	203 839.25	96 378.10	14 396.19	9 985.60	45 526.39	37 552.97
	各类校舍占比	100.00	47.28	7.06	4.90	22.34	18.42
	49 所平均	4 159.98	1 966.90	293.80	203.79	929.11	766.39
黑龙江	各类校舍面积	222 980.96	105 630.22	15 484.25	10 624.09	58 366.08	32 876.32
	各类校舍占比	100.00	47.37	6.94	4.76	26.18	14.75
	73 所平均	3 054.53	1 446.99	212.11	145.54	799.54	450.36
北京	各类校舍面积	167 389.35	65 470.13	7 323.70	8 643.25	31 431.37	54 520.90
	各类校舍占比	100.00	39.11	4.38	5.16	18.78	32.57
	22 所平均	7 608.61	2 975.92	332.90	392.88	1 428.70	2 478.22
河北	各类校舍面积	490 309.02	244 098.50	28 186.08	22 873.27	128 239.90	66 911.27
	各类校舍占比	100.00	49.78	5.75	4.67	26.15	13.65
	160 所平均	3 064.43	1 525.62	176.16	142.96	801.50	418.20

续 表

地区	各数字含义	校舍建筑总面积	教学及辅助用房	教师办公用房	行政用房	生活用房	其他用房
天津	各类校舍面积	96 094.75	46 380.37	6 104.66	4 415.61	19 649.81	19 544.30
	各类校舍占比	100.00	48.27	6.35	4.59	20.45	20.34
	20 所平均	4 804.74	2 319.02	305.23	220.78	982.49	977.22
山西	各类校舍面积	220 121.70	81 006.01	14 535.30	10 932.00	69 424.33	44 224.06
	各类校舍占比	100.00	36.80	6.60	4.97	31.54	20.09
	69 所平均	3 190.17	1 174.00	210.66	158.43	1006.15	640.93
内蒙古	各类校舍面积	212 886.00	100 940.13	12 109.75	7 178.60	66 285.28	26 372.24
	各类校舍占比	100.00	47.41	5.69	3.37	31.14	12.39
	46 所平均	4 627.96	2 194.35	263.26	156.06	1440.98	573.31
上海	各类校舍面积	177 059.42	84 749.87	9 796.44	15 285.84	31 415.00	35 812.27
	各类校舍占比	100.00	47.87	5.53	8.63	17.74	20.23
	29 所平均	6 105.50	2 922.41	337.81	527.10	1 083.28	1 234.91
江苏	各类校舍面积	586 234.70	286 780.82	30 919.39	28 519.42	141 957.24	98 057.83
	各类校舍占比	100.00	48.92	5.27	4.86	24.22	16.73
	101 所平均	5 804.30	2 839.41	306.13	282.37	1 405.52	970.87
浙江	各类校舍面积	504 299.01	201 842.09	23 966.35	20 993.05	144 316.11	113 181.41
	各类校舍占比	100.00	40.03	4.75	4.16	28.62	22.44
	84 所平均	6 003.56	2 402.88	285.31	249.92	1 718.05	1 347.40

续 表

地区	各数字含义	校舍建筑总面积	教学及辅助用房	教师办公用房	行政用房	生活用房	其他用房
安徽	各类校舍面积	362 947.00	179 695.43	21 346.28	15 023.28	107 920.25	38 961.76
	各类校舍占比	100.00	49.51	5.88	4.14	29.74	10.73
	71 所平均	111.93	2 530.92	300.65	211.60	1 520.00	548.76
江西	各类校舍面积	348 806.42	159 272.82	14 998.02	13 245.70	107 704.63	53585.25
	各类校舍占比	100.00	45.66	4.30	3.80	30.88	15.36
	88 所平均	3 963.71	1 809.92	170.43	150.52	1 223.92	608.92
福建	各类校舍面积	375 830.16	171 336.17	19 188.19	16 707.06	118 024.49	50 574.25
	各类校舍占比	100.00	45.59	5.11	4.44	31.40	13.46
	71 所平均	5 293.38	2 413.19	270.26	235.31	1 662.32	712.31
山东	各类校舍面积	701 913.54	306 479.74	43 152.24	50 177.77	190 520.78	111 583.01
	各类校舍占比	100.00	43.66	6.15	7.15	27.14	15.90
	146 平均	4 807.63	2 099.18	295.56	343.68	1 304.94	764.27
河南	各类校舍面积	552 525.98	258 884.42	43 152.85	21 499.81	148 881.05	80 107.85
	各类校舍占比	100.00	46.85	7.81	3.89	26.95	14.50
	146 所平均	3 784.42	1 773.18	295.57	147.26	1 019.73	548.68
湖北	各类校舍面积	355 895.77	160 759.09	18 046.65	13 811.08	114 546.68	48 732.27
	各类校舍占比	100.00	45.17	5.07	3.88	32.19	13.69
	84 所平均	4 236.85	1 913.80	214.84	164.42	1 363.65	580.15

续 表

地区	各数字含义	校舍建筑总面积	教学及辅助用房	教师办公用房	行政用房	生活用房	其他用房
湖南	各类校舍面积	350 052.37	157 606.98	20 545.48	13 254.56	103 399.77	55 245.58
	各类校舍占比	100.00	45.02	5.87	3.79	29.54	15.78
	79 所平均	4 431.04	1 995.03	260.07	167.78	1 308.86	699.31
广东	各类校舍面积	663 637.93	315 826.73	25 942.73	19 809.33	184 849.80	117 209.34
	各类校舍占比	100.00	47.59	3.91	2.99	27.85	17.66
	127 所平均	5 225.50	2 486.82	204.27	155.98	1 455.51	922.91
海南	各类校舍面积	48 770.86	17 296.36	2 368.50	575.00	21 291.00	7 240.00
	各类校舍占比	100.00	35.46	4.86	1.18	43.66	14.84
	7 所平均	6 967.27	2 470.91	338.36	82.14	3 041.57	1 034.29
广西	各类校舍面积	323 155.33	158 942.18	13 460.74	7 859.83	103 887.47	39 005.11
	各类校舍占比	100.00	49.18	4.17	2.43	32.15	12.07
	79 所平均	4 090.57	2 011.93	170.39	99.49	1 315.03	493.74
重庆	各类校舍面积	178 282.39	76 562.55	10 948.27	5 683.00	61 378.69	23 709.88
	各类校舍占比	100.00	42.94	6.14	3.19	34.43	13.30
	36 所平均	4 952.29	2 126.74	304.12	157.86	1 704.96	658.61
四川	各类校舍面积	490 493.79	224 341.36	21 167.04	17 023.62	165 953.59	62 008.18
	各类校舍占比	100.00	45.74	4.32	3.47	33.83	12.64
	125 所平均	3 923.95	1 794.73	169.34	136.19	1 327.63	496.07
贵州	各类校舍面积	311 536.52	138 348.59	14 961.42	10 575.97	117 908.12	29 742.42
	各类校舍占比	100.00	44.41	4.80	3.39	37.85	9.55
	76 所平均	4 099.16	1 820.38	196.86	139.16	1 551.42	391.35

续 表

地区	各数字含义	校舍建筑总面积	教学及辅助用房	教师办公用房	行政用房	生活用房	其他用房
云南	各类校舍面积	315 778.97	153 359.14	14 619.01	15 351.77	99 891.21	32 557.84
	各类校舍占比	100.00	48.57	4.63	4.86	31.63	10.31
	61 所平均	5 176.70	2 514.08	239.66	251.67	1 637.56	533.74
西藏	各类校舍面积	50 869.57	11 055.25	5 168.52	3 925.34	29 799.69	920.77
	各类校舍占比	100.00	21.73	10.16	7.72	58.58	1.81
	5 所平均	10 173.91	2 211.05	1 033.70	785.07	5 959.94	184.15
陕西	各类校舍面积	204 493.50	89 536.50	16 746.20	12 707.94	60 072.58	25 430.28
	各类校舍占比	100.00	43.78	8.19	6.21	29.38	12.44
	56 所平均	3 651.67	1 598.87	299.04	226.93	1 072.72	454.11
甘肃	各类校舍面积	184 359.86	91 205.76	10 999.53	5 427.88	58 425.93	18 300.76
	各类校舍占比	100.00	49.47	5.97	2.94	31.69	9.93
	40 所平均	4 609.00	2 280.14	274.99	135.70	1 460.65	457.52
青海	各类校舍面积	53 758.14	20 031.00	4 156.57	1 761.43	15 927.50	11 881.64
	各类校舍占比	100.0	37.26	7.73	3.28	29.63	22.10
	15 所平均	3 583.88	1 335.40	277.10	117.43	1061.83	792.11
宁夏	各类校舍面积	62 350.87	32 563.04	2 305.11	2 135.77	19 130.91	6 216.04
	各类校舍占比	100.00	52.22	3.70	3.43	30.68	9.97
	12 所平均	5 195.91	2 713.59	192.09	177.98	1 594.24	518.00
新疆	各类校舍面积	165 334.75	74 254.06	7 913.56	4 307.28	41 914.32	36 945.53
	各类校舍占比	100.00	44.91	4.79	2.61	25.35	22.34
	28 所平均	5 904.81	2 651.93	282.63	153.83	1 496.94	1 319.48

在大于全国平均的省份中，校均建筑面积排名第一的是西藏(和2015年一样)，平均每所学校的建筑面积是10 173.91平方米；北京平均7 608.61平方米，居第二位；海南平均每所学校6 967.27平方米，居第三位；上海6 105.50平方米，位居第四；浙江6 003.56平方米，居第五位。新疆、江苏、福建、广东、宁夏、云南、安徽7个省排名第六到第十二位，每校建筑面积平均都超过了5 000平方米，在5 111.93—5 904.81平方米；重庆、山东、天津、内蒙古、甘肃5个省的校均面积在4 609.00—4 952.29平方米，位居全国第十三到第十七(见表2-2-1、表2-2-2)。

在低于全国平均的14个省份中，有9个省份的校均面积在4 000平方米以下，5个省份的面积在4 000平方米以上。其中，最低的是黑龙江，仅为3 054.53平方米；其次是河北，为3 064.43平方米；山西第三低，校均3 190.17平方米；辽宁、青海、陕西、河南、四川、江西的校均都低于4 000平方米；广西、贵州、吉林、湖北、湖南5个省份在4 090.57—4 431.04平方米，湖北、湖南接近全国平均(见表2-2-1、表2-2-2)。

表2-2-2　2016年各省特殊教育学校校均建筑面积排名

省份	校均建筑面积(m^2)	排名	省份	校均建筑面积(m^2)	排名
西藏	10 173.91	1	甘肃	4 609.00	17
北京	7 608.61	2	湖南	4 431.04	18
海南	6 967.27	3	湖北	4 236.85	19
上海	6 105.50	4	吉林	4 159.98	20
浙江	6 003.56	5	贵州	4 099.16	21
新疆	5 904.81	6	广西	4 090.57	22
江苏	5 804.30	7	江西	3 963.71	23
福建	5 293.38	8	四川	3 923.95	24
广东	5 225.50	9	河南	3 784.42	25
宁夏	5 195.91	10	陕西	3 651.67	26
云南	5 176.70	11	青海	3 583.88	27
安徽	5 111.93	12	辽宁	3 422.23	28
重庆	4 952.29	13	山西	3 190.17	29
山东	4 807.63	14	河北	3 064.43	30
天津	4 804.74	15	黑龙江	3 054.53	31
内蒙古	4 627.96	16			

二、2016年各省特殊教育学校教学及辅助用房情况

(一) 2016年各省特殊教育学校校均教学及辅助用房面积

教学用房应该是学校用房的主要部分，或者说是学校建筑面积的主体内容。它反映

出学校办学的重点所在。

从表 2-2-3 可以看出,2016 年全国各省特殊教育学校校均教学及辅助用房面积超过全国平均(2 037.23 平方米)的有 17 个省份,其中北京超过的面积最多,2016 年校均面积为 2 975.92 平方米;上海、江苏位居第二、第三,分别是 2 922.41 平方米、2 839.41 平方米;宁夏、新疆、安徽、云南、广东、海南、福建、浙江、天津、甘肃、西藏、内蒙古、重庆、山东 14 个省也超过了全国校均 2 037.23 平方米,在 2 099.18 到 2 713.59 平方米,位居第四到第十七。

但是,2016 年全国有 14 个省份特殊教育学校的校均教学用房的面积低于全国平均,最低的是山西,为 1 174.00 平方米;其次是青海,校均 1 335.40 平方米;黑龙江 1 446.99 平方米,第三低;河北、陕西分别为第四、第五低,为1 525.62、1 598.87 平方米;辽宁为 1 690.83 平方米,位居第六低;河南、四川为 1 773.18、1 794.73 平方米,位居第七、第八低;江西、贵州的校均面积为1 809.92、1 820.38 平方米,是第九、第十低;湖北、吉林、湖南 3 个省份的校均面积超过了 1 900 平方米,但低于 2 000 平方米,在 1 913.80—1 995.03 平方米;广西为 2 011.93 平方米,接近全国平均,为全国校均第十八位。

表 2-2-3　2016 年各省特殊教育学校校均教学及辅助用房面积排名

省份	校均面积(m^2)	排名	省份	校均面积(m^2)	排名
北京	2 975.92	1	山东	2 099.18	17
上海	2 922.41	2	广西	2 011.93	18
江苏	2 839.41	3	湖南	1 995.03	19
宁夏	2 713.59	4	吉林	1 966.90	20
新疆	2 651.93	5	湖北	1 913.80	21
安徽	2 530.92	6	贵州	1 820.38	22
云南	2 514.08	7	江西	1 809.92	23
广东	2 486.82	8	四川	1 794.73	24
海南	2 470.91	9	河南	1 773.18	25
福建	2 413.19	10	辽宁	1 690.83	26
浙江	2 402.88	11	陕西	1 598.87	27
天津	2 319.02	12	河北	1 525.62	28
甘肃	2 280.14	13	黑龙江	1 446.99	29
西藏	2 211.05	14	青海	1 335.40	30
内蒙古	2 194.35	15	山西	1 174.00	31
重庆	2 126.74	16			

（二）2016 年各省特殊教育学校教学及辅助用房占校均建筑面积的比重

教学及辅助用房占学校建筑面积的比重应该是学校用房是否以教学为主的一种指标，尤其是那些学生不住宿的学校。当然，住宿的学校因为宿舍占用了面积，会使整个学校的教学用房的比重下降。2016 年全国特殊教育学校教学及辅助用房占学校整个建筑面积的 45.87%，在全国 31 个省中，特殊教育学校的教学及辅助用房占建筑面积比例超过 45.87%的有 15 个省份，另外 16 个省份教学及辅助用房占整个学校建筑面积的比例小于45.87%（见表 2－2－4）。

表 2－2－4　2016 年各省特殊教育学校教学及辅助用房占校均建筑面积的百分比排名

省份	百分比	排名	省份	百分比	排名
宁夏	52.22	1	江西	45.66	17
河北	49.78	2	福建	45.59	18
安徽	49.51	3	湖北	45.17	19
甘肃	49.47	4	湖南	45.02	20
辽宁	49.41	5	新疆	44.91	21
广西	49.18	6	贵州	44.41	22
江苏	48.92	7	陕西	43.78	23
云南	48.57	8	山东	43.66	24
天津	48.27	9	重庆	42.94	25
上海	47.87	10	浙江	40.03	26
广东	47.59	11	北京	39.11	27
内蒙古	47.41	12	青海	37.26	28
黑龙江	47.37	13	山西	36.80	29
吉林	47.28	14	海南	35.46	30
河南	46.85	15	西藏	21.73	31
四川	45.74	16			

在教学及辅助用房占学校建筑面积的比例超过全国平均的 15 个省份中，宁夏以 52.22%的比例位居第一；河北位居第二，比例为 49.78%；安徽位居第三，比例为 49.51%；甘肃、辽宁、广西的比例也超过了 49%，接近 50%，分别位居第四、第五、第六；江苏、云南、天津 3 个省的比例在 48.27%—48.92%，位居第七到第九；上海、广东、内蒙古、黑龙江、吉林 5 个省的比例在47.28%—47.87%，居全国第十至第十四位；河南占比46.85%，位居全国第十五。

在教学及辅助用房低于全国平均的 16 个省份中，排名最低的是西藏，其教学及辅助用房仅占整个建筑面积的 21.73%；海南的比例为 35.46%，位居第二低；山西的比例为36.80%，位居第三低；青海的比例为 37.26%，位居第四低；北京的比例为 39.11%，位居第五低；浙江、重庆、山东、陕西、贵州、新疆、湖南、湖北、福建、江西、四川 11 个省的占比在40.03%至 45.74%，接近全国平均水平。

三、2016 年各省特殊教育学校的教师办公用房

（一）2016 年各省特殊教育学校校均教师办公用房的面积

教师办公用房从一个侧面反映了学校的办学是否是以教学为主；同时，教师办公用房也是教师工作环境优劣的一个指标。在一些学校，没有专门的教师办公用房，而教室面积又很小，教师们办公的地方仅仅是教室里能放一张桌子的墙角。

从 2016 年的统计来看，全国有 19 个省份的校均教师办公用房超过全国平均（校均 245.38 平方米），其中西藏校均教师办公用房的面积最大，为1 033.70 平方米，位居全国第一，是全国平均面积的 4.2 倍多；海南、上海、北京、江苏、天津、重庆、安徽 7 个省的校均教师办公用房面积均超过 300 平方米，在 300.65—338.36 平方米，分别居第二至第八位；陕西、河南、山东、吉林 4 个省的校均教师办公用房面积都超过了 290 平方米，在 293.80 至 299.04 平方米，居全国第九到十二位；浙江、新疆的面积超过了 280 平方米，分别为 285.31、282.63 平方米，居第十三、十四位；青海、甘肃、福建 3 个省分别居全国第十五至第十七位，校均都超过 270 平方米；内蒙古、湖南 2 个省在 260 平方米余，居全国第十八、十九位（见表 2－2－5）。

表 2－2－5　2016 年各省特殊教育学校教师办公用房面积排名

省份	校均（m²）	排名	省份	校均（m²）	排名
西藏	1 033.70	1	福建	270.26	17
海南	338.36	2	内蒙古	263.26	18
上海	337.81	3	湖南	260.07	19
北京	332.90	4	云南	239.66	20
江苏	306.13	5	辽宁	218.47	21
天津	305.23	6	湖北	214.84	22
重庆	304.12	7	黑龙江	212.11	23
安徽	300.65	8	山西	210.66	24
陕西	299.04	9	广东	204.27	25
河南	295.57	10	贵州	196.86	26
山东	295.56	11	宁夏	192.09	27
吉林	293.80	12	河北	176.16	28
浙江	285.31	13	江西	170.43	29
新疆	282.63	14	广西	170.39	30
青海	277.10	15	四川	169.34	31
甘肃	274.99	16			

在低于全国平均的 12 个省份中，校均教师办公用房面积最低的省是四川，仅为 169.34

平方米；广西为170.39平方米，位居第二低；江西、河北、宁夏、贵州4个省的校均教师办公用房的面积也不到200平方米，在170.43至196.86平方米；广东、山西、黑龙江、湖北、辽宁、云南6个省的校均教师办公用房面积虽然超过了200平方米，但在全国平均245.38平方米以下，在204.27至239.66平方米。

（二）2016年各省特殊教育学校教师办公用房占学校建筑面积的比重

2016年全国特殊教育学校教师办公用房占整个学校建筑面积的5.52%，比行政用房4.33%的比例高1.19个百分点。从合理性而言，教师办公用房占比高于行政用房是正常的。在全国31个省份中，教师办公用房面积占学校建筑面积比例高于全国平均的有17个省份，其他14个省份则低于全国平均。

在高于全国平均的省份中，西藏排第一，教师办公用房占建筑面积的10.16%，几乎是全国比例的两倍；排第二的陕西为8.19%，也超出全国均值2个多百分点；河南、青海、吉林3个省的教师办公用房占比也超过7%，分别为7.81%、7.73%、7.06%，居全国第三到第五位；黑龙江、山西、辽宁、天津、山东、重庆6个省的占比超过了6%，在6.14%至6.94%，位居全国第六至第十一；甘肃、安徽、湖南、河北、内蒙古、上海的占比在5.53%至5.97%，居全国第十二到第十七位，略超过全国平均（见表2-2-6）。

表2-2-6　2016年各省特殊教育学校教师办公用房占学校建筑面积的比例排名

省份	占学校建筑面积比率(%)	排名	省份	占学校建筑面积比率(%)	排名
西藏	10.16	1	上海	5.53	17
陕西	8.19	2	江苏	5.27	18
河南	7.81	3	福建	5.11	19
青海	7.73	4	湖北	5.07	20
吉林	7.06	5	海南	4.86	21
黑龙江	6.94	6	贵州	4.80	22
山西	6.60	7	新疆	4.79	23
辽宁	6.38	8	浙江	4.75	24
天津	6.35	9	云南	4.63	25
山东	6.15	10	北京	4.38	26
重庆	6.14	11	四川	4.32	27
甘肃	5.97	12	江西	4.30	28
安徽	5.88	13	广西	4.17	29
湖南	5.87	14	广东	3.91	30
河北	5.75	15	宁夏	3.70	31
内蒙古	5.69	16			

在教师办公用房占建筑面积的比例低于全国的14个省份中，比例最低的是宁夏，为

3.70%；广东的比例3.91%，位居第二低；广西、江西、四川、北京、云南、浙江、新疆、贵州、海南9个省，它们的比例在4.17%至4.86%；湖北、福建、江苏3个省的比例在5.07%至5.27%，接近全国平均。

四、2016年各省特殊教育学校的行政用房

（一）2016年各省特殊教育学校的校均行政用房面积

2016年全国各省特殊教育学校行政用房的校均面积差别很大，从校均82.14平方米到785.07平方米不等，相差近10倍。2016年全国特殊教育学校校均行政用房为192.23平方米，高于这个面积的省份一共有12个。其中西藏最高，达到785.07平方米；上海次之，为527.10平方米；北京位居第三，为392.88平方米；山东第四，为343.68平方米；江苏、云南、浙江、福建、陕西、天津、安徽、吉林8个省都超200平方米，在203.79至282.37平方米，位居全国第五至第十二名（见表2-2-7）。

表2-2-7　2016年各省特殊教育学校校均行政用房面积排名

省份	校均（m²）	排名	省份	校均（m²）	排名
西藏	785.07	1	重庆	157.86	17
上海	527.10	2	内蒙古	156.06	18
北京	392.88	3	广东	155.98	19
山东	343.68	4	新疆	153.83	20
江苏	282.37	5	江西	150.52	21
云南	251.67	6	河南	147.26	22
浙江	249.92	7	黑龙江	145.54	23
福建	235.31	8	河北	142.96	24
陕西	226.93	9	贵州	139.16	25
天津	220.78	10	四川	136.19	26
安徽	211.60	11	甘肃	135.70	27
吉林	203.79	12	辽宁	126.91	28
宁夏	177.98	13	青海	117.43	29
湖南	167.78	14	广西	99.49	30
湖北	164.42	15	海南	82.14	31
山西	158.43	16			

低于全国校均面积的有19个省份，其校均面积均低于200平方米。其中，最低的是海南，校均行政用房的面积仅为82.14平方米；广西、青海、辽宁、甘肃、四川、贵州、河北、黑龙江、河南、江西、新疆、广东、内蒙古、重庆、山西、湖北、湖南、宁夏18个省的行政用房面积均低于全国校均，在99.49至177.98平方米（见表2-2-7）。

就办学而言，从某种程度来看，行政用房越小，则可能用于教学的房屋越多；反之，行政用房越多，则表示学校的行政系统越庞大，不见得是办学的最佳表现。从这个角度看，行政用房越小的省份，则可能是越重视教学用房的省份。当然，这并不是说，行政用房越大，办学就有问题。行政用房合适与否，还和行政用房占整个学校建筑面积的比例有关，和学校的学生、行政人员、教师的多少有关。

（二）2016年各省特殊教育学校校均行政用房占学校建筑面积的比重

2016年全国行政用房占学校建筑面积的比例是4.33%，全国有13个省份的行政用房占学校建筑面积的比例超过了4.33%，18个省份的比例低于4.33%。

在高于全国均值的13个省份中，上海行政用房占学校建筑面积的比重最大，达到了8.63%，几乎是全国平均的两倍；位居第二的西藏比例为7.72%；山东第三，比例为7.15%；陕西第四，比例为6.21%；北京第五，比例为5.16%；山西第六，比例为4.97%；吉林第七，比例为4.90%；江苏、云南的比例为4.86%，并列第八；黑龙江、河北排名第十、第十一，比例分别为4.76%和4.67%；天津排第十二，比例为4.59%；福建排第十三，比例为4.44%（见表2-2-8）。

表2-2-8　2016年各省特殊教育学校行政用房占学校建筑面积的比例排名

省份	占建筑面积的比例(%)	排名	省份	占建筑面积的比例(%)	排名
上海	8.63	1	河南	3.89	17
西藏	7.72	2	湖北	3.88	18
山东	7.15	3	江西	3.80	19
陕西	6.21	4	湖南	3.79	20
北京	5.16	5	辽宁	3.71	21
山西	4.97	6	四川	3.47	22
吉林	4.90	7	宁夏	3.43	23
江苏	4.86	8	贵州	3.39	24
云南	4.86	8	内蒙古	3.37	25
黑龙江	4.76	10	青海	3.28	26
河北	4.67	11	重庆	3.19	27
天津	4.59	12	广东	2.99	28
福建	4.44	13	新疆	2.61	29
浙江	4.16	14	广西	2.43	30
安徽	4.14	15	海南	1.18	31
甘肃	3.94	16			

在低于全国平均的18个省份中，海南最低，行政用房仅占学校建筑面的1.18%；广西、新疆、广东的比例都在3%以下，分别为2.43%、2.61%、2.99%，位居第二、第三、第四低；甘肃、河南、湖北、江西、湖南、辽宁、四川、宁夏、贵州、内蒙古、青海、重庆12个省的比例在3.19%至3.94%，分别居于全国第十六至二十七位；安徽、浙江比例分别为4.14%、

4.16%，位列全国第十五、十四位，接近全国平均(见表2-2-8)。

五、2016年各省特殊教育学校的生活用房

(一) 2016年各省特殊教育学校校均生活用房面积

2016年全国特殊教育学校的校均生活用房面积是1 280.48平方米，全国各地的差别很大，从738.04平方米到5 959.94平方米，相差8倍以上，有20个省份的校均生活用房面积高于全国平均，11个省份的校均生活用房面积低于全国平均。

在20个校均生活用房面积超过全国平均的省份中，西藏位列第一，达到了5 959.94平方米，高出全国平均4 600余平方米；海南第二，为3 041.57平方米，高出全国平均1 700余平方米；浙江、重庆分别位列第三、第四，校均面积分别为1 718.05、1 704.96平方米；福建、云南校均面积分别为1 662.32、1 637.56平方米，居第五、第六位；宁夏、贵州、安徽3个省的校均面积均超过1 500平方米，在1 520.00至1 594.24平方米，居第七至第九位；新疆、甘肃、广东、内蒙古、北京、江苏6个省校均在1 405.52至1 496.94平方米，居第十至第十五位；湖北、四川、广西、湖南、山东5个省份的校均生活用房面积在1 304.94至1 363.65平方米，在全国排名为第十六至第二十(见表2-2-9)。

表2-2-9　2016年各省特殊教育学校校均生活用房面积排名

省份	校均(m^2)	排名	省份	校均(m^2)	排名
西藏	5 959.94	1	四川	1 327.63	17
海南	3 041.57	2	广西	1 315.03	18
浙江	1 718.05	3	湖南	1 308.86	19
重庆	1 704.96	4	山东	1 304.94	20
福建	1 662.32	5	江西	1 223.92	21
云南	1 637.56	6	上海	1 083.28	22
宁夏	1 594.24	7	陕西	1 072.72	23
贵州	1 551.42	8	青海	1 061.83	24
安徽	1 520.00	9	河南	1 019.73	25
新疆	1 496.94	10	山西	1 006.15	26
甘肃	1 460.65	11	天津	982.49	27
广东	1 455.51	12	吉林	929.11	28
内蒙古	1 440.98	13	河北	801.50	29
北京	1 428.70	14	黑龙江	799.54	30
江苏	1 405.52	15	辽宁	738.04	31
湖北	1 363.65	16			

在11个校均生活用房面积低于全国平均的省份中，辽宁最低，为738.04平方米；其

次是黑龙江，为 799.54 平方米；河北为 801.50 平方米，为第三低；吉林、天津的校均面积分别为 929.11、982.49 平方米，为第四、第五低；山西、河南、青海、陕西、上海、江西 6 个省的校均面积在 1 006.15 至 1 223.92 平方米，接近全国平均水平(见表 2－2－9)。

生活用房面积的大小应该和学生是否住校、和学校是否给师生提供相应的生活服务如用餐服务等有关。一般情况下，生活用房面积的大小不应该和办学条件过多联系，但对于住校的特殊教育学校而言，生活用房却是一个重要的办学条件。

(二) 2016 年各省特殊教育学校校均生活用房占学校建筑面积的比重

从校均生活用房面积占整个特殊教育学校建筑面积的比重来看，2016 年各省份中超过全国平均比例 28.83%的省份有 18 个，另外 13 个省份低于全国平均。

在高于全国平均的省份中，西藏排第一，占 58.58%，高出全国平均29.75个百分点；海南第二，比例为 43.66%；贵州第三，比例为 37.85%；重庆第四，比例为 34.43%；四川第五，比例为 33.83%；湖北、广西分别为第六、第七，比例分别为32.19%、32.15%；甘肃、云南、山西、福建、内蒙古比例超过 31%，但不到 32%，在 31.14%至 31.69%，位居全国第八至第十二；江西、宁夏两省的比例分别为 30.88%、30.68%，位居第十三、第十四；安徽、青海、湖南、陕西分列第十五至第十八位，比例在 29.38%至 29.74%(见表 2－2－10)。

表 2－2－10　2016 年各省特殊教育学校生活用房占学校建筑面积的比例排名

省份	占建筑面积的比例(%)	排名	省份	占建筑面积的比例(%)	排名
西藏	58.58	1	湖南	29.54	17
海南	43.66	2	陕西	29.38	18
贵州	37.85	3	浙江	28.62	19
重庆	34.43	4	广东	27.85	20
四川	33.83	5	山东	27.14	21
湖北	32.19	6	河南	26.95	22
广西	32.15	7	黑龙江	26.18	23
甘肃	31.69	8	河北	26.15	24
云南	31.63	9	新疆	25.35	25
山西	31.54	10	江苏	24.22	26
福建	31.40	11	吉林	22.34	27
内蒙古	31.14	12	辽宁	21.57	28
江西	30.88	13	天津	20.45	29
宁夏	30.68	14	北京	18.78	30
安徽	29.74	15	上海	17.74	31
青海	29.63	16			

在低于全国平均的省份中，上海最低，比例为 17.74%；北京第二低，比例为 18.78%；天津第三低，比例为 20.45%；辽宁、吉林、江苏、新疆、河北、黑龙江、河南、山东、广东、浙江 10 个省的比例在 21.57%至 28.62%，排名为第四到第十三低(见表 2－2－10)。

如前述所言，生活用房占学校建筑面积的比重和学生是否住校、有多少学生等因素有关系。从实际情况看，有的地区，学生入学后吃住基本上都在学校，因此生活用房较多是可以理解的。但是，北京、天津、上海地区，学生集中，他们可能不仅不住校，有的甚至午饭都不在学校吃，所以，生活用房比例小也属正常。

六、2016 年各省特殊教育学校的其他用房面积

（一）2016 年各省特殊教育学校校均其他用房面积

2016 年全国特殊教育学校其他用房的校均面积为 686.35 平方米，各省特殊教育学校其他用房的校均面积差别也很大，从 184.15 平方米到2 478.22 平方米，相差 13 倍。全国有 12 个省份的其他用房校均面积超过全国校均，19 个省份则低于全国校均。

在高于全国校均的 12 个省份中，北京的校均面积最大，达到了 2 478.22 平方米，是全国平均的 3.61 倍；排第二名、第三名的浙江、新疆，校均面积分别是 1 347.40、1 319.48 平方米；位居第四的上海是 1 234.91 平方米，也达到了全国平均的 1.80 倍；海南位居第五，校均为 1 034.29 平方米；天津、江苏、广东 3 个省的校均面积分别为 977.22、970.87、922.91 平方米，分别位居全国第六、第七、第八；青海、吉林、山东、福建 4 个省的校均面积低于 900 平方米，在 712.31 至 792.11 平方米，位居全国第九至第十二（见表 2-2-11）。

表 2-2-11　2016 年各省特殊教育学校校均其他用房面积排名

省份	校均（m^2）	排名	省份	校均（m^2）	排名
北京	2 478.22	1	江西	608.92	17
浙江	1 347.40	2	湖北	580.15	18
新疆	1 319.48	3	内蒙古	573.31	19
上海	1 234.91	4	安徽	548.76	20
海南	1 034.29	5	河南	548.68	21
天津	977.22	6	云南	533.74	22
江苏	970.87	7	宁夏	518.00	23
广东	922.91	8	四川	496.07	24
青海	792.11	9	广西	493.74	25
吉林	766.39	10	甘肃	457.52	26
山东	764.27	11	陕西	454.11	27
福建	712.31	12	黑龙江	450.36	28
重庆	658.61	13	河北	418.20	29
辽宁	647.98	14	贵州	391.35	30
山西	640.93	15	西藏	184.15	31
湖南	699.31	16			

在低于全国校均的 19 个省份中，西藏最低，为 184.15 平方米，比全国校均少 502.20 平方米；第二低的是贵州，校均其他用房面积为 391.35 平方米，比全国校均少 295 平方

米;河北第三低,往后依次为黑龙江、陕西、甘肃、广西、四川,校均都在500平方米以下,在418.20平方米到496.07平方米;宁夏、云南、河南、安徽、内蒙古、湖北6个省的校均面积在518.00至580.15平方米,也低于全国100平方米之上;江西、湖南、山西、辽宁、重庆5个省的校均面积在608.92—658.61平方米(见表2-2-11)。

其他用房的范围各省并不完全一致,有的把校办工厂也归于其他用房。因此,在范围不定的情况下,大体上说,其他用房的指标并非是一个清晰的考察学校办学条件的指标。

(二) 2016年各省特殊教育学校其他用房占学校建筑面积的比重

2016年全国其他用房占特殊教育学校建筑面积的比重是15.45%,全国31个省份中超过全国比重的有13个,其他18个省均低于全国比重。

在其他用房面积占整个学校建筑面积的比重超过15.45%的省份中,北京排第一,为32.57%;浙江排第二,为22.44%;新疆排第三,为22.34%;青海排第四,为22.10%;天津、上海分别排第五、第六,为20.34%、20.23%;山西排第七,为20.09%;辽宁、吉林分别为18.93%、18.42%,位居第八、第九;位居第十的广东比例为17.66%,位居第十一的江苏比例为16.73%,位居第十二的山东比例为15.90%,湖南位居第十三,比例为15.78%(见表2-2-12)。

表2-2-12　2016年各省特殊教育学校其他用房占学校建筑面积的比例排名

省份	其他用房比例(%)	排名	省份	其他用房比例(%)	排名
北京	32.57	1	河南	14.50	17
浙江	22.44	2	湖北	13.69	18
新疆	22.34	3	河北	13.65	19
青海	22.10	4	福建	13.46	20
天津	20.34	5	重庆	13.30	21
上海	20.23	6	四川	12.64	22
山西	20.09	7	陕西	12.44	23
辽宁	18.93	8	内蒙古	12.39	24
吉林	18.42	9	广西	12.07	25
广东	17.66	10	安徽	10.73	26
江苏	16.73	11	云南	10.31	27
山东	15.90	12	宁夏	9.97	28
湖南	15.78	13	甘肃	9.93	29
江西	15.36	14	贵州	9.55	30
海南	14.84	15	西藏	1.81	31
黑龙江	14.75	16			

在低于全国平均水平的省份中,西藏最低,其他用房面积占学校建筑面积的比重仅为1.81%,低于全国13.64个百分点;贵州、甘肃、宁夏3个省的比例也在10%以下,分别位列第二至第四低,比例为9.55%、9.93%、9.97%;云南、安徽第五、第六低,比例分别为10.31%、10.73%;四川、陕西、内蒙古、广西4个省的比例在12.07%至12.64%,分别位居全国第二十二至二十五;湖北、河北、福建、重庆比例均超过13%,在13.30%至

13.69%，分别居全国第十八位至二十一位；海南、黑龙江、河南3个省比例均低于15%，在14.50%至14.84%，分别位居全国第十五至第十七；江西比例为15.36%，接近全国平均，为第十四位（见表2-2-12）。

七、2016年各省特殊教育学校的危房

（一）2016年各省特殊教育学校的校均危房面积

危房面积在很大程度上体现了地方政府对特殊教育发展的重视程度。按说，作为公共服务的学校是不应该有危房的，学校是人群密集的场所，危房会带来各种危害。然而，2016年全国平均每个学校有危房32.21平方米，相当于每个学校有一个小教室是危房。全国有15个省的学校有危房，16个省份的学校没有危房。

在15个有危房的省份中，黑龙江校均危房面积最大，为330.41平方米，排全国第一，是全国平均数的10倍多；云南校均危房面积289.36平方米，位居全国第二；甘肃位居第三，校均危房面积126.63平方米；湖北位居全国第四，校均危房面积42.01平方米；河南38.40平方米、辽宁36.75平方米、山西29.36平方米、湖南14.66平方米，分别居全国第五、第六、第七、第八位；位居第九、第十、第十一、第十二的是山东、四川、江西、江苏，校均危房面积分别为9.55、9.42、8.41、7.10平方米；广西、广东、安徽3个省份的危房面积在5平方米以下。吉林、北京、河北、天津、内蒙古、上海、浙江、福建、海南、重庆、贵州、西藏、陕西、青海、宁夏、新疆16个省份没有危房报告（见表2-2-13）。

表2-2-13　2016年各省特殊教育学校校均危房面积排名

省份	校均面积（m^2）	排名	省份	校均面积（m^2）	排名
黑龙江	330.41	1	浙江	0	16
云南	289.36	2	新疆	0	16
甘肃	126.63	3	上海	0	16
湖北	42.01	4	海南	0	16
河南	38.40	5	天津	0	16
辽宁	36.75	6	青海	0	16
山西	29.36	7	吉林	0	16
湖南	14.66	8	福建	0	16
山东	9.55	9	重庆	0	16
四川	9.42	10	内蒙古	0	16
江西	8.41	11	宁夏	0	16
江苏	7.10	12	陕西	0	16
广西	3.80	13	河北	0	16
广东	2.61	14	贵州	0	16
安徽	0.28	15	西藏	0	16
北京	0	16			

（二）2016年各省特殊教育学校危房占学校建筑面积的比重

2016年全国特殊教育学校危房占校舍的比重为0.70%，存在危房的15个省份中，以黑龙江危房占学校建筑面积的比重最大，达到了10.82%，高出全国10.12个百分点；云南位居第二，危房占学校建筑面积的5.59%；甘肃的比重为2.75%，居第三位；辽宁、河南的比重分别是1.07%、1.01%，位居全国第四、第五；湖北、山西、湖南、四川、江西、山东、江苏、广西、广东、安徽10个省的危房比重在1%以下，在0.01%至0.99%；北京、重庆等其他16个省没有危房报告（见表2-2-14）。

表2-2-14　2016年各省特殊教育学校危房占学校建筑面积的比例排名

省份	占建筑面积的比例（%）	排名	省份	占建筑面积的比例（%）	排名
黑龙江	10.82	1	浙江	0	16
云南	5.59	2	新疆	0	16
甘肃	2.75	3	西藏	0	16
辽宁	1.07	4	天津	0	16
河南	1.01	5	上海	0	16
湖北	0.99	6	陕西	0	16
山西	0.92	7	青海	0	16
湖南	0.33	8	宁夏	0	16
四川	0.24	9	内蒙古	0	16
江西	0.21	10	吉林	0	16
山东	0.20	11	河北	0	16
江苏	0.12	12	海南	0	16
广西	0.09	13	贵州	0	16
广东	0.05	14	福建	0	16
安徽	0.01	15	北京	0	16
重庆	0	16			

八、2016年各省特殊教育学校新增校舍

（一）2016年各省特殊教育学校新增校舍的面积

新增校舍多，说明当年可能有新建学校，也可能是有学校增加了校舍。

从统计来看，2016年全国新增校舍达到了校均211.01平方米，全国有12个省新增校均校舍面积超过了全国平均，15个省校舍有增加，但面积低于全国平均水平，另外有4个省2016年没有新增校舍。

在12个新增校均校舍面积超过全国平均的省份中，西藏排第一，新增校均校舍面积为

3 863.54 平方米，是全国平均的 18.3 倍；排第二的是浙江，新增校均校舍面积为 604.41 平方米；广东新增 558.73 平方米，位居全国第三；宁夏位居第四，新增面积为 541.17 平方米；上海、甘肃的增加面积分别为396.83、339.26 平方米，居全国第五、第六位；河北、贵州、湖南、新疆、四川、江苏居第七至第十二位，新增面积分别是 286.43、252.69、248.38、234.93、233.86、225.69 平方米。

在 15 个有新增校舍但面积低于全国平均水平的省份中，陕西新增面积是 204.25 平方米，居全国第十三位，接近全国平均；山西新增 192.33 平方米，居全国第十四位；江西、青海、河南、安徽、湖北、云南 6 个省的增加面积在 101.68 至 173.99 平方米，居全国第十五至第二十位；内蒙古、广西、山东、福建、辽宁、重庆、黑龙江 7 个省的增加面积在 32.62 至 91.48 平方米，居第二十一至二十七位。

吉林、北京、天津、海南 4 个省 2016 年没有新增校舍（见表 2－2－15）。

表 2－2－15　2016 年各省特殊教育学校新增校舍的面积排名

省份	新增校舍面积（校均）（m^2）	排名	省份	新增校舍面积（校均）（m^2）	排名
西藏	3 863.54	1	河南	164.38	17
浙江	604.41	2	安徽	113.62	18
广东	558.73	3	湖北	111.36	19
宁夏	541.17	4	云南	101.68	20
上海	396.83	5	内蒙古	91.48	21
甘肃	339.26	6	广西	83.35	22
河北	286.43	7	山东	63.68	23
贵州	252.69	8	福建	61.74	24
湖南	248.38	9	辽宁	59.69	25
新疆	234.93	10	重庆	40.51	26
四川	233.86	11	黑龙江	32.62	27
江苏	225.69	12	吉林	0	28
陕西	204.25	13	北京	0	28
山西	192.33	14	天津	0	28
江西	173.99	15	海南	0	28
青海	173.00	16			

（二）2016 年各省特殊教育学校新增校舍面积占学校建筑面积的比重

统计发现，2016 年全国新增校舍面积占整个 2016 年全国特殊教育学校校舍建筑面积的 4.75%，全国共有 13 个省份高于这个比例，14 个省份低于这个比例，4 个省份没有增加。

在新增校舍面积的比重高于4.75%的13个省份中，排名第一的是西藏，新增校舍面积占整个学校建筑面积的37.97%，是全国平均的8倍；广东位居第二，新增校舍面积占学校建筑面积的比重是10.69%；宁夏第三，比例为10.42%；浙江位居第四，比例为10.07%；河北比例为9.35%，位居第五；甘肃7.36%，位居第六；上海、贵州、山西、四川、陕西、湖南、青海分别位列全国第七至十三，比例在4.83%—6.50%(见表2-2-16)。

在低于全国平均的14个省份中，重庆最低，比例为0.82%；黑龙江次之，比例为1.07%；福建第三低，比例为1.17%；山东位列第二十四，比例为1.32%；辽宁、云南、内蒙古、广西、安徽、湖北、江苏、新疆、河南、江西的比例在1.74%至4.39%。

吉林、北京、天津、海南的校舍面积没有增加(见表2-2-16)。

表2-2-16　2016年各省特殊教育学校新增校舍占学校建筑面积的比例排名

省份	占建筑面积的比例(%)	排名	省份	占建筑面积的比例(%)	排名
西藏	37.97	1	江苏	3.89	17
广东	10.69	2	湖北	2.63	18
宁夏	10.42	3	安徽	2.22	19
浙江	10.07	4	广西	2.04	20
河北	9.35	5	内蒙古	1.98	21
甘肃	7.36	6	云南	1.96	22
上海	6.50	7	辽宁	1.74	23
贵州	6.16	8	山东	1.32	24
山西	6.03	9	福建	1.17	25
四川	5.96	10	黑龙江	1.07	26
陕西	5.59	11	重庆	0.82	27
湖南	5.51	12	吉林	0	28
青海	4.83	13	北京	0	28
江西	4.39	14	天津	0	28
河南	4.34	15	海南	0	28
新疆	3.98	16			

九、2016年各省特殊教育学校的教室及专用教室

根据教育部教育统计，2016年有关教室的统计类别包括普通教室、专用教室、实验室、微机室和图书室。前述已经谈及，就全国而言，教学及辅助用房占学校建筑面积的比重为45.87%，不到学校建筑面积的一半。在这些教学用房中，各省特殊教育学校的普通教室等五类用房的校均面积如表2-2-17所示。

表 2-2-17　2016 年全国特殊教育学校五类教学用房面积状况(m²)

地区	学校数(所)	面积	普通教室	专用教室	实验室	微机室	图书室
全国	2 080	总面积	2 337 621.62	1 411 673.56	169 525.36	146 925.36	171 700.00
		校均	1 123.86	678.69	81.50	70.64	82.55
辽宁	75	总面积	48 654.41	65 192.32	3 138.90	4 528.00	5 298.86
		校均	648.73	869.23	41.85	60.37	70.65
吉林	49	总面积	51 564.26	33 989.47	2 828.94	3 669.26	4 326.17
		校均	1 052.33	693.66	57.73	74.88	88.29
黑龙江	73	总面积	49 372.16	45 324.81	3 851.39	3 802.52	3 279.34
		校均	676.33	620.89	52.76	52.09	44.92
北京	22	总面积	30 354.88	28 669.35	1 072.00	3 050.60	2 323.30
		校均	1 379.77	1 303.15	48.73	138.66	105.60
河北	160	总面积	118 619.58	94 188.56	9 958.23	9 798.53	11 533.60
		校均	741.37	588.68	62.24	61.24	72.09
天津	20	总面积	24 373.00	17 088.68	611.00	1 352.96	2 954.73
		校均	1 218.65	854.43	30.55	67.65	147.74
山西	69	总面积	44 135.00	26 308.51	2 757.00	3 648.50	4 157.00
		校均	639.64	381.28	39.96	52.88	60.25
内蒙古	46	总面积	60 174.28	30 585.17	3 311.00	3 901.34	2 968.34
		校均	1 308.14	664.90	71.98	84.81	64.53
上海	29	总面积	28 816.87	41 113.00	4 974.00	2 836.00	7 010.00
		校均	993.69	1 417.69	171.52	97.79	241.72
江苏	101	总面积	146 168.07	103 354.96	15 657.76	9 712.85	11 887.18
		校均	1 447.21	1 023.32	155.03	96.17	117.69
浙江	84	总面积	111 206.04	71 897.89	6 121.00	5 934.95	6 682.21
		校均	1 323.88	855.93	72.87	70.65	79.55
安徽	71	总面积	107 014.72	53 754.52	6 128.73	5 276.65	7 520.81
		校均	1 507.25	757.11	86.32	74.32	105.93
江西	88	总面积	92 958.65	49 793.42	5 044.25	5 674.75	5 801.75
		校均	1 056.35	565.83	57.32	64.49	65.93
福建	71	总面积	88 845.33	66 919.83	5 066.46	4 084.70	6 419.85
		校均	1 251.34	942.53	71.36	57.53	90.42
山东	146	总面积	139 128.95	124 619.71	17 317.22	12 032.43	13 381.43
		校均	952.94	853.56	118.61	82.41	91.65
河南	146	总面积	143 788.76	77 865.65	13 410.38	10 688.37	13 131.26
		校均	984.85	533.33	91.85	73.21	89.94

续 表

地区	学校数(所)	面积	普通教室	专用教室	实验室	微机室	图书室
湖北	84	总面积	97 915.08	46 319.56	4 294.61	5 563.81	6 666.03
		校均	1 165.66	551.42	51.13	66.24	79.36
湖南	79	总面积	100 575.03	38 746.70	4 877.52	6 162.19	7 245.54
		校均	1 273.10	490.46	61.74	78.00	91.72
广东	127	总面积	188 889.53	93 793.34	14 190.17	9 025.72	9 927.97
		校均	1 487.32	738.53	111.73	71.07	78.17
海南	7	总面积	12 268.70	3 735.66	488.00	472.00	332.00
		校均	1 752.67	533.67	69.71	67.43	47.43
广西	79	总面积	91 385.17	54 689.37	4 791.00	3 782.84	4 293.80
		校均	1 156.77	692.27	60.65	47.88	54.35
重庆	36	总面积	54 402.24	14 179.45	2 288.00	2 945.86	2 747.00
		校均	1 511.17	393.87	63.56	81.83	76.31
四川	125	总面积	138 641.86	60 054.89	9 682.83	7 446.95	8 514.83
		校均	1 109.13	480.44	77.46	59.58	68.12
贵州	76	总面积	87 045.06	38 482.40	3 876.71	4 673.69	4 270.73
		校均	1 145.33	506.35	51.01	61.50	56.19
云南	61	总面积	96 752.40	36 625.60	9 113.78	5 185.08	5 682.28
		校均	1 586.10	600.42	149.41	85.00	93.15
西藏	5	总面积	7 559.14	2 957.10	104.00	165.01	270.00
		校均	1 511.82	591.42	20.80	33.00	54.00
陕西	56	总面积	51 336.55	27 245.75	3 481.75	3 574.03	3 898.42
		校均	916.72	486.53	62.17	63.82	69.61
甘肃	40	总面积	58 964.77	22 845.76	3 176.61	3 078.71	3 139.91
		校均	1 474.12	571.14	79.42	76.97	78.50
青海	15	总面积	11 508.00	3 768.42	2 687.18	1 060.20	1 007.20
		校均	767.20	251.23	179.15	70.68	67.15
宁夏	12	总面积	22 188.99	7 747.50	777.52	1 176.03	673.00
		校均	1 849.08	645.63	64.79	98.00	56.08
新疆	28	总面积	33 014.14	29 816.21	4 447.42	2 620.83	4 355.46
		校均	1 179.08	1 064.86	158.84	93.60	155.55

（一）2016 年各省特殊教育学校的普通教室

2016 年全国特殊教育学校普通教室的校均面积是 1 123.86 平方米，有 19 个省份特殊教育学校的校均普通教室的面积超过这个数字，12 个省份低于这个数字。

在超过全国平均的 19 个省份中，特殊教育学校校均普通教室的面积排名第一的是宁夏，达到了校均1 849.08平方米，比全国平均高出725.22平方米；海南校均普通教室的面积为1 752.67平方米，位列全国第二；云南校均1 586.10平方米，位列全国第三；位列全国第四、第五、第六的西藏、重庆、安徽也超过了1 500平方米，分别为1 511.83、1 511.17、1 507.25平方米；广东为1 487.32平方米，位列全国第七；甘肃、江苏也超过1 400平方米，分别为1 474.12、1 447.21平方米，位列全国第八、第九；北京、浙江、内蒙古均超过1 300平方米，分别为1 379.77、1 323.88、1 308.14平方米，位列全国第十、第十一、第十二；湖南、福建、天津3省超过1 200平方米，在1 218.65至1 273.10平方米，列全国第十三至第十五；新疆、湖北、广西、贵州4个省的校均面积在1 145.33至1 179.08平方米，位列全国第十六至第十九(见表2-2-18)。

表2-2-18　2016年各省特殊教育学校普通教室校均面积排名

省份	校均面积(m^2)	排名	省份	校均面积(m^2)	排名
宁夏	1 849.08	1	湖北	1 165.66	17
海南	1 752.67	2	广西	1 156.77	18
云南	1 586.10	3	贵州	1 145.33	19
西藏	1 511.83	4	四川	1 109.13	20
重庆	1 511.17	5	江西	1 056.35	21
安徽	1 507.25	6	吉林	1 052.33	22
广东	1 487.32	7	上海	993.69	23
甘肃	1 474.12	8	河南	984.85	24
江苏	1 447.21	9	山东	952.94	25
北京	1 379.77	10	陕西	916.72	26
浙江	1 323.88	11	青海	767.20	27
内蒙古	1 308.14	12	河北	741.37	28
湖南	1 273.10	13	黑龙江	676.33	29
福建	1 251.34	14	辽宁	648.73	30
天津	1 218.65	15	山西	639.64	31
新疆	1 179.08	16			

在校均普通教室面积低于全国平均的12个省份中，山西、辽宁、黑龙江3个省位居倒数第一、第二、第三，校均面积在700平方米以下，分别为639.64、648.73、676.33平方米；河北、青海校均面积在800平方米以下，分别为741.37、767.20平方米；上海、河南、山东、陕西的校均普通教室面积低于1 000平方米，在916.72至993.69平方米，分别位列全国第二十三至第二十六；四川、江西、吉林3个省接近全国平均，分别为1 109.13、1 056.35、1 052.33平方米，位列全国第二十至第二十二(见表2-2-18)。

（二）2016 年各省特殊教育学校的专用教室

2016 年全国特殊教育学校校均专用教室的面积是 678.69 平方米，在地方各省份中，校均专用教室面积超过全国平均的有 13 个，低于全国平均的有 18 个。

在高于全国平均的省份中，上海排第一，特殊教育学校的校均专用教室面积为 1 417.69 平方米，超过全国平均一倍多；北京位列第二，校均专用教室的面积是 1 303.15 平方米，也超全国平均一倍多；新疆位列第三，校均专用教室的面积是 1 064.86 平方米；位列全国第四、第五的江苏、福建校均专用教室面积超过了 900 平方米，分别为 1 023.32、942.53 平方米；分别位居全国第六、第七、第八、第九的辽宁、浙江、天津、山东校均专用教室面积超过 800 平方米，分别为 869.23、855.93、854.43、853.56 平方米；安徽、广东、吉林、广西 4 个省的校均面积在 692.27 至 757.11 平方米，分别位列全国第十至第十三位（见表 2-2-19）。

表 2-2-19　2016 年各省特殊教育学校专用教室校均面积排名

省份	校均面积(m^2)	排名	省份	校均面积(m^2)	排名
上海	1 417.69	1	云南	600.42	17
北京	1 303.15	2	西藏	591.42	18
新疆	1 064.86	3	河北	588.68	19
江苏	1 023.32	4	甘肃	571.14	20
福建	942.53	5	江西	565.83	21
辽宁	869.23	6	湖北	551.42	22
浙江	855.93	7	海南	533.67	23
天津	854.43	8	河南	533.33	24
山东	853.56	9	贵州	506.35	25
安徽	757.11	10	湖南	490.46	26
广东	738.53	11	陕西	486.53	27
吉林	693.66	12	四川	480.44	28
广西	692.27	13	重庆	393.87	29
内蒙古	664.90	14	山西	381.28	30
宁夏	645.63	15	青海	251.23	31
黑龙江	620.89	16			

在专用教室面积低于全国平均的 18 个省份中，青海最低，校均专用教室的面积仅为 251.23 平方米；山西、重庆位列第二、第三低，专用教室的校均面积分别为 381.28、393.87 平方米；四川、陕西、湖南 3 个省的校均面积在 500 平方米以下，分别为 480.44、486.53、490.46平方米，为全国第四、第五、第六低；西藏、河北、甘肃、江西、湖北、海南、河南、贵州 8 个省的校均专用教室面积低于 600 平方米，在 506.35 至 591.42 平方米，居全国第十八至第二十五位；位居全国第十四至第十七的内蒙古、宁夏、黑龙江、云南的校均面积接近全国平均，在 600.42 至 664.9 平方米（见表 2-2-19）。

（三）2016年各省特殊教育学校的实验室

前文已经谈及，就全国而言，2016年特殊教育学校的校均实验室面积很低，仅为81.50平方米，全国仅有9个省份超过全国平均，22个省份低于全国平均。

在高于全国校均实验室面积的省份中，青海位列第一，为179.15平方米，是全国平均的2倍多；位列第二的上海校均实验室面积为171.52平方米，也是全国平均的2倍多；位列第三的新疆达到了158.84平方米，校均实验室面积接近全国平均的2倍；江苏位列第四，校均面积为155.03平方米，面积也接近全国平均的2倍；云南校均面积为149.41平方米，位居全国第五；山东校均面积为118.61平方米，位居全国第六；广东校均面积为111.73平方米，位居全国第七；河南校均面积为91.85平方米，位居全国第八；位居全国第九的安徽，校均面积为86.32平方米（见表2-2-20）。

表2-2-20　2016年各省特殊教育学校实验室校均面积排名

省份	校均面积（m^2）	排名	省份	校均面积（m^2）	排名
青海	179.15	1	重庆	63.56	17
上海	171.52	2	河北	62.24	18
新疆	158.84	3	陕西	62.17	19
江苏	155.03	4	湖南	61.74	20
云南	149.41	5	广西	60.65	21
山东	118.61	6	吉林	57.73	22
广东	111.73	7	江西	57.32	23
河南	91.85	8	黑龙江	52.76	24
安徽	86.32	9	湖北	51.13	25
甘肃	79.42	10	贵州	51.01	26
四川	77.46	11	北京	48.73	27
浙江	72.87	12	辽宁	41.85	28
内蒙古	71.98	13	山西	39.96	29
福建	71.36	14	天津	30.55	30
海南	69.71	15	西藏	20.80	31
宁夏	64.79	16			

在22个校均实验室面积低于全国平均的省份中，西藏最低，校均实验室面积为20.80平方米，居全国第三十一位；其次是天津，校均面积为30.55平方米，居全国第三十位；山西为39.96平方米，位居全国第二十九；辽宁、北京分别为41.85、48.73平方米；吉林、江西、黑龙江、湖北、贵州5个省超过50平方米，在51.01至57.73平方米，位居全国第二十二至第二十六；海南、宁夏、重庆、河北、陕西、湖南、广西7个省份的校均实验室面积超过了60平方米，在60.65至69.71平方米，位居全国第十五至第二十一；甘肃、四川、浙江、内蒙古、福建5个省的校均实验室面积在71.36至79.42平方米，位居全国第十至第十四，接近全国平均水平（见表2-2-20）。

全国各地特殊教育学校实验室的校均面积很小的这种状况，透露出特殊教育学校的实验室设置较少。这可能和特殊教育学校更多的是招收智力落后学生，认为他们不需要实验室有关。当然，也有人认为聋生、盲生也不需要做实验，这也是特殊教育学校实验室的面积过小的原因之一。

（四）2016 年各省特殊教育学校的微机室

2016 年全国特殊教育学校微机室的校均面积是 70.64 平方米，全国 31 个省份中，特殊教育学校的校均微机室面积超过全国平均的有 17 个省份，14 个省份在全国平均以下。

在高于全国平均的省份中，北京位列第一，其特殊教育学校的校均微机室面积达到了 138.66 平方米，接近全国平均的两倍；宁夏位列第二，尽管其特殊教育学校的校均微机室面积不如北京那样高于全国平均的一倍多，但也达到了 98.00 平方米，超过全国平均近 30 平方米；上海位居第三，校均微机室的面积是 97.79 平方米；江苏位居第四，校均微机室面积为 96.17 平方米；位居第五的新疆校均微机室面积也超过了 90 平方米，为 93.60 平方米；云南、内蒙古、山东、重庆 4 个省的校均微机室面积均在 80 平方米以上，位居全国第六、第七、第八、第九，校均面积分别是 85.00、84.81、82.41、81.83 平方米；湖南、甘肃、吉林、安徽、河南、广东、青海、浙江 8 个省的校均微机室面积超过了 70 平方米，在 70.65 至 78.00 平方米，居全国第十至第十七位（见表 2-2-21）。

表 2-2-21　2016 年各省特殊教育学校微机室校均面积排名

省份	校均面积(m^2)	排名	省份	校均面积(m^2)	排名
北京	138.66	1	浙江	70.65	17
宁夏	98.00	2	天津	67.65	18
上海	97.79	3	海南	67.43	19
江苏	96.17	4	湖北	66.24	20
新疆	93.60	5	江西	64.49	21
云南	85.00	6	陕西	63.82	22
内蒙古	84.81	7	贵州	61.50	23
山东	82.41	8	河北	61.24	24
重庆	81.83	9	辽宁	60.37	25
湖南	78.00	10	四川	59.58	26
甘肃	76.97	11	福建	57.53	27
吉林	74.88	12	山西	52.88	28
安徽	74.32	13	黑龙江	52.09	29
河南	73.21	14	广西	47.88	30
广东	71.07	15	西藏	33.00	31
青海	70.68	16			

在低于全国校均微机室面积的 14 个省份中，校均微机室面积最低的是西藏，为33.00 平方米，位居全国第三十一；其次是广西，为 47.88 平方米，居全国第三十位；四川、福建、山西、黑龙江分别位居全国第二十六至第二十九，校均微机室面积在 52.09 至 59.58 平方米；天津、海南、湖北、江西、陕西、贵州、河北、辽宁 8 个省校均微机室面积在 60.37 至

67.65 平方米，接近全国平均水平，位居全国第十八至第二十五(见表 2-2-21)。

应该说，在信息化的大数据时代，每个学校——包括智力落后教育学校配置微机室是必要的。这样的硬件设施不仅仅是提高儿童的学习能力所需要的，也是他们适应社会所必需的。

(五) 2016 年各省特殊教育学校的图书室

2016 年全国特殊教育学校的图书室校均面积是 82.55 平方米，仅仅是一个 10 米长、8 米宽教室的面积而已。但是，在全国 31 个省份中，居然有 19 个省份的特殊教育学校的校均图书室面积小于全国平均，只有 12 个省份的特殊教育学校的校均图书室面积是高于 82.55 平方米的。

在校均图书室面积高于全国平均的 12 个省份中，上海排第一，达到了校均 241.72 平方米，是全国平均的近三倍；排第二的是新疆，校均图书室的面积是 155.55 平方米；位居第三的天津校均图书室面积为 147.74 平方米；排第四的江苏校均图书室面积是 117.69 平方米；排第五的安徽为 105.93 平方米；北京 105.60 平方米，排第六；云南 93.15 平方米，排第七；湖南 91.72 平方米，排第八；山东 91.65 平方米，排第九；福建排第十，面积是 90.42 平方米；河南、吉林两省的校均图书室面积接近全国平均水平，分别为 89.94、88.29 平方米(见表 2-2-22)。

表 2-2-22　2016 年各省特殊教育学校图书室校均面积排名

省份	校均面积(m^2)	排名	省份	校均面积(m^2)	排名
上海	241.72	1	重庆	76.31	17
新疆	155.55	2	河北	72.09	18
天津	147.74	3	辽宁	70.65	19
江苏	117.69	4	陕西	69.61	20
安徽	105.93	5	四川	68.12	21
北京	105.60	6	青海	67.15	22
云南	93.15	7	江西	65.93	23
湖南	91.72	8	内蒙古	64.53	24
山东	91.65	9	山西	60.25	25
福建	90.42	10	贵州	56.19	26
河南	89.94	11	宁夏	56.08	27
吉林	88.29	12	广西	54.35	28
浙江	79.55	13	西藏	54.00	29
湖北	79.36	14	海南	47.43	30
甘肃	78.50	15	黑龙江	44.92	31
广东	78.17	16			

在 19 个低于全国平均的省份中，黑龙江最低，校均图书室面积仅为44.92 平方米，是全国平均的 54.42%；海南第二低，居全国第三十位，校均图书室面积为 47.43 平方米；贵州、宁夏、广西、西藏 4 个省的校均图书室面积刚超过 50 平方米，在 54.00—56.19 平方米，居全国第二十六至第二十九位；位居全国第二十至第二十五的陕西、四川、青海、江西、

内蒙古、山西6个省的校均图书室的面积在60.25至69.61平方米；浙江、湖北、甘肃、广东、重庆、河北、辽宁7个省排名在全国第十三至第十九位，校均图书室面积在70.65至79.55平方米，接近全国平均水平。

第三节　2016年各省特殊教育学校的教师条件

在办学条件中，校舍环境仅仅是基本的条件，教师才是最重要的“硬件”。一所学校有很好的校舍，甚至有很好的实验设备，但是没有一支合格的教师队伍，也谈不上办学条件完备。反之，如果教师水平过硬，哪怕是校舍不达标，也会有好的教学质量。

根据教育部教育统计的基本思路，本节集中报告2016年教师条件中的教职工类别状况、教师学历和教师职称三个方面。

一、2016年特殊教育学校的教工类别

（一）2016年全国特殊教育学校教工类别概述

根据教育部2016年教育统计数据，特殊教育学校的教职工分成三个基本的类别，即专职教职工、代课教师和兼任教师。在专职教职工中，又分成专任教师、行政人员、教辅人员和工勤人员四类。从表2-3-1可以看出，2016年全国有专职教师62 468人，代课教师1 403人，兼任教师267人，在特殊教育学校工作的人员总数为64 138人。其中，专职教师占整个在校工作教工的97.40%，代课教师占2.19%，兼任教师占0.41%。

在专职教职工中，专任教师占专职教工的85.19%，行政人员占专职教职工的5.51%，教辅人员占专职教职工的3.61%，工勤人员占专职教职工的5.69%。

各省专任教师、行政人员、教辅人员和工勤人员的差别很大。例如，宁夏的专任教师达到了95.83%，而辽宁仅占75.40%；反之，宁夏的行政人员仅占1.30%，但辽宁则达到16.87%。

在教职工中，有的省有相当数量的代课教师和兼任教师，而有的省则全是专职。例如，北京没有代课教师和兼任教师，全是在编职工，但是内蒙古等地则不仅有代课教师，还有兼任教师。各省具体状况见表2-3-1所示和下面的分析。

表2-3-1　2016年全国特殊教育学校教职工类别及其比重（人数、百分数）

地区	专职教职工					专职	代课	兼任	教工总计
	专任	行政	教辅	工勤	在职总计				
全国	53 213	3 443	2 255	3 557	62 468	62 468	1 403	267	64 138
	85.19%	5.51%	3.61%	5.69%	100%	97.40%	2.19%	0.41%	100%
辽宁	2 109	472	100	116	2 797	2 797	20	0	2 817
	75.40%	16.87%	3.58%	4.15%	100%	99.29%	0.71%	0.00%	100%

续 表

地区	专职教职工					专职	代课	兼任	教工总计
	专任	行政	教辅	工勤	在职总计				
吉林	1 552	155	57	73	1 837	1 837	8	0	1 845
	84.49%	8.44%	3.10%	3.97%	100%	99.57%	0.43%	0.00%	100%
黑龙江	1 926	158	61	115	2 260	2 260	14	0	2 274
	85.22%	6.99%	2.70%	5.09%	100%	99.38%	0.62%	0.00%	100%
北京	1 036	128	97	73	1 334	1 334	0	0	1 334
	77.66%	9.60%	7.27%	5.47%	100%	100%	0.00%	0.00%	100%
天津	620	97	47	34	798	798	5	0	803
	77.69%	12.16%	5.89%	4.26%	100%	99.38%	0.62%	0.00%	100%
河北	3 225	241	148	218	3 832	3 832	22	7	3 861
	84.16%	6.29%	3.86%	5.69%	100%	99.25%	0.57%	0.18%	100%
山西	1 516	66	58	129	1 769	1 769	195	26	1 990
	85.70%	3.73%	3.28%	7.29%	100%	88.89%	9.80%	1.31%	100%
内蒙古	1 313	79	71	71	1 534	1 534	18	3	1 555
	85.59%	5.15%	4.63%	4.63%	100%	98.65%	1.16%	0.19%	100%
上海	1 248	169	96	75	1 588	1 588	5	3	1 596
	78.59%	10.64%	6.05%	4.72%	100%	99.50%	0.31%	0.19%	100%
江苏	3 346	165	185	263	3 959	3 959	77	1	4 037
	84.52%	4.17%	4.67%	6.64%	100%	98.07%	1.91%	0.02%	100%
浙江	2 379	75	67	135	2 656	2 656	1	0	2 657
	89.57%	2.83%	2.52%	5.08%	100%	99.96%	0.04%	0.00%	100%
安徽	1 541	72	52	101	1 766	1 766	168	12	1 946
	87.26%	4.08%	2.94%	5.72%	100%	90.75%	8.63%	0.62%	100%
江西	1 322	14	12	54	1 402	1 402	38	4	1 444
	94.29%	1.00%	0.86%	3.85%	100%	97.09%	2.63%	0.28%	100%
福建	1 993	89	49	124	2 255	2 255	134	4	2 393
	88.38%	3.95%	2.17%	5.50%	100%	94.23%	5.60%	0.17%	100%
山东	4 978	233	269	346	5 826	5 826	7	13	5 846
	85.44%	4.00%	4.62%	5.94%	100%	99.66%	0.12%	0.22%	100%
河南	3 604	146	96	195	4 041	4 041	76	0	4 117
	89.19%	3.61%	2.38%	4.82%	100%	98.15%	1.85%	0.00%	100%

续 表

地区	专职教职工					专职	代课	兼任	教工总计
	专任	行政	教辅	工勤	在职总计				
湖北	1 741	109	72	106	2 028	2 028	76	11	2 115
	85.85%	5.37%	3.55%	5.23%	100%	95.89%	3.59%	0.52%	100%
湖南	1 731	136	75	74	2 016	2 016	44	22	2 082
	85.86%	6.75%	3.72%	3.67%	100%	96.83%	2.11%	1.06%	100%
广东	4 069	222	322	373	4 986	4 986	24	43	5 053
	81.61%	4.45%	6.46%	7.48%	100%	98.67%	0.48%	0.85%	100%
海南	250	18	7	48	323	323	11	6	340
	77.40%	5.57%	2.17%	14.86%	100%	95.00%	3.24%	1.76%	100%
广西	1 482	79	109	183	1 853	1 853	52	0	1 905
	79.98%	4.26%	5.88%	9.88%	100%	97.27%	2.73%	0.00%	100%
重庆	926	57	14	31	1 028	1 028	19	0	1 047
	90.08%	5.54%	1.36%	3.02%	100%	98.19%	1.81%	0.00%	100%
四川	2 503	94	70	143	2 810	2 810	205	12	3 027
	89.07%	3.35%	2.49%	5.09%	100%	92.83%	6.77%	0.40%	100%
贵州	1 637	82	17	85	1 821	1 821	1	41	1 863
	89.90%	4.50%	0.93%	4.67%	100%	97.75%	0.05%	2.20%	100%
云南	1 512	55	34	133	1 734	1 734	0	12	1 746
	87.20%	3.17%	1.96%	7.67%	100%	99.31%	0.00%	0.69%	100%
西藏	201	17	0	6	224	224	0	0	224
	89.73%	7.59%	0.00%	2.68%	100%	100%	0.00%	0.00%	100%
陕西	1 161	127	38	126	1 452	1 452	88	44	1 584
	79.96%	8.74%	2.62%	8.68%	100%	91.67%	5.55%	2.78%	100%
甘肃	825	26	5	56	912	912	6	1	919
	90.46%	2.85%	0.55%	6.14%	100%	99.24%	0.65%	0.11%	100%
青海	162	7	3	11	183	183	32	0	215
	88.52%	3.83%	1.64%	6.01%	100%	85.12%	14.88%	0.00%	100%
宁夏	368	5	1	10	384	384	36	0	420
	95.83%	1.30%	0.26%	2.61%	100%	91.43%	8.57%	0.00%	100%
新疆	937	50	23	50	1 060	1 060	21	2	1 083
	88.39%	4.72%	2.17%	4.72%	100%	97.88%	1.94%	0.18%	100%

（二）2016 年各省特殊教育学校的专职教职工

1. 2016 年各省特殊教育学校专任教师占专职教职工的比例

专任教师就是专职教职工中上课的教师。2016 年全国 2 080 所特殊教育学校的专职教工中，专任教师占 85.19%，地方 31 个省中，有 20 个省份高于这个比例，11 个省份低于这个比例。

在专任教师比例高于全国比例的 20 个省份中，宁夏排第一，其专职教职工中专任教师的比例达到了 95.83%；江西排第二，专任教师的比例为 94.29%；甘肃排第三，专任教师的比例为 90.46%；重庆排第四，专任教师的比例为 90.08%；其他省份的专任教师比例都在 90%以下。分别位居全国第五、第六、第七、第八、第九的贵州、西藏、浙江、河南、四川专任教师的比例在89.07%—89.90%，差异不明显；青海、新疆、福建分别位居全国第十、第十一、第十二，专任教师的比例为 88.52%、88.40%、88.38%；安徽、云南两省分别为87.26%、87.20%，位列第十三、第十四；湖南、湖北、山西、内蒙古、山东、黑龙江 6 个省都接近全国平均，在 85.22%—85.86%，列全国第十五至第二十位（见表 2-3-2）。

表 2-3-2　2016 年各省特殊教育学校专任教师占专职教职工的比例

省份	占专职教职工的比例(%)	排名	省份	占专职教职工的比例(%)	排名
宁夏	95.83	1	山西	85.70	17
江西	94.29	2	内蒙古	85.59	18
甘肃	90.46	3	山东	85.44	19
重庆	90.08	4	黑龙江	85.22	20
贵州	89.90	5	江苏	84.52	21
西藏	89.73	6	吉林	84.49	22
浙江	89.57	7	河北	84.16	23
河南	89.19	8	广东	81.61	24
四川	89.07	9	广西	79.98	25
青海	88.52	10	陕西	79.96	26
新疆	88.40	11	上海	78.59	27
福建	88.38	12	天津	77.69	28
安徽	87.26	13	北京	77.66	29
云南	87.20	14	海南	77.40	30
湖南	85.86	15	辽宁	75.40	31
湖北	85.85	16			

在专任教师的比例低于全国比例的 11 个省份中，辽宁专任教师的比例最低，仅为 75.40%，与全国平均差 9.79 个百分点，居全国第三十一位；分别位居第二、第三、第四低的海南、北京、天津 3 个省份均比 77%多一点，分别为 77.40%、77.66%、77.69%；上海专任教师占比 78.59%，居全国第二十七位；陕西、广西两省占比为 79.96%、79.98%，非常接近，分别居全国第二十六、第二十五位；位居全国第二十四的广东省，专任教师占比

81.61%;河北、吉林、江苏则接近全国平均,在84.16%—84.52%(见表2-3-2)。

尽管不能说专任教师越多办学质量就越好,但是从管理角度看,专任教师越多,学校的行政等人员就可能越少,机构就越不臃肿,从而也就更符合办学规律。目前我们的问题是,真正需要的岗位不见得被满足,相反,无关紧要的岗位却有可能人满为患。

2. 2016年各省特殊教育学校行政人员占专职教职工的比例

在学校工作人员中,专任教师的比例大了,其他类别职工的比例必然小;反之,专任教师的比例小了,其他类别职工的比例必然大。从全国来看,2016年全国2 080所特殊教育学校的行政人员占整个专职教职工的5.51%,31个省份中,超过这个比例的有12个省份,另外19个省份低于这个比例。

在高于全国特殊教育学校行政人员占比的省份中,辽宁排第一,其2016年特殊教育学校行政人员占专职教职工的比例为16.87%,是全国占比的3.06倍,高出全国11.36个百分点;排第二的是天津,行政人员占比12.16%;上海位居第三,行政人员占比10.64%,其他省份行政人员占比在10%以下。其中,位列全国第四的北京,占比9.60%;位列第五的陕西占比8.74%;位列第六的吉林占比8.44%;西藏、黑龙江、湖南、河北虽然分别位居全国第七、第八、第九、第十,比例分别为7.59%、6.99%、6.75%、6.29%;海南、重庆两省行政人员比例分别为5.57%、5.54%,位居全国第十一、第十二(见表2-3-3)。

表2-3-3 2016年各省特殊教育学校行政人员占专职教职工的比例排名

省份	占专职教职工的比例(%)	排名	省份	占专职教职工的比例(%)	排名
辽宁	16.87	1	广东	4.45	17
天津	12.16	2	广西	4.26	18
上海	10.64	3	江苏	4.17	19
北京	9.60	4	安徽	4.08	20
陕西	8.74	5	山东	4.00	21
吉林	8.44	6	福建	3.95	22
西藏	7.59	7	青海	3.83	23
黑龙江	6.99	8	山西	3.73	24
湖南	6.75	9	河南	3.61	25
河北	6.29	10	四川	3.35	26
海南	5.57	11	云南	3.17	27
重庆	5.54	12	甘肃	2.85	28
湖北	5.37	13	浙江	2.83	29
内蒙古	5.15	14	宁夏	1.30	30
新疆	4.72	15	江西	1.00	31
贵州	4.50	16			

在低于全国特殊教育学校行政人员占专职教职工比例的19个省份中,比例最低的是江西,仅为1.00%,位居全国第三十一;其次是宁夏,行政人员的比例也仅仅只有1.30%;

浙江、甘肃两省的比例也不到3%，分别为2.83%、2.85%，列全国第二十九、二十八位；福建、青海、山西、河南、四川、云南6个省居全国第二十二到第二十七位，占比不到4%，在3.17%—3.95%；新疆、贵州、广东、广西、江苏、安徽、山东7个省占比不到5%，在4.00%—4.72%，位居全国第十五至第二十一；内蒙古、湖北的占比接近全国平均，为5.15%、5.37%，居全国第十四位、第十三位（见表2-3-3）。

3. 2016年各省特殊教育学校教辅人员占专职教职工的比例

对办学而言，配备一定数量的教辅人员是必要的。但是，教辅人员的比例和其他人员一样，应该由教育行政部门规定。就全国而言，2016年全国2 080所特殊教育学校的教辅人员占整个专职教职工的比例是3.61%，全国31个省份中有10个省份高于这个比例，21个省份低于这个比例。

在高于全国比例的省份中，北京排第一，其特殊教育学校2016年教辅人员占专职教职工的比例是7.27%；广东位居第二，教辅人员占专职教职工的比例是6.46%；上海位列第三，教辅人员的比例是6.05%；天津、广西两省的比例分别是5.89%和5.88%，位居全国第四和第五；江苏、内蒙古、山东的比例分别为4.67%、4.63%、4.62%，位居全国第六、第七、第八；位居第九的河北比例为3.86%，位居第十的湖南比例为3.72%，与全国平均极为接近（见表2-3-4）。

表2-3-4　2016年各省特殊教育学校教辅人员占专职教职工的比例排名

省份	占专职教职工的比例(%)	省份	地区	占专职教职工的比例(%)	排名
北京	7.27	1	陕西	2.62	17
广东	6.46	2	浙江	2.52	18
上海	6.05	3	四川	2.49	19
天津	5.89	4	河南	2.38	20
广西	5.88	5	福建	2.17	21
江苏	4.67	6	海南	2.17	21
内蒙古	4.63	7	新疆	2.17	21
山东	4.62	8	云南	1.96	24
河北	3.86	9	青海	1.64	25
湖南	3.72	10	重庆	1.36	26
辽宁	3.58	11	贵州	0.93	27
湖北	3.55	12	江西	0.86	28
山西	3.28	13	甘肃	0.55	29
吉林	3.10	14	宁夏	0.26	30
安徽	2.94	15	西藏	0	31
黑龙江	2.70	16			

在低于全国平均的省份中，西藏没有教辅人员，比例为0，居全国第三十一位；宁夏、甘肃、江西、贵州的比例也不到1%，分别为0.26%、0.55%、0.86%、0.93%，居全国第三

十位、第二十九位、第二十八位、第二十七位；重庆、青海、云南3个省份的比例也不到2.00%，分别为1.36%、1.64%、1.96%，居全国第二十六、第二十五、第二十四位；新疆、海南、福建3个省并列第二十一位，比例为2.17%；安徽、黑龙江、陕西、浙江、四川、河南6个省的比例不到3%，在2.38%—2.94%，位于全国第十五至二十位；辽宁、湖北、山西、吉林4个省的比例不到4%，在3.10%—3.58%，位居全国第十一至第十四(见表2-3-4)。

4. 2016年各省特殊教育学校工勤人员占专职教职工的比例

从办学性质来看，尤其是对那些需要住校的特殊教育学校而言，工勤人员是不可或缺的。本报告不比较特殊教育学校和普通学校的工勤状况，仅仅就全国2 080所特殊教育学校的工勤人员状况进行比较。就全国来看，2016年工勤人员占整个专职教职工的比例是5.69%，全国31个省份中，高于这个比例的省份有11个，1个省份等于这个比例，19个省份低于这个比例。

在特殊教育学校工勤人员占比高于全国比例的省份中，海南排第一，工勤人员占专职教职工的比重是14.86%，是全国比例的2.6倍左右；广西排第二，工勤人员占比9.88%；陕西第三，工勤人员占比8.68%；云南、广东、山西位居全国第四、第五、第六，工勤人员占比分别为7.67%、7.48%、7.29%；江苏、甘肃、青海3个省份位居全国第七至第九位，工勤人员占比分别为6.64%、6.14%、6.01%；山东、安徽两省分别居全国第十、第十一位，工勤人员占比5.94%、5.72%；河北工勤人员比例与全国比例相同(见表2-3-5)。

表2-3-5　2016年各省特殊教育学校工勤人员占专职教职工的比例排名

省份	占专职教职工的比例(%)	省份	地区	占专职教职工的比例(%)	排名
海南	14.86	1	黑龙江	5.09	16
广西	9.88	2	浙江	5.08	18
陕西	8.68	3	河南	4.82	19
云南	7.67	4	上海	4.72	20
广东	7.48	5	新疆	4.72	20
山西	7.29	6	贵州	4.67	22
江苏	6.64	7	内蒙古	4.63	23
甘肃	6.14	8	天津	4.26	24
青海	6.01	9	辽宁	4.15	25
山东	5.94	10	吉林	3.97	26
安徽	5.72	11	江西	3.85	27
河北	5.69	12	湖南	3.67	28
福建	5.50	13	重庆	3.02	29
北京	5.47	14	西藏	2.68	30
湖北	5.23	15	宁夏	2.60	31
四川	5.09	16			

在工勤人员占专职教职工的比例低于全国平均的19个省份中，宁夏最低，占比2.60%，居全国第三十一位；西藏次之，比例为2.68%，居全国第三十位；吉林、江西、湖南、

重庆4个省的比例也不到4%，分别位居全国第二十六至第二十九，工勤人员占比在3.02%—3.97%；河南、上海、新疆、贵州、内蒙古、天津、辽宁7个省居全国第十九至第二十五位，工勤人员占比不到5%，在4.15%—4.82%，其中，新疆、上海占比4.72%，并列全国第二十位；福建、北京、湖北、四川、黑龙江、浙江6个省份占比接近全国平均，在5.08%—5.50%，位居全国第十三至第十八，其中，黑龙江、四川并列第十六位（见表2-3-5）。

（三）2016年各省特殊教育学校职工类别

在全国特殊教育学校中，不仅有专职教职工，还有代课教师和兼任教师。这些代课教师或兼任教师，可能是没有编制的临时工，也可能是待考编制的临时工。临时工的多少和政府对特殊教育学校的重视程度有一定关系。

1. 2016年各省特殊教育学校专职教职工状况

从2016年教育部公报看，全国2 080所特殊教育学校中，专职教职工占97.40%，也就是说有2.60%的各种各样的临时工。全国19个省份专职教职工的比例超过全国平均水平，12个省份低于全国平均水平。

在高于全国平均的省份中，北京、西藏没有代课教师和兼任教师，100%都是专职教职工，或者说这两省份的教职工都是有编制①的。此外，其他各省中，专职教职工②的比例超过99%的省份有浙江、山东、吉林、上海、黑龙江、天津、云南、辽宁、河北、甘肃10个省（其中黑龙江、天津并列第七），位列第三到第十二名，专职教职工占比在99.24%—99.96%；广东、内蒙古、重庆、河南、江苏5个省位列全国第十三至第十七名，专职教职工占比在98.07%—98.67%；位于全国第十八的新疆专职教职工占比为97.88%；位于全国第十九的贵州专职教职工占比为97.75%（见表2-3-6）。

在专职教职工比例低于全国比例的12个省份中，最低的是青海，该省份2016年特殊教育学校专职教职工（在编职工）的比例仅仅为85.12%，为全国最低，即有超过10%的临时工；山西第二低，专职教职工的比例为88.89%，也是有超过10%的教职工为临时工；安徽专职教职工的比例是90.75%，为第三低；宁夏、陕西两省的专职教职工占比分别为91.43%、91.67%，列第四、第五低；居全国第二十六的四川专职教职工占比92.83%，居全国第二十五位的福建是94.23%；海南、湖北两省的专职教职工占比分别是95.00%、95.89%，居全国第二十四、第二十三位；湖南的专职教职工占比96.83%，居全国第二十二位；江西、广西两省的专职教职工占比分别为97.09%、97.27%，接近全国平均水平（见表2-3-6）。

---

① 有的省份出现了一个更为独特的情况，即政府聘任教师，教师工资待遇和其他教师差别不大，但没有编制。这种情况实际上也是临时工。

② 严格而言，这里称为专职教职工并不合适，在目前中国的语境里，应该称为在编教职工，而那些代课教师则是不在编制内的教职工，因为大部分代课教师也是专职的，甚至有的兼任教师也是专职的。

表 2-3-6 2016 年各省特殊教育学校专职教职工的比例排名

省份	专职教职工的比例(%)	排名	省份	专职教职工的比例(%)	排名
北京	100.00	1	江苏	98.07	17
西藏	100.00	1	新疆	97.88	18
浙江	99.96	3	贵州	97.75	19
山东	99.66	4	广西	97.27	20
吉林	99.57	5	江西	97.09	21
上海	99.50	6	湖南	96.83	22
黑龙江	99.38	7	湖北	95.89	23
天津	99.38	7	海南	95.00	24
云南	99.31	9	福建	94.23	25
辽宁	99.29	10	四川	92.83	26
河北	99.25	11	陕西	91.67	27
甘肃	99.24	12	宁夏	91.43	28
广东	98.67	13	安徽	90.75	29
内蒙古	98.65	14	山西	88.89	30
重庆	98.19	15	青海	85.12	31
河南	98.15	16			

2. 2016 年各省特殊教育学校的代课教师状况

根据教育部教育统计数据，2016 全国特殊教育学校的教师中代课教师占2.19%，全国各省特殊教育学校中，代课教师比例超过这个数字的有 11 个省份；除 3 个省份没有代课教师外，其他 17 个省份的代课教师比例为小于 2.19%。

在代课教师比例较高的省份中，青海排第一，代课教师比例达到了14.88%；其次是山西，代课教师的比例是 9.80%；安徽排第三，代课教师的比例是 8.63%；宁夏排第四，代课教师的比例是 8.57%；四川位列第五，代课教师比例为 6.77%；福建、陕西位列第六、第七，代课教师比例分别为5.60%、5.55%；湖北、海南两省代课教师的比例分别为 3.59%、3.24%，居全国第八和第九位；位列全国第十和第十一的广西、江西比例分别为 2.73%、2.63%(见表 2-3-7)。

表 2-3-7　2016 年各省特殊教育学校的代课教师比例排名

省份	占教职工的比例(%)	排名	省份	占教职工的比例(%)	排名
青海	14.88	1	内蒙古	1.16	17
山西	9.80	2	辽宁	0.71	18
安徽	8.63	3	甘肃	0.65	19
宁夏	8.57	4	黑龙江	0.62	20
四川	6.77	5	天津	0.62	20
福建	5.60	6	河北	0.57	22
陕西	5.55	7	广东	0.48	23
湖北	3.59	8	吉林	0.43	24
海南	3.24	9	上海	0.31	25
广西	2.73	10	山东	0.12	26
江西	2.63	11	贵州	0.05	27
湖南	2.11	12	浙江	0.04	28
新疆	1.94	13	北京	0	29
江苏	1.91	14	云南	0	29
河南	1.85	15	西藏	0	29
重庆	1.81	16			

在低于全国比例的省份中，除去云南、西藏、北京 3 个省没有代课教师之外，浙江、贵州、山东、上海、吉林、广东、河北、天津、黑龙江、甘肃、辽宁 11 个省代课教师的比例在 1%以下，内蒙古、重庆、河南、江苏、新疆 5 个省的代课教师比例在 1.16%—1.94%，湖南省占比为 2.11%，接近全国水平(见表 2-3-7)。

3. 2016 年各省特殊教育学校的兼任教师状况

从教育部统计数据来看，2016 年全国特殊教育学校兼任教师的比例为0.41%，除去 12 个省份没有兼任教师外，19 个省份有兼任教师。就兼任教师的比例来看，陕西兼任教师的比例最高，达到了 2.78%；贵州的比例为 2.20%，位居全国第二；海南、山西、湖南 3 个省的比例分别为 1.76%、1.31%、1.06%，列全国第三、第四、第五；广东、云南、安徽、湖北、四川、江西、山东、内蒙古、上海、河北、新疆、福建、甘肃、江苏 14 省份的比例在 0.02%—0.85%，青海、辽宁、吉林、黑龙江、北京、天津、浙江、河南、广西、重庆、西藏、宁夏 12 省份没有兼任教师(见表 2-3-8)。

按说，学校有一部分兼任教师或者兼职教师，似乎也正常。但教育部教育统计中未详细说明兼任教师的内涵与外延，所以难以进行评价。

表 2-3-8 2016 年各省特殊教育学校的兼任教师比例

省份	占专职教职工的比例(%)	排名	省份	占专职教职工的比例(%)	排名
陕西	2.78	1	福建	0.17	17
贵州	2.20	2	甘肃	0.11	18
海南	1.76	3	江苏	0.02	19
山西	1.31	4	青海	0	20
湖南	1.06	5	辽宁	0	20
广东	0.85	6	吉林	0	20
云南	0.69	7	黑龙江	0	20
安徽	0.62	8	北京	0	20
湖北	0.52	9	天津	0	20
四川	0.40	10	浙江	0	20
江西	0.28	11	河南	0	20
山东	0.22	12	广西	0	20
内蒙古	0.19	13	重庆	0	20
上海	0.19	13	西藏	0	20
河北	0.18	15	宁夏	0	20
新疆	0.18	15			

二、2016 年特殊教育学校教师的学历

(一) 2016 年特殊教育学校教师学历的基本情况

根据教育部教育统计的基本口径,特殊教育学校专任教师的学历层次分为五个,即研究生层次(目前主要是硕士研究生,尚无博士研究生)、本科、专科、高中和高中以下。根据目前我国特殊教育的实际情况,就大城市而言,新进入特殊教育学校的教师已经基本上是本科及以上学历了。因为除非边远地区的一些学校还能进专科学历的教师以外,大多数想去特殊教育学校任职的人员如果没有本科以上学历,已经很难有编制了。目前特殊教育学校中专科以下学历的教师大多是过去入编的,包括过去进入特殊教育学校或者进入普通学校后从普通学校进入特殊学校的。

教育部教育统计显示,2016 年全国 2 080 所特殊教育学校的 53 213 名专任教师中,研究生学历的有 1 085 人,占 2.04%;本科学历的有 33 386 人,占 62.74%,本科及以上学历的教师已经达到 64.78%;专科学历的有 17 307 人,占 32.52%。值得注意的是,在 53 213 名专任教师中,有 1 435 名高中及高中以下学历的教师,占整个专任教师的 2.70%。各省教师的学历和占比情况见表 2-3-9。

表 2-3-9　2016 年全国及各省特殊教育学校教师的学历状况(人数、百分数)

地区	研究生	本科	专科	高中	高中以下	合计
全国	1 085	33 386	17 307	1 389	46	53 213
	2.04%	62.74%	32.52%	2.61%	0.09%	100.00%
辽宁	37	1 389	643	37	3	2 109
	1.76%	65.86%	30.49%	1.75%	0.14%	100.00%
吉林	20	1 093	368	71	0	1 552
	1.29%	70.43%	23.71%	4.57%	0.00%	100.00%
黑龙江	5	945	892	74	10	1 926
	0.26%	49.07%	46.31%	3.84%	0.52%	100.00%
北京	82	877	71	6	0	1 036
	7.92%	84.65%	6.85%	0.58%	0.00%	100.00%
河北	23	1 924	1 204	74	0	3 225
	0.71%	59.66%	37.33%	2.30%	0.00%	100.00%
天津	34	450	125	11	0	620
	5.48%	72.58%	20.16%	1.78%	0.00%	100.00%
山西	4	1 031	432	49	0	1 516
	0.26%	68.01%	28.50%	3.23%	0.00%	100.00%
内蒙古	19	848	416	30	0	1 313
	1.45%	64.59%	31.68%	2.28%	0.00%	100.00%
上海	111	1 004	128	5	0	1 248
	8.89%	80.45%	10.26%	0.40%	0.00%	100.00%
江苏	84	2 544	665	52	1	3 346
	2.51%	76.03%	19.88%	1.55%	0.03%	100.00%
浙江	86	17 12	509	69	3	2 379
	3.61%	71.96%	21.40%	2.90%	0.13%	100.00%
安徽	16	943	533	49	0	1 541
	1.04%	61.19%	34.59%	3.18%	0.00%	100.00%
江西	9	722	555	34	2	1 322
	0.68%	54.62%	41.98%	2.57%	0.15%	100.00%
福建	20	1 184	731	58	0	1 993
	1.00%	59.41%	36.68%	2.91%	0.00%	100.00%

续 表

地区	研究生	本科	专科	高中	高中以下	合计
山东	130	3 443	1 231	170	4	4 978
	2.61%	69.16%	24.73%	3.42%	0.08%	100.00%
河南	23	1 830	1 645	106	0	3 604
	0.64%	50.78%	45.64%	2.94%	0.00%	100.00%
湖北	15	926	723	75	2	1 741
	0.86%	53.19%	41.53%	4.31%	0.11%	100.00%
湖南	21	854	811	45	0	1 731
	1.21%	49.34%	46.85%	2.60%	0.00%	100.00%
广东	200	2 625	1 095	144	5	4 069
	4.92%	64.51%	26.91%	3.54%	0.12%	100.00%
海南	1	118	121	10	0	250
	0.40%	47.20%	48.40%	4.00%	0.00%	100.00%
广西	22	769	642	42	7	1 482
	1.49%	51.89%	43.32%	2.83%	0.47%	100.00%
重庆	12	582	323	9	0	926
	1.30%	62.85%	34.88%	0.97%	0.00%	100.00%
四川	36	1 274	1 133	60	0	2 503
	1.44%	50.90%	45.26%	2.40%	0.00%	100.00%
贵州	8	971	625	32	1	1 637
	0.49%	59.32%	38.18%	1.95%	0.06%	100.00%
云南	16	1 004	473	19	0	1 512
	1.06%	66.40%	31.28%	1.26%	0.00%	100.00%
西藏	2	138	56	4	1	201
	0.99%	68.66%	27.86%	1.99%	0.50%	100.00%
陕西	18	751	370	16	6	1 161
	1.55%	64.68%	31.87%	1.38%	0.52%	100.00%
甘肃	11	558	240	16	0	825
	1.33%	67.64%	29.09%	1.94%	0.00%	100.00%
青海	5	95	59	3	0	162
	3.09%	58.64%	36.42%	1.85%	0.00%	100.00%

续 表

地区	研究生	本科	专科	高中	高中以下	合计
宁夏	6	220	137	5	0	368
	1.63%	59.78%	37.23%	1.36%	0.00%	100.00%
新疆	9	562	351	14	1	937
	0.96%	59.98%	37.46%	1.49%	0.11%	100.00%

（二）研究生学历状况

根据教育部教育统计，2016年全国特殊教育学校的教师中，研究生（硕士）学历者占2.04%，全国31个省份中，有8个省份在职教师的研究生比例超过全国平均，另外23个省份的比例低于全国平均。

教师的研究生学历比例超过全国平均的8个省份中，上海占比最高，达到了8.89%；北京位居第二，比例是7.92%；天津排第三，比例为5.48%；广东位居第四，比例为4.92%；浙江位居第五，比例为3.61%；位居第六的青海比例为3.09%；位居第七的山东比例为2.61%；位居第八的江苏比例为2.51%（见表2－3－10）。

表2－3－10　2016年各省特殊教育学校教师的研究生学历分布排名

省份	研究生毕业的教师占比（%）	排名	省份	研究生毕业（%）	排名
上海	8.89	1	吉林	1.29	17
北京	7.92	2	湖南	1.21	18
天津	5.48	3	云南	1.06	19
广东	4.92	4	安徽	1.04	20
浙江	3.61	5	福建	1.00	21
青海	3.09	6	西藏	0.99	22
山东	2.61	7	新疆	0.96	23
江苏	2.51	8	湖北	0.86	24
辽宁	1.76	9	河北	0.71	25
宁夏	1.63	10	江西	0.68	26
陕西	1.55	11	河南	0.64	27
广西	1.49	12	贵州	0.49	28
内蒙古	1.45	13	海南	0.40	29
四川	1.44	14	黑龙江	0.26	30
甘肃	1.33	15	山西	0.26	30
重庆	1.30	16			

值得注意的是，教师的研究生学历比例较高的省份不仅有经济发达的上海、北京、天津、广东等省份，还有边远地区青海。出现这种情况的原因可能是，发达地区已经发展到

高学历者进入特殊教育学校的程度，而落后地区则是要进编制，需要高学历。

在教师的研究生学历比例低于全国平均的23个省份中，山西和黑龙江研究生学历的教师最少，占比仅仅为0.26%，并列全国第三十位；第三低的是海南，比例为0.40%；贵州占比0.49%，居全国第二十八位；西藏、新疆、湖北、河北、江西、河南6个省的比例在1.0%以下，在0.64%至0.99%，居全国第二十二至第二十七位；福建占比1.00%，居第二十一位；辽宁、宁夏、陕西、广西、内蒙古、四川、甘肃、重庆、吉林、湖南、云南、安徽12省份研究学历的比例在1.04%—1.76%，居全国第九至第二十位(见表2-3-10)。

（三）本科学历状况

从统计数据看，在各种学历中，全国特殊教育学校教师本科学历所占的比例最大，2016年全国特殊教育学校教师拥有本科学历的达到了62.74%，本科学历者已成为特殊教育学校的教师主体。

从统计来看，我国大陆31个省有16个省特校教师本科学历的比例超过62.74%，15个省低于62.74%。在高于全国平均的省份中，北京位列第一，教师拥有本科学历的占84.65%；上海其次，教师拥有本科学历的占80.45%；江苏第三，拥有本科学历的教师占比76.03%；天津、浙江、吉林3个省本科教师的比例分别为72.58%、71.96%、70.43%，居全国第四至第六位；山东、西藏、山西、甘肃、云南、辽宁、陕西、内蒙古、广东、重庆10个省本科教师的比例在62.85%—69.16%，居全国第七至第十六位(见表2-3-11)。

表2-3-11　2016年各省特殊教育学校教师的本科学历分布排名

省份	本科教师的比例(%)	排名	省份	本科教师的比例(%)	排名
北京	84.65	1	安徽	61.19	17
上海	80.45	2	新疆	59.98	18
江苏	76.03	3	宁夏	59.78	19
天津	72.58	4	河北	59.66	20
浙江	71.96	5	福建	59.41	21
吉林	70.43	6	贵州	59.32	22
山东	69.16	7	青海	58.64	23
西藏	68.66	8	江西	54.62	24
山西	68.01	9	湖北	53.19	25
甘肃	67.64	10	广西	51.89	26
云南	66.40	11	四川	50.90	27
辽宁	65.86	12	河南	50.78	28
陕西	64.68	13	湖南	49.34	29
内蒙古	64.59	14	黑龙江	49.07	30
广东	64.51	15	海南	47.20	31
重庆	62.85	16			

在本科学历的比例低于全国平均的15个省份中，海南最低，本科比例为47.20%，居全国第三十一位；黑龙江、湖南两省本科教师的比例也不到50%，分别是49.07%、49.34%，居全国第三十、第二十九位；新疆、宁夏、河北、福建、贵州、青海、江西、湖北、广西、四川、河南11个省份的比例不到60%，在50.78%—59.98%，居全国第十八至第二十八位；排名第十七位的安徽，本科教师的比例为61.19%（见表2-3-11）。

（四）专科学历状况

2016年全国特殊教育学校中，教师学历是专科的占32.52%，略低于三分之一。统计发现，我国大陆31个省份中，有16个省份专科毕业教师的比例高于全国平均，15个省份低于全国平均。

在专科毕业教师占比高于全国平均的省份中，海南排第一，比例为48.40%；湖南排第二，比例为46.85%；黑龙江排第三，比例为46.31%；排第四、第五的河南、四川，比例分别为45.64%、45.26%；广西、江西、湖北3个省的比例分别为43.32%、41.98%、41.53%，位居全国第六、第七、第八；贵州、新疆、河北、宁夏、福建、青海、重庆、安徽8个省的专科教师占比在34.59%—38.18%，居全国第九至第十六位（见表2-3-12）。

表2-3-12　2016年各省特殊教育学校教师的专科学历比例排名

省份	专科毕业教师占比（%）	排名	省份	专科毕业教师占比（%）	排名
海南	48.40	1	陕西	31.87	17
湖南	46.85	2	内蒙古	31.68	18
黑龙江	46.31	3	云南	31.28	19
河南	45.64	4	辽宁	30.49	20
四川	45.26	5	甘肃	29.09	21
广西	43.32	6	山西	28.50	22
江西	41.98	7	西藏	27.86	23
湖北	41.53	8	广东	26.91	24
贵州	38.18	9	山东	24.73	25
新疆	37.46	10	吉林	23.71	26
河北	37.33	11	浙江	21.40	27
宁夏	37.23	12	天津	20.16	28
福建	36.68	13	江苏	19.88	29
青海	36.42	14	上海	10.26	30
重庆	34.88	15	北京	6.85	31
安徽	34.59	16			

在专科学历教师占比低于全国平均的省份中，北京最低，比例仅仅为6.85%；第二低

的为上海，占比为10.26%；第三低的是江苏，占比为19.88%；甘肃、山西、西藏、广东、山东、吉林、浙江、天津8个省专科学历教师的占比在20.16%—29.09%，居全国第二十一至第二十八位；陕西、内蒙古、云南、辽宁4个省份，专科学历教师占比在30.49%—31.87%，居全国第十七至第二十位(见表2-3-12)。

（五）高中及高中以下学历状况

值得重视的是，在全国2 080所特殊教育学校中，尚有2.61%的教师为高中(中专)学历，0.09%的教师为高中以下学历。这是由于历史原因导致的(即在我国实施二级师范教育之前，进入特殊教育学校的合格学历是中专学历)，还是其他原因导致，需要进一步研究。

统计发现，无论是发达地区还是偏远省份，都存在高中及以下学历的教师。从统计来看，有12个省份的高中学历教师的比例高于2.61%，19个省份的比例低于2.61%。

在高中学历教师比例高于全国比例的省份中，吉林排第一，达到了4.57%；湖北排第二，高中教师比例达到了4.31%；海南的比例为4.00%，居全国第三；黑龙江、广东、山东、山西、安徽5个省的比例在3.18%—3.84%，位居全国第四至第八；河南、福建、浙江、广西4个省的比例在2.83%—2.94%，居全国第九至第十二位(见表2-3-13)。

表2-3-13　2016年各省特殊教育学校教师的高中学历比例排名

省份	高中学历的教师占比(%)	排名	省份	高中学历的教师占比(%)	排名
吉林	4.57	1	内蒙古	2.28	17
湖北	4.31	2	西藏	1.99	18
海南	4.00	3	贵州	1.95	19
黑龙江	3.84	4	甘肃	1.94	20
广东	3.54	5	青海	1.85	21
山东	3.42	6	天津	1.78	22
山西	3.23	7	辽宁	1.75	23
安徽	3.18	8	江苏	1.55	24
河南	2.94	9	新疆	1.49	25
福建	2.91	10	陕西	1.38	26
浙江	2.90	11	宁夏	1.36	27
广西	2.83	12	云南	1.26	28
湖南	2.60	13	重庆	0.97	29
江西	2.57	14	北京	0.58	30
四川	2.40	15	上海	0.40	31
河北	2.30	16			

在低于全国平均的省份中，上海高中学历的教师占比最低，仅仅为0.40%；北京第二低，比例为 0.58%；第三低的是重庆比例为 0.97%；西藏、贵州、甘肃、青海、天津、辽宁、江苏、新疆、陕西、宁夏、云南 11 个省份高中学历教师的占比不到 2.00%，在 1.26%—1.99%，位居全国第十八至第二十八；湖南、江西、四川、河北、内蒙古 5 个省份高中学历教师的占比在 2.28%—2.60%，居全国第十三至第十七位(见表 2－3－13)。

三、2016 年特殊教育学校教师的职称

(一) 2016 年特殊教育学校教师职称的总体情况

根据教育部教育统计，2016 年全国 53 213 名教师中，具有中学高级职称的有 5 777 人，占教师总数的 10.86%；具有小学高级职称的有 25 156 人，占教师总数的 47.27%；小学一级的有 14 729 人，占教师总数的 27.68%；小学二级的有 1 930 人，占教师总数的 3.63%；小学三级的有 234 人，占教师总数的 0.44%。此外，还有占教师总数 10.12%的教师职称未定，共有 5 387 人(见表 2－3－14)。

表 2－3－14　2016 年全国及各省特殊教育学校教师的职称状况(人数、百分数)

地区	中学高级	小学高级	小学一级	小学二级	小学三级	未定级	合计
全国	5 777	25 156	14 729	1 930	234	5 387	53 213
	10.86%	47.27%	27.68%	3.63%	0.44%	10.12%	100.00%
辽宁	267	1 389	295	50	0	108	2 109
	12.66%	65.86%	13.99%	2.37%	0.00%	5.12%	100.00%
吉林	270	728	440	44	2	68	1 552
	17.40%	46.91%	28.35%	2.83%	0.13%	4.38%	100.00%
黑龙江	412	1 068	387	7	2	50	1 926
	21.39%	55.45%	20.10%	0.36%	0.10%	2.60%	100.00%
北京	84	530	343	12	0	67	1 036
	8.11%	51.16%	33.11%	1.16%	0.00%	6.46%	100.00%
河北	490	1 830	670	41	2	192	3 225
	15.19%	56.75%	20.78%	1.27%	0.06%	5.95%	100.00%
天津	69	362	160	2	0	27	620
	11.13%	58.39%	25.81%	0.32%	0.00%	4.35%	100.00%
山西	61	562	650	69	13	161	1 516
	4.02%	37.07%	42.88%	4.55%	0.86%	10.62%	100.00%
内蒙古	312	583	257	45	1	115	1 313
	23.76%	44.40%	19.57%	3.43%	0.08%	8.76%	100.00%

续 表

地区	中学高级	小学高级	小学一级	小学二级	小学三级	未定级	合计
上海	62	699	449	4	0	34	1 248
	4.97%	56.01%	35.98%	0.32%	0.00%	2.72%	100.00%
江苏	423	1 799	792	76	4	252	3 346
	12.64%	53.77%	23.67%	2.27%	0.12%	7.53%	100.00%
浙江	237	992	769	75	5	301	2 379
	9.96%	41.70%	32.33%	3.15%	0.21%	12.65%	100.00%
安徽	160	702	386	74	6	213	1 541
	10.38%	45.56%	25.05%	4.80%	0.39%	13.82%	100.00%
江西	203	479	312	127	27	174	1 322
	15.36%	36.23%	23.60%	9.61%	2.04%	13.16%	100.00%
福建	84	953	640	139	15	162	1 993
	4.22%	47.82%	32.11%	6.97%	0.75%	8.13%	100.00%
山东	703	2 299	1 394	185	6	391	4 978
	14.12%	46.18%	28.00%	3.72%	0.12%	7.86%	100.00%
河南	539	1 756	1 002	147	9	151	3 604
	14.96%	48.72%	27.80%	4.08%	0.25%	4.19%	100.00%
湖北	226	1 029	331	46	22	87	1 741
	12.98%	59.11%	19.01%	2.64%	1.26%	5.00%	100.00%
湖南	163	765	380	69	33	321	1 731
	9.42%	44.19%	21.95%	3.99%	1.91%	18.54%	100.00%
广西	50	844	303	42	2	241	1 482
	3.37%	56.95%	20.45%	2.84%	0.13%	16.26%	100.00%
海南	21	71	84	32	0	42	250
	8.40%	28.40%	33.60%	12.80%	0.00%	16.80%	100.00%
广东	149	1 629	1 007	147	32	1 105	4 069
	3.66%	40.03%	24.75%	3.61%	0.79%	27.16%	100.00%
重庆	67	384	371	43	5	56	926
	7.24%	41.47%	40.06%	4.64%	0.54%	6.05%	100.00%
四川	200	1 104	993	21	0	185	2 503
	7.99%	44.11%	39.67%	0.84%	0.00%	7.39%	100.00%

续 表

地区	中学高级	小学高级	小学一级	小学二级	小学三级	未定级	合计
贵州	75	676	488	168	7	223	1 637
	4.58%	41.30%	29.81%	10.26%	0.43%	13.62%	100.00%
云南	175	689	475	75	13	85	1 512
	11.57%	45.57%	31.42%	4.96%	0.86%	5.62%	100.00%
西藏	8	83	68	1	0	41	201
	3.98%	41.29%	33.83%	0.50%	0.00%	20.40%	100.00%
陕西	58	409	487	97	5	105	1 161
	5.00%	35.23%	41.95%	8.35%	0.43%	9.04%	100.00%
甘肃	69	341	320	13	1	81	825
	8.36%	41.33%	38.79%	1.58%	0.12%	9.82%	100.00%
青海	32	76	36	4	2	12	162
	19.75%	46.91%	22.22%	2.47%	1.24%	7.41%	100.00%
宁夏	11	125	146	15	9	62	368
	2.99%	33.97%	39.67%	4.08%	2.44%	16.85%	100.00%
新疆	97	200	294	60	11	275	937
	10.35%	21.35%	31.38%	6.40%	1.17%	29.35%	100.00%

由于小学高级实际上是中级职称，小学一级及以下各级职称是初级职称，据此，2016年全国特殊教育学校具有高级职称的教师比例为10.86%，具有中级职称的教师比例为47.27%，而31.75%的教师为初级职称，10.12%为没有定级的。由此可以看出，全国特殊教育学校的教师中，中级职称者为主体，初级职称次之，高级职称和未定级教师的比例差别不大。

各省特殊教育学校教师的职称情况差异较大。例如，辽宁省的高级职称（中学高级）比例达到了12.66%；中级职称（小学高级）的比例则达到了65.86%；初级职称（小学一级及以下）的比例为16.36%，不到四分之一。但是，山西的状况则与此不同，特殊教育学校高级职称的比例仅为4.02%；中级职称的比例为37.07%；初级职称的比例达到了48.29%，接近一半（见表2-3-14）。

（二）2016年各省特殊教育学校教师的高级职称状况

2016年全国特殊教育学校的教师中，具有高级职称的占10.86%，全国有13个省份高级职称的比例高于它，另外18个省份低于这个比例。

在高于全国平均的省份中，内蒙古位列第一，特殊教育学校教师具有高级职称的比例是23.76%，接近教师总数的四分之一，这是相当高的；黑龙江位居第二，比例为21.39%；青海第三，比例是19.75%；吉林第四，高级职称的比例是17.40%；位居全国第

五、第六的江西、河北的比例极为接近，分别为15.36%、15.19%；位居全国第七、第八的河南、山东的比例分别为14.96%、14.12%；湖北12.98%、辽宁12.66%、江苏12.64%，分别位居全国第九、第十、第十一；云南11.57%、天津11.13%，分别位居全国第十二、第十三(见表2-3-15)。

表2-3-15　2016年各省特殊教育学校有高级职称教师的比例排名

省份	有高级职称教师的比例(%)	排名	省份	有高级职称教师的比例(%)	排名
内蒙古	23.76	1	湖南	9.42	17
黑龙江	21.39	2	海南	8.40	18
青海	19.75	3	甘肃	8.36	19
吉林	17.40	4	北京	8.11	20
江西	15.36	5	四川	7.99	21
河北	15.19	6	重庆	7.24	22
河南	14.96	7	陕西	5.00	23
山东	14.12	8	上海	4.97	24
湖北	12.98	9	贵州	4.58	25
辽宁	12.66	10	福建	4.22	26
江苏	12.64	11	山西	4.02	27
云南	11.57	12	西藏	3.98	28
天津	11.13	13	广东	3.66	29
安徽	10.38	14	广西	3.37	30
新疆	10.35	15	宁夏	2.99	31
浙江	9.96	16			

在高级职称比例低于全国平均的18个省份中，宁夏最低，高级职称教师的比例仅为2.99%；广西、广东、西藏的比例分别为3.37%、3.66%、3.98%，居全国第三十、第二十九、第二十八位；山西、福建、贵州、上海4个省的高级职称教师比例未超5%，在4.02%—4.97%，居全国第二十七、第二十六、第二十五、第二十四位；陕西的比例为5.00%，居全国第二十三位；重庆、四川分别为7.24%、7.99%，居全国第二十二、第二十一位；北京、甘肃、海南3个省的比例分别为8.11%、8.36%、8.40%，居全国第二十、第十九、第十八位；湖南、浙江两省的比例分别为9.42%、9.96%，居全国第十七、第十六位；新疆、安徽两省的比例分别为10.35%、10.38%，居全国第十五、第十四位，是最接近全国平均值的两个省份(见表2-3-15)。

(三) 2016年各省特殊教育学校教师的中级职称状况

2016年的统计数据显示，全国特殊教育学校中，有中级职称(小学高级)教师的比例是47.27%，差不多占教师总数的一半。我国大陆31个省份中，有11个省份中级职称教师的比例高于全国平均，另外20个省份低于全国平均。

在中级职称教师的比例高于全国平均的11个省份中，最高的省份是辽宁，比例达到了65.86%；其次是湖北，比例是59.11%；位居第三、第四的是天津、广西，比例分别为58.39%、56.95%；河北56.75%、上海56.01%、黑龙江55.45%、江苏53.77%、北京51.16%，分别位居全国第五、第六、第七、第八、第九；河南居全国第十，比例为48.72%；福建47.82%，居全国第十一位，接近全国平均水平（见表2-3-16）。

表2-3-16　2016年各省特殊教育学校教师中级职称（小学高级）的比例排名

省份	有中级职称教师的比例（%）	排名	省份	有中级职称教师的比例（%）	排名
辽宁	65.86	1	内蒙古	44.40	17
湖北	59.11	2	湖南	44.19	18
天津	58.39	3	四川	44.11	19
广西	56.95	4	浙江	41.70	20
河北	56.75	5	重庆	41.47	21
上海	56.01	6	甘肃	41.33	22
黑龙江	55.45	7	贵州	41.30	23
江苏	53.77	8	西藏	41.29	24
北京	51.16	9	广东	40.03	25
河南	48.72	10	山西	37.07	26
福建	47.82	11	江西	36.23	27
吉林	46.91	12	陕西	35.23	28
青海	46.91	12	宁夏	33.97	29
山东	46.18	14	海南	28.40	30
云南	45.57	15	新疆	21.35	31
安徽	45.56	16			

在中级职称教师比例低于全国平均的20个省份中，比例最低的是新疆，仅为21.35%，居全国第三十一位；其次是海南，比例是28.40%，居全国第三十位；宁夏33.97%、陕西35.23%、江西36.23%、山西37.07%，分别位居全国第二十九、第二十八、第二十七、第二十六；吉林、青海、山东、云南、安徽、内蒙古、湖南、四川、浙江、重庆、甘肃、贵州、西藏、广东14省份占比在40.03%—46.91%，排位在全国第十二至第二十五，其中吉林、青海并列第十二（见表2-3-16）。

（四）2016年各省特殊教育学校教师的初级职称状况

在特殊教育学校中，小学一级、小学二级、小学三级均属于初级职称。

从小学一级来看，全国有小学一级职称教师的比例为27.68%，超过这个比例的有18

个省份。其中，最高的是山西，小学一级教师比例达到了42.88%；陕西排第二，比例为41.95%；重庆位居第三，比例达到了 40.06%；四川、宁夏并列第四，比例为 39.67%；甘肃、上海、西藏、海南、北京、浙江、福建、云南、新疆 9 个省的比例在 31.38%—38.79%，分别居全国第六至第十四位；贵州、吉林、山东、河南、天津、安徽、广东、江苏、江西、青海、湖南、河北、广西、黑龙江 14 省份的比例在 20.10%—29.81%，位居全国第十五至第二十八；位居全国第二十九的内蒙古比例是 19.57%；位居全国第三十的湖北比例是 19.01%；居全国第三十一位的辽宁比例是 13.99%(见表 2-3-17)。

表 2-3-17　2016 年各省特殊教育学校小学一级教师的比例排名

省份	小学一级教师的比例(%)	排名	省份	小学一级教师的比例(%)	排名
山西	42.88	1	山东	28.00	17
陕西	41.95	2	河南	27.80	18
重庆	40.06	3	天津	25.81	19
四川	39.67	4	安徽	25.05	20
宁夏	39.67	4	广东	24.75	21
甘肃	38.79	6	江苏	23.67	22
上海	35.98	7	江西	23.60	23
西藏	33.83	8	青海	22.22	24
海南	33.60	9	湖南	21.95	25
北京	33.11	10	河北	20.78	26
浙江	32.33	11	广西	20.45	27
福建	32.11	12	黑龙江	20.10	28
云南	31.42	13	内蒙古	19.57	29
新疆	31.38	14	湖北	19.01	30
贵州	29.81	15	辽宁	13.99	31
吉林	28.35	16			

从小学二级教师的比例来看，全国有此职称的教师比例为 3.63%，超过这个比例的省份有 14 个，17 个省份低于这个比例。其中，排名第一的是海南，比例达到 12.80%；贵州第二，比例为 10.26%；江西第三，比例为 9.61%；陕西 8.35%、福建 6.97%、新疆 6.40%，分别位居全国第四、第五、第六；云南、安徽、重庆、山西、河南、宁夏 6 个省的比例在 4.08%—4.96%，居全国第七至第十一位，其中河南、宁夏并列十一；湖南、山东、广东、内蒙古、浙江的占比在 3.15%—3.99%，分别居全国第十三至第十七位；广西、吉林、湖北、青海、辽宁、江苏 6 个省的比例在2.27%—2.84%，分别位居全国第十八至第二十三；甘肃、河北、北京 3 个省的比例分别是 1.58%、1.27%、1.16%，位居全国第二十四、第二十五、第二十六；四川、西藏、黑龙江、天津、上海的比例低于 1%，在 0.32%—0.84%，位居

全国第二十七至第三十，天津、上海并列第三十（见表 2－3－18）。

表 2－3－18　2016 年各省特殊教育学校小学二级教师的比例排名

省份	小学二级教师的比例（%）	排名	省份	小学二级教师的比例（%）	排名
海南	12.80	1	浙江	3.15	17
贵州	10.26	2	广西	2.84	18
江西	9.61	3	吉林	2.83	19
陕西	8.35	4	湖北	2.64	20
福建	6.97	5	青海	2.47	21
新疆	6.40	6	辽宁	2.37	22
云南	4.96	7	江苏	2.27	23
安徽	4.80	8	甘肃	1.58	24
重庆	4.64	9	河北	1.27	25
山西	4.55	10	北京	1.16	26
河南	4.08	11	四川	0.84	27
宁夏	4.08	11	西藏	0.50	28
湖南	3.99	13	黑龙江	0.36	29
山东	3.72	14	天津	0.32	30
广东	3.61	15	上海	0.32	30
内蒙古	3.43	16			

小学三级教师的比例较低，北京、天津、上海等 7 个省没有小学三级教师，有小学三级教师的省份，除去宁夏小学三级教师的比例为 2.44%、江西的比例为 2.04%、湖南的比例为 1.91%、湖北的比例为 1.26%、青海的比例为 1.24%、新疆的比例为 1.17%之外，其他各省的占比均在 1%以下（见表2－3－19）。

（五）2016 年各省特殊教育学校未定级教师的状况

2016 年全国特殊教育学校中有 10.12%的教师没有定级。未定级的原因无法从教育部统计中看出，但从各省未定级教师的比例来看，差异很大。有的省仅有 2.60%的教师未定级，有的省则高达 29.35%。

表 2-3-19　2016 年各省特殊教育学校小学三级教师的比例排名

省份	小学三级教师比例(%)	排名	省份	小学三级教师比例(%)	排名
宁夏	2.44	1	吉林	0.13	17
江西	2.04	2	广西	0.13	17
湖南	1.91	3	江苏	0.12	19
湖北	1.26	4	山东	0.12	19
青海	1.24	5	甘肃	0.12	19
新疆	1.17	6	黑龙江	0.10	22
山西	0.86	7	内蒙古	0.08	23
云南	0.86	7	河北	0.06	24
广东	0.79	9	辽宁	0	25
福建	0.75	10	北京	0	25
重庆	0.54	11	天津	0	25
贵州	0.43	12	上海	0	25
陕西	0.43	12	海南	0	25
安徽	0.39	14	四川	0	25
河南	0.25	15	西藏	0	25
浙江	0.21	16			

从表 2-3-20 可以看出，新疆未定级的教师比例最高，达到了 29.35%；广东其次，比例为 27.16%；西藏第三，比例为 20.40%；湖南第四，比例为 18.54%；分别居全国第五、第六、第七的宁夏、海南、广西的差异不大，比例分别为 16.85%、16.80%、16.26%；安徽、贵州、江西 3 个省的比例分别为 13.82%、13.62%、13.16%，位居全国第八、第九、第十；浙江 12.65%、山西 10.62%，分别居全国第十一、第十二位；其他各省的比例在 9.82%及以下，本报告不再具体列出。

从可能性上看，未定级的教师可能是新入职的教师，定级年限不到；也可能是因为教师自身的条件达不到定级要求，所以未能定级；还有可能是受职称指标的限制而不能定级。当然，还有一种情况，就是这些教师自己放弃或者对定级无所谓，因而未能定级。具体原因需要进一步研究。但从职称功能来看，教师定级与否，从一个侧面反映了教育在当地的被重视程度，也是学校教学条件好坏的一种体现。

表 2-3-20　2016 年各省特殊教育学校未定级教师的比例排名

省份	未定级教师的比例(%)	排名	省份	未定级教师的比例(%)	排名
新疆	29.35	1	山东	7.86	17
广东	27.16	2	江苏	7.53	18
西藏	20.40	3	青海	7.41	19
湖南	18.54	4	四川	7.39	20
宁夏	16.85	5	北京	6.46	21
海南	16.80	6	重庆	6.05	22
广西	16.26	7	河北	5.95	23
安徽	13.82	8	云南	5.62	24
贵州	13.62	9	辽宁	5.12	25
江西	13.16	10	湖北	5.00	26
浙江	12.65	11	吉林	4.38	27
山西	10.62	12	天津	4.35	28
甘肃	9.82	13	河南	4.19	29
陕西	9.04	14	上海	2.72	30
内蒙古	8.76	15	黑龙江	2.60	31
福建	8.13	16			

第四节　2016 年各省特殊教育学校的教学资源

一、2016 年全国特殊教育学校教学资源概况

教学资源是一个含义广泛的概念。教师用书、教学仪器、课外读物、运动器材等都属于教学资源的范畴。在 2016 年教育部教育统计中，并未使用教学资源的概念，而是把教学资源的有关项目放置在办学条件中。为了与教育部教育统计的口径吻合，本报告所谓的教学资源主要是指学校中的绿化用地、运动场地、图书和数字资源四项。

从 2016 年教育统计来看，全国 2 080 所特殊教育学校的绿化用地4 100 362.79平方米，校均绿化用地 1 971.33 平方米；运动场地面积是4 767 005.04平方米，校均运动场地面积 2 291.83 平方米。

全国 2 080 所特殊教育学校共有图书 8 826 203.00 册，校均图书4 243.37 册；全国特殊教育学校共有数字资源合计 21 069 220.00，校均数字资源10 129.43(见表 2-4-1)。请注意，为了和第一章统一，这里的数字资源是数据库(个)、电子图书(册)、音视频(小时)三项内容的和，未再分成三部分统计。

表 2-4-1　2016 年各省特殊教育学校的教学资源状况

地区	学校数	项目	总面积中		占地总面积（m^2）	图书（册）	数字资源*
			绿化用地（m^2）	运动场地（m^2）			
全国	2 080	面积	4 100 362.79	4 767 005.04	19 701 196.63	8 826 203.00	21 069 220.00
		校均	1 971.33	2 291.83	9 471.73	4 243.37	10 129.43
辽宁	75	面积	77 839.97	166 179.73	594 884.47	493 544.00	22 521.00
		校均	1 037.87	2 215.73	7 931.79	6 580.59	300.28
吉林	49	面积	91 691.28	163 155.49	522 297.97	173 042.00	128 341.00
		校均	1 871.25	3 329.70	10 659.14	3 531.47	2 619.20
黑龙江	73	面积	62 291.67	176 909.72	558 543.24	224 449.00	2 902.00
		校均	853.31	2 423.42	7 651.28	3 074.64	39.75
北京	22	面积	40 527.33	60 110.92	247 043.43	294 862.00	47 099.00
		校均	1 842.15	2 732.31	11 229.25	13 402.82	2 140.86
山西	69	面积	53 039.34	94 932.37	439 082.38	177 797.00	8 024.00
		校均	781.46	1 298.73	6 513.69	2 526.73	848.34
河北	160	面积	211 938.02	329 359.89	1 355 079.92	541 711.00	59 120.00
		校均	1 324.61	2 058.50	8 469.25	3 385.69	369.50
天津	20	面积	15 621.25	51 053.00	171 756.00	100 799.00	2 643.00
		校均	781.06	2 552.65	8 587.80	5 039.95	132.15

续 表

地区	学校数	项目	总面积中		占地总面积（m^2）	图书（册）	数字资源*
			绿化用地（m^2）	运动场地（m^2）			
内蒙古	46	面积	107 247.00	160 466.00	550 733.45	116 017.00	733.00
		校均	2 331.46	3 488.39	11 972.47	2 522.11	15.93
上海	29	面积	80 743.00	61 987.00	269 180.86	351 644.00	70 0111.00
		校均	2 784.24	2 137.48	9 282.10	12 125.66	24 141.76
江苏	101	面积	316 783.35	304 553.17	1 193 239.31	680 741.00	1 172 693.00
		校均	3 136.47	3 015.38	11 814.25	6 740.01	11 610.82
浙江	84	面积	252 533.91	208 172.77	930 879.91	350 291.00	25 360.00
		校均	3 006.36	2 478.25	11 081.90	4 170.13	301.90
安徽	71	面积	194 560.91	202 344.10	864 176.85	358 276.00	143 664.00
		校均	2 740.29	2 849.92	12 171.50	5 046.14	2 023.44
江西	88	面积	166 742.25	199 498.04	715 248.65	205 561.00	3 105.00
		校均	1 894.80	2 267.02	8 127.83	2 335.92	35.28
福建	71	面积	194 987.45	191 679.63	739 868.68	351 003.00	10 264 169.00
		校均	2 746.30	2 699.71	10 420.69	4 943.70	144 565.76
山东	146	面积	388 735.44	419 825.45	1 822 048.46	867 835.00	441 570.00
		校均	2 662.57	2 875.52	12 479.78	5 944.08	3 024.45
河南	146	面积	184 032.42	235 231.89	1 131 714.07	510 687.00	29 626.00
		校均	1 260.50	1 611.18	7 751.47	3 497.86	202.92

续 表

地区	学校数	项目	总面积中		占地总面积（m^2）	图书(册)	数字资源*
			绿化用地(m^2)	运动场地(m^2)			
湖北	84	面积	184 795.35	161 558.26	719 434.01	237 594.00	25 701.00
		校均	2 199.94	1 923.31	8 564.69	2 828.50	305.96
湖南	79	面积	293 171.00	149 026.00	920 551.79	223 308.00	42 047.00
		校均	3 711.03	1 886.41	11 652.55	2 826.68	532.24
广东	127	面积	301 124.07	289 534.94	1 187 784.44	623 512.00	6 133 888.00
		校均	2 371.06	2 279.80	9 352.63	4 909.54	48 298.33
海南	7	面积	22 374.42	22 547.00	120 950.85	32 830.00	0.00
		校均	3 196.35	3 221.00	17 278.69	4 690.00	0.00
广西	79	面积	91 120.72	100 702.00	557 879.48	247 270.00	20 684.00
		校均	1 153.43	1 274.71	7 061.77	3 130.00	261.82
重庆	36	面积	55 187.00	53 819.00	264 846.06	88 649.00	1 149 282.00
		校均	1 532.97	1 494.97	7 356.84	2 462.47	31 924.50
四川	125	面积	1 467 29.47	223 719.62	782 477.21	468 939.00	241 134.00
		校均	1 173.84	1 789.76	6 259.82	3 751.51	1 929.07
贵州	76	面积	138 465.23	207 793.98	702 259.26	235 354.00	19 814.00
		校均	1 821.91	2 734.13	9 240.25	3 096.76	260.71
云南	61	面积	138 316.95	140 213.47	722 677.31	338 083.00	155 407.00
		校均	2 267.49	2 298.58	11 847.17	5 542.34	2 547.66

续 表

地区	学校数	项目	总面积中		占地总面积 (m^2)	图书(册)	数字资源*
			绿化用地(m^2)	运动场地(m^2)			
西藏	5	面积	22 420.01	25 974.01	125 937.34	8 838.00	0.00
		校均	4 484.00	5 194.80	25 187.47	1 767.60	0.00
陕西	56	面积	71 350.94	85 792.95	397 818.26	231 867.00	18 406.00
		校均	1 274.12	1 532.02	7 103.90	4 140.48	328.68
甘肃	40	面积	56 547.35	112 293.80	386 162.77	88 493.00	5 164.00
		校均	1 413.68	2 807.35	9 654.07	2 212.33	129.10
青海	15	面积	19 590.00	29 903.00	119 972.70	33 439.00	566.00
		校均	1 306.00	1 993.53	7 998.18	2 229.27	37.73
宁夏	12	面积	25 713.13	43 551.84	142 772.92	58 329.00	1 203.00
		校均	2 142.76	3 629.32	11 897.74	4 860.75	100.25
新疆	28	面积	94 142.56	95 116.00	443 894.58	111 439.00	204 243.00
		校均	3 362.23	3 397.00	15 853.38	3 979.96	7 294.39

[注:* 处数字是数据库(个)、电子图书(册)、音视频(小时)三项内容的和,单位不是GB]

二、2016 年各省特殊教育学校的校园面积

（一）2016 年各省特殊教育学校的校园占地面积

根据教育部教育统计，2016 年全国 2 080 所特殊教育学校的校均校园占地面积为 9 471.73平方米，有 15 个省份特殊教育学校的校均校园占地面积超过了全国平均数，16 个省份低于全国平均数。

在高于全国平均数的省份中，西藏排第一，其 2016 年特殊教育学校的校均校园占地面积是 25 187.47 平方米，超出全国平均一倍多；海南位列第二，校均校园占地面积 17 278.69 平方米，也超出全国平均近一倍；新疆位列第三，校均校园占地面积 15 853.38 平方米；山东位列第四，校均校园占地面积 12 479.78 平方米；安徽位列第五，校均校园占地面积 12 171.50 平方米；内蒙古位列第六，校均校园占地面积 11 972.47 平方米；宁夏位列第七，校均校园占地面积 11 897.74 平方米；云南、江苏、湖南 3 个省位列全国第八、第九、第十，校均校园占地面积分别为 11 847.17、11 814.25、11 652.55 平方米；北京、浙江、吉林、福建 4 个省的校均校园占地面积也超过 10 000 平方米，在 10 420.69—11 229.25 平方米，位列全国第十一至第十四；甘肃位居全国第十五，校均校园占地面积 9 654.07 平方米（见表 2-4-2）。

表 2-4-2　2016 年各省特殊教育学校的校均校园占地面积排名

省份	校均面积（m^2）	排名	省份	校均面积（m^2）	排名
西藏	25 187.47	1	上海	9 282.10	17
海南	17 278.69	2	贵州	9 240.25	18
新疆	15 853.38	3	天津	8 587.80	19
山东	12 479.78	4	湖北	8 564.69	20
安徽	12 171.50	5	河北	8 469.25	21
内蒙古	11 972.47	6	江西	8 127.83	22
宁夏	11 897.74	7	青海	7 998.18	23
云南	11 847.17	8	辽宁	7 931.79	24
江苏	11 814.25	9	河南	7 751.47	25
湖南	11 652.55	10	黑龙江	7 651.28	26
北京	11 229.25	11	重庆	7 356.84	27
浙江	11 081.90	12	陕西	7 103.90	28
吉林	10 659.14	13	广西	7 061.77	29
福建	10 420.69	14	山西	6 513.69	30
甘肃	9 654.07	15	四川	6 259.82	31
广东	9 352.63	16			

在低于全国校均校园占地面积的省份中，四川最低，居全国第三十一位，校均校园占地面积仅仅为 6 259.82 平方米；山西也低于 7 000 平方米，为6 513.69 平方米，居全国第三十位；青海、辽宁、河南、黑龙江、重庆、陕西、广西 7 个省份的校均校园占地面积不到 8 000 平方米，在 7 061.77—7 998.18 平方米，居全国第二十三至第二十九位；天津、湖北、河北、江西 4 个省校均校园占地面积超过了 8 000 平方米，在 8 127.83—8 587.80 平方米，居全国第十九至第二十二位；分别居全国第十八、第十七、第十六位的是贵州、上海、广东，校均校园占地面积分别为9 240.25、9 282.10、9 352.63 平方米(见表 2-4-2)。

从数据来看，校均校园占地面积大的省份往往是边远省份，可能由于这些省份的学校设立较晚，新校建设往往是以较高的标准建设的，加之边远地区的地皮可能较为宽松，因此这些省份的校园面积较大。不管什么原因，校园面积的大小在一定程度上反映了当地政府对特殊教育的重视程度。如果一个学校占地不到十亩，怎么都说不上是对特殊教育重视。

当然，在校均校园占地面积较大的省份中，也有北京这样经济较为发达的地区，这说明在一定程度上这些地区是重视特殊教育校舍建设的。

(二) 2016 年各省特殊教育学校的校均绿化用地

根据教育部教育统计，2016 年全国 2 080 所特殊教育学校的校均绿化用地面积是 1 971.33 平方米，我国大陆 31 个省份中有 15 个省的校均绿化用地面积超过全国校均，16 个省份低于全国校均。

在高于全国校均的省份中，排第一的是西藏，校均绿化用地面积是 4 484.00 平方米，大约相当于一个 67 米长、66 米宽的空地；排名第二的是湖南，校均绿化用地面积是 3 711.03 平方米，大约相当于一个 60 米长、60 米宽的空地；排名第三的是新疆，校均绿化用地面积为 3 362.23 平方米；海南位居全国第四，校均绿化用地面积为 3 196.35 平方米；位居全国第五的江苏校均绿化用地面积为3 136.47 平方米；浙江位居第六，占地 3 006.36 平方米；上海、福建、安徽 3 个省校均绿化用地面积不到 2 800 平方米，分别为 2 784.24、2 746.30、2 740.29 平方米，居全国第七、第八、第九位；山东、广东、内蒙古、云南、湖北、宁夏 6 个省的校均绿化用地面积超过了 2 000 平方米，但在 2 700 平方米以下，在2 142.76—2 662.57 平方米，居全国第十至第十五位(见表 2-4-3)。

在低于全国校均的 16 个省份中，最低的是天津，校均绿化用地的面积仅仅是 781.06 平方米，仅相当于一块长 25 米、宽 30 米的空地；其次是山西，校均绿化用地面积为 781.46 平方米；不到 1 000 平方米的还有排名第三低的黑龙江，校均绿化用地面积也仅为 853.31 平方米，居全国第二十九位；辽宁、广西、四川 3 个省的校均绿化用地面积分别为 1 037.87、1 153.43、1 173.84 平方米，居全国第二十八、第二十七、第二十六位；河南、陕西的校均绿化用地面积为 1 260.50、1 274.12 平方米，居全国第二十五、第二十四位；居全国第二十三、第二十二位的是青海和河北，校均绿化占地面积分别为 1 306.00、1 324.61 平方米；甘肃的校均绿化用地面积为 1 413.68 平方米，居全国第二十一位；居全国第二十位的重庆校均绿化用地面积为 1 532.97 平方米；贵州、北京、吉林、江西的校均绿化用地面积分别是 1 821.91、1 842.15、1 871.25、1 894.80 平方米，居全国第十九、第十八、第十七、第十六位(见表 2-4-3)。

表 2-4-3　2016 年各省特殊教育学校的校均绿化用地面积排名

省份	校均绿化用地面积(m^2)	排名	省份	校均绿化用地面积(m^2)	排名
西藏	4 484.00	1	吉林	1 871.25	17
湖南	3 711.03	2	北京	1 842.15	18
新疆	3 362.23	3	贵州	1 821.91	19
海南	3 196.35	4	重庆	1 532.97	20
江苏	3 136.47	5	甘肃	1 413.68	21
浙江	3 006.36	6	河北	1 324.61	22
上海	2 784.24	7	青海	1 306.00	23
福建	2 746.30	8	陕西	1 274.12	24
安徽	2 740.29	9	河南	1 260.50	25
山东	2 662.57	10	四川	1 173.84	26
广东	2 371.06	11	广西	1 153.43	27
内蒙古	2 331.46	12	辽宁	1 037.87	28
云南	2 267.49	13	黑龙江	853.31	29
湖北	2 199.94	14	山西	781.46	30
宁夏	2 142.76	15	天津	781.06	31
江西	1 894.80	16			

由上可知，各地普遍不重视校园绿化用地的建设。一方面可能是因为校园面积紧张；另一方面，也可能就是缺少建设校园绿化用地的规划，这在一定程度上反映出当地对特殊教育不够重视。

（三）2016 年各省特殊教育学校的校均运动场地

根据教育部教育统计，2016 年全国 2 080 所特殊教育学校的校均运动场地面积是 2 291.83平方米，大约只是一个长 40 米、宽 50 米的矩形的面积。在我国大陆 31 个省份中，有 17 个省份高于全国平均，另外 14 个省份则低于全国平均。

在校均运动场地面积的全国排名中，西藏第一，校均运动场地面积是 5 194.80 平方米，高出全国平均近 3 000 平方米；宁夏、内蒙古、新疆、吉林、海南、江苏 6 个省份排第二至第七位，校均运动场地面积都在 3 000 平方米以上，在 3 015.38—3 629.32 平方米；山东、安徽、甘肃、贵州、北京、福建、天津、浙江、黑龙江、云南 10 个省份位居全国第八至第十七，校均运动场地面积在 2 298.58—2 875.52平方米（见表 2-4-4）。

表 2-4-4　2016 年各省特殊教育学校的校均运动场地面积排名

省份	校均运动场地面积（m^2）	排名	省份	校均运动场地面积（m^2）	排名
西藏	5 194.80	1	云南	2 298.58	17
宁夏	3 629.32	2	广东	2 279.80	18
内蒙古	3 488.39	3	江西	2 267.02	19
新疆	3 397.00	4	辽宁	2 215.73	20
吉林	3 329.70	5	上海	2 137.48	21
海南	3 221.00	6	河北	2 058.50	22
江苏	3 015.38	7	青海	1 993.53	23
山东	2 875.52	8	湖北	1 923.31	24
安徽	2 849.92	9	湖南	1 886.41	25
甘肃	2 807.35	10	四川	1 789.76	26
贵州	2 734.13	11	河南	1 611.18	27
北京	2 732.31	12	陕西	1 532.02	28
福建	2 699.71	13	重庆	1 494.97	29
天津	2 552.65	14	山西	1 298.73	30
浙江	2 478.25	15	广西	1 274.71	31
黑龙江	2 423.42	16			

在低于全国平均的省份中，广东最高，校均运动场地面积为 2 279.80 平方米，接近全国平均水平；江西、辽宁、上海、河北 4 个省份的校均运动场地面积也超过了 2 000 平方米，在 2 058.50—2 267.02 平方米，分别居全国第十九至第二十二位；其他包括青海、湖北、湖南、四川、河南、陕西、重庆、山西、广西在内的 9 个省份校均运动场地面积在 1 000—2 000 平方米，分别居全国第二十三至第三十一位；校均运动场地面积最小的是广西，仅有 1 274.71 平方米。

三、2016 年各省特殊教育学校的图书资源

图书资源应该是学校最基本的教学资源，然而，2016 年教育部教育统计数据显示，全国 2 080 所特殊教育学校的校均图书只有 4 243.37 册，有 12 个省份的校均图书高于这个数字，其他 19 个省份低于这个数字。

在我国大陆各省中，学校图书最多的是北京，校均图书达到了 13 402.82 册，是全国平均的 3 倍多；上海排第二，校均图书为 12 125.66 册，也是全国平均的近 3 倍。其他各省均在 7 000 册以下。排第三的是江苏，校均图书为6 740.01 册；辽宁位居第四，校均图书6 580.59册；山东、云南、安徽、天津 4 个省校均图书超过了 5 000 册，在 5 039.95—5 944.08 册，分别居全国第五至第八位；福建、广东、宁夏、海南、浙江、陕西 6 个省份的校均图书超过

了 4 000 册，在 4 140.48—4 943.70册，分别居全国第九至第十四位(见表 2－4－5)。

表 2－4－5　2016 年各省特殊教育学校的图书资源排名

省份	校均图书(册)	排名	省份	校均图书(册)	排名
北京	13 402.82	1	吉林	3 531.47	17
上海	12 125.66	2	河南	3 497.86	18
江苏	6 740.01	3	河北	3 385.69	19
辽宁	6 580.59	4	广西	3 130.00	20
山东	5 944.08	5	贵州	3 096.76	21
云南	5 542.34	6	黑龙江	3 074.64	22
安徽	5 046.14	7	湖北	2 828.50	23
天津	5 039.95	8	湖南	2 826.68	24
福建	4 943.70	9	山西	2 526.73	25
广东	4 909.54	10	内蒙古	2 522.11	26
宁夏	4 860.75	11	重庆	2 462.47	27
海南	4 690.00	12	江西	2 335.92	28
浙江	4 170.13	13	青海	2 229.27	29
陕西	4 140.48	14	甘肃	2 212.33	30
新疆	3 979.96	15	西藏	1 767.60	31
四川	3 751.51	16			

在低于全国平均的各省份中，最低的是西藏，校均图书仅有 1 767.60 册，位居全国第三十一；湖北、湖南、山西、内蒙古、重庆、江西、青海、甘肃 8 个省的校均图书不到 3 000 册，在 2 212.33—2 828.50 册，分别居全国第二十三至第三十位；新疆、四川、吉林、河南、河北、广西、贵州、黑龙江 8 个省的校均图书不到 4 000 册，在 3 074.64—3 979.96 册，位居全国第十五至第二十二(见表2－4－5)。

四、2016 年各省特殊教育学校的数字资源

学校的数字资源反映出学校使用现代化手段包括网络手段的水平。2016 年的教育部教育统计中，将数字资源分为数据库(个)、电子图书(册)、音视频(小时)三个部分，这与以往不同。为了和第一章统一(第一章则是为了和前几年比较)，本节也把数据库、电子图书、音视频合并为数字资源统计，但单位既不是 2015 年前教育部公布的 GB，也不是这里的册和小时，而只是一个用于各省比较的数字而已。

从统计来看，2016 年全国 2 080 所特殊教育学校的校均数字资源为10 129.43，我国大陆 31 个省份中，只有 5 个省份超过这个数字。各地的差异极大，如福建的校均数字资源达到了 144 565.76，而海南和西藏则为 0。

在超过全国平均的省份中，校均数字资源列第一的是福建，达到了144 565.76；广东位居全国第二，校均数字资源为48 298.33；重庆位居第三，为31 924.50；上海位居第四，为24 141.76；排第五的江苏为11 610.82(见表2-4-6)。

表2-4-6　2016年各省特殊教育学校的校均数字资源排名

省份	校均数字资源	排名	省份	校均数字资源	排名
福建	144 565.76	1	湖北	305.96	17
广东	48 298.33	2	浙江	301.90	18
重庆	31 924.50	3	辽宁	300.28	19
上海	24 141.76	4	广西	261.82	20
江苏	11 610.82	5	贵州	260.71	21
新疆	7 294.39	6	河南	202.92	22
山东	3 024.45	7	天津	132.15	23
吉林	2 619.20	8	甘肃	129.10	24
云南	2 547.66	9	宁夏	100.25	25
北京	2 140.86	10	黑龙江	39.75	26
安徽	2 023.44	11	青海	37.73	27
四川	1 929.07	12	江西	35.28	28
山西	848.34	13	内蒙古	15.93	29
湖南	532.24	14	海南	0	30
河北	369.50	15	西藏	0	30
陕西	328.68	16			

在低于全国平均的省份中，西藏和海南最低，数字资源为0；内蒙古位居第二十九，校均数字资源仅为15.93；江西、青海、黑龙江3个省均低于100，分别为35.28、37.73、39.75，位居第二十八、第二十七、第二十六；宁夏、甘肃、天津3个省，分别为100.25、129.10、132.15，居全国第二十五、第二十四、第二十三位；河南、贵州、广西居第二十二、第二十一、第二十位，校均数字资源分别为202.92、260.71、261.82；河北、陕西、湖北、浙江、辽宁5个省校均数字资源低于400，在300.28—369.50，居第十五到第十九位；湖南校均数字资源为532.24，位居全国第十四；位居第十三的是山西，校均数字资源为848.34；四川为1 929.07，居全国第十二位；吉林、云南、北京、安徽不到3 000，在2 023.44—2 619.20，居全国第八到第十一位；山东为3 024.45，位居全国第七；新疆为7 294.39，位居全国第六(见表2-4-6)。

第五节　2016 年的工读教育

一、2016 年工读教育概况

改革开放之初，工读教育曾经有过大的发展，但随着各种法律、法规的修订和教育政策等的改变，对轻微违法犯罪的界定和问题行为的判断同过去比较有了很大的不同，加之社会对教育需求的变化，工读教育萎缩比较严重。

根据教育部教育统计，2013 年全国共有工读学校 78 所，2014 年 79 所，2015 年 86 所，2016 年 89 所；工读学校在校生 2013 年 9 307 人，2014 年 8 494 人，2015 年 7 920 人，2016 年 7 181 人；工读学校离校人数 2013 年 3 596 人，2014 年 3 000 人，2015 年 4 141 人，2016 年 3 298 人；工读学校新入校人数 2013 年 3 891 人，2014 年 3 528 人，2015 年 3 811 人，2016 年 3 295 人。尽管四年来工读学校的学校数呈上升趋势，但在校生数呈下降趋势。各省四年来工读学校的学生状况如表 2－5－1 所示。

表 2－5－1　2016 年全国工读学校的学生状况

地区	年份	学校数	离校人数	入校人数	在校生人数	流失数	流失率(%)
全国	2013	78	3 596	3 891	9 307		
	2014	79	3 000	3 528	8 494	1 341	14.41
	2015	86	4 141	3 811	7 920	244	2.87
	2016	89	3 298	3 295	7 181	736	9.29
辽宁	2013	10	503	504	1 321		
	2014	10	505	540	1 286	70	5.30
	2015	10	950	266	541	61	4.74
	2016	10	208	237	456	114	21.07
吉林	2013	4	154	41	284		
	2014	3	177	26	137	−4	−1.41
	2015	3	67	94	165	−1	−0.73
	2016	3	92	66	158	−19	−11.52
黑龙江	2013	1	3	0	2		
	2014	1	3	0	2	−3	−150.00
	2015	1	2	8	8	0	0.00
	2016	1	4	3	8	−1	−12.50

续 表

地区	年份	学校数	离校人数	入校人数	在校生人数	流失数	流失率(%)
北京	2013	6	346	351	748		
	2014	6	330	316	600	134	17.91
	2015	6	375	331	661	—105	—17.50
	2016	6	261	260	638	22	3.33
河北	2013	0	0	0	0		
	2014	0	0	0	0	0	0.00
	2015	0	0	0	0	0	0.00
	2016	0	0	0	0	0	0.00
天津	2013	3	0	0	0		
	2014	3	0	0	0	0	0.00
	2015	3	0	0	0	0	0.00
	2016	3	0	0	0	0	0.00
山西	2013	1	100	111	296		
	2014	1	90	121	310	17	5.74
	2015	1	70	76	284	32	10.32
	2016	1	93	113	219	85	29.93
内蒙古	2013	0	0	0	0		
	2014	0	0	0	0	0	0.00
	2015	0	0	0	0	0	0.00
	2016	0	0	0	0	0	0.00
上海	2013	13	621	553	1462		
	2014	13	560	516	1368	50	3.42
	2015	13	665	383	988	98	7.16
	2016	12	476	509	832	189	19.13
江苏	2013	0	0	0	0		
	2014	0	0	0	0	0	0.00
	2015	0	0	0	0	0	0.00
	2016	0	0	0	0	0	0.00
浙江	2013	2	67	218	291		
	2014	2	98	110	321	—18	—6.19
	2015	2	144	188	348	17	5.30
	2016	2	159	113	294	8	2.30

续 表

地区	年份	学校数	离校人数	入校人数	在校生人数	流失数	流失率(%)
安徽	2013	3	16	16	20		
	2014	3	15	15	20	0	0.00
	2015	3	20	0	0	0	0.00
	2016	3	0	0	0	0	0.00
江西	2013	1	0	0	0		
	2014	2	0	174	174	0	0.00
	2015	2	112	251	305	8	4.60
	2016	2	195	238	348	0	0.00
福建	2013	0	0	0	0		
	2014	0	0	0	0	0	0.00
	2015	0	0	0	0	0	0.00
	2016	0	0	0	0	0	0.00
山东	2013	0	0	0	0		
	2014	0	0	0	0	0	0.00
	2015	0	0	0	0	0	0.00
	2016	0	0	0	0	0	0.00
河南	2013	3	15	59	217		
	2014	3	13	27	183	48	22.12
	2015	3	50	50	180	3	1.64
	2016	3	53	56	183	0	0.00
湖北	2013	2	71	83	87		
	2014	2	18	49	69	49	56.32
	2015	2	0	138	138	69	100.00
	2016	2	54	38	106	16	11.59
湖南	2013	1	210	50	70		
	2014	1	22	6	54	0	0.00
	2015	2	35	22	247	−206	−381.48
	2016	2	26	12	341	−108	−43.72
广东	2013	2	124	123	203		
	2014	2	51	126	225	53	26.11
	2015	3	132	105	379	−181	−80.44
	2016	3	115	118	421	−39	−10.29

续 表

地区	年份	学校数	离校人数	入校人数	在校生人数	流失数	流失率(%)
海南	2013	0	0	0	0		
	2014	0	0	0	0	0	0.00
	2015	0	0	0	0	0	0.00
	2016	0	0	0	0	0	0.00
广西	2013	3	4	15	25		
	2014	3	9	15	28	3	12.00
	2015	3	1	27	27	27	96.43
	2016	3	0	12	28	11	40.74
重庆	2013	3	8	13	35		
	2014	2	10	55	80	0	0.00
	2015	2	80	38	38	0	0.00
	2016	2	92	36	36	−54	−142.11
四川	2013	7	150	271	1074		
	2014	8	318	320	1074	2	0.19
	2015	8	443	387	1051	−33	−3.07
	2016	8	521	367	889	8	0.76
贵州	2013	6	588	538	623		
	2014	7	178	253	501	197	31.62
	2015	11	364	490	600	27	5.39
	2016	15	506	524	658	−40	−6.67
云南	2013	1	110	71	85		
	2014	1	56	30	59	0	0.00
	2015	2	59	114	114	0	0.00
	2016	2	64	109	109	50	43.86
西藏	2013	0	0	0	0		
	2014	0	0	0	0	0	0.00
	2015	0	0	0	0	0	0.00
	2016	0	0	0	0	0	0.00
陕西	2013	1	10	13	42		
	2014	1	12	15	31	14	33.33
	2015	1	19	17	26	3	9.68
	2016	1	20	14	26	−6	−23.08

续　表

地区	年份	学校数	离校人数	入校人数	在校生人数	流失数	流失率(%)
甘肃	2013	0	0	0	0		
	2014	0	0	0	0	0	0.00
	2015	0	0	0	0	0	0.00
	2016	0	0	0	0	0	0.00
青海	2013	0	0	0	0		
	2014	0	0	0	0	0	0.00
	2015	0	0	0	0	0	0.00
	2016	0	0	0	0	0	0.00
宁夏	2013	0	0	0	0		
	2014	0	0	0	0	0	0.00
	2015	0	0	0	0	0	0.00
	2016	0	0	0	0	0	0.00
新疆	2013	5	496	861	2 422		
	2014	5	535	814	1 972	729	30.10
	2015	5	553	826	1 820	425	21.55
	2016	5	359	470	1 431	500	27.47

二、2016年各省工读学校的校均在校学生数

2016年全国有工读学校89所，在校生7 181人，校均80人。在21个公布工读学校相关数据的省份中，8个省份的校均学生数高于全国平均，其他13个省份则低于全国平均。从办学效益——主要是从在校生人数看，各省工读学校的办学效益不理想，甚至很低。

在高于全国平均的省份中，新疆的校均在校生人数最高，达到了286人，高出全国校均206人；其次是山西，校均在校生人数为219人，高出全国平均139人；位列第三的是江西，校均在校生人数是174人；位居第四的是湖南，校均在校生人数是170人；位居第五的浙江147人；位居第六的广东140人；位居第七的四川111人；位居第八的北京106人（见表2－5－2）。

表 2-5-2　2016 年各省工读学校校均在校生数量排名

省份	校均在校生数(个)	排名	省份	校均在校生数(个)	排名
新疆	286	1	湖北	53	12
山西	219	2	吉林	52	13
江西	174	3	辽宁	45	14
湖南	170	4	贵州	43	15
浙江	147	5	陕西	26	16
广东	140	6	重庆	18	17
四川	111	7	广西	9	18
北京	106	8	黑龙江	8	19
上海	69	9	天津	0	20
河南	61	10	安徽	0	20
云南	54	11			

在低于全国平均的省份中，上海校均在校生人数是 69 人，河南 61 人，居全国第九、第十位，其他各省校均在校生人数在 60 人以下。其中，云南、湖北、吉林、辽宁、贵州 5 个省份校均在 43—54 人；陕西 26 人，重庆 18 人，广西 9 人，黑龙江 8 人；天津、安徽无在校生(见表 2-5-2)。

三、2016 年各省工读学校学生的流失率

本处的流失率沿用第一章的定义，即 2016 年流失学生数除以 2015 年在校生数。流失学生数是 2015 年在校生数减去 2016 年离校生数，加上 2016 年入校生数，减去 2016 年在校生数。据此计算，2016 年全国工读学校的流失率是 9.29%，各省流失情况如表 2-5-3 所示。

表 2-5-3　2016 年各省工读学校学生的流失率排名

省份	流失率	排名	省份	流失率	排名
云南	43.86%	1	河南	0.00%	11
广西	40.74%	2	天津	—	11
山西	29.93%	3	安徽	—	11
新疆	27.47%	4	贵州	−6.67%	15
辽宁	21.07%	5	广东	−10.29%	16
上海	19.13%	6	吉林	−11.52%	17
湖北	11.59%	7	黑龙江	−12.50%	18
北京	3.33%	8	陕西	−23.08%	19
浙江	2.30%	9	湖南	−43.72%	20
四川	0.76%	10	重庆	−142.11%	21
江西	0.00%	11			

2016 年工读学校学生的流失率以云南最高，达到了 43.86%；其次是广西，流失率是 40.74%；第三名是山西，流失率是 29.93%；第四名是新疆，流失率是 27.47%；第五名是辽宁，流失率是 21.07%；上海位居第六，流失率为 19.13%；湖北 11.59%、北京 3.33%、浙江 2.30%、四川 0.76%，分别居全国第七至第十位；江西、河南的流失率为 0.00%；天津、安徽没有学生流失率。

此外，贵州、广东、吉林、黑龙江、陕西、湖南、重庆 7 个省的流失率为负值。其中，重庆高达－142.11%，湖南－43.72%，陕西－23.08%，黑龙江－12.50%，吉林－11.52%，广东－10.29%，贵州－6.67%（见表 2-5-3）。

工读学校的学生人数不稳定反映出工读教育的波动。按照目前我国大陆的现实，将那些顽劣的儿童送入工读学校接受强制教育可能是一个重要的举措。

四、2016 年各省工读学校的教职工状况

2016 年全国工读学校共有教职工 2 889 人，其中专任教师 2 081 人。各省份教职工数、专任教师数如表 2-5-4 所示。

表 2-5-4　2016 年全国工读学校的教职工数量

地区	学校数（所）	教职工数（人）	专任教师数（人）
全国	89	2 889	2 081
北京	6	273	199
天津	3	86	62
山西	1	80	66
辽宁	10	308	218
吉林	3	110	57
黑龙江	1	21	19
上海	12	468	376
浙江	2	96	77
安徽	3	55	37
江西	2	50	45
河南	3	63	56
湖北	2	45	37
湖南	2	80	70
广东	3	158	121
广西	3	30	24
重庆	2	23	21

续 表

地区	学校数(所)	教职工数(人)	专任教师数(人)
四川	8	209	165
贵州	15	251	206
云南	2	59	53
陕西	1	43	33
新疆	5	381	139

(一) 2016年各省工读学校的校均教职工数

2016年全国工读学校的校均教职工数为32人,在21个有工读学校的省份中,9个省份的校均教职工数超过了全国平均,12个省份低于全国平均。

在超过全国平均的省份中,排第一的是山西,校均教职工达到了80人;其次是新疆,工读学校校均教职工为76人;广东为52人,位居第三;浙江48人、北京45人、陕西43人、湖南40人,分别居第四、第五、第六、第七位;上海、吉林分别居第八、第九位,校均教职工分别为39人、36人。

在低于全国平均的省份中,辽宁为30人,位居第十;云南、天津、四川、江西、湖北5个省份的校均教职工在22—29人,居全国第十一至第十五位;黑龙江、河南并列第十六,为21人;安徽、贵州、重庆、广西的校均教职工人数在10—18人,居全国第十八至第二十一位(见表2-5-5)。

表2-5-5　2016年全国工读学校的校均教职工数量排名

省份	校均教职工数(人)	排名	省份	校均教职工数(人)	排名
山西	80	1	天津	28	12
新疆	76	2	四川	26	13
广东	52	3	江西	25	14
浙江	48	4	湖北	22	15
北京	45	5	黑龙江	21	16
陕西	43	6	河南	21	16
湖南	40	7	安徽	18	18
上海	39	8	贵州	16	19
吉林	36	9	重庆	11	20
辽宁	30	10	广西	10	21
云南	29	11			

（二）2016 年各省工读学校的校均专任教师数

根据教育部教育统计，2016 年全国工读学校校均专任教师为 23 人，在 21 个有工读学校的省份中，9 个省份的校均专任教师数超过了全国平均。其中，山西位居第一，校均专任教师数为 66 人；广东位居第二，校均专任教师数为 40 人；浙江位居第三，校均专任教师数为 38 人；湖南第四，校均专任教师数为 35 人；北京和陕西并列第五，校均专任教师数为 33 人；上海第七，校均专任教师数为 31 人；新疆第八，校均专任教师数为 27 人；云南校均专任教师数为 26 人，居全国第九位（见表 2－5－6）。

表 2－5－6　2016 年各省工读学校的校均专任教师数量排名

省份	校均专任教师数（人）	排名	省份	校均专任教师数（人）	排名
山西	66	1	天津	20	12
广东	40	2	四川	20	12
浙江	38	3	吉林	19	14
湖南	35	4	黑龙江	19	14
北京	33	5	河南	18	16
陕西	33	5	湖北	18	16
上海	31	7	贵州	13	18
新疆	27	8	安徽	12	19
云南	26	9	重庆	10	20
江西	22	10	广西	8	21
辽宁	21	11			

在校均专任教师数低于全国平均的 12 个省份中，广西校均专任教师数最少，为 8 人，位居第二十一；重庆、安徽、贵州 3 个省的校均专任教师数分别为 10 人、12 人、13 人，位居全国第二十、第十九、第十八；湖北和河南为 18 人，并列第十六位；黑龙江、吉林并列全国第十四位，校均专任教师数为 19 人；天津、四川校均专任教师数为 20 人，并列全国第十二位；辽宁校均专任教师数为 21 人，位居第十一位；江西位居全国第十，校均专任教师数为 22 人（见表 2－5－6）。

第三章　2016年中国大陆残疾人事业发展报告

第一节　2010—2016年中国大陆残疾人事业发展基本状况

一、残疾人康复工作

2016年是“十三五”规划的开局之年，残疾人康复工作有了新的发展。“十二五”规划结束时（即2015年）全年残疾人康复服务人数754.8万人。自2016年开始，中国残疾人联合会联合国家卫生计生委和国务院扶贫办推行残疾人精准康复服务，由康复服务机构为有需要的残疾人制订个性化康复服务方案，实施服务并建立档案。全年共为279.9万人实施个性化康复服务。尽管康复服务人数比往年大幅减少，但是实现了个性化精准康复服务，提高了康复效果。

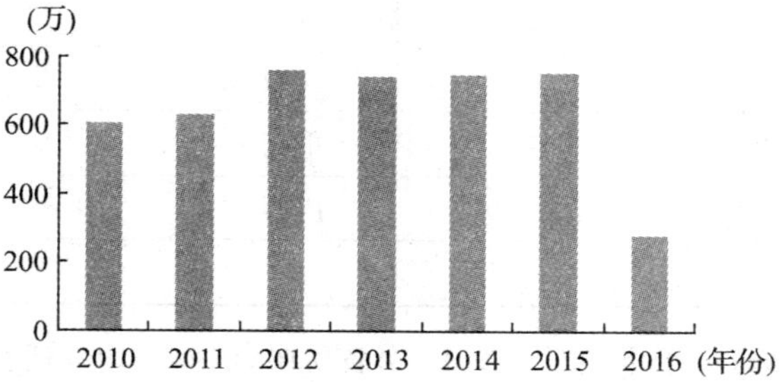

图3-1-1　2010—2016年残疾人康复数

2016年，在广泛开展残疾人康复工作的基础上，结合有特别需求的残疾人的实际情况，为视力残疾人实施白内障复明手术及支持性服务，为听力残疾人植入人工耳蜗，对重性精神病患者进行精神疾病治疗，对孤独症儿童开展沟通及适应训练，对肢体残疾人进行辅助器具适配、康复治疗。2016年接受精准康复服务的各类残疾人共计238.3万。

表3-1-1　2010—2016年不同类型残疾人康复情况

年度	白内障患者复明手术（万）	听力残疾人康复训练（万）	重性精神病患者综合康复（万）	孤独症儿童康复训练（万）	肢体残疾人社区康复训练（万）	麻风畸残者矫治手术（例）
2010	79.9	1.9	495.2	0.562	11.5	668
2011	75.8	2.7	522.9	0.691	13.7	159

续 表

年度	白内障患者复明手术（万）	听力残疾人康复训练（万）	重性精神病患者综合康复(万)	孤独症儿童康复训练(万)	肢体残疾人社区康复训练(万)	麻风畸残者矫治手术(例)
2012	79.6	3.2	593.6	1.1	35.7	458
2013	74.6	3.2	584.0	1.7	35.4	418
2014	74.8	3.2	583.7	2.0	36.7	224
2015	73.9	3.1	580.6	2.3	39.8	161
2016	21.5	18.5	59.4	3.2	135.7	—

［注:表格中的“—”表示未查到相关数据,下同］

二、残疾人教育工作

在《特殊教育提升计划(2014—2016 年)》的推动下,残疾人教育工作有了新的进展,无论是学校数量还是在校生人数,都有大幅提升。2016 年,已开办特殊教育普通高中学校(班)111 个,在校生人数达到 7 686 人,创历年来新高。在校的聋人高中生有 6 219 人,盲人高中生有 1 557 人。总体看,盲、聋高中还有待进一步发展。(见表 3-1-2)

表 3-1-2　2010—2016 年特殊教育普通高中数及在校生数

年度	特殊教育普通高中班(个)	在校生(人)	聋高中(所)	在校生(人)	盲高中(所)	在校生(人)
2010	99	6 067	84	5 284	15	783
2011	179	7 207	145	6 198	19	1 009
2012	186	7 043	121	5 555	22	1 488
2013	194	7 313	125	5 704	27	1 609
2014	187	7 227	—	6 173	—	1 054
2015	109	7 488	—	6 191	—	1 297
2016	111	7 686	—	6 129	—	1 557

残疾人中等职业教育发展势头良好,机构或学校数从 2010 年至 2014 年呈现出明显上升的趋势,而 2015 年残疾人中等职业学校数与在校生数略有下降。2016 年,新增残疾人中等职业学校 18 所,在校生人数恢复到 2014 年以前的水平。

表 3-1-3 2010—2016 年残疾人中等职业学校数量及学生分布情况

年度	残疾人中等职业学校（所）	在校生（人）	毕业生（人）	获得职业资格证书（人）
2010	147	11 506	6 148	4 685
2011	131	11 572	6 449	4 781
2012	152	10 442	7 354	5 816
2013	198	11 350	7 772	6 200
2014	197	11 671	7 240	5 532
2015	100	8 134	5 123	3 761
2016	118	11 209	3 855	2 206

升入高校学习的残疾学生人数稳步增长，特别是实行盲文试卷、延长残疾考生的考试时间、聋生免考听力等政策以来，通过参加普通高考进入高等院校学习的人数持续增加，2016 年达到 9 592 人，比 2015 年增加 1 084 人。

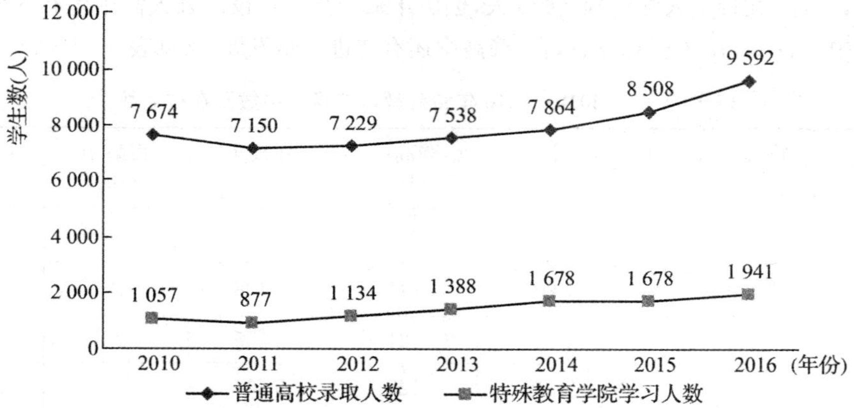

图 3-1-2 2010—2016 年残疾学生升入普通高等院校及特殊教育学院学习的人数对比图

三、残疾人就业

2016 年，残疾人就业方面也有了很大的突破和进展。自 2014 年以来，新安排就业人数持续下降，到 2016 年出现明显回升，比上年多安排 4.9 万人。图 3-1-3 为 2010 年至 2016 年城镇新安排就业人数，图 3-1-4 为 2010 年至 2016 年全国城镇、农村实际在业人数。

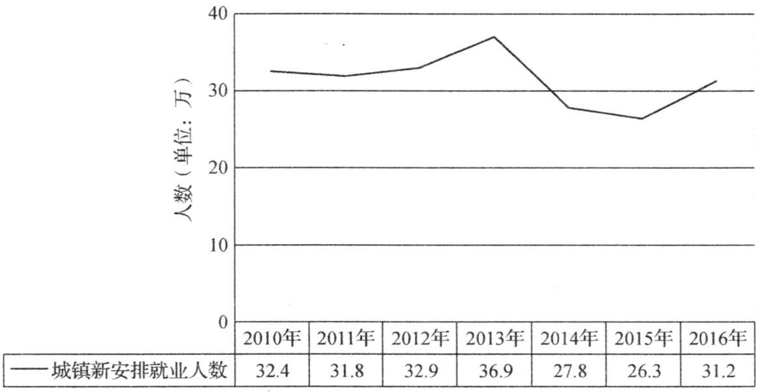

图 3-1-3　2010—2016 年城镇新安排就业人数

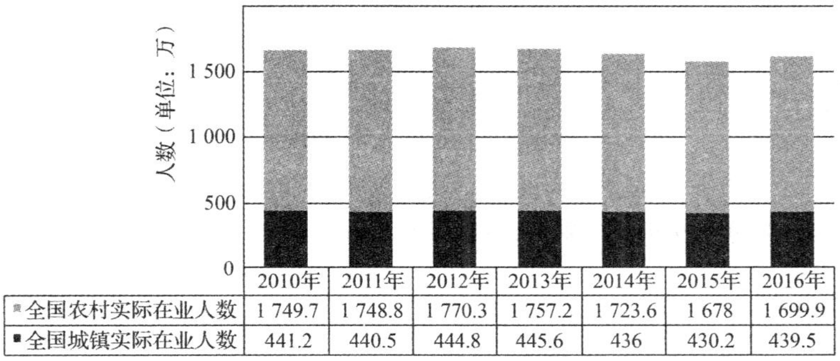

图 3-1-4　2010—2016 年全国城镇与农村实际在业人数

四、残疾人社会保障

2010 年起，新型农村和城镇居民保险进一步扩大覆盖面，2010 年至 2016 年城镇残疾职工参加社会保险人数、城乡残疾人纳入最低生活保障人数以及扶持贫困残疾人人数的具体情况如表 3-1-4 所示。

表 3-1-4　2010—2016 年残疾人社会保障情况（万人）

类别	年份						
	2010	2011	2012	2013	2014	2015	2016
城镇残疾职工参加社会保险人数	283.2	299.3	280.9	296.7	282.8	300	—
城乡残疾人纳入最低生活保障人数	927.1	1 031.4	1 070.5	1 093	1 105.6	1 088.5	—
扶持贫困残疾人人数	204	211.8	229.9	238.7	233.2	226.8	163.4

2010 至 2016 年，全国托养机构及接受托养服务的残疾人数量持续稳步增长，到了

2016年，全国托养机构达到6 740家，全年共服务20.4万残疾人。每年还有大量残疾人在家接受上门托养服务，2016年接受上门服务的残疾人共有83.3万人，是在机构接受服务人数的4倍，具体情况如图3-1-5所示。

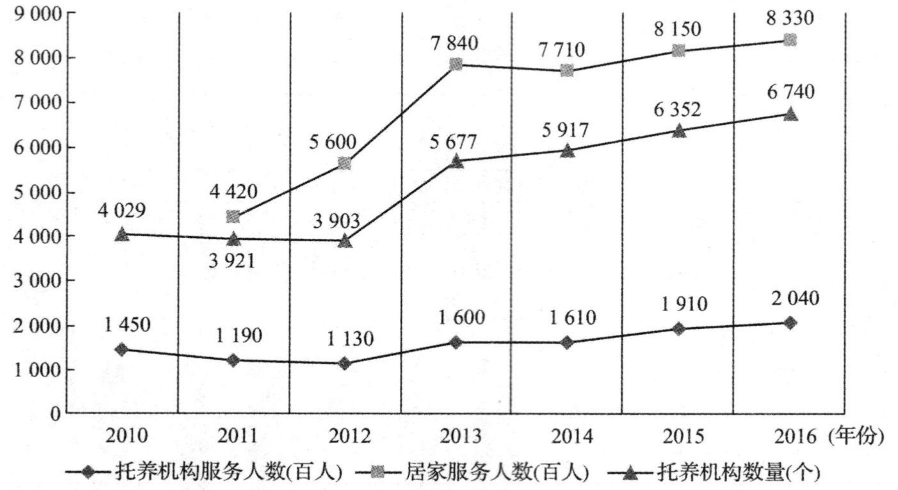

图3-1-5 2010—2016年残疾人托养机构数、接受托养机构服务的人数及居家服务人数

五、总结

根据2016年残疾人事业各项工作的发展情况，今后应当继续做好以下几个方面的工作。

第一，要进一步加强残疾人的精准康复服务工作。残疾人精准康复是针对残疾人康复服务覆盖率低、服务针对性较弱所提出的新政策。这一政策对残疾人康复的保障力度更大，更有针对性，效果更显著。将资金、设备优先集中于最需要的人群，既提高了服务质量，又减轻残疾人家庭的经济压力。精准康复要做好残疾人信息的调查与统计，确保优势资源合理利用。为此，要进一步增强全社会残疾预防意识，努力实现残疾人“人人享有康复服务”的目标。在实施精准康复的过程中，应当针对不同类别残疾人的特点和需求提供不同的服务，如对精神残疾者和视力残疾者主要通过医疗服务对其进行康复治疗；对听力残疾者主要采用辅助器具和康复训练；对于智力残疾者和言语残疾者则需要通过专业化、针对性的训练进行康复治疗。

第二，残疾儿童、青少年的教育应有新突破。《“十三五”加快残疾人小康进程规划纲要》明确要求为家庭经济困难的残疾儿童、青少年提供包括义务教育、高中阶段教育在内的12年免费教育。而根据对未入学残疾儿童的调查，除了部分贫困残疾人家庭难以承受各级教育的经济负担外，制约残疾儿童入学的主要问题是家长和残疾人自身的观念。据中残联2013年公布的数据，我国接受义务教育的残疾儿童比例为72.7%，各学段在校残疾学生中，高中和中等职业教育阶段人数仅占5.7%。可见，残疾学生的初中后教育还有很大的发展空间。为此，建议将残疾学生的高中教育纳入义务教育体系中，对残疾人中等职业教育采取全部免费教育等措施，让残疾学生根据自身的情况和未来的发展规划，自主选择接受高中阶段义务教育或选择接受中等职业教育，从而率先在残疾人教育中实现12年义务教育，为未来全国义务教育延伸做好先行先试的工作。

第三，进一步深化残疾人高考改革。2016年起，国家对残疾人参与普通高考提供了诸多合理的便利性措施，比如为视障考生提供盲文试卷，为听障考生使用助听设备提供便利、延长考试时间等。山东、辽宁、广东等省在2016年还就残疾人高考中申请使用合理便利措施做出具体规定。当年全国共有5 626名残疾考生申请高考合理便利措施。在信息化时代，对于残疾人参加普通高考的合理便利措施，应基于残疾考生的特点来确定，避免被媒体不加分辨地炒作，如首位申请以盲文试卷参加高考的盲人李金生，因为对盲文不熟而在考试中交了两份白卷。这一结果自然与他的盲文水平低有关，但也不可否认目前所提供的合理便利还不能完全满足残疾人的需求。因此，在完善相关法律法规的同时，教育部门与残疾人工作主管部门也应该关注技术手段的发展情况，不断地研究、完善合理便利的种类，提升服务残疾人的水平。①

第四，确保残疾学生毕业后的有效就业。尽管国家日益重视残疾人就业，相继出台一系列残疾人就业的政策，提高了企业招收残疾员工的积极性，但调查中发现部分企业存在虚假安置残疾人就业的行为。这些企业在残疾员工入职后，并不为其安排适合的岗位，而只是为了用这些员工的残疾证来享受减免税收的政策，导致部分残疾人不能凭借自身努力来获取合理回报和体现自身价值等。此外，由于残疾人整体受教育程度较低，综合素质较低，只能从事部分技术含量较低的工种。还有的残疾人存在着"等、靠、要"的思想，安于享受低保等社会福利，不愿意外出工作。而残疾人教育与就业的脱节也是导致残疾人就业难的重要原因。建议今后国家出台相关政策并主导开发一些适合残疾人的工作岗位，改进残疾人职业教育，切实落实校企合作、联合培养的措施，通过与企业和行业组织的密切配合，参照行业标准和职业任职资格培训学生，对残疾学生职前、职中、职后各阶段的能力和发展进行科学的评价，②加强对残疾学生的职业生涯规划指导和就职后的帮助。同时，加强对录用残疾人单位的监督，以防企业打着招聘残疾人的名义骗取政府的优惠政策。企业要倡导残疾人与健全人无差别的理念，以工作能力分配岗位。

第五，做好残疾人的社会保障等工作。近年来，残疾人托养机构发展迅速，残疾人的生活环境不断改善，生活水平得到极大提高，但就效果来看，尚有改进空间。残疾人的社会保障工作应以残疾人的实际需求为调节杠杆，建立以政府为主导的多元化保障主体机制，加强保障执行的社会监督，提升保障供给的效率。③ 针对失能、失智老年人和进入老年阶段的残疾人，要从老人自身和家庭两方面帮扶，一方面是建立基于最低生活保障、医保、社保及各项福利补助为主的老年残疾人基本生活保障体系，满足老年残疾人的基本生存需要；另一方面要推出针对老年残疾人家庭的扶助政策，通过如税费减免、就业扶助、创业补贴、护理补助、护理保险等多种方式帮助老年残疾人家庭中的劳动成员增强赡养及护

① 梅运彬，王珊珊. 残疾人高考的合理便利原则研究[J]. 残疾人研究，2017(3).

② 张金福. 我国残疾人职业教育的发展及职业能力开发[J]. 教育理论与实践，2016(27).

③ 张蕾. 以需为本的残疾人社会保障：国际经验与中国实践[J]. 残疾人研究，2016(1)：16—22.

理老人的能力。[①] 对于残疾人的社会保障，无论何种标准、何种形式，都要以保障残疾人基本生活为落脚点。

第二节　2016年中国大陆残疾人事业的进展

一、出台了一系列关于残疾人事业发展的政策文件

2016年，国务院、中国残疾人联合会单独或与其他政府部门共同颁布了多个关于残疾人事业发展的行政规章和政策性文件。这些文件涉及民生、医疗、康复、就业等不同领域，为残疾人事业的发展提供了较为完善的政策保障。

2016年2月10日，国务院发布《国务院关于进一步健全特困人员救助供养制度的意见》。该文件对象范围包括了残疾人，该文件明确了托底供养、属地管理、城乡统筹、适度保障、社会参与的基本原则，对办理程序、救助供养内容、救助供养标准、救助供养形式进行了规定说明，并通过加强部门领导、制度衔接、资金保障、监督管理、社会参与、政策宣传等保障此制度的实行。[②]

2016年3月25日，中国残疾人联合会发布《关于进一步推动贫困残疾人脱贫攻坚工作的通知》，文件指出要实现以下工作：① 精准施策，将符合条件的贫困残疾人全部纳入建档立卡范围，完善基本信息；进行动态更新统计，掌握残疾人贫困户享受扶贫开发政策和项目落实信息，在动态管理中实现信息共享；提高扶持资金对残疾人贫困户扶持标准；加大职业教育和实用技术培训；加大特殊教育经费投入力度；完善农村贫困残疾人最低生活保障制度；通过对实施易地搬迁的残疾人贫困户进行扶持等精准施策，扶持贫困残疾人精准脱贫。② 特惠举措，加大地方各级财政扶贫资金和彩票公益金对贫困残疾人脱贫攻坚的投入；加强金融扶持力度；推动贫困残疾人优先获得资产收益；加大残疾人康复服务和医疗救助力度，推动贫困残疾人精准脱贫。③ 组织领导，成立残疾人脱贫攻坚领导小组，加强工作领导和部门协调；加强残疾人脱贫攻坚的考核和贫困监测；加强残联扶贫队伍建设等组织领导，确保贫困残疾人精准脱贫；依托10月17日全国扶贫日宣传平台、残疾人扶贫信息服务网等，大力宣传残疾人脱贫攻坚。[③]

2016年4月6日，中国残疾人联合会、工业和信息化部、公安部、交通运输部、国家卫生计生委、国家工商总局、国家质检总局7个部门联合发布《关于切实做好单眼视力障碍人士和上肢残疾人驾驶汽车相关工作的通知》，对残疾人驾驶汽车做出了以下要求：① 健全残疾人驾驶汽车协调配合工作机制；② 做好残疾人驾驶人体检工作；③ 细化残疾人驾驶汽车培训措施；④ 加强辅助装置及加装辅助装置质量的监管；⑤ 开展加装辅助装置汽

---

① 胡蓉. 广州市老年残疾人基本状况、社会保障及养老服务调查[J]. 残疾人研究，2016(1)：69—75.

② 中国残疾人联合会. 国务院关于进一步健全特困人员救助供养制度的意见[EB/OL]. (2016-02-10)[2017-12-31] http://www.cdpf.org.cn/zcwj/zxwj/201603/t20160311_543851.shtml.

③ 中国残疾人联合会. 关于进一步推动贫困残疾人脱贫攻坚工作的通知[EB/OL]. (2016-03-25)[2017-12-31] http://www.cdpf.org.cn/zcwj/zxwj/201603/t20160330_546584.shtml.

车检验及注册登记；⑥ 为残疾人申领驾驶证、驾驶汽车提供便利；⑦ 加强残疾人驾驶汽车宣传工作。[①]

2016 年 4 月 14 日，国家卫生计生委办公厅、民政部办公厅、财政部办公厅、人力资源社会保障部办公厅、中国残联办公厅联合发布《关于进一步做好重度残疾人医疗服务及保障工作的通知》，文件为进一步做好重度残疾人医疗服务及保障工作，提高重度残疾人健康水平，提出以下要求：① 持续改善重度残疾人医疗服务，建立健全重度残疾人医疗服务体系，提高重度残疾人医疗服务能力，改善重度残疾人看病就医感受；② 切实落实重度残疾人医疗保障的各项政策措施，将符合规定的医疗康复项目纳入基本医保范围，加大重度残疾人大病保险、护理补贴等保障力度，做好重度残疾人医疗救助工作；③ 进一步做好重度残疾人就医费用结算服务，推进重度残疾人异地就医结算工作，推行医疗保障和医疗救助的"一站式"服务。[②]

2016 年 8 月 17 日，国务院印发《"十三五"加快残疾人小康进程规划纲要的通知》。文件在以下方面提出了具体举措。

(1) 促进民生：提高残疾人社会救助水平，建立完善残疾人基本福利制度，确保城乡残疾人普遍享有基本养老保险和基本医疗保险，优先保障残疾人基本住房，加快发展残疾人托养照料服务。

(2) 促进就业：制订实施《贫困残疾人脱贫攻坚行动计划(2016—2020 年)》；将农村贫困残疾人全部纳入精准扶贫建档立卡范围，强化分类施策和精准帮扶，政策、项目向贫困残疾人倾斜；依法大力推进残疾人按比例就业；研究建立用人单位按比例安排残疾人就业公示制度，维护残疾人就业相关权利；多渠道扶持残疾人自主创业和灵活就业；大力发展残疾人辅助性就业和多种形式就业；加强残疾人就业服务和劳动权益保护。

(3) 提升公共服务水平：强化残疾预防；保障残疾人基本康复服务需求；加强辅助器具推广和适配服务；提高残疾人受教育水平；巩固特殊教育发展基础；丰富残疾人文化体育生活；贯彻落实《无障碍环境建设条例》，完善无障碍环境建设政策和标准，加强无障碍通用产品和技术的研发应用；大力推进互联网和移动互联网信息服务无障碍，鼓励支持服务残疾人的电子产品、移动应用软件(APP)等的开发应用；建立残疾人基本公共服务标准体系。

(4) 保障平等权益：完善残疾人权益保障法律法规体系；加大残疾人权益保障法律法规的宣传执行力度；创新残疾人权益保障机制。

(5) 推动全社会助残：大力发展残疾人慈善事业，有效开展志愿助残服务，加快发展残疾人服务业，加大政府购买助残服务力度，营造良好的扶残助残氛围，加强残疾人事务国际交流合作。

在文件的落实保障方面，提出了以政府为主导，形成多渠道、全方位的多元投入格局，

---

① 中国残疾人联合会，等.关于切实做好单眼视力障碍人士和上肢残疾人驾驶汽车相关工作的通知[EB/OL].(2016-04-06)[2017-12-31]http://www.cdpf.org.cn/zcwj/zxwj/201604/t20160415_548973.shtml.

② 中国残疾人联合会.关于进一步做好重度残疾人医疗服务及保障工作的通知[国卫办医发〔2016〕15 号][EB/OL].(2016-04-14)[2017-12-31].http://www.cdpf.org.cn/zcwj/zxwj/201604/t20160428_550417.shtml.

同时加快基础设施、服务机构、专业人才队伍、基础学科、科技创新和信息化的建设，充分发挥出残疾人的组织作用。①

2016 年 9 月 6 日，国务院办公厅发布《国家残疾预防行动计划（2016—2020 年）》。文件提出以下主要行动推进残疾预防工作。① 有效控制出生缺陷和发育障碍致残。加强婚前、孕前健康检查；做好产前筛查、诊断；加强新生儿及儿童筛查和干预。② 着力防控疾病致残。有效控制传染性疾病；有效控制地方性疾病；加强慢性病防治；加强精神疾病防治。③ 努力减少伤害致残。加强安全生产监管；加强道路交通安全管理；加强农产品和食品药品安全监管；加强饮用水和空气污染治理干预；增强防灾减灾能力；减少儿童意外伤害和老年人跌倒致残。④ 显著改善康复服务。加强康复服务；推广辅助器具服务；推进无障碍环境建设。为了促进各项工作顺利实施，文件要求从部门负责、健全法规、服务体系与政策支持、科技监测、宣传教育六方面进行保障。②

2016 年 10 月 23 日，国务院发布《关于加快发展康复辅助器具产业的若干意见》。康复辅助器具是改善、补偿、替代人体功能和实施辅助性治疗以及预防残疾的产品。文件提出发展康复辅助器具产业要坚持“市场主导、政府引导，自主创新、开放合作，问题导向、突出重点，统筹兼顾、协调发展”的基本原则。为此，文件提出以下四项任务：① 增强自主创新能力，激励创新人才；搭建创新平台；促进成果转化。② 促进产业优化升级，优化产业空间布局；促进制造体系升级；大力发展生产性服务；提高国际合作水平。③ 扩大市场有效供给，培育市场主体；丰富产品供给；增强服务能力；加强质量管理。④ 营造良好市场环境，完善法规政策体系；发挥标准导向作用；维护良好市场秩序。为更好地完成以上任务，提出了落实税收优惠政策、强化企业金融服务、加强财政资金引导、完善消费支持措施、加强人才队伍建设五项政策支持。③

2016 年 10 月，国家卫生计生委、国务院扶贫办、中国残联等 15 个部门联合印发的《关于实施健康扶贫工程的指导意见》对残疾人康复提出明确要求：在医疗康复方面，强调将符合条件的残疾人医疗康复项目按规定纳入基本医疗保险支付范围；需要长期治疗和康复的，由基层医疗卫生机构在上级医疗机构指导下实施治疗和康复管理；实施“光明工程”，为农村贫困白内障患者提供救治。在康复服务方面，强调对贫困地区基层医疗卫生机构医务人员开展康复知识培训，加强县级残疾人康复服务中心建设，提升基层康复服务能力，建立医疗机构与残疾人专业康复机构有效衔接、协调配合的工作机制，为农村贫困残疾人提供精准康复服务。文件同时强调，建立残疾儿童康复救助制度，逐步实现 0 — 6 岁视力、听力、言语、智力、肢体残疾儿童和孤独症儿童免费得到手术、辅助器具配置和康

---

① 国务院. 国务院关于印发“十三五”加快残疾人小康进程规划纲要的通知[EB/OL]. (2016 - 08 - 17)[2017 - 12 - 31]. http://www.gov.cn/zhengce/content/2016 - 08/17/content_5100132.htm.

② 国务院办公厅. 国务院办公厅关于印发《国家残疾预防行动计划(2016—2020 年)》的通知[EB/OL]. (2016 - 09 - 06)[2017 - 12 - 31]. http://www.gov.cn/zhengce/content/2016 - 09/06/content_5105757.htm.

③ 中国残疾人联合会. 国务院印发《关于加快发展康复辅助器具产业的若干意见》[EB/OL]. (2016 - 10 - 23)[2017 - 12 - 31]. http://www.cdpf.org.cn/yw/201610/t20161027_571839.shtml.

复训练等服务。[①]

二、切实保障残疾人共享社会经济发展成果

2016 年国家有关部门为加快推进新常态下的残疾人小康进程，打赢贫困残疾人扶贫脱贫攻坚战，实现不让残疾人掉队的目标，积极采取各种举措，继续加强残疾人社保、医疗、就业、文体等相关领域的工作。

（一）高层关注

2016 年 4 月，国家主席习近平到安徽省六安市金寨县走访村民，了解扶贫实际情况，强调“因病致贫、因残致贫问题时有发生，扶贫机制要进一步完善兜底措施，在医保、新农合方面给予更多扶持”。[②] 7 月，习近平到河北省唐山市看望唐山大地震罹难的残疾人同胞时指出，“肢体健全的人可以活出精彩人生，肢体残疾同样可以活出精彩人生。中国有几千万残疾人，2020 年全面建成小康社会，残疾人一个也不能少”。[③] 8 月，习近平出席全国卫生与健康大会时强调，“要增强全社会残疾预防意识，重视残疾人健康，努力实现残疾人‘人人享有康复服务’的目标”。[④]

2016 年 2 月 7 日，李克强总理在中国残联 2015 年工作总结和 2016 年工作安排的报告上批示：“我国目前有 8 500 多万残疾人，其中很多是贫困人口，他们还面临各种各样的困境，亟须得到关爱和帮助。希望残联会同各相关部门和地方，进一步重视做好残疾人工作，拿出更实、更有针对性、更具人文关怀的措施，推进解决各类残疾人群在身体康复、教育就业、权益保障等方面存在的困难，让他们更多感受到全社会的温暖。”[⑤]10 月 14 日，李克强主持召开国务院常务会议，其中提到“为满足老年人、残疾人、伤病人迫切需求，会议确定了加快康复辅助器具产业发展的措施，将康复辅助器具产业纳入众创众包众扶众筹相关财政支持范围，鼓励将基本的治疗性康复辅助器具逐步纳入基本医保支付范围，对贫困或重度残疾人基本型康复辅助器具配置给予补贴”[⑥]。

2016 年 11 月 8 日，全国政协主席俞正声主持召开“重视特殊教育”双周协商座谈会，指出从总体上看，我国特殊教育整体水平不高，发展不平衡，资源依然不足，支持保障体系不完善，教学质量不高。与会委员针对特殊教育发展问题，提出多方面的建议：① 全社会都要提高认识，形成关心支持特殊教育的良好氛围；中央有关部门要制订标准，提出明确

---

① 中国扶贫. 十五个中央有关部门联合印发《关于实施健康扶贫工程的指导意见》[EB/OL]. (2016 - 06 - 24)[2017 - 12 - 31]. http://www.gdfp.gov.cn/zcfg/zyzc/201607/t20160720_782363.htm.

② 新华网. 习总书记到金寨[EB/OL]. (2016 - 04 - 25)[2017 - 12 - 31]. http://news.xinhuanet.com/politics/2016 - 04/25/c_1118723583.htm.

③ 中国残疾人联合会. 习近平：全面建成小康社会，残疾人一个也不能少[EB/OL]. (2016 - 07 - 29)[2017 - 12 - 31]. http://www.cdpf.org.cn/gcgz/201607/t20160730_562228.shtml.

④ 中国残疾人联合会. 习近平总书记强调努力实现残疾人“人人享有康复服务”的目标[EB/OL]. (2016 - 08 - 22)[2017 - 12 - 31]. http://www.cdpf.org.cn/gcgz/201608/t20160822_564121.shtml.

⑤ 中国残联认真学习贯彻李克强总理和王勇国务委员重要批示[EB/OL]. (2016 - 02 - 19)[2017 - 12 - 31]. http://www.gov.cn/xinwen/2016 - 02/19/content_5043960.htm? appinstall=0.

⑥ 中国残疾人联合会. 李克强主持召开国务院常务会议确定加快康复辅助器具产业发展的措施等内容[EB/OL]. (2016 - 10 - 17)[2017 - 12 - 31]. http://www.cdpf.org.cn/ywzz/xcwh_263/gzdt_264/201610/t20161017_570094.shtml.

要求，地方要切实抓好落实。② 改进办学条件，包括增加投入，提高人均经费和特教津贴；认真研究随班就读政策，落实支持措施，走融合教育之路；解决好普通学校特殊教育资源教室和资源教师队伍的建设问题。③ 合理确定特殊教育学校教职工编制，提高师生比；按照特殊教育特点和规律，教育部门要在有关部门配合下分门别类地制订更细致的标准和要求。④ 加强特殊教育的师资培养，扩大特教专业招生规模，提升培养层次，将特教教师全面纳入各级教师培训规划和项目，全面提升特教教师队伍的专业化水平。此外，委员们还提出了运用现代技术减少新生儿缺陷，重视医教结合和教育康复结合试点，更加重视残疾儿童学前教育，加大康复经费的保障力度，完善特殊教育的法律法规等意见，使特殊教育的针对性和适应性进一步加强。①

（二）召开残疾人事业工作会议

2016 年 9 月，第五次全国残疾人事业工作会议召开，国务委员王勇出席并强调"'十二五'时期我国残疾人社会保障和公共服务体系建设不断加强，残疾人民生福祉明显改善，残疾人事业影响力大幅提升。'十三五'期间要加大政策扶持力度，加快发展残疾人事业，确保残疾人与全国人民一道共建共享小康社会。要做好残疾人社会保障扩面、提标、兜底工作，坚持普惠与特惠相结合，逐步提高保障水平。完善残疾预防、康复、教育、无障碍等公共服务体系，加强就业创业培训，促进残疾人融合发展。要加强组织领导，充分发挥残联组织作用，鼓励社会参与，推动残疾人事业不断迈上新台阶"②。

（三）改善残疾人民生

残疾人民生问题一直是国家对残疾人首要关注的方面，推进残疾人小康进程的基础就是保障和改善残疾人民生。中国残联第六届主席团第四次全体会议上，鲁勇理事长指出，困难残疾人生活补贴和重度残疾人护理补贴制度受益人群已从 2015 年的 900 多万人次提升到 2016 年 8 月的近 1 500 万人次。目前参加城乡居民基本养老保险的残疾人超过 1 800 万，参保率达 76.74%。参加城乡居民基本医疗保险的残疾人超过 2 500 万，参保率达 96.4%。目前已有 413.5 万贫困残疾人纳入国家建档立卡的贫困人口数据库中。

2016 年 6 月，国务院印发《关于加强困境儿童保障工作的意见》，指出困境儿童包括因自身残疾导致在康复、照料、护理和社会融入等方面存在困难的儿童，并提出在医疗保障方面，对包括重残儿童在内的困境儿童基本医疗保险和大病保险给予倾斜，对其参加城乡居民基本医疗保险给予相应补贴；在教育保障方面，对家庭困难的残疾儿童，积极推进包括义务教育、高中阶段教育在内的 12 年免费教育，推动建立随班就读支持保障体系；加强残疾儿童福利服务，对于 0—6 岁视力、听力、言语、智力、肢体残疾儿童和孤独症儿童，

---

① 新华社.全国政协召开双周协商座谈会　围绕"重视特殊教育"建言献策　俞正声主持[EB/OL].(2016-11-08)[2017-12-31]. http://news.xinhuanet.com/politics/2016-11/08/c_1119875496.htm.

② 中国残疾人联合会.王勇出席第五次全国残疾人事业工作会议时强调：切实加快残疾人小康进程　努力促进残疾人全面发展[EB/OL].(2016-09-27)[2017-12-31]. http://www.cdpf.org.cn/ywzz/xcwh_263/gzdt_264/201609/t20160927_568151.shtml.

加快建立康复救助制度。[①] 10月中残联提出要完善基层残疾人服务体系，推进基层综合服务平台建设，构建县(市、区)、乡镇(街道)、村(社区)三级联动互补的基本公共服务网络，实现残疾人基本公共服务全覆盖。[②] 12月，中残联等部门明确将通过完善残疾人贫困户精准识别机制，加强社会保障政策和扶贫开发政策有效衔接，加大对贫困残疾人结对帮扶力度等措施，进行产业扶持助残、点上助残、"妇女编织"助残等扶贫行动来实现贫困残疾人脱贫的目标。[③]

(四) 加强无障碍和信息化建设

2016年2月，中国残疾人联合会、国家互联网信息办公室制订规划，要求2020年底前实现以下信息无障碍目标：国务院各部门政府网站、各省级人民政府及其部门网站、各市级人民政府网站的无障碍服务能力建设达到基本水平，能够满足残疾人浏览网站和在网上办理服务事项的基本需求；有条件的县、区政府网站开展无障碍服务能力建设；各级各类公共企事业单位、新闻媒体、金融服务、电子商务等网站的无障碍服务能力达到基本水平，为残疾人等获取信息、享有公共服务提供便利。[④] 3月，国家正式启动《国家通用手语方案(试行)》和《国家通用盲文方案(试行)》的试点工作，这是我国首次对通用手语和通用盲文进行规范，对推动交流无障碍具有十分重要的意义。[⑤] 9月，中国残联等部门依法开展无障碍环境建设，健全无障碍建设工作机制；开展无障碍环境市、县、村镇创建工作；广泛开展残疾人、老年人家庭无障碍改造；开展无障碍建设研究、宣传。[⑥] 同月，中国残联、国家发展和改革委员会、工业和信息化部、国家统计局、国家互联网信息办公室为加强残疾人人口基础信息、服务状况与需求数据、业务台账与统计等多数据资源的统筹规划与管理，提高残疾人事业管理、服务、科学决策和可持续发展的能力，提出建设全国残疾人人口综合管理与服务平台；完善残疾人数据资源标准规范体系；加强信息系统安全体系建设；加强中国残疾人服务网建设；完善智能化残疾人证相关技术标准体系建设；加强信息化工作机构和人才队伍建设。[⑦]

(五) 提高残疾人社会保障水平

1. 康复服务方面

2016年5月，为推动职业院校康复类专业人才培养模式改革创新，提升残疾人康复

---

① 中国残疾人联合会. 国务院印发《关于加强困境儿童保障工作的意见》[EB/OL]. (2016-06-17)[2017-12-31]. http://www.cdpf.org.cn/yw/201606/t20160617_557572.shtml.

② 中国残疾人联合会. 基层残疾人综合服务能力建设"十三五"实施方案[EB/OL]. (2016-10-25)[2017-12-31]. http://www.cdpf.org.cn/zcwj/zxwj/201610/t20161025_571277.shtml.

③ 中国残疾人联合会. 关于印发《贫困残疾人脱贫攻坚行动计划(2016—2020年)》的通知[EB/OL]. (2017-02-10)[2017-12-31]. http://www.cdpf.org.cn/zcwj/zxwj/201702/t20170210_582178.shtml.

④ 中国残疾人联合会. 国家互联网信息办公室关于加强网站无障碍服务能力建设的指导意见[EB/OL]. (2016-03-08)[2017-12-31]. http://www.cdpf.org.cn/zcwj/zxwj/201603/t20160308_543394.shtml.

⑤ 中国残疾人联合会. 我国首次对通用手语和通用盲文进行规范[EB/OL]. (2016-03-24)[2017-12-31]. http://www.cdpf.org.cn/ywzz/xcwh_263/gzdt_264/201603/t20160324_545673.shtml.

⑥ 中国残疾人联合会. 无障碍环境建设"十三五"实施方案[EB/OL]. (2016-10-26)[2017-12-31]. http://www.cdpf.org.cn/zcwj/zxwj/201610/t20161026_571430.shtml.

⑦ 中国残疾人联合会. 残疾人事业信息化建设"十三五"实施方案[EB/OL]. (2016-10-25)[2017-12-31]. http://www.cdpf.org.cn/zcwj/zxwj/201610/t20161025_571270.shtml.

人才培养水平，中国残联、教育部开展了职业院校残疾人康复人才培养改革试点工作。[①] 6月，中国残疾人联合会、国家卫生计生委、国务院扶贫办提出要通过建立组织管理体系、建立工作队伍、组建康复服务网络、开展需求评估、实施康复服务等措施，来实现有需求的残疾儿童和持证残疾人接受基本康复服务的比例达80%以上的任务目标。[②] 10月，中国残疾人联合会等部门提出要初步建立覆盖城乡的较完善的辅助器具服务网络，形成保障残疾人基本辅助器具服务的政策体系，显著提升辅助器具服务能力，改善服务状况。[③]

2. 教育与就业方面

2016年5月，人力资源社会保障部办公厅、中国残联办公厅联合发布《残疾人职业技能提升计划(2016—2020年)》，提出对残疾人进行就业技能、岗位提升、创业培训，并加强就业服务和权益保障。[④] 同月，中国残联办公厅发文要求主动为高校残疾人毕业生提供个性化、精细化服务，精准帮扶高校残疾人毕业生就业创业。[⑤] 10月，中国残联、国家发展改革委、民政部、人力资源社会保障部、国家卫生计生委、国家税务总局、国家中医药管理局联合发布《残疾人就业促进"十三五"实施方案》，提出要完善政策，促进残疾人多种形式就业；加大培训力度，有计划地提升就业能力；转变服务方式，为残疾人提供有针对性的就业服务。[⑥] 同月，中国残疾人联合会等部门提出改变单纯以读写算能力作为衡量残疾人是否脱盲的唯一标准，增加与残疾青壮年生产生活密切结合、实用而急需的扫盲内容，探索集中与分散相结合、以分散为主的扫盲教育方法，对学习意愿强、有劳动生产愿望和就业需求、监护人愿意配合的残疾青壮年优先开展扫盲教育。[⑦]

(六) 开展丰富多彩的残疾人体育文化活动

2016年3月，中国残疾人联合会开展以"关注儿童听力健康"为主题的爱耳日宣传活动。活动大力宣传儿童听力健康和新生儿听力筛查的重要性和必要性；大力宣传儿童听力障碍预防、发现及治疗科学知识；大力宣传听障儿童全面康复理念，推进融合教育相关工作；全面营造关爱、帮助听力障碍儿童康复的社会氛围。[⑧] 4月，中国残联、教育部联合举办全国青少年校园足球特奥融合组竞赛，使特殊儿童可以和普通儿童一起平等享受体

---

① 中国残疾人联合会. 关于开展职业院校残疾人康复人才培养改革试点工作的通知[残联厅发(2016)19号][EB/OL]. (2016-05-16)[2017-12-31]. http://www.cdpf.org.cn/zcwj/zxwj/201605/t20160516_552762.shtml.

② 中国残疾人联合会. 关于印发《残疾人精准康复服务行动实施方案》的通知[EB/OL]. (2016-06-08)[2017-12-31]. http://www.cdpf.org.cn/zcwj/zxwj/201606/t20160608_556591.shtml.

③ 中国残疾人联合会.《辅助器具推广和服务"十三五"实施方案》印发[EB/OL]. (2016-10-21)[2017-12-31]. http://www.cdpf.org.cn/yw/201610/t20161021_571007.shtml.

④ 中国残疾人联合会. 残疾人职业技能提升计划(2016—2020年)[EB/OL]. (2016-05-17)[2017-12-31]. http://www.cdpf.org.cn/zcwj/zxwj/201605/t20160527_554883.shtml.

⑤ 中国残疾人联合会. 关于做好2016年全国高校残疾人毕业生就业创业服务工作的通知[EB/OL]. (2016-06-01)[2017-12-31]. http://www.cdpf.org.cn/zcwj/zxwj/201606/t20160602_555966.shtml.

⑥ 中国残疾人联合会. 残疾人就业促进"十三五"实施方案[EB/OL]. (2016-11-02)[2017-12-31]. http://www.cdpf.org.cn/zcwj/zxwj/201611/t20161102_572305.shtml.

⑦ 中国残疾人联合会. 关于印发《"十三五"残疾青壮年文盲扫盲行动方案》的通知[EB/OL]. (2016-11-08)[2017-12-31]. http://www.cdpf.org.cn/zcwj/zxwj/201611/t20161108_572999.shtml.

⑧ 中国残疾人联合会. 关于开展第17次全国"爱耳日"宣传教育活动的通知[残联发(2015)55号][EB/OL]. (2016-01-15)[2017-12-31]. http://www.cdpf.org.cn/zcwj/zxwj/201601/t20160115_538790.shtml.

育活动。[①] 4月至10月，中国聋人协会举办"品味书香　共享幸福"首届全国聋人读书征文大赛，通过活动更好地宣传残疾人事业，鼓励更多的聋人参与读书活动，提升自尊自信，展示聋人文采。[②] 5月，中国残疾人联合会、文化部开展全国残疾人文化周活动，推动文化事业全面繁荣发展，推进基层残疾人文化建设，活跃基层残疾人文化生活。[③] 7月20日是第十次全国特奥日，各级残联开展"推动社区特奥，促进融合发展"为主题的特奥日活动，在全社会大力弘扬人道主义思想，倡导扶残助残的良好社会风尚，推动特奥运动协调可持续发展，加快推进残疾人小康进程。[④] 10月，中国聋协举办第五届"沣标杯"国际聋人摄影展暨"生命·阳光——大美无障爱"残障主题公益摄影展，通过"大美无障爱""信息无障碍""我眼中的导盲犬"等摄影内容，首次以摄影艺术的特殊手法展现无障碍之美，唱响无障爱，反映我国无障碍建设的发展与成果。[⑤] 12月，中国残联和全国政协书画室举办"放飞梦想，共奔小康"——首届全国残疾人书画展，以艺术形式传播人道、仁爱、人文理念，展现残疾人自强不息、乐观向上的精神风貌和文化修养，让广大残疾人朋友更多地感受到全社会的关心、关注和温暖。[⑥] 同月，中国残联组织开展"首届中国残疾人冰雪运动季"，以"助力冬残奥会、共享健康生活"为主题，举办一系列冰雪活动，推动我国残疾人冰雪运动发展，动员更多残疾人参与冬季体育健身活动。[⑦]

（七）推进残疾人心理健康的建设

2016年8月，全国卫生与健康大会召开。中共中央政治局常委习近平、李克强、张德江、俞正声、刘云山、王岐山、张高丽出席会议，会议提出要努力实现残疾人"人人享有康复服务"的目标，要加大心理健康问题基础性研究，做好心理健康知识和心理疾病科普工作，规范发展心理治疗、心理咨询等心理健康服务。[⑧]

9月，国务院办公厅发布《国家残疾预防行动计划（2016—2020年）》，在着力防控疾病致残方面提出，要积极开展心理健康促进工作，重点做好妇女、儿童、青少年、老年人、残疾人等群体的心理健康服务，将心理援助纳入突发事件应急预案，为遭遇突发公共事件群体提供心理援助服务。

10月，《"健康中国2030"规划纲要》中对促进残疾人心理健康进行了阐述，要求加强

---

① 中国残疾人联合会. 关于印发2016年全国青少年校园足球特奥融合组竞赛规程的通知残联厅发[2016]12号[EB/OL]. (2016-04-05)[2017-12-31]. http://www.cdpf.org.cn/zcwj/zxwj/201604/t20160413_548842.shtml.

② 中国残疾人联合会. 关于举办首届全国聋人读书征文大赛的函[残联组联函(2016)9号][EB/OL]. (2016-04-18)[2017-12-31]. http://www.cdpf.org.cn/zcwj/zxwj/201604/t20160419_549530.shtml.

③ 中国残疾人联合会. 关于开展全国残疾人文化周活动的通知[残联发(2016)19号][EB/OL]. (2016-05-13)[2017-12-31]. http://www.cdpf.org.cn/zcwj/zxwj/201605/t20160513_552729.shtml.

④ 中国残疾人联合会. 关于组织开展第十次全国特奥日活动的通知[EB/OL]. (2016-06-24)[2017-12-31]. http://www.cdpf.org.cn/zcwj/zxwj/201606/t20160624_558221.shtml.

⑤ 中国残疾人联合会. 关于举办第五届"沣标杯"国际聋人摄影展暨"生命·阳光——大美无障爱"残障主题公益摄影展的函[EB/OL]. (2016-10-27)[2017-12-31]. http://www.cdpf.org.cn/zcwj/zxwj/201611/t20161116_574407.shtml.

⑥ 中国残疾人联合会. 关于举办"放飞梦想，共奔小康"——首届全国残疾人书画展并征集作品的通知[EB/OL]. (2016-09-02)[2017-12-31]. http://www.cdpf.org.cn/zcwj/zxwj/201609/t20160902_565476.shtml.

⑦ 中国残疾人联合会. 关于开展"首届中国残疾人冰雪运动季"活动的通知[EB/OL]. (2016-11-23)[2017-12-31]. http://www.cdpf.org.cn/zcwj/zxwj/201611/t20161124_575304.shtml.

⑧ 新华社. 全国卫生与健康大会19日至20日在京召开[EB/OL]. (2016-08-20)[2017-12-31]. http://www.gov.cn/xinwen/2016-08/20/content_5101024.htm.

心理健康服务体系建设和规范化管理，加大全民心理健康科普宣传力度，提升心理健康素养，加大对重点人群心理问题早期发现和及时干预力度，提高突发事件心理危机的干预能力和水平，到2030年实现心理行为问题识别干预水平显著提高。①

12月，国家卫生计生委、中残联等22个部门发布了《关于加强心理健康服务的指导意见》，要求关注残疾人心理健康，充分利用残疾人康复机构、有资质的社会组织等宣传心理健康知识，通过培训专兼职社会工作者和心理工作者、引入社会力量等多种途径，为失能、失智者和其他残疾人等提供心理辅导、情绪疏解、悲伤抚慰、家庭关系调适等心理健康服务。发挥残疾人社区康复协调员、助残社会组织作用，依托城乡社区综合服务设施，广泛宣传心理健康知识，为残疾儿童家长、残疾人及其亲友提供心理疏导、康复经验交流等服务，通过开展“志愿助残阳光行动”“邻里守望”等群众性助残活动，为残疾人提供心理帮助。②

2015年5月，中国残联正式开通运行12385全国残疾人服务热线，该热线是为残疾人提供政策咨询、意见建议、生活帮助等服务的统一的社会公益性电话，热线收录了与残疾人日常生活密切相关的国家法律法规、司法解释以及相关部门涉及的残疾人政策等，涉及范围划分为“法律法规、权益保障、信访投诉、组织建设、康复、教育、就业扶贫、社会保障、宣传文化体育”9大类52小类，2016年12385热线在全国开始大面积宣传推广，并取得成效。③

2016年，国家首次将残疾人心理健康纳入残疾人健康体系，同时也将残疾人心理健康纳入全民心理健康体系，从而将残疾人心理健康融入健康中国理念下的大健康范畴，突破了以往零散的甚至不规范的残疾人心理咨询活动局限，体现了国家对残疾人心理健康的高度重视，表明残疾人心理健康服务工作作为不可分割的一个部分，已经被纳入残疾人工作整体进程中。

三、各地推出残疾人工作创新举措

依据中央提出的相关文件和会议精神，各地针对残疾人事业开展了不同的创新实践。

2016年2月，湖南省残疾人劳动就业服务中心使用残疾人职业技能评估体系，针对性地开展评估项目，充分帮助残疾人认识自我，找到自我特长优势，从而避免残疾人盲目参加培训。④

5月，浙江省残联和阿里巴巴集团在杭州全面启动了电子商务助残就业创业合作，将在电商培训、培育残疾人农村淘宝合伙人、云客服就业、创业补贴、为创业残疾人提供贷款利息红包和贴息等方面开展务实合作。⑤

---

① 国务院.《“健康中国2030”规划纲要》[EB/OL].(2016-10-25)[2017-12-31]. http://www.nhfpc.gov.cn/guihuaxxs/s3586s/201610/21d120c917284007ad9c7aa8e9634bb4.shtml.

② 国家卫生计生委.关于加强心理健康服务的指导意见[国卫疾控发(2016)77号][EB/OL].(2017-01-19)[2017-12-31]. http://www.nhfpc.gov.cn/jkj/s5888/201701/6a5193c6a8c544e59735389f31c971d5.shtml.

③ 资料来源：https://baike.baidu.com/item/12385/18825431? fr=aladdin。

④ 资料来源：http://mp.weixin.qq.com/s/-G1q7TJotkf4b2DWGKtgzw，2016-02-17。

⑤ 资料来源：http://mp.weixin.qq.com/s/fH1xaE6jcJEX0deMG8uBwQ，2016-05-10。

7月，西安市残疾人联合会开展残疾人心理援助项目，依托社会心理健康机构和现有精神科医生、心理治疗师、社会工作师等用心理学治疗技术与理论指导改善残疾人心理健康状况，内容包括缓解中年残疾人心理压力、促进婚姻家庭幸福、关爱残疾青少年儿童心理成长等方面，援助方式包括热线咨询、面对面心理辅导、心理讲座、心理体验式培训、心理测评、危机干预等。①

8月，厦门市创建残疾人创业创新孵化基地，残疾人想要创业，可得到专业的指导，还有免费的办公场所和小额担保贷款可以使用。②

10月，上海市残疾人就业服务中心正式启动"上海市残疾人求职训练360度情景模拟"活动，突破固有的职业测评和就业推荐模式，实现社会服务资源与创新项目有效对接的新尝试，积极促进实现上海市培训、就业信息资源和数据共享以及残疾人就业服务网络建设。③

第三节　2016年中国大陆残疾人心理健康工作的进展

一、残疾人心理健康工作现状与问题

残疾人心理健康服务是指在残疾人服务工作中，运用心理学的理论和原则来保持与促进残疾人的心理健康，④其目的在于促进残疾人的发展，培养其健全人格，预防和解决残疾人的心理困扰；指导残疾人家属帮助残疾人康复，消除引起心理压力和各种不良心理的因素；并对残疾人工作者进行心理压力疏导和心理工作学习指导。残疾人心理健康服务对于帮助残疾人恢复身体功能、克服障碍，以健康的心理状态充分平等地参与生活具有十分重要的意义。

第二次全国残疾人抽样调查结果显示，我国各类残疾人总数为8 296万，占全国总人口的6.34%。据推算，截至2010年末，我国残疾人总数达到8 502万人。⑤ 在当今竞争日益激烈的社会中，残疾人面临的现实越发严峻。作为一个特殊的群体，除了与健全人有着共同的心理特点外，由于生理上的缺陷、个体认知的偏差，大部分残疾人都存在自卑、抑郁、焦虑等心理问题。残疾人的心理问题如若不能得以及时地疏导与解决，不仅会影响其生活质量，还会影响社会的和谐稳定。我国正处于从传统社会向现代社会的转型时期，残疾人心理健康服务尚处于起步阶段，加大对残疾人的关怀与照顾，是社会和谐的一个重要标志。2016年8月，国家主席习近平在全国卫生与健康大会中强调，要努力实现残疾人"人人享有康复服务"的目标，强调"要加大心理健康问题基础性研究，做好心理健康知识

---

① 资料来源：http://www.qujiang.com.cn/info/1364/7174.htm，2016-11-14。

② 资料来源：http://mp.weixin.qq.com/s/9pmW9uzc_B26u08YzVQkEQ，2016-08-28。

③ 资料来源：https://mp.weixin.qq.com/s/q6BBq4qbQhVbkb3Q_r3dkg，2016-10-11。

④ 李祚山，张文默，叶梅.残疾人心理健康服务体系的构建及实践研究[J].重庆师范大学学报，2010(4)：101.

⑤ 中国残疾人联合会.2010年末全国残疾人总数及各类、不同残疾等级人数[EB/OL].(2012-06-26)[2017-12-31].http://www.cdpf.org.cn/sjzx/cjrgk/201206/t20120626_387581.shtml.

和心理疾病科普工作，规范发展心理治疗、心理咨询等心理健康服务”；[①]10月，中共中央、国务院印发了《“健康中国2030”规划纲要》，提出“加强心理健康服务体系建设和规范化管理，加大全民心理健康科普宣传力度，提升心理健康素养”[②]。12月，国家卫生计生委等22个部委联合印发《关于加强心理健康服务的指导意见》(国卫疾控发〔2016〕77号)，着重强调了加强心理健康服务的重要意义，这是我国首个关于加强心理健康服务的宏观指导性意见。[③]

近年来，各地残疾人心理健康服务工作蓬勃开展，各级残联组织纷纷建立心理咨询室、举办心理健康讲座、培训相关专业人员、加强残疾人心理健康知识的宣传，努力构建残疾人心理健康服务体系。如2009年重庆市残疾人心理健康与咨询学会成立，该学会是由重庆市热心残疾人事业的心理学工作者组成的公益性、学术性社会团体。其宗旨是团结全市广大心理学工作者，开展残疾人心理健康学术活动，加强残疾人心理健康学术研究，促进残疾人心理健康。2016年1月，深圳市成立了首家残疾人心理辅导专业委员会，该委员会的前身是由一位重度肢残人士所创立的“深圳市心之海残友心理援助服务中心”，该委员会旨在为残疾人提供心理健康援助，包括提供心理咨询和辅导、婚姻咨询与服务，开展残疾人心理咨询师的专业化培训与辅导，实现以残助残、助人自助目标。2016年7月，西安市残疾人联合会发布了《西安市残疾人心理援助项目总体方案》，要求用心理学治疗技术与理论指导改善残疾人心理健康问题、提高心理健康水平、减缓心理压力，使其重建自信心，促进建立基层心理康复工作模式。

(一) 残疾人心理健康问题的表现及其影响因素

1. 残疾人心理健康问题的表现

有关残疾人心理健康的研究发现，残疾人心理健康问题主要表现在以下几个方面。

(1) 自卑、敏感。受自身生理缺陷限制，残疾人生活极其不便，绝大多数残疾人不愿面对现实，不敢承受挫折，敏感多疑、封闭孤独，有很强的自卑心理。如兰继军等通过访谈法深度挖掘残疾人的消极心理特征，得出残疾人具有敏感、自卑、易挫等典型消极心理状态的结论；[④]冯菱指出聋生存在自卑、孤独、焦虑、抑郁、独立性差、自制力弱、嫉妒等心理健康问题；[⑤]刘华强、罗夏对聋生的研究发现，聋生心理健康水平较低，容易出现自卑、孤独感、焦虑和抑郁等问题。[⑥]

(2) 焦虑或抑郁。由于躯体残疾带来的不便，残疾人往往存在着不同程度的焦虑或抑郁情绪，他们担心其他身体器官也会出现疾病，日常行为活动总是小心翼翼，总觉得还

---

① 中国残疾人联合会. 习近平总书记强调努力实现残疾人“人人享有康复服务”的目标[EB/OL]. (2016-02-19)[2017-12-31]. http://www.cdpf.org.cn/gcgz/201608/t20160822_564121.shtml.

② 国务院.《“健康中国2030”规划纲要》[EB/OL]. (2016-10-25)[2017-12-31]. http://www.nhfpc.gov.cn/guihuaxxs/s3586s/201610/21d120c917284007ad9c7aa8e9634bb4.shtml.

③ 国家卫生计生委. 关于加强心理健康服务的指导意见[EB/OL]. (2017-01-19)[2017-12-31]. http://www.nhfpc.gov.cn/jkj/s5888/201701/6a5193c6a8c544e59735389f31c971d5.shtml.

④ 兰继军，胡文婷，赵辉，等. 残疾人心理发展问题及影响因素的质性研究[J]. 现代特殊教育(高教)，2015，(12)：3—7.

⑤ 冯菱. 初探聋生教学实践及心理状况[J]. 中华少年，2016，(17)：20.

⑥ 刘华强，罗夏. 理情行为疗法对聋哑学生心理健康问题的个案介入研究[J]. 统计与管理，2016，(5)：20—22.

会发生什么不幸，经常神经紧张，不容易安静放松地进行日常活动。吴齐通过入户调查与访谈的方式，对浙江省335名残疾人进行了生存质量调研，发现该省残疾人生存质量较差，低于全国最低水平，且有近三分之一的人存在不良心理，表现出不同程度的焦虑、抑郁状态；①田壮等人对上海市参加体检的残疾人进行问卷调查，回收有效样本731份，其中存在抑郁症状的占8.48%，存在焦虑症状的占9.58%；②李敏指出听障大学生具有诸如盲目、脆弱、焦虑、恐惧等消极的个性心理特征。③

（3）人际关系敏感。残疾人由于自身缺陷而产生自卑心理，往往会远离人群，即使是在人群中也会感到不自在，与人相处时有着较强的戒备、怀疑和嫉妒心理，不能正确处理个人与社会的关系，在人际关系上存在着种种困惑。王桂萍等以症状自评量表为工具，对新疆广播电视大学开放教育残疾大学生的心理健康状况进行调查分析，结果表明，被试者的心理问题多集中在强迫、敌对、抑郁、躯体化、人际关系敏感这五个方面。④

（4）情绪不稳定。情绪不稳定问题在许多残疾人身上都相当突出。例如聋人情绪反应强烈，而且多表现于外，容易发怒、与别人发生冲突、争吵，搞得面红耳赤；盲人情绪反应则多隐藏于内，虽然情感体验可以很激烈，但情绪表现却并不十分明显，而且爆发性的情感较少。孙正香对青春期聋生的心理健康进行探索，归纳出青春期聋生存在意志力薄弱、自控能力差、易冲动、精神过于紧张和焦虑、自我意识的矛盾等心理健康问题。⑤

2. 影响残疾人心理健康问题的因素

研究发现，影响各类残疾人心理健康的因素包括如下几个方面。

（1）生理缺陷。残疾人往往会由于自身的缺陷而感到自卑，变得敏感、脆弱。孙正香指出，对于青春期聋生而言，生理缺陷、家庭教育方法不当等都会对聋生心理健康造成不良影响。对此，他提出要实施“家校合作”，开展心理健康辅导，让聋生走向社会、适应社会等建议。

（2）过高或过低的自尊水平。由于生理缺陷，残疾人的情感要比普通人更细腻、更丰富，自尊心也更强，部分残疾人无法正确地对待自己和他人的评价，对其他群体的认同度以及接纳度较低，内在的自卑又会引发外在的自我中心化程度高。张爽等采用症状自评量表、自尊量表及自我控制量表对598名残疾人进行评定，发现残疾人的自我控制在自尊与心理症状之间起到部分中介作用，自尊既直接影响心理症状，又通过自我控制间接对其产生影响，并指出必须重视自尊对残疾人心理健康的影响，要对残疾人进行归因训练，提升其自尊水平。⑥

（3）工作就业困扰。残疾人可选择的行业和岗位较少，就业面较狭窄，针对残疾人就业培训的机构更是少之又少，还有些残疾人会因为自卑、孤僻以及依赖思想等而不愿就业。

---

① 吴齐. 335名残疾人生存质量调研及团体干预对幸福感的研究[D]. 杭州：杭州师范大学，2016.

② 田壮，白燕，等. 上海市残疾人焦虑、抑郁情况及影响因素[J]. 中国康复理论与实践，2016，22(3)：326—329.

③ 李敏. 绘画治疗在听障大学生心理健康教育课程中的应用[J]. 美与时代，2016(12)：126—127.

④ 王桂萍，诸葛华，周雯. 新疆广播电视大学开放教育残疾大学生心理健康状况调查分析[J]. 新疆广播电视大学学报，2016(3)：6—11.

⑤ 孙正香. 聋生青春期心理健康教育初探[J]. 延边教育学院学报，2016，30(3)：107—109.

⑥ 张爽，李楠柯，李祚山，等. 残疾人自尊、自我控制与心理症状的关系研究[J]. 中国康复理论与实践，2016，22(2)：212—217.

(4) 人际交往障碍。由于自身的缺陷，残疾人外出频率较低，人际交往圈较为狭窄，他们渴望增加与外界的交流。兰继军等通过质性研究的方法总结出影响残疾人心理健康的主要因素，包括就业困难引起的焦虑、婚恋情感困惑、家庭环境压力，出行不便造成的孤独感、自我否定及社会压力，据此提出残疾人要克服功能障碍，积极参与社会生活。

(5) 社会支持缺乏。社会支持是指个人在自己的社会关系网络中所能获得的、来自他人的物质和精神上的帮助和支援。良好的社会支持系统对维持个体良好的情绪体验有重要意义。目前我国残疾人心理健康服务事业尚处于初级阶段，残疾人面对各种问题，并不知道如何寻找正确的渠道获得心理支持，而社会支持恰恰是提高残疾人生活质量和保障的重要一环，残疾人如果能得到足够的关怀和补贴，对他们的心理健康将是十分有益的。李梦琪等通过问卷调查得出，残疾人的心理健康与其社会支持情况相关，且生活满意度在其中有一定程度的中介作用。因此不仅要为残疾人提供各方面的社会支持，还要引导他们学会接受别人的支持，既要通过外部物质的帮助来改善他们的生活，又要帮助他们树立自信心，提高对生活的满意度，促进心理健康的发展。① 另外，田壮等的调查表明，残疾人的抑郁情绪与评残年限、残疾等级有关，残疾评定年数较低、残疾等级较重者，较易产生抑郁，残疾人的焦虑情绪与就业状况、居住状况有关，退休、独居者更易出现焦虑。建议应有针对性地对各类残疾人加强心理健康教育，及时进行疏导与沟通，提高个体、家庭及社会对其心理状态的关注与重视，提升残疾人心理健康水平。

（二）残疾人工作者也存在一定的心理健康问题

残疾人工作者包括残联系统的工作人员、各级残疾人专委以及残疾人服务机构内的工作人员。残疾人工作者是残疾人工作的主导者、引领者，残疾人事业的开展离不开残疾人工作者的参与。残疾人工作者的身心健康直接关系着残疾人事业的发展。残疾人工作具有任务繁重、条件较差、社会性较强的特点，因此，残疾人工作者的心理健康问题也不可忽视。张攀对安徽省残疾人工作者的工作状态、社会网络关系及个人自身情况三大方面进行了深入了解，发现大多数残疾人工作者都存在工作压力、人际交往、身体及精神方面的问题。他依据生态系统理论首先从微观层面指出残疾人工作者自身存在一定的压力、情绪问题；其次在中观层面从残疾人工作者的家庭、工作以及朋辈等小群体因素入手分析；再次从宏观层面则讨论了社会文化环境因素对其心理健康的影响。②

（三）残疾人家属心理健康问题的表现及其影响因素

残疾人家属心理健康问题也不容忽视，主要表现在容易出现抑郁和其他身心疾病等。子女的康复看不到希望，为子女的未来而担忧，家属们往往无法表达自己心中的苦闷，许多残疾人家属都存在抑郁情绪。由于残疾人家属的社会支持系统不够完善，他们无法获得有效的帮助来缓解心理压力。残疾人家属在照顾残疾家人生活、求医、康复训练等方面付出了很多的辛劳，他们承受着不同寻常的压力，相当多的残疾人家属存在睡眠质量差等问题。2016 年，浙江工业大学教科学院大学生“星缘”调研团队对 430 个“孤独症儿童”家

---

① 李梦琪，李楠柯，高蕊，等. 残疾人社会支持与心理健康：生活满意度的中介作用[J]. 心理研究，2016，9(2)：54—60.

② 张攀. 残疾人工作者心理健康问题研究—以安徽省为例[D]. 合肥：安徽大学，2016.

庭进行了访问，发布了《孤独症儿童家庭负担研究报告》。调研发现，近半数家庭的康复治疗费用在家庭总支出中的占比高达40%以上。不仅如此，孩子患有自闭症还给家长带来了身心功能方面的多重影响。80%的家长存在失眠情况，41.71%的家长常有疲劳感，84.71%的家长出现过生理不适感，57.39%的家长异常焦虑，56.64%的家长存在异常的抑郁情绪。他们的身心健康已受到了较为严重的损害。①

研究认为，影响残疾人家属心理健康问题的因素包括如下几个方面。

(1) 文化程度。文化程度较高的残疾人家属可以寻求各种资源，获取相关知识，接受指导，能正确地面对子女的残疾；而文化程度较低的残疾人家属，对子女的残疾可能会认识不足，不能较好地配合治疗，导致其压力过重，出现各类心理问题。

(2) 自我调控水平。残疾人家属自身对子女病情所持态度以及自我调节水平会影响其心理健康水平。

(3) 社会支持。家庭内外的支持与凝聚力会增加家属们的信心，有研究表明社会支持有利于减轻残疾人家属焦虑、抑郁等消极情绪，提高其生活质量。②

(4) 社会接纳程度。社会接纳会对残疾人的康复以及其家庭的生活水平有重要影响，包容与接纳可促进残疾人更好地融入社区生活，实现自我价值。

(5) 残疾类型及程度。对于某些心智与精神类残疾家属而言，其心理健康问题比残疾人本身的问题还要严重，这类残疾人或需要长期的照料与看护，或需要终生服药，这会使家庭经济压力较大，使家人感到身心疲惫，无法缓解由于子女的残疾而带来的心理压力。

(四) 残疾人心理健康服务的方法与效果

在对残疾人进行心理健康服务时应针对不同残疾人的心理特点开展不同的、多种形式相结合活动，具体方法一般包括团体辅导活动、绘画治疗、音乐治疗、戏剧治疗等。团体辅导活动以团体为对象，运用适当的辅导策略与方法，通过团体成员间的互动，促使个体在交往中认识自我、探讨自我、接纳自我，调整和改善与他人的关系，增强适应能力的助人过程。吴齐针对残疾人的心理困扰开展团体心理辅导方案的干预研究，经过团体干预后，实验组的幸福感水平有所提升。绘画治疗是绘画者在创作过程中，借助绘画工具将潜意识内压抑的情感与冲突呈现出来，释放负能量、缓解压力、调整情绪和心态、修复心灵创伤，获得满足感、成就感、自信的过程。李敏探讨了绘画治疗在听障大学生心理健康课程中的作用，通过绘画，展开了师生间的对话，活跃了课堂气氛，加强了人际互动，有效地提高了听障大学生心理健康水平，在改善听障大学生社交功能、提高自尊和自我概念等方面起到了积极的作用。音乐治疗是一个系统的干预过程，在这个过程中，治疗师利用音乐体验的各种形式，以及在治疗过程中发展起来的、作为治疗动力的治疗关系来帮助被帮助者达到健康的目的。③ 在音乐体验过程中可联系自身经历、观念和期望，宣泄负性情绪。音乐治疗适合视障群体参与，如“黑暗中的舞者”活动，可以让视障人士在进行音乐体验的同

---

① 走访400户自闭症家庭呼吁社会理解患儿回归普通校园[EB/OL].(2017-04-22)[2017-12-31]. http://www.sohu.com/a/135697356_648638.htm.

② 易进. 儿童社会支持系统——一个重要的研究课题[J]. 心理发展与教育，1999(2):58—61.

③ 张皓月. 音乐治疗对自闭症儿童共同注意的影响研究[D]. 重庆：西南大学，2016.

时，打开肢体进行情绪表达。[①] 戏剧治疗是在心理治疗的概念下，以艺术教育的概念发展出来的一种治疗手段。它指个体从自我出发，以艺术的方式去感知外在的世界，并在人际互动的过程中融合情感，进而取得一种和谐的关系。戏剧治疗是个体通过扮演的方式，在轻松的氛围中进行创造性活动，从而起到身心疗育的作用。在戏剧治疗中，以物件、身体、故事、角色、游戏为起点，激发残疾人自主参与，并获得由外而内的学习与成长。理情行为疗法强调认知、行为与情绪三者之间的关系，该疗法认为人的负性情绪都是由于其不合理的认知造成的，想要改变情绪与行为，首先应改变其不合理的认知。刘华强、罗夏通过理情行为疗法，对聋哑学生心理健康问题进行个案研究，经过 5 个月的干预，个案的各项心理因子都得以改善，证明理情行为疗法可以有效缓解聋哑学生的情绪障碍、人际障碍。除此之外，社会工作支持及网络服务也会对残疾人心理健康起到一定的作用。贾书磊等利用社区残疾康复服务“O2O 平台”(Online to Offline)对南昌市社区残疾人进行心理健康支持服务，研究显示该平台对提高残疾人的日常生活活动能力、心理健康状况和生存质量具有积极作用。[②] 田成以调兵山市某残疾家庭为例，运用国内外社会工作的相关理论与方法对其进行干预后，研究对象心理问题得到明显改善。[③] 张岩通过数据分析发现，网络使用对残疾人的情感支持具有直接的正向影响。[④]

（五）残疾人心理健康服务需求

李祚山等采用自编残疾人心理健康服务需求问卷，对 864 名残疾人进行施测，结果表明，有超过 30%的残疾人对自身心理健康水平有着较低的评价，40%的人期望通过心理健康服务获得良好的社会适应、达到人际和谐，24.5%的残疾人能够使家庭生活幸福。[⑤] 综合各类残疾人的特点，其心理健康服务需求主要集中在以下几个方面。

(1) 学习需求。我国特殊教育的实施主要集中于小学阶段和初中阶段，残疾人文化程度普遍较低。研究发现，义务教育阶段仍有近三成的适龄残疾儿童少年未能入学，不同残疾类别的儿童受教育机会不均衡。[⑥] 除此之外，很多残疾人希望获得更高水平的教育，提高自己在社会上的竞争力，但却四处碰壁；针对残疾人的高等教育，可选择的专业过少；残疾人中等职业技术学校也存在着所授知识、技能水平不高，与市场需求不对接的问题；残疾人的继续教育、终生教育体系有待完善。

(2) 人际交往需求。个体的幸福感在很大程度上取决于自己与他人的关系。许多残疾人都反映由于自身的残疾，他们无法融入社会，常常觉得自己被排斥，他们渴望被爱，渴望一种亲密关系。肢体残疾及视力残疾者由于自身的缺陷，较少外出，他们的交友范围较为狭窄；听力残疾者由于言语与听力障碍，与普通人存在着沟通障碍，常常难以融入普通

---

① 资料来源：2016 年西安市残疾人心理健康服务指导意见。

② 贾书磊，方小群，冯琼，等. 社区残疾康复服务 O2O 平台的设计及应用效果研究[J]. 社区康复研究，2016，19(31)：3866—3869.

③ 田成，社会工作介入残疾人家庭儿童也理问题研究——以调兵山市 X 镇 S 村残疾人家庭为例[D]. 沈阳：辽宁大学，2016.

④ 张岩. 残疾人互联网使用对情感支持的影响——基于百度贴吧的研究[D]. 哈尔滨：哈尔滨工业大学，2016.

⑤ 李祚山，李欣忆，等. 残疾人心理健康服务需求的调查分析[J]. 重庆师范大学学报(哲学社会科学版)，2016(1)：92—96.

⑥ 庞文. 我国残疾人教育公平的数据分析与讨论[J]. 教育导刊，2016(8)：35.

人的交流中。稳定的社会支持系统能够给予残疾人支持与力量，因此他们很渴望加强社会交往。

(3) 就业规划指导的需要。残疾人有着强烈的就业愿望，渴望通过工作体现自身价值。但社会上针对残疾人设置的岗位不多，且缺乏相应的指导与培训，残疾人对自己的就业方向、职业生涯目标认知模糊，某些企业打着招聘残疾人的旗号，实际是为了利用国家对招收残疾人就业的企业实行的税收减免政策，而并没有真实地安置残疾人就业，导致残疾人虚假就业问题。此外社会大众对残疾人的认识存在偏差和歧视，残疾人往往难以找到理想的工作，难以实现自我价值，而稳定的工作可以保障残疾人的生活，也可以扩大他们的交友范围，因此他们需要得到就业的指导。

二、各地区的残疾人心理健康工作情况

(一) 开设心理援助热线

残疾人心理援助热线可向残疾人提供便利的心理咨询、心理健康教育及心理危机干预服务，减少心理行为问题的发生，是化解残疾人心理危机、疏导残疾人心理问题的有效途径，现已成为国家心理健康卫生保健服务的重要组成部分，在维护残疾人心理健康方面起着积极的作用。

2015 年 5 月，中残联正式开通运行 12385 全国残疾人服务热线和全国残疾人信访信息系统，并将北京、上海、福建、四川、河南、郑州、广东、广州等地作为试点。2016 年，全国各地陆续开通并对其进行宣传。

2016 年 1 月，北京市残联对 12385 残疾人心理健康热线进行宣传，针对残疾人及其亲友以及残疾人工作者的心理问题，开展免费的心理咨询服务。此热线不仅可以咨询心理及相关问题，还可以寻求法律援助。①

2016 年 11 月，吉林延边州安图县残联为了让广大残疾人对心理咨询有更全面客观的认识，使有需求的残疾人能及时得到“热线”的服务和帮助，开展了一场“安图县残疾人心理健康热线”宣传活动，向残疾人朋友详细讲解了 12385 服务热线的咨询时间、拨打程序、平台服务的具体内容并与残疾人朋友分享了自我调适的方法，结合大家日常生活中所遇到的心理问题进行了症结分析。②

2016 年年底前，陕西省各地已全部开通 12385 残疾人服务热线电话。陕西省各地的 12385 残疾人服务热线收录了与残疾人日常生活密切相关的国家法律法规以及相关部门涉及的残疾人政策等，包括“法律法规、权益保障、信访投诉、组织建设、康复、教育、就业扶贫、社会保障、宣传文化体育”等 9 大类 52 个小项内容，让热线切实成为全方位为残疾人

① “12385”——打开残疾人心灵之门的金钥匙[EB/OL].(2016 - 01 - 29)[2017 - 12 - 31]. http://www.bdpf.org.cn/zxxx/qxdt/hr/c45800/content.html.

② 延边州安图县残联开展 12385 残疾人心理健康热线宣传活动[EB/OL].(2016 - 11 - 14)[2017 - 12 - 31]. http://www.jldpf.org.cn/xxgk/xjcldt/201611/t20161114_2466901.html.

服务的“政策咨询平台、诉求表达平台、爱心服务平台、维权监管平台”。①

广东省珠海市残联“心灵驿站”在斗门井岸残疾人康园中心开展团体心理减压活动时，向群众宣传了市残联心灵驿站的服务范围及内容，鼓励大家更多地使用“心灵热线”0756－2771118，遇到心理困扰及时打电话求助。②

（二）心理援助项目

各省、市残疾人心理援助项目常以购买服务的形式，依托第三方开展，其形式包括个体心理咨询、团体心理辅导、心理健康知识讲座、心理测评等，从而系统、全面地为残疾人提供心理支持。

湖南岳阳市残联工作暨残联系统党风廉政建设会议明确提出，全面启动残疾人居家托养购买服务，为1 000名以上托养对象购买家政、理发、心理健康等服务项目。③

云南曲靖市残联与相关政府部门购买残疾人心理咨询服务，通过竞争性谈判，确定了一家心理咨询中心为承接主体，为全市残疾人、残疾人亲友和残疾人工作者提供心理咨询服务。服务期限内，将完成个案心理咨询与关怀200人次，心理健康讲座12场次600人次，团体心理辅导10场次500人次，开通服务热线（早上8:30—12:00，下午14:00—18:00，晚上19:00—20:30），提供心理咨询服务。④

陕西省西安市依据《全国精神卫生工作规划（2015—2020年）》精神，按照“预防为主、防治结合、重点干预、广泛覆盖、依法管理”的原则，制订《西安市残疾人心理援助项目总体方案》，为具有西安市户籍的残疾人及其家庭成员提供心理辅导、心理援助、心理咨询和心理危机干预服务，促进残疾人心理健康与人格成长，为推进残疾人思想道德建设做出贡献。将残疾人心理援助分为关爱残疾老年人心理健康、缓解中年心理压力、促进婚姻家庭幸福、关爱残疾青少年儿童心理成长、支持残疾人就业心理服务等几个领域，结合残疾人的实际需求以及公众关注的心理问题，采取热线咨询、面对面心理辅导、心理讲座、心理体验式培训、心理测评、危机干预等手段对残疾人实施心理疏导，不断丰富完善活动内容，力求贴近生活，有效化解矛盾，促进社会和家庭和谐。⑤

西安市莲湖区残联依托残疾人心理健康辅导站，于2016年7月至12月在莲湖区辖区内开展了心理健康讲座、团体心理辅导、心理沙龙、工作坊、个人危机干预等30场心理健康服务，讲座主要针对残疾人、残疾人工作者、残疾人志愿者、特教服务机构、启智学校等，将“以文化为引领，以活动为载体，以项目为带动，共同发展”作为指导思想，以“温暖　支持　陪伴”为主题，讲座内容基本涵盖了心理学的各个领域，包括自我认识、人际沟通、

---

① 陕西：12385残疾人服务热线全面开通[EB/OL].（2016－12－30）[2017－12－31]. http://www.sn.xinhuanet.com/snnews2/20161230/3603229_c.html.

② 珠海市残联“心灵驿站”心理减压活动走进斗门井岸康园[EB/OL].（2016－06－27）[2017－12－31]. http://www.gddpf.org.cn/dssd/201606/t20160627_777752.htm.

③ 岳阳市残联工作暨残联系统党风廉政建设会议召开[EB/OL].（2016－04－06）[2017－12－31]http://scl.hunan.gov.cn/news/jcdt/201604/t20160406_3014440.html.

④ 曲靖市残联实施政府购买服务开展残疾人心理咨询服务[EB/OL].（2016－07－16）[2017－12－31]http://www.cl.yn.gov.cn/Show.aspx? ID=9719.

⑤ 西安市将开展残疾人心理援助项目[EB/OL].（2016－11－14）[2017－12－31]http://epaper.xiancn.com/xarb/html/2016－11/14/content_453262.htm.

心理技能、情绪管理、亲子关系等。

西安市周至县残疾人联合会积极筹建残疾人心理健康辅导站，调动残疾人的积极性，为残疾人提供专业的心理咨询服务，并且开展了残疾人心理辅导员系列培训，对于提高残疾人工作者的综合能力具有重要意义。除此之外还进行家庭探访工作，对残疾人基本生活和心理状况进行了深入了解，心理辅导工作效果显著。①

（三）残疾人家长心理支持服务

与普通儿童的家长相比，残疾儿童的家长承受着较大的压力，其表现出的抑郁、焦虑水平更高，作为真正的弱势群体，他们更需要心理支持服务。

广东省江门市残联、心理卫生协会开展"关注自闭症孩子的母亲"公益项目活动。此活动共 8 期，包括 4 期家长心理健康讲座和 4 期家长成长沙龙活动。②

一家自闭症机构以包场观看电影的形式开展自闭症家庭活动，旨在帮助自闭症孩子的父母能放心地把孩子带进电影院，摆脱担心被投诉的心理负担，一家人享受一场电影的欢乐时间。同时，活动让自闭症孩子更多地接触社会。③

一家自闭症机构开展"感受孤独症谱系障碍"自闭症专题家长心理健康系列讲座，让自闭症孩子家长和康复训练机构老师一起感受自闭症孩子的独特世界。④

广东省江门市特殊儿童康复教育中心举办家长心理及情绪工作坊，为家长讲解如何有效应对负性情绪及如何看待特殊儿童家庭手足支援，帮助家长及早、合理地为特殊儿童和家庭规划未来。⑤

河北秦皇岛市海港区残联举办首届孤独症、脑瘫儿童家长心理健康辅导培训，培训的主要目的是提升家长对儿童康复的理念及能力。同时，培训也锻炼了咨询师的能力和水平，为其以后直接服务儿童打下基础。⑥

辽宁抚顺市残疾人康复中心为促进智力残疾儿童家庭康复训练的有效开展，加大残疾儿童家庭康复配合支持机构康复训练的力度，正确引导残疾儿童家庭康复理念，缓解智力残疾儿童家长长期压抑的心理，针对智力残疾儿童家长心理健康问题开展专题讲座。⑦

三、结论与建议

关心残疾人、发展残疾人事业是社会文明进步的标志，是实现全民小康的必要条件。

---

① 周至县心理辅导员培训正式开班[EB/OL].（2016－08－24）[2017－12－31]. http://www.zhouzhi.gov.cn/info/egovinfo/xxgk/page/001－15_A/2016－0908003.htm.

② 江门市心理卫生协会开展首场自闭症孩子家长沙龙系列活动[EB/OL].（2016－06－21）[2017－12－31]. http://www.gddpf.org.cn/dssd/201606/t20160621_776894.htm.

③ "健康身心　康怡有约"之自闭症家庭活动日顺利举办[EB/OL].（2016－07－13）[2017－12－31]. http://www.gddpf.org.cn/dssd/201607/t20160713_780972.htm.

④ 江门市心理卫生协会举办自闭症家长心理健康讲座[EB/OL].（2016－07－29）[2017－12－31]. http://www.gddpf.org.cn/dssd/201607/t20160729_784674.htm.

⑤ 善待自己，释放正能量[EB/OL].（2016－09－28）[2017－12－31]. http://www.gddpf.org.cn/dssd/201609/t20160928_796009.htm.

⑥ 秦皇岛市海港区残联举办首届孤独症、脑瘫儿童家长心理健康辅导培训[EB/OL].（2016－11－29）[2017－12－31]. http://www.hebcl.gov.cn/contents/244/73224.html.

⑦ 抚顺市残疾人康复中心智力项目 2016 年首次家长心理课堂正式开课[EB/OL].（2016－03－17）[2017－12－31]. http://www.lncl.org.cn/clxwpd/clcjxx/201603/t20160316_2092189.html.

但目前，残疾人仍然存在着各种心理健康问题，仍面临着生活、教育、就业等问题，因此全社会应着力加强残疾人心理健康工作，改善残疾人生活，为残疾人争取最大福利，使之更好地参与社会生活。

做好残疾人心理健康服务，首先要加强对心理健康知识的宣传。心理健康知识的普及，可让残疾人理性地看待心理问题，消除对心理问题的误解，减少对心理咨询、心理辅导等的抵触心理，也可以使社会大众减少对残疾人的偏见与歧视。宣传可以充分利用新闻媒体、网络平台等大众传媒进行，也可以通过发放心理健康知识手册、张贴海报、张贴横幅等方式在社区等公共区域进行。其次应整合资源，构建心理健康服务网络。残疾人心理健康服务并不是单一的、独立的、割裂的，在开展残疾人心理健康服务工作时，必须加强其与其他各项活动的合作，加强残联系统各部门间的协作，共同构建心理健康服务网络，深入了解残疾人在生活中的实际需求，为残疾人提供相应服务，解决其心理困惑。最后要完善相关制度。各级残联应积极推动完善相关政策，将特定残疾人群体所必需的心理康复、心理治疗服务纳入残疾人事业发展规划和残疾人康复项目规划中；同时鼓励与支持面向广大残疾人、残疾人家属、残疾人工作者开展心理健康服务，明确各项心理健康服务、心理咨询服务、心理辅导活动、心理科普活动等的经费标准，完善相关服务流程。①

---

① 资料来源：2016 年西安市残疾人心理健康服务体系建设调研报告。

第四章　2016 年港澳台地区的特殊教育

第一节　2016 年香港的特殊教育

一、近年来香港特殊教育发展的政策及主要措施

香港特殊教育的目的，是为有特殊教育需要的儿童提供适当的教育，以帮助他们充分发展潜能，使他们成为独立且有适应能力的人。

按现行政策，教育局会根据专业人士的评估和建议，在家长的同意下，转介有较严重或多重残疾的儿童入读特殊学校，以便接受加强支援，而其他有特殊教育需要的儿童则会入读普通学校。

自 1997 年回归后，香港特区政府每年均会发布教育范畴的施政纲领，用以阐述次年教育改进的措施或改革的核心。特殊儿童或特殊教育作为教育措施的重要部分被列入施政纲领则始见于 2010—2011 学年。2010—2011 学年的施政报告推行了一个为期三年的加强支持自闭症学生的实验计划，用以发展改善自闭症学生的社交沟通、情绪控制及学习技巧的主要支持策略。

2011—2012 学年的教育施政报告提出，通过扩展校本心理服务，加强支持中小学照顾有特殊需要的学生。它分为特殊教育学校教育和融合教育两个部分，前者侧重改善特殊学校的基础设施，并通过拨款或额外津贴、增设助理教师编制以及减少班额等进一步加强照顾严重或多重残疾的学生，后者则强调随班就读。

从 2013 年开始，施政报告把加强支持有特殊教育需要的学生作为重要的改善领域。同时，在 2013 年和 2014 年的施政报告中把融合教育的重要性提到了空前的高度，其措施包括强调师资培训、公众宣导、校本心理服务、校本专业支持和跨界合作，比较突出的是增加“学习支援津贴”的拨款，使每所开展融合教育的中小学可获得的拨款上限由 100 万提升至 150 万①，并承诺每年按综合消费物价指数调整津贴额度及上限。

2015 年的施政报告增设专责教师统筹普通学校的特殊教育需要支持，为大专以上有特殊教育需要且经济困难的学生提供学习开支助学金，为特殊学习困难和非华语中学生提供事业探索及相关经历的三年试行计划，以及将特殊学校经济困难学生的额外交通津贴纳入政府恒常资助计划。

相比而言，2016 年的施政报告除了延续前几年的措施之外，在支援有特殊教育需要

---

①　此处单位是港币，下同。

的学生方面并未涉及新的改善策略。

在额外资源配套方面，香港教育局从1997年推行的“全校参与”模式融合教育，与全球的融合教育发展趋势是一致的。教育局为学校提供额外资源、专业支援和教师培训，以协助照顾有特殊教育需要的学生。随着学校和家长对特殊教育需要的意识提高及识别机制的日益完善，有特殊教育需要的学生数量持续增长，政府亦相应增加投放于融合教育的资源，以加强支援服务。2016—2017学年的有关预算开支约14.17亿元，较2008—2009学年(即开始为普通中学提供学习支援津贴的学年)增加约65%。

在专业支持方面，从2007—2008学年起，教育局为普通学校及特殊学校教师提供系统的培训课程，即基础、高级及专题课程的“三层课程”，以提升教师照顾有特殊教育需要学生的专业能力。

从2012—2013学年起，教育局亦为特殊学校教师开办以“有严重或多重残疾儿童的教育”为主题的培训课程，以配合他们的培训需要。

从2015—2016学年在关爱基金拨款下香港教育局推行为期三年的《特殊教育需要统筹主任试验计划》(试验计划)，向录取较多特殊教育需要学生的公办普通中、小学提供现金津贴，加强学校教师团队建设。

从2016—2017学年起“校本教育心理服务”覆盖全港公办普通中、小学，以逐步录取大量有特殊教育需要的学生。

在教师培训方面，香港教育局于2004年终止了用以支持普通学校教师接受两年制的特殊教育培训课程津贴。但是，从2007—2008学年开始，为提升教师照顾有特殊教育需要学生(包括非华语学生)的专业能力，教育局推出了为期五年的融合教育教师专业发展架构，为现职教师提供系统的基础、高级及专题课程(“三层课程”)。

从2012—2013学年开始，香港教育局继续开办“三层课程”，要求每所学校至少有15%至25%的教师完成基础课程；每所学校至少有6至9位教师完成高级课程；每所学校至少有6至9位教师完成专题课程，包括认知及学习需要、行为、情绪及社群发展需要和感知、沟通及肢体需要的专题课程，并鼓励学校有计划地安排教师修读，以便校内有一定数目的教师接受有关培训，并由他们带领同事以“全校参与”模式推动融合教育，为有特殊教育需要的学生提供适切支援。

截止到2015—2016学年，超过四成公办普通小学教师及约两成半公办普通中学教师已接受30小时或以上系统的特殊教育培训。

二、2016年香港特殊教育发展的具体状况

(一) 特殊教育学校及融合教育学校数量

1. 特殊教育学校的数量

据2016年6月香港教育局发布的《2016—2017学年学生人数统计》(见表4-1-1)，2015、2016年特殊教育学校数为61所，其中本地特殊学校60所，英基学校协会管辖的国际特殊学校1所。

设有特殊班的普通学校数目呈现出不稳定的特点，可能是由于资金的不稳定导致的，

因为开设特殊班的学校主要是非政府资助的普通学校；2016 年香港设有特殊班的普通学校数目增至历年来最高，达到 7 所。

表 4-1-1　2006—2016 年特殊教育学校及普通学校的特殊班数目

学校类别	年份										
	2006	2007	2008	2009	2010	2011	2012	2013	2014	2015	2016
特殊教育学校(所)	62	61	61	61	61	61	61	61	61	61	61
本地特殊学校(所)	61	60	60	60	60	60	60	60	60	60	60
英基学校协会下属特殊学校(所)	1	1	1	1	1	1	1	1	1	1	1
普通学校的特殊班(个)	2	1	1	4	1	3	4	4	3	6	7

2. 融合教育学校的数量

早前的数据显示，1997 年香港推行“融合教育先导计划”时，有 7 所普通小学和 2 所普通中学参加；至 2000 年 9 月，共有 40 所学校采取了“全校融合教育”的方案；2003—2004 学年起，香港政府通过“学习支持津贴”(即新的资助模式)将“全校参与的融合教育”推广至全香港的中小学，凡是接受 5 个及 5 个以上特殊教育需要学生的中小学都可以自由地申请资助参与融合教育；2007—2008 学年，参与“新资助模式”计划的小学有 282 所；2014—2015 学年，香港共有 800 多所公办普通中小学为有特殊教育需要的学生提供教育和支持，约占全香港中、小学总数的 80%。

(二) 特殊教育需要学生的情况

2016 年，香港在特殊教育学校和普通学校的特殊班中接受教育的学生总数为 7 890 人，其中接受小学阶段特殊教育的学生为 3 507 人，接受中学阶段特殊教育的学生为4 383 人；在 7 890 人中，有 7 752 人在特殊学校就读，有 138 人在普通学校的特殊班就读；在特殊学校就读的学生中，有 3 449 人在小学阶段，有4 303 人在中学阶段；在普通学校的特殊班就读的学生中，小学生有 58 人，中学生有 80 人。(见表 4-1-2)

2016 年香港在各类特殊学校就读的各类障碍学生中，以智力障碍学生为最多，其中又以轻度障碍学生为最，达到 3 103 人，中度智障学生次之，为 1 911 人，重度再次，为 687 人，跟历年的趋势一致；居各类障碍学生数量第二位的是肢体障碍，为 883 人；居第三位的是在群育学校就读的学生，为 553 人；居第四位的是在医院学校接受教育的学生，为 333 人；全港 2016 年在读视障学生 123 人，居第五位；听障学生 89 人，为最少。(见图 4-1-1)此外，在英基学校协会下属特殊学校就读的学生有 70 人，普通学校特殊班就读的学生有 138 人。(见表 4-1-3)

表 4-1-2 2006—2016 年香港接受特殊教育的学生人数

类别		年份										
		2006	2007	2008	2009	2010	2011	2012	2013	2014	2015	2016
接受特殊教育学生的总人数	小学	3 985	3 988	3 991	3 801	3 303	3 327	3 212	3 253	3 231	3 415	3 507
	中学	3 752	3 846	3 978	4 274	4 512	4 723	4 809	4 712	4 529	4 473	4 383
	合计	7 737	7 834	7 969	8 075	7 815	8 050	8 021	7 965	7 760	7 888	7 890
在特殊教育学校就读的学生总人数	小学	3 976	3 978	3 981	3 784	3 296	3 312	3 198	3 226	3 224	3 362	3 449
	中学	3 744	3 840	3 973	4 242	4 507	4 696	4 748	4 678	4 488	4 408	4 303
	合计	7 720	7 818	7 954	8 026	7 803	8 008	7 946	7 904	7 712	7 770	7 752
在普通学校内特殊班就读的学生人数	小学	9	10	10	17	7	15	14	27	7	53	58
	中学	8	6	5	32	5	27	61	34	41	65	80
	合计	17	16	15	49	12	42	75	61	48	118	138

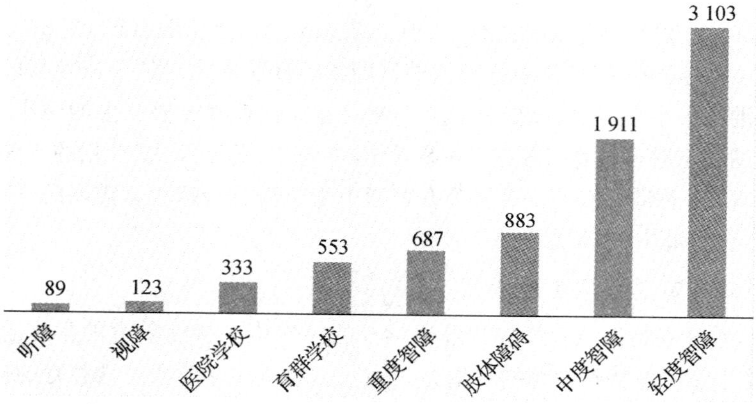

图 4-1-1 2016 年香港特殊教育学校各类儿童人数

表 4-1-3 2006—2016 学年香港接受特殊教育的学生类别(人)

类别		年份										
		2006	2007	2008	2009	2010	2011	2012	2013	2014	2015	2016
接受特殊教育的学生总人数		7 737	7 834	7 969	8 075	7 815	8 050	8 021	7 965	7 760	7 888	7 890
本地特殊学校	总数	7 663	7 767	7 897	7 967	7 742	7 944	7 883	7 834	7 643	7 703	7 682
	视障	156	154	154	149	143	126	122	124	126	125	123
	听障	246	204	176	153	136	145	129	111	102	87	89
	肢体障碍	813	801	816	845	877	932	929	936	921	915	883
	轻度障碍	2 795	2 836	2 927	2 923	3 072	3 116	3 122	3 098	3 051	3 049	3 103

续 表

类别		年份										
		2006	2007	2008	2009	2010	2011	2012	2013	2014	2015	2016
本地特殊学校	中度障碍	1 552	1 576	1 602	1 610	1 697	1 756	1 786	1 822	1 865	1 879	1 911
	严重障碍	807	775	770	762	749	746	729	704	691	679	687
	医院学校	333	309	301	310	358	348	297	295	255	369	333
	群育学校	725	793	770	757	710	775	769	744	632	600	553
	已主流化班级	236	319	381	458	—	—	—	—	—	—	—
英基学校协会下属特殊学校	肢体障碍/严重智障	57	51	57	59	61	64	63	70	69	67	70
技能训练学校	—	—	—	—	—	—	—	—	—	—	—	—
普通学校的特殊班	智障/中度学习困难/自闭症/特殊学习困难/其他	17	16	15	49	12	42	75	61	48	118	138

历年来香港教育局并未向外界公布融合教育(随班就读)学生的人数,但香港立法会教育事务委员会融合教育小组委员会报告的资料提供了2010—2017年就读于公立普通中小学的特殊教育需要学生的情况。

该报告显示,在2015—2016学年就读于公立普通中小学的特殊教育需要学生约有39 470人,其中特殊学习困难学生人数最多,为19 390人,约占所有融合教育学生人数的49.12%;排第二的是注意力不足及患过度活跃症的学生,为8 200人,约占20.77%;第三是自闭症学生,6 800人,约占17.23%;第四是言语障碍学生,2 400人,约占6.08%;第五是智力障碍学生,1 590人,约占4.03%;第六是听障学生,670人,约占1.70%;第七是肢体障碍学生,310人,约占0.79%;最后是视障学生,110人,约占0.28%。(见表4-1-4、图4-1-2)

表4-1-4 按主要残疾类别划分就读于主流小、中学的学生人数

类别		学年						
		2010—2011	2011—2012	2012—2013	2013—2014	2014—2015	2015—2016	2016—2017
特殊学习困难	小学	8 550	8 430	8 390	8 190	8 090	8 370	8 860
	中学	6 430	7 850	9 050	9 890	10 520	11 020	11 260
	合计	14 980	16 280	17 440	18 080	18 610	19 390	20 120

续 表

类别		学年						
		2010—2011	2011—2012	2012—2013	2013—2014	2014—2015	2015—2016	2016—2017
智障	小学	770	780	760	750	740	660	670
	中学	810	940	930	930	910	930	910
	合计	1 580	1 720	1 690	1 680	1 650	1 590	1 580
自闭症	小学	1 980	2 320	2 840	3 310	3 800	4 420	5 020
	中学	780	1 050	1 310	1 660	1 990	2 380	2 800
	合计	2 760	3 370	4 150	4 970	5 790	6 800	7 820
注意力不足/过度活跃症	小学	2 000	1 950	2 450	2 850	3 270	3 850	4 350
	中学	1 250	1 790	2 330	3 010	3 640	4 350	5 090
	合计	3 250	3 740	4 780	5 860	6 910	8 200	9 440
肢体障碍	小学	210	140	130	120	110	120	110
	中学	230	250	250	240	220	190	190
	合计	440	390	380	360	330	310	300
视障	小学	50	40	30	30	30	30	30
	中学	90	110	100	100	90	80	80
	合计	140	150	130	130	120	110	110
听障	小学	330	310	270	260	270	280	300
	中学	450	490	420	400	380	390	350
	合计	780	800	690	660	650	670	650
言语障碍	小学	1 480	1 970	1 940	1 880	1 890	2 100	2 520
	中学	230	210	190	210	240	300	350
	合计	1 710	2 180	2 130	2 090	2 130	2 400	2 870
总计	小学	15 370	15 940	16 810	17 390	18 200	19 830	21 860
	中学	10 270	12 690	14 580	16 440	17 990	19 640	21 030
	总计	25 640	28 630	31 390	33 830	36 190	39 470	42 890

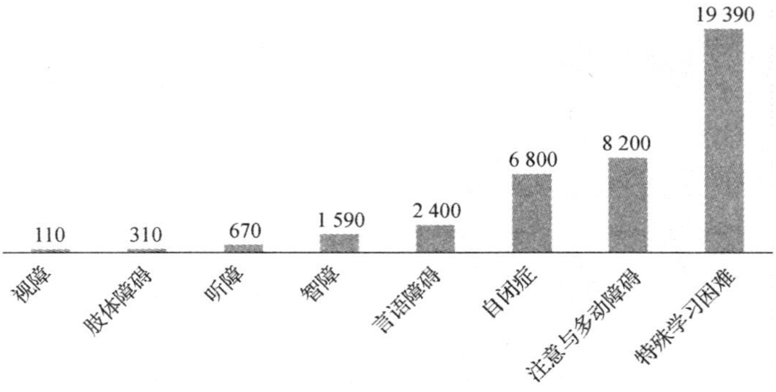

图 4－1－2　2015—2016 学年香港随班就读学生的分布(人)

2016—2017 学年在普通学校随班就读的不同类别学生的分布趋势和 2015—2016 学年的趋势相同(见表 4－1－4、图 4－1－3)

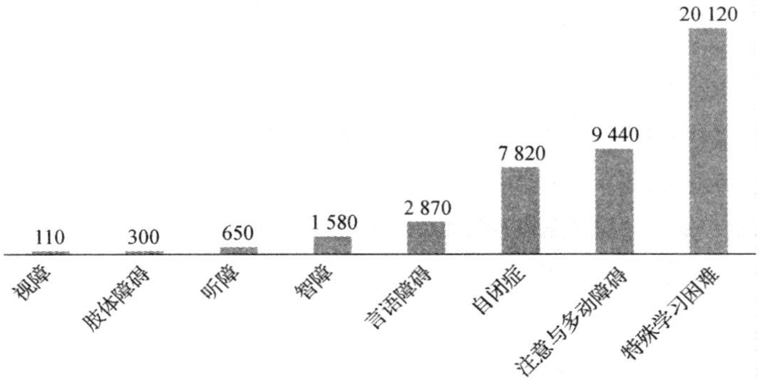

图 4－1－3　2016—2017 学年香港随班就读学生的分布(人)

就 2015—2016 学年在小学就读的各类障碍儿童而言，学习困难的学生数量最多，为 8 370 人；自闭症学生数量为 4 420 人，排名第二，这和整个样本有差别；注意与多动障碍学生 3 850 人，排名第三；言语障碍学生 2 100 人，排名第四；智力障碍学生 660 人，排名第五；听障学生 280 人，排名第六；肢体障碍学生 120 人，排名第七；视力障碍学生最少，为 30 人。(见表 4－1－4、图 4－1－4)

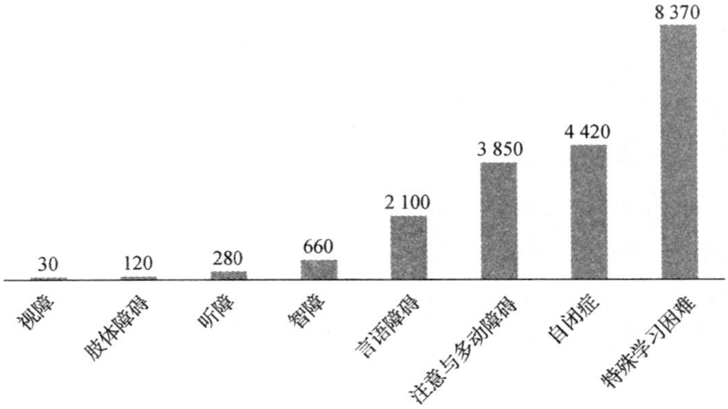

图 4－1－4　2015—2016 学年香港小学随班就读学生的分布(人)

2016—2017 学年各类障碍儿童在普通小学就读的分布趋势与 2015—2016 学年相同，特殊学习困难学生最多，其他依次为自闭症、注意与多动障碍、言语障碍、智力障碍、听障、肢体障碍和视障。（见表 4-1-4、图 4-1-5）

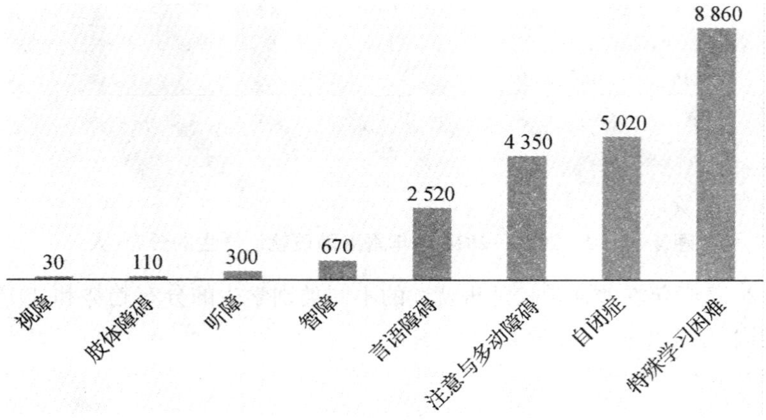

图 4-1-5　2016—2017 学年香港小学随班就读学生的分布（人）

就 2015—2016 学年度在中学就读的各类障碍儿童而言，特殊学习困难学生最多，达到 11 020 人；注意与多动障碍学生排名第二，为 4 350 人；第三是自闭症学生，有 2 380 人；第四智障学生，有 930 人；第五是听障学生，有 390 人；第六是言语障碍学生，有 300 人；第七是肢体障碍学生，有 190 人；第八是视障学生，有 80 人。（见表 4-1-4、图 4-1-6）

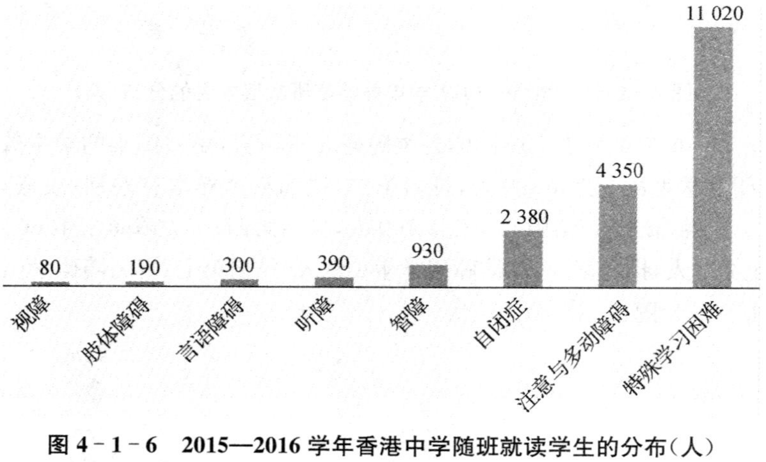

图 4-1-6　2015—2016 学年香港中学随班就读学生的分布（人）

2016—2017 学年普通中学随班就读的学生仍旧是特殊学习困难学生最多，有 11 260 人；第二、第三、第四位和 2015—2016 学年度的排名相同，依次是注意与多动障碍、自闭症和智障学生，分别为 5 090、2 800、910 人，但第五名为言语障碍学生，为 350 人，与上学年度不同；第六是听障学生，为 350 人；排名第七、第八的同上年，为肢体障碍和视障学生，分别有 190、80 人。（见表4-1-4、图 4-1-7）

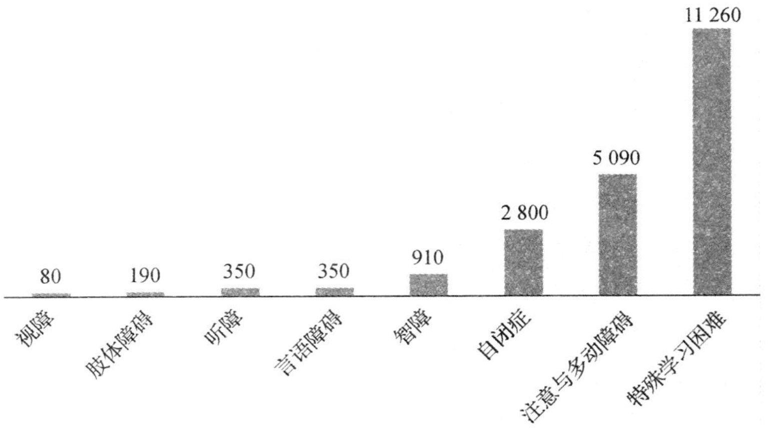

图 4-1-7　2016—2017 学年香港中学随班就读学生的分布(人)

由表 4-1-4 可以看出,八类障碍学生都可以就读于普通学校,无论是智力障碍还是自闭症抑或是听力障碍学生,且在普通学校就读的学生总数(无论是 2015—2016 学年还是 2016—2017 学年)都高于在特殊学校就读的障碍学生数。例如,2015—2016 学年在特殊学校就读的障碍学生是 7 888 人,而 2015—2016 学年在普通学校就读的障碍学生是 39 470 人,约是在特殊学校就读的 5 倍;2016—2017 学年在普通学校就读的有 42 890 人,约是 2016 年在特殊学校就读学生的 5.4 倍。

（三）特殊教育教师及专业人员的现状

1. 香港特殊教育学校教师的现状

香港 2016—2017 学年特殊教育学校的教师总数是 1 687 名,比 2015—2016 学年的 1 697名少了 10 名,但比 2014—2015 学年的 1 678 名多了 9 名;2016—2017 年的 1 687 中教师中,有 1 642 名是大学毕业,45 名是非大学毕业。(见表 4-1-5)

表 4-1-5　特殊教育学校的教师状况

类别	学年		
	2014—2015	2015—2016	2016—2017
大学毕业的教师人数	1 615	1 646	1 642
非大学毕业的教师人数	63	51	45
教师总人数	1 678	1 697	1 687
曾受训练教师的百分比	98.50%	99.10%	99.20%
学生与教师的比率	4.6∶1	4.5∶1	4.6∶1
曾受训练教师流失率	6.70%	6.80%	6.80%
未受训练教师流失率	8.30%	12.00%	33.30%
教师流失率合计	6.80%	6.90%	7.10%

在这些教师中，2016—2017学年有99.20%的教师受过特殊教育训练，比2014—2015学年、2015—2016学年略有增加。（见表4-1-5）

就特殊教育学校的学生与教师的总体比例来看，2014—2015学年、2015—2016学年、2016—2017学年的生师比大致相当，分别为4.6∶1、4.5∶1、4.6∶1（见表4-1-5），但各类特殊学校的生师比并不完全一致。大致而言，轻度智障学校的生师比是6.0∶1，中度智障学校为4.1∶1，重度智障学校为3.9∶1，医院学校为5.5∶1，肢体伤残学校为4.4∶1，群育学校为3.5∶1，视障学校和听障学校分别为3.3∶1和2.9∶1。

生师比在不同的学段或者班级有不同的表现。一般情况下，特殊学校的小学及初中每班有1.7名教师，但单为智障儿童而设的特殊学校高中则每班有1.9名教师，提供普通课程的特殊学校的高中则每班有2名教师。

香港特殊教育教师也存在流失现象，从2014—2015学年到2016—2017学年的教师流失率分别为6.80%、6.90%、7.10%，其中，2016—2017学年曾受训练的教师的流失率为6.8%，低于未受训练教师流失率26.5%，未受训教师的流失率达到了33.30%。（见表4-1-5）

2. 其他专业人员

为了满足不同学生的特殊需要，香港的特殊教育学校还配备了其他专业人员，包括社工、注册护士、教育心理学家、言语治疗师、物理治疗师、作业治疗师、作业治疗师助理员及凸字印制员，还包括为轻度智障儿童学校、中度智障儿童学校、视障儿童学校及听障儿童学校提供一名职业治疗师及一名职业治疗助理员，为视障儿童学校及群育学校（服务对象为中度以上情绪及行为问题学生）提供一名言语治疗师等。

应该说，香港特殊教育学校其他类别专业人员的职数是大致稳定的，2011—2012学年到2016—2017学年各学年度特殊学校专责人员的状况如表4-1-6所示。

表4-1-6 2011—2012学年到2016—2017学年特殊学校专责人员的编制（人）

类别	学年					
	2011—2012	2012—2013	2013—2014	2014—2015	2015—2016	2016—2017
社工	119	117	116.5	116	116.5	116
注册护士	52	52	52	52	52	52
教育心理学家	13	14	16	16	17	17
言语治疗师	138.5	142.5	143.5	144	144	146
物理治疗师	60	59	59	59.5	59	58.5
作业治疗师	60	59	59	59.5	59	58.5
作业治疗师助理员	60	59	59	59.5	59	58.5
凸字印制员	3.5	3.5	3.5	3.5	3.5	3.5

3. 特殊教育知识的培训状况

香港教育局为融合学校和特殊教育学校的教师提供特殊教育的培训课程。

就融合教育的教师而言，香港教育局于2007—2008学年推出了为期五年的融合教育教师培训，这个培训分为三个层次，即基础培训、高级培训和专题培训，他们称之为系统的基础、高级及专题课程，用以提高教师照顾有特殊教育需要学生的专业能力。2016—2017学年共接受基础培训的小学教师有771人，接受基础培训的中学教师有1 699人；接受高级培训的小学教师有469人，接受高级培训的中学教师有709人；接受专题培训的小学教师有970人，接受专题培训的中学教师有1 364人，均是2012—2013学年来接受培训的人数之最。（见表4－1－7）

表4－1－7　2012—2013学年到2016—2017学年修读“三层课程”融合教师实际人数

课程	教师	学年					总数
		2012—2013	2013—2014	2014—2015	2015—2016	2016—2017	
基础	小学	120	215	215	221	225	771
	中学	339	356	295	264	445	1 699
高级	小学	89	92	74	109	105	469
	中学	152	141	86	147	183	709
专题	小学	144	200	152	201	273	970
	中学	222	281	316	250	294	1 364

（四）特殊教育的投入

香港政府对特殊教育与融合教育的投入逐年稳步增长。2014—2015学年特殊教育政府预算为19.75亿元，修订预算为20.64亿元；2015—2016学年的预算为21.46亿元，修订预算为23.24亿元；2016—2017学年的预算为22.48亿元，修订预算为28.17亿元。融合教育（支援公办主流中小学照顾有特殊教育需要学生，不包括普通学生的开支）的政府投入在2014—2015学年和2015—2016学年的总开支分别为12.22亿元和13.10亿元，而2016—2017和2017—2018学年的预算开支则分别为14.17亿元和14.69亿元。

就对特殊教育学校的各类障碍儿童的投入来看，2016—2017学年对单个视障学生的投入是320 000元，听障是306 000元，肢体障碍是314 000元，轻度智障是177 000元，中度智障是260 000元，重度智障是342 000元，群育学校是181 000元，医院学校是186 000元。（见表4－1－8）

表 4-1-8　香港 2013—2014 学年到 2016—2017 学年单个障碍学生的成本(元)

类别		学年			
		2013—2014	2014—2015	2015—2016	2016—2017
特教学校	视障	229 000	258 500	293 000	320 000
	听障	262 500	279 000	293 000	306 000
	肢体伤残	254 000	279 000	294 000	314 000
	轻度智障	145 500	171 000	171 500	177 000
	中度智障	218 000	239 500	253 000	260 000
	重度智障	281 000	313 000	329 000	342 000
	群育学校	134 000	149 000	164 000	181 000
	医院学校	153 000	167 500	178 000	186 000
融合学校	小学	47 186	51 670	—	—
	中学	53 987	61 460	—	—

在这八类障碍学生中，以对严重(重度)智障学生的投入最高，第二是视障，第三是肢体障碍，第四是听障，第五是中度智障，第六是医院学校，第七是群育学校，第八是轻度智障。(见图 4-1-8)

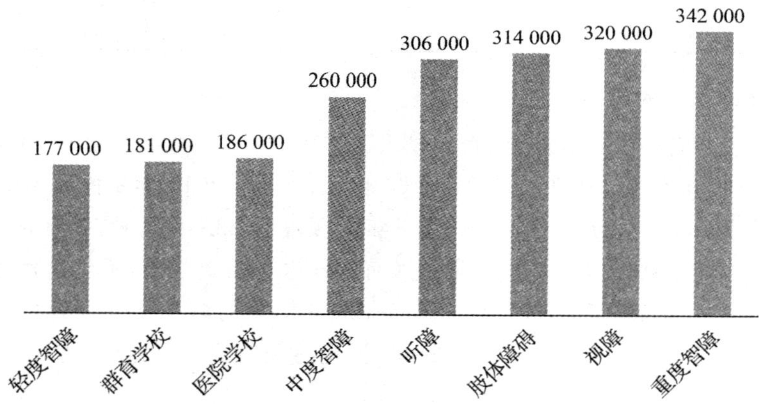

图 4-1-8　香港 2016—2017 学年单个障碍学生的成本(元)

就随班就读(融合教育)的学生而言，教育局在常规拨款外，直接为公办融合教育学生即随班就读学生提供额外补贴。为进一步加强支援就读于公办普通学校的殊教育需要学生，教育局在 2014—2015 学年将学习支援津贴的津贴额增加了 30%。从 2015—2016 学年开始，津贴额及津贴上限每年按综合消费物价指数的变化调整。在 2016—2017 学年，每名需要第二层及第三层支援的学生每年的津贴额分别增加至 13 725 元、27 450 元；每所学校接收 1 至 6 名需要第三层支援的学生，每年可获提供的基本津贴额亦提高至 164 700 元。每所学校每年可得的学习支援津贴上限为 1 583 616 元。其他额外资源包括加强言语治疗津贴、在融合教育计划和加强辅导教学计划下提供的额外教师及拨款、为照顾成绩稍逊的学生而提供的额外教师等。除了上述的额外资源，教育局亦向学校提供专业支援和教师培训，以协助学校照顾有特殊教育需要的学生。

三、香港特殊教育的启示

（一）特殊儿童安置方式的启发

香港提倡融合教育，在普通学校接受特殊教育的学生数量大大高于在特殊学校就读的学生，但全香港依然有61所特殊教育学校，这对内地有重要的启发。残障儿童是进入特殊教育学校还是进入普通学校取决于多种条件，不能盲目提倡取消特殊教育学校。在目前中国内地的文化条件下，尤其是普通学校在尚未准备好接纳障碍儿童前接纳障碍儿童，往往会出现事倍功半的随班就“混”现象。对此，内地特殊教育的管理部门应该有清醒的认识。

（二）可以分类设置智力落后儿童学校

香港的特殊教育学校类别比内地更为多样，除去传统的招收视障、听障、智障儿童的学校外，尚有医院等机构设置的其他类别的特殊教育学校，如专门招收严重情绪行为异常学生的学校，甚至智力落后儿童也根据轻度、中度、重度三种程度分类安置，这对内地具有重要的启发意义。

特殊儿童的安置不是一个简单的所谓公平问题，更不是简单的所谓融合问题，而是兼顾公平与效益的问题，应在考虑到儿童的特点和教育最佳效果的前提下，采取适合的安置方式。目前，中国内地这种把众多类别的障碍儿童安置在特殊教育学校——主要是各种类别的智力落后儿童、学业不良儿童、孤独症儿童、脑瘫（肢体障碍）儿童甚至多重障碍儿童不加区分地安置在培智学校，而且不加区分地进行教学的做法与香港相比太显粗放，是很难取得理想的应有的特殊教育效果的，应该分门别类地予以安置，至少应根据其能力和特点编班，以求特殊教育应有的效果。

（三）学习障碍、言语障碍、多动症等应该纳入特殊教育范畴

香港特殊教育的对象不仅包括传统的视力障碍、听力障碍、智力障碍儿童，还包括了学习障碍（严重学习困难）、言语障碍、情绪行为异常和多动症（注意力不足与过度活跃症）儿童，这对内地也有重要启发。在内地，这些儿童往往被安置在普通班级，因为教师没有受过任何专业训练，这些在普通班级占比不大的学生却用掉了教师占比最大的精力，或者说5%的学生用掉了教师95%的精力，而且教学效果还不好。为了提高整个义务教育的效益，也真正使每一个孩子不掉队，内地亟须把学习障碍、言语障碍、情绪行为异常等儿童纳入特殊教育序列，并对普通学校的教师进行相应的培训，使其获得教育这些特殊儿童的最基本的知识与方法，进而提高整个义务教育的质量。

（四）特殊教育教师的培训应该加强管理和计划

香港的特殊教育培训，包括特殊教育学校教师的继续教育培训和普通学校教师的特殊教育培训，分为三个基本的层级，即从基础培训、高级培训到专题培训三个层级逐步展

开的。这种展开是在香港特区政府的统一安排下进行的，保障了培训的计划性、整体性和有效性。反观内地的特殊教育培训，一则在普通学校很少开展关于特殊教育的知识和能力的继续教育，二则特殊教育学校的继续教育培训不是有机的经过组织的，无论是国培还是省培、市培和校培，均具有极大的随意性，难以满足教师增加知识和能力提高的需要。内地的特殊教育培训亟须借鉴香港的做法，由省级机构组织相关专家制订完整、统一、有机和分级的培训计划和内容，对教师进行有计划的培训，必要时采取政府购买服务的方式，购买社会上的合格机构开展的培训服务。

（五）普通学校教师应该接受基本的特殊教育训练

从前述报告可以看出，香港的普通学校尤其是公办中小学近年来开展了系统的特殊教育培训，以适应普通学校招收各种障碍儿童的需要。这些培训分为几十个课时的基础培训、几十个课时的高级培训和相应的专题培训。内地应该借鉴香港的做法，在普通中小学尤其是在公办中小学和幼儿园开展特殊教育的继续教育。目前普通学校的国培开展得轰轰烈烈，但一些教师已经感到培训不解渴，怎么办？省级教育管理部门应该制订系统的特殊教育培训计划，把特殊教育的基本知识、方法和价值观作为普通学校教师继续教育的重要内容，用三到五年的时间对所有特殊教育教师进行一轮最基本的特殊教育培训，既解决接收障碍学生的普通学校中的教师不知所措的问题，又部分解决教师们对现有培训倦怠的现实。

（六）内地应该加大特殊教育的经费投入

根据香港的相关报告，在2016—2017学年，即使投入最少的轻度智障学生的年生均成本也达到了177 000港元，严重智障的年生均成本达到了432 000港元，其他障碍类别的年生均成本则介于其间，足见香港特殊教育的经费投入之一斑。在普通学校，更是每接收一个障碍学生即在正常经费之外额外增加13 725元到27 450元不等，接收1至6名的普通学校可获得最高164 700港元的额外支援。内地自实施特殊教育提升计划以来，各特殊教育学校的基本经费得到了保障，各特殊教育学校不用再为购买基本的办公用品费心，但总体而言，内地特殊教育的经费仍显不足，尤其是在新的财政管理模式下，教师培训的经费明显不足，应该在增加特殊教育学校基本经费（生均事业费）的同时，增加教师培训的经费；同时，也应该制订相关支持政策，使普通学校每招收一个障碍学生即获得一定的额外的经费补助，以鼓励普通学校接收各种类型的特殊学生。

（七）大力发展特殊教育

毫无疑问，与香港相比，内地的特殊教育发展是极为滞后的。从在校的特殊学生数量看，有着13亿人口的内地2016年仅有491 740人，而仅有700余万人口的香港在2016—2017学年在册的特殊教育需要学生居然有50 870人（包括特殊学校学生7 980人，随班就读学生42 890人）。按照香港的比例，内地应该有近1 000万各类障碍学生，但目前仅仅达到二十分之一的规模，内地应该大力发展特殊教育。

（八）提高特殊教育的执行力

香港并没有台湾所谓的“特殊教育法”那样的专项规章，但香港的特殊教育依然获得了较好的发展。这可以给内地很好的启示，就是没有特殊教育法依然可以大力发展特殊教育。现代社会应该依法行事，法律是基本的行为依据。然而，如果有法不依，法律就成为摆设；相反，即使没有特殊教育的专门法律，但地方政府只要真心为民办事，依据“宪法”等法律依然可以办好特殊教育。因此，内地各地区应该加大特殊教育发展的执行力度，大力发展特殊教育。

参考文献

[1] 香港教育局. 财务委员会审核二零一七年至二零一八年度开支预算管制人员的答复[EB/OL]. http://www. edb. gov. hk/attachment/tc/about-edb/press/legco/others/17 - 18 - EDB - 2 - c1. pdf.

[2] 香港教育局的历年施政报告中教育局的政策措施[EB/OL]. http://www. edb. gov. hk.

[3] 香港教育局. 特殊教育便览[EB/OL]. http://www. edb. gov. hk/sc/edu-system/special/policy-and-initiatives/special-edu/index. html. 2017.

[4] 教育制度及政策. 特殊教育教师培训[EB/OL]. http://www. edb. gov. hk/tc/edu-system/special/sen-training/index. html.

[5] 香港特别行政区政府统计处. 香港 2017 年版统计年刊[EB/OL]. http://www. statistics. gov. hk/pub/B10101232017AN17B0100. pdf. 2017:365.

[6] 香港教育局. 2016—2017 学年人数统计[EB/OL]. http://www. edb. gov. hk/attachment/en/about-edb/publications-stat/figures/enrol_2016. pdf. 2016:99—103.

第二节　2016 年澳门的特殊教育

一、近年来澳门特殊教育发展的政策及主要措施

自 1999 年回归后，澳门特区政府每年均会发布教育范畴的施政纲领，用以阐述次年教育改进的措施或改革的核心。特殊需要儿童或特殊需要教育作为教育措施的重要部分被列入施政纲领始于 2010 年。

2010 年的施政报告中提出“重视残障人士的权益保障”“做好残障人士的就业辅助服务”[①]，特教事业的发展由此掀开了宏伟篇章。

在 2011 年的教育施政报告中，澳门特区政府又提出“进一步为有特殊教育需要的学生提供切实的关顾和服务，加强对家长的支持”，特殊教育被再次提到。[②]

① 中华人民共和国澳门特别行政区政府. 2010 年财政年度施政报告[EB/OL]. https://wenku. baidu. com/view/19bdcf6c58fafab069dc02a0. html? from=search.

② 中华人民共和国澳门特别行政区政府. 2011 年财政年度施政报告[EB/OL]. https://wenku. baidu. com/view/8781c90979563c1ec5da7138. html? from=related.

2012年在报告中总的说明了特区政府要全方位完善教育政策，逐年加大对教育的资源投入。[①] 其教育领域施政报告中提出："继续关顾不同类型学生的发展需要，完成特殊教育专项评鉴，并跟进相关报告的结果和建议；研究修订特殊教育法规，规划特殊教育的发展方向。开办资优教育教师培训课程，实施校本资优培训计划，组织学生参与'第十二届亚太资优教育会议'，举办'高潜能学童创意及领导才能'生活营，推动资优教育的发展。统整有特殊教育需要学生的资料，帮助学生得到迫切的跟进与治疗。检讨'同质编班'的成效，鼓励更多私立学校参与融合教育计划。继续为特殊教育团队提供专业资格培训，促进相关人员的专业成长。优化职业技术导向的特殊教育课程，并利用网上资讯平台和家长手册，加强对特殊教育学生家长的支援。"[②]特殊教育的相关政策陆续出台。

2013年的教育施政报告提出了对特殊教育的要求："持续发展特殊教育，关顾学生多元需要。根据特殊教育专项评鉴报告，探讨和拟定特殊教育发展的整体计划，并推进特殊教育法规的修订。支援特殊教育学院设置专业团队，资助其购置合适的教材教具。通过教育发展基金支持融合教育及资优教育的发展，逐步把巡回支援服务扩展至幼儿教育和小学教育阶段。派发评估服务小册子，继续开发评估和诊断工具，不断完善有特殊需要学生的评估工作。加强人员的专业培训，拓展与专业机构的合作，为学生提供适时的治疗跟进服务。"[③]

2014年的教育施政方针中首次出现了"融合教育"和"资优教育"。2014年的教育施政方针提出："加大特殊教育资助，开展修订特殊教育制度法规的咨询工作，以便完善特殊教育体系。鼓励学校构建无障碍环境，开展'资优教育'和'融合教育'。加大力度支援有特殊教育需要的学生及家长，为学生提供健康午膳及上下课接载服务资助，鼓励学校和机构在课余及假日提供支援服务，减轻家长的压力，同时为学生提供有益身心及提升生活技能的教育活动。持续优化评估工作，完成幼儿发展知能诊断工具的研发工作，并筹备后续培训；增聘人员，让被怀疑有特殊教育需要的学生能尽早接受教育安置评估。透过教学人员培训及'大专助学金计划'，为特殊教育的未来发展储备优秀人才。资助特殊教育机构增派'资源教师'，为实施融合教育的学校提供支援。"[④]在回顾2014年教育领域施政方针的执行情况时，报告中总结："保障特殊教育学生的受教育权利，增加评估和测验的工具，加大在普通学校实施融合教育的力度，为特教小班初中毕业生开设职业技术教育导向的延伸课程，完善包括葡语专业人士在内的特殊教育专业团队的建设。加强对特殊教育学生家长的支持，增设接载服务和健康午膳的资助，推动相关教育机构在课余提供照顾服务和亲职教育活动。"[⑤]特殊教育的政策法规在这几年中相继得到完善，进一步加快了特殊教

---

① 中华人民共和国澳门特别行政区政府. 2010年财政年度施政报告[EB/OL]. http://m.doc88.com/p-085712799404.html.

② 崔世安. 2012年度教育领域施政方针执行情况：澳门特区2013年施政报告中关于教育的论述(上)[J]. 世界教育信息，20139(10)：67—72.

③ 崔世安. 2013年度教育领域施政方针：澳门特区2013年施政报告中关于教育的论述(下)[J]. 世界教育信息，2013(11)：67—72.

④ 崔世安. 2014年度教育领域施政方针：澳门特区2014年施政报告中关于教育的论述(下)[J]. 世界教育信息，2014(14)：62—66.

⑤ 崔世安. 澳门特别行政区政府2009—2014年教育领域工作回顾(下)[J]. 世界教育信息，2015(7)：60—64.

育的发展步伐。

2015年,澳门中华教育会在对2015年财政年度施政方针之意见(教育部分)里,单独对特殊教育未来一年里的发展进行了具体、详细的说明:"特殊教育是教育整体中不可或缺的一部分,特殊教育工作做不好,整体的教育质量难言优良。首先,持续优化特殊教育成效。尽快制定特殊教育法规和完整课程;加大资源投入,做好资源使用的支援和指引工作;为特教生提供适切的学习辅导用具。其次,加强对特教教师的支援和培训,加速融合教育普及。澳门本土的特教师资一向不足,现时,澳门大专院校没有开设特教的本科专业,使很多选择留澳而又对特教有兴趣的学生只能放弃,非常可惜。建议政府鼓励相关高等教育机构开办特殊教育师范训练专业,并在澳门高等教育师范培训中加入特教课程。同时,还应鼓励在职教师参加政府或学校开设的特教课程,为普及融合教育扫清障碍。再次,推进资优教育发展。为达成'资优教育达到实质推进'这一目标,澳门中华教育会建议教育暨青年局重新审视资优教育整体规划,订定培养目标,做好政策配套和行政支援工作,以小班教学、个别化教学模式,让资优生得到适切培育。最后,还要做好特殊教育的延展工作。未来将会有越来越多的特教生有升大学需求,特殊教育延伸到高教系统已是亟待解决的事情。政府应协调教青局与高教办的沟通合作,做好相关规划,让具备条件的特教生能接受到适切的高等教育。"①

在2016财政年度教育领域施政方针中提出:"加快推进特殊教育制度法规的修订工作,推出融合教育资助模式的新方案,发展资优教育。加强相关部门的协作力度,逐步为不同年龄阶段有特殊教育需要的学生提供系统、连贯及有效的服务,加大对特殊教育家长的支援。配合学生发展的需要,研制特殊教育课程指引。巩固义务教育的成果,结合家长、学校、社会的力量,保障适龄儿童和少年不离开教育系统。"②并且,在2016年11月,特区政府发布了下一年的施政报告,对未来一年里教育领域的发展进行了展望,其中关于特殊教育部分提到:致力关注学生发展的个别需要,实施融合教育资助新模式,开展特殊教育课程指引的编制工作,透过跨部门合作设立儿童综合评估中心,并完成小学及中学教育阶段创造思维测验量表的编制和培训工作。施政报告还强调全力推进特殊教育法规的修订工作。③

从这一系列的报告中我们可以看出,澳门特区政府越来越重视特殊教育的发展,从刚开始的仅是保护残障人士的相关权益,到致力于特殊教育的发展,推出的一系列政策深入特殊教育细小的方方面面,这些政策加快了特殊教育事业的发展步伐,为有特殊教育需要的孩子带去了更多的福祉。

二、澳门特殊教育法律的发展(回归前)

(一)特殊教育法律的推行

从20世纪90年代至21世纪初,澳门颁布的有关特殊教育的法律主要有三个,分别

---

① 澳门中华教育会.对2015年财政年度施政方针之意见(教育部分)[EB/OL]. https://max.book118.com/html/2016/1202/67519538.shtm.

② 崔世安.澳门特别行政区2016财政年度教育领域施政方针[J].世界教育信息,2016(4):61—67.

③ 崔世安.澳门特别行政区政府2017年财政年度教育领域施政方针[J].世界教育信息,2017(2):64—66.

是“第11/91M号法律”、“第33/96M号法律”及“第9/2006号法律”。

1. 第11/91M号法律

20世纪90年代初，澳门特区政府的教育部门设立特殊教育发展委员会，并于1991年颁布教育制度法规“第11/91M号法律”，其中有4条附属条文确立了特殊教育亦是澳门的非高等教育制度的其中一个组成部分，亦陈述了特殊教育的定义、宗旨，初步界定了有特殊教育需要学生的类别。[①] 4条相关法律条文内容如下：对有特殊需要的人士提供教育均等的机会，而精神特征、感官能力、肌肉神经及身体特征、感情及社会行为、沟通能力、多种缺陷等六种特殊需要的人士均受该法保障；特殊教育包括为受教者而设的活动及为其家人、教师及社团而设的措施；特殊教育透过适合该类学生而设的教学方法、通过特殊教育机构或设在正规学校内的特别计划而开展，并在可能范围内让特殊需要学生在学习及工作中融入社会；政府优先支持私人机构、社团开办特殊教育。[②] “第11/91M号法律”中的特殊教育法规的4条法律条文，是澳门最早陈述关于特殊教育的法律条文。

2. 第33/96M号法律

1996年，澳门政府就1991年所颁布的“第11/91M号法律”中的特殊教育法律部分进行跟进，并制订“第33/96M号法令《批准特殊教育制度》”的法律条文，[③]其与“第11/91M号法律”不同之处有如下两点：其一，“第33/96M号法律”是一个专为身心障碍有特殊教育需要的人士而设立的特殊教育条文，相关法律条文从当初只有简单的4条，一下子变为19条。其二，条文内容所考虑的部分比“第11/91M号法律”多，包括以下部分：特殊教育需在学生所在级别或班级之正规教育课室内进行，亦需在位于教育机构内专为此而设且称为特别学习单元之场地内进行；按学生学习需要，对科目需进行适当配合（如减少科目内容及部分替换、免除某些学生不能进行之活动、采用合适教学法）或使用选择性科目（科目选择以正规教育科目为标准）；需为有特殊教育需要的学生订立个别化教育计划（IEP）及教学活动大纲等文书（相关文书总共有19项），由教师及负责执行之技术人员负责编写，并规定学生在该教育机构注册或发现有特殊教育需要的30天内必须完成相关编写；任特殊教育的教师需接受相关适当的培训；学生在完成学业后需获发载明其所达到水平之证书或文凭。[④] 此项法律清楚地指出学校须为有特殊教育需要学生进行学习的调整，也须为这些身心障碍学生编写个别化教育计划等文书，保障了学生及家长们的权利。

3. 第9/2006号法律

2006年，澳门政府颁布了“第9/2006号法律：《非高等教育制度纲要法》（简称纲要法）”，对特殊教育做出更新的界定，整份“纲要法”条文共有12章、55项条文。[⑤] 其中第12项条文，重新定义了澳门的特殊教育，内容包括：旨在为有特殊教育需要学生提供适合其身心发展的受教育机会，以协助其融入社会、发挥潜能、弥补不足及参与就业；特殊教育的

---

① 阮邦球. 澳门特殊教育：回顾和展望[J]. 澳门行政杂志，2008(21)：81—104.

② 印务局. 第11/91M号法令[Z]. 澳门：印务局，1991.

③ 阮邦球. 澳门特殊教育：回顾和展望[J]. 澳门行政杂志，2008(21)：81—104.

④ 印务局. 第33/96M号法令[Z]. 澳门：印务局，1996.

⑤ 阮邦球. 澳门特殊教育：回顾和展望[J]. 澳门行政杂志，2008(21)：81—104.

对象，包括资优学生和身心障碍学生，由政府有职权的公共部门或教育行政部门指定的实体负责评估；特殊教育优先在普通学校内以融合的方式实施，亦可在特殊教育机构以其他方式实施；特殊教育课程、教材、教学及评估方法，须配合每名学生的特点，以发展其潜能，协助其融入社会；政府创造条件，包括财政支持、培训、向受教者家庭提供协助、向推动特殊教育服务实体提供支持等，以促进特殊教育发展。[①] "第9/2006号法律"中第12项条文最重要的是：它确立了特殊教育以融合教育方式为主要发展路向，强调要从课程、教学、评估等多方面进行调整，以保障身心障碍学生的教育是要因应其身心发展的需要。在这些法规的影响下，澳门的融合教育开始得以发展。

（二）特殊教育运作

1. 成立特教中心，提供特殊教育服务

从20世纪90年代起，澳门成立特殊教育发展委员会并颁布了"第11/91M号法律"后，1992年澳门教青局成立了一个专门负责心理及特殊教育的部门——"教育心理辅导暨特殊教育中心"（简称"特教中心"），该中心职能包括以下内容。[②] ① 为学生进行评估及提供各种支持服务，主要包括教育安置的评估及治疗评估。② 进行专业咨询，若发现学生在各项发展上出现问题，影响学习及日常生活，中心的专业人员会为求助者提供专业咨询服务。③ 为年满4周岁或以上且于澳门正规教育学校就读，申请"残疾评估登记证"的学生进行智力评估。④ 优化评估工具，包括建立了"韦氏儿童智力量表"的澳门版本，研制了"学习障碍诊断工具"等，务求有更好的本地化的常模发展测验工具。

2. 建立教育安置机制

目前特教中心最主要的工作是评估疑似有特殊教育需要的学生，当个案被界定为有特殊教育需要，按其障碍性质、轻重而提供相应的教育安置及支持服务。[③] 现时澳门的特殊教育除了以融合教育为主要发展方向外，特殊教育的教育安置还包括另两类形式，即公立学校所设的"特殊教育小班"（简称"小班"）及"特教班"。

3. 推行政策

目前所有公立及私立特殊教育学校均有相应的特殊教育专业团队，为学生提供教学、评估、辅导及治疗，并参与制订学生个别化教育计划（IEP）的工作。[④] 教青局亦对私立特殊教育学校提供财政支持，包括特教班级运作资助，对6—15人的班级提供普通教育25—45人的班级津贴，专业团队成员亦会得到教青局每月的定额资助，并同时通过"学校发展计划"资助私立特殊教育学校的硬件、教具、校园环境设备及资助为有特殊教育需要学生举办相关活动。[⑤] 自2010—2011学年起，教青局亦开始额外提供津贴，鼓励私立特

---

① 印务局.第9/2006号法令[Z].澳门：印务局，2006.

② 冼权锋，吕明，晏子，等.《澳门特殊教育专项评鉴》报告[EB/OL].(2012-09-28)[2017-12-31]http://www.dsej.gov.mo/—webdsej/www/grp_doc/dsejdoc/20120928/index.html.

③ 冼权锋，霍艾莲，何福全，等.融合教育制度下残疾学生的平等学习机会研.[EB/OL].http://www.eoc.org.hk/EOC/Upload/ResearchReport/IE_cReport.Pdf，2012.

④ 冼权锋，吕明，晏子，等.《澳门特殊教育专项评鉴》报告[EB/OL].(2012-09-28)[2017-12-31].http://www.dsej.gov.mo/—webdsej/www/grp_doc/dsejdoc/20120928/index.html.

⑤ 教青局.澳门特殊教育简介[Z].澳门：教青局，2012.

殊教育学校实施同质编班教学。[1] 在融合教育发展方面,从 2006—2007 学年起,特区政府实施“融合教育资助计划”,目的是使澳门私立学校落实融合教育为主的特殊教育政策,[2]计划对参加融合教育计划的私立学校提供财政支持,同时亦为学校提供技术支持与培训。[3]

三、2016 年澳门特殊教育发展的发展状况

2016 年是本届特区政府施政的第一年,面对一系列挑战,特区政府全力贯彻“一国两制”“澳人治澳”、高度自治的方针,严格遵守《澳门基本法》的规定,以强烈的责任心、务实的行动,冷静应对新旧矛盾交错重叠、内外环境复杂多变的局面。2016 年的施政重在“促经济、重民生、稳发展”“持续提升民生素质”是其施政重点之一:将积极推进民生福利工程,加快建设社会保障体系,努力实现居有其所、安居乐业,提高居民健康水平,推动教育和人才培养。为此,教育事业在这一年中跨步前进,特殊教育也获得了相应发展。

(一) 特殊教育学生人数

2016 年澳门有特殊教育学校 4 所,其中公立学校 1 所、私立学校 3 所;在特殊教育学校就读的障碍儿童共有 707 人,其中在公立学校就读的有 327 人(比 2015 年增加 13 人,增长率为 4.41%),在私立学校就读的有 374 人(比 2015 年增加 45 人,增长率为 12.50%),在非免费教育学校系统就读的有 6 人。(见表 4-2-1)

表 4-2-1 2016 年澳门在学特殊教育学校学生数[4]

年龄	特教班级		特殊教育小班						合计		共计
			特教小班(小)		特教小班(中)		小计				
	男	女	男	女	男	女	男	女	男	女	
3	32	12	0	0	0	0	0	0	32	12	44
4	45	20	0	0	0	0	0	0	45	20	65
5	41	5	0	0	0	0	0	0	41	5	46
6	27	8	6	3	0	0	6	3	33	11	44
7	15	9	4	4	0	0	4	4	19	13	32
8	18	11	2	3	0	0	2	3	20	14	34
9	19	15	6	5	0	0	6	5	25	20	45
10	17	9	7	4	0	0	7	4	24	13	37

① 冼权锋,吕明,晏子等.《澳门特殊教育专项评鉴》报告[EB/OL].(2012-09-28)[2017-12-31]. http://www.dsej.gov.mo/—webdsej/www/grp_doc/dsejdoc/20120928/index.html.

② 教青局.共融校园:让我们一起平等成长[Z].澳门:教青局,2007.

③ 冼权锋,霍艾莲,何福全,等.融合教育制度下残疾学生的平等学习机会研究[EB/OL]. http://www.eoc.org.hk/EOC/Upload/ResearchReport/IE_cReport.Pdf.

④ 数据来源:《教育统计》(2016—2017),澳门教育青年局。

续 表

年龄	特教班级		特殊教育小班						合计		共计
			特教小班（小）		特教小班（中）		小计				
	男	女	男	女	男	女	男	女	男	女	
11	11	7	6	3	0	0	6	3	17	10	27
12	16	11	6	2	0	0	6	2	22	13	35
13	13	7	3	3	3	0	6	3	19	10	29
14	14	12	1	2	4	3	5	5	19	17	36
15	10	6	2	1	7	2	9	3	19	9	28
16	9	10	2	1	8	3	10	4	19	14	33
17	13	7	0	0	15	4	15	4	28	11	39
18	19	7	0	0	5	7	5	7	24	14	38
19	17	11	0	0	11	5	11	5	28	16	44
20	15	13	0	0	6	0	6	0	21	13	34
21	4	1	0	0	3	3	3	3	7	4	11
22	3	1	0	0	0	2	0	2	3	3	6
合计	358	182	45	31	62	29	107	60	465	242	707

从性别来看，2016 年在读的 707 名障碍学生中，有男生 465 人，较 2015 年增加 44 人；女生有 242 人，较 2015 年增加 20 人。

（二）2016 年澳门特殊教育学校的教学人员状况

虽然澳门地小人少，但只有几十万人口的澳门在 2016 年仍旧有特殊教育学校 4 所，有教学人员 133 人，比 2015 年的 124 人增加了 9 人。其中，男教师 17 人，较去年增加 1 人，女教师 116 人，较去年增加 8 人。（见表 4－2－2）

表 4－2－2　2016 年澳门特殊教育学校的教学人员状况①

年龄	性别		合计
	男	女	
61 岁以上	0	4	4
51—60 岁	2	24	26
41—50 岁	3	23	26
31—40 岁	7	27	34
30 岁以下	5	38	43
合计	17	116	133

① 数据来源：《教育统计》（2016—2017），澳门教育青年局。

（三）2016 年澳门随班就读（融合教育）的状况

根据 2016 年 11 月澳门教青局发布的教育统计数据，2016 年全年澳门融合教育学校总共有 45 所，较之 2015 年增加了 1 所。其中，有公立学校 11 所，较之 2015 年增加了 1 所；私立学校 27 所，非免费教育系统学校 7 所。在普通学校就读的特殊学生——融合生（内地称为随班就读生）人数共 1 134 人，较 2015 年增加了 185 人。在这些学校中，公立学校共有融合生 237 人，较 2015 年增加了 38 人；私立学校共有融合生 778 人，较 2015 年增加了 28 人；非免费教育学校系统 119 人，合计私立学校 897 人。（见表 4－2－3）

表 4－2－3　2016—2017 学年澳门融合生详细状况①

正规教育—免费教育学校系统—公立学校															
校部名称	幼一	幼二	幼三	小一	小二	小三	小四	小五	小六	初一	初二	初三	高一	高二	高三	合计
乐富中葡幼儿园	1	1	1	0	0	0	0	0	0	0	0	0	0	0	0	3
北区中葡小学	3	3	3	2	3	3	4	2	5	0	0	0	0	0	0	28
氹仔中葡学校	2	2	3	2	3	4	0	3	5	0	0	0	0	0	0	24
何东中葡小学	6	4	7	6	6	6	5	3	8	0	0	0	0	0	0	51
高美士中葡中学	0	0	0	0	0	0	0	0	0	13	7	8	5	6	4	43
中葡职业技术学校	0	0	0	0	0	0	0	0	0	5	5	6	15	7	5	43
高美士中葡中学（日间葡文部）	0	0	0	0	0	0	0	0	0	1	0	0	0	0	0	1
二龙喉中葡小学	0	0	0	3	4	0	2	2	2	0	0	0	0	0	0	13
二龙喉中葡小学（葡文部）	0	4	3	2	0	2	3	0	3	0	0	0	0	0	0	17
澳门演艺学院舞蹈学校	0	0	0	0	0	0	0	0	0	0	0	0	1	0	0	1
郑观应公立学校	0	1	1	3	2	0	1	2	3	0	0	0	0	0	0	13
小计	12	15	18	18	18	15	15	12	26	19	12	14	21	13	9	237
正规教育—免费教育学校系统—私立学校															
校部名称	幼一	幼二	幼三	小一	小二	小三	小四	小五	小六	初一	初二	初三	高一	高二	高三	合计
圣善学校	1	1	3	1	2	4	5	1	1	0	0	0	0	0	0	19
海星中学	2	2	4	2	8	7	0	0	0	6	7	10	5	8	5	66

① 数据来源：《教育统计》（2016—2017），澳门教育青年局。

续 表

正规教育—免费教育学校系统—私立学校																
莲峰普济学校	1	0	3	2	1	1	3	1	3	0	0	0	0	0	0	15
玛大肋纳嘉诺撒学校	5	7	6	6	8	5	8	6	2	0	0	0	0	0	0	53
沙梨头坊众学校	0	1	1	4	2	1	5	2	1	0	0	0	0	0	0	17
圣玛沙利罗学校	0	2	2	3	3	6	3	3	3	0	0	0	0	0	0	25
圣罗撒英文中学	0	0	0	1	2	1	2	5	2	0	0	0	0	0	0	13
圣德兰学校	1	3	4	4	6	5	6	4	0	0	0	0	0	0	0	33
九澳圣若瑟学校	0	0	0	1	0	2	5	3	2	0	0	0	0	0	0	13
圣玫瑰学校	0	2	1	0	3	2	0	0	0	4	3	2	0	0	0	17
德明学校	1	2	2	7	4	3	3	3	2	0	0	0	0	0	0	27
沙梨头浸信学校	3	4	7	8	6	8	12	10	11	0	0	0	0	0	0	69
雷鸣道主教纪念学校	0	0	0	0	0	0	0	0	4	3	3	2	0	0	0	12
庇道学校	0	0	0	0	0	0	0	1	4	2	5	2	1	0	15
福建学校	0	5	4	4	6	5	4	5	4	0	0	0	0	0	0	37
澳门坊众学校	0	0	0	0	0	0	0	0	0	5	1	7	1	4	2	20
澳门中德学校	3	9	3	9	11	10	15	5	6	0	0	0	0	0	0	71
培华中学	0	0	0	0	0	0	0	0	0	4	2	4	0	0	0	10
氹仔坊众学校	0	0	0	2	5	0	1	2	1	0	0	0	0	1	0	12
澳门三育中学	0	0	0	0	0	0	0	0	0	1	2	0	1	0	0	4
澳门三育中学(英文部)	0	1	1	1	7	0	2	0	1	0	4	1	0	4	3	25
澳门坊众学校	1	0	3	3	4	3	0	5	1	0	0	0	0	0	0	20
圣公会中学(澳门)	0	4	3	5	8	6	4	5	9	3	2	3	7	1	2	62
澳门浸信中学	1	2	1	4	7	1	6	4	6	5	6	10	9	8	1	71
海星中学	0	0	0	0	0	0	8	9	6	0	0	0	0	0	0	23
培华中学附属小学暨幼儿园	0	5	1	2	2	3	3	2	2	0	0	0	0	0	0	20
庇道学校——英文部	0	0	0	1	1	1	2	0	0	3	1	0	0	0	0	9
小计	19	50	49	70	96	74	97	75	68	38	33	44	25	27	13	778

续 表

非免费教育学校系统—私立学校															
校部名称	幼一	幼二	幼三	小一	小二	小三	小四	小五	小六	初一	初二	初三	高一	高二	高三	合计
培正中学	0	0	0	0	0	0	0	0	0	0	0	0	0	0	2	2
联国学校	0	0	1	1	1	1	3	6	2	2	3	2	0	0	0	22
圣安东尼幼儿园	0	2	2	0	0	0	0	0	0	0	0	0	0	0	0	4
鲁弥士主教幼儿园	1	3	4	0	0	0	0	0	0	0	0	0	0	0	0	8
圣若瑟教区中学第五校(英文部)	0	0	0	1	0	0	0	0	0	1	1	1	0	0	0	4
正规教育—免费教育学校系统—私立学校																
校部名称	幼一	幼二	幼三	小一	小二	小三	小四	小五	小六	初一	初二	初三	高一	高二	高三	合计
澳门葡文学校	0	0	0	4	7	4	1	4	1	2	0	1	0	0	1	25
澳门国际学校	0	0	3	1	7	2	5	5	7	5	6	5	1	6	1	54
小计	1	5	10	7	15	7	9	15	10	10	10	9	1	6	4	119
私立学校合计	20	55	59	77	111	81	106	90	78	48	43	53	26	33	17	897
全部学校合计	32	70	77	95	129	96	121	102	104	67	55	67	47	46	26	1134

接受融合教育的特殊学生中，男生 840 人，女生 294 人，他们于各年级的分布如表 4-2-4 所示。

表 4-2-4　2016—2017 学年澳门融合生的年级与性别分布①

年龄	融合教育							
	幼儿教育		小学教育		中学教育		小计	
	男	女	男	女	男	女	男	女
3	21	5	0	0	0	0	21	5
4	54	9	0	0	0	0	54	9
5	46	17	0	0	0	0	46	17
6	18	7	48	13	0	0	66	20
7	2	0	85	26	0	0	87	26
8	0	0	72	28	0	0	72	28
9	0	0	82	19	0	0	82	19
10	0	0	73	24	0	0	73	24

① 数据来源:《教育统计》(2016—2017)，澳门教青局。

续 表

年龄	融合教育							
	幼儿教育		小学教育		中学教育		小计	
	男	女	男	女	男	女	男	女
11	0	0	69	24	0	0	69	24
12	0	0	34	17	7	6	41	23
13	0	0	16	7	30	12	46	19
14	0	0	6	4	34	15	40	19
15	0	0	0	0	37	14	37	14
16	0	0	0	0	35	11	35	11
17	0	0	0	0	24	10	24	10
18	0	0	0	0	20	13	20	13
19	0	0	0	0	12	5	12	5
20	0	0	0	0	13	6	13	6
21	0	0	0	0	2	2	2	2
22	0	0	0	0	0	0	0	0
合计	141	38	485	162	214	94	840	294

（四）2016 年澳门特殊教育的财政投入

据澳门特别行政区财政局统计，2016 年用于教育的财政预算为1 141.087 67百万澳门币，比 2015 年增加了 53.064 32 百万澳门币，变动率约为4.9%；而 2016 年财政支出 6 090.5 百万澳门币，较 2015 年增长了 642.9 百万澳门币，变动率约为 11.8%。（见表 4－2－5、表 4－2－6）[①]教育经费投入的递增也为特殊教育经费的增加提供了资金支持。在 2016 财政年度施政报告中提到：残疾津贴分别调升至每年 8 000 元（普通）和每年 16 000 元（特别）[②]，临时性残疾津贴继续发放并拟研究过渡为长期措施，这些保障残疾人权益的措施都需要政府经费的支持。

表 4－2－5 澳门教育经费投入（单位：百万澳门币）

项目	年份				
	2012	2013	2014	2015	2016
财政预算	—	—	1 007.953 71	1 088.023 35	1 141.087 67
财政支出	8 912.4	5 163.4	5 108.0	5 447.6	6 090.5

［注：—表示暂无统计数据］

① 数据来源：《教育统计》（2016—2017），澳门教育青年局。
② 数据来源：澳门特别行政区政府 2016 年财政年度施政报告概要。

表 4-2-6 澳门教育投入变动率(单位:%)

项目	2013/2012	2014/2013	2015/2014	2016/2015
财政预算	—	—	7.9	4.9
财政支出	−42.1	−1.1	6.6	11.8

[注:—表示暂无统计数据]

四、澳门特殊教育发展的启示

2016 年澳门有人口 61 万余,在特殊学校和随班就读的特殊儿童共有1 841 人,虽然人口与在读特殊儿童的比例没有香港高,①但比内地 60 万人的县市在读的特殊学生比例依然是高出不少的。或者说,澳门和香港一样,其特殊教育的发展优于内地。当然,这和澳门的经济水平有关,但特殊教育的发展并非仅仅取决于经济水平,下面几个方面是内地发展特殊教育应该注意的。

(一)特殊教育政策发展的整体规划需要加强

通过分析近年来澳门特别行政区政府发布的施政纲领及措施,可以看出其特殊教育政策及措施的核心放在完善特殊教育的法律法规,加强教师队伍建设及发展融合教育,研制特殊教育课程指引,加大对特殊教育需要学生家长的支持力度等方面。但进一步分析已发布的政策和措施本身,会发现澳门缺乏特殊教育的整体设计和宏观规划。比如,对融合教育的师资培训没有清晰的设计,在各项报告和政策法规中只笼统地提出要加大对融合教育师资的培训,但是培训的方向和目标并不明朗。

(二)澳门特殊教育数据的发布较为笼统

澳门教青局长久以来并未向公众提供各类别服务对象的统计数据,包括不同类别特殊需要学生的统计结果,仅笼统地给出特殊需要学生的总人数和融合生的总人数。统计数据的缺失意味着公众尤其是特殊需要学生、学生家长及其他重要相关人的知情权无法保证,因而也就无从知晓政府拨款及资源的分配和使用的具体情况。统计数据的缺失还导致澳门对目前特殊教育对象与服务供求的研究含糊不清,特教政策的发展包括师资培训上的需求缺乏清晰的规划方向,这使得资源的投放也缺少方向,即便投入的资源再多,如果没有方向,则无法促进资源的优化配置和有效利用。

(三)特殊教育的法律法规建设需要加强

"第 11/91M 号法律"中的特殊教育法规的 4 条法律条文,是澳门最早陈述关于特殊教育的法律条文,然而这 4 条条文只是"第 11/91M 号法律"的其中一小部分,相对台湾第一次于 1984 年专为特殊教育所颁布的"特殊教育法"的 25 条法律条文②相差甚大,无论质还是

---

① 这个比例的高低并不能单方面说明特殊教育的发达与否,因为该比例和特殊儿童的定义、类别、鉴别的标准密切相关。但是,总体而言,香港、澳门的特殊教育发达程度高于内地。

② 林坤灿. 台湾"特殊教育法"沿革及其影响与作用[EB/OL]. (2014-12-10)[2017-12-31]. http://163.23.173.3/ftp/20141210091605.pdf.

量，都难以相比。根据“第 11/91M 号法律”的内容，当时澳门政府将特殊教育需要的学生只界定为六大类，然而台湾的第一次“特殊教育法”已清楚地将特殊教育对象分为资优三类、身心障碍十一类。[①] 另外，“第 11/91M 号法律”也没说明特殊教育需要的评估内容，包括没有清楚地指出由什么部门负责学生的评估、转介等；教育形式上也只鼓励特殊教育机构、正规学校在可能范围内为有特殊需求的学生提供特别教学及特别计划，条文弹性太大，不太容易鼓励正规学校(尤其是私立学校)开办特殊教育。

而“第 33/96M 号法律”并没有指明特殊教育主要以何种方式来实施，而台湾于 20 世纪 90 年代后开始加快发展以融合教育为主的特殊教育，[②]澳门的起步确实较晚。“第 33/96M 号法律”只保障了身心障碍学生有受教育的权利，然而却没法保障能力较强的有特殊教育需要的学生回归主流学习的机会。

澳门特殊教育的融合教育在“第 9/2006 号法律”法规的影响下，开始发展。然而近年来，澳门融合教育在发展的同时，融合学生的数目在急剧增加，其增加的速度比参与融合教育的学校的增长速度要快，造成融合教育学额紧张的情况。[③] 此外，唯一专为澳门而设的特殊教育法规“第 33/96M 号法律”已历时二十年，相关条文不能满足现时澳门特殊教育发展的需要。因此，澳门教青局于 2015 年 3 月至 4 月间进行了修订《特殊教育制度》的咨询，除了与非高等教育委员会、学校、相关团体进行会议外，亦公开对外举办了四场咨询会，这次咨询总共收集了 1 588 条意见，包括建议、观点、看法和提问。所收集的内容包括：为特殊教育发展提供支持、特殊教育人力资源保障、个别化教育计划的修订与评估调整、特殊教育教师及专业团队的专业发展、残障学生的教育安置、资优生的教育安置及课程、资优生的证书及协助团队、转衔、课程调整、无障碍环境、证书发放、特教规划、特教数据等多个项目。[④] 澳门的特殊教育法律建设落后于香港、台湾，这可能是导致其特殊教育发展落后于这两个地区的重要原因。

(四) 特殊教育支持与资源的投入需更明朗

在澳门历年的施政纲要中，都会提到“进一步加大资源投放，增加免费教育津贴、学费津贴及书簿津贴的金额，保障学生享有平等的教育权利；积极发挥教育发展基金的作用，支持学校开展各类具有发展性的计划和活动。持续优化私立学校的财务管理，提升教育经费使用的合理性。进一步发展小班教学，以便更好地照顾学生发展的需要”等方面的内容，教育的投入确实也在逐年加大。但是特殊教育和融合教育具体的投入数据却未在相关的官方网站进行公布，导致人们无从知晓政府拨款和资源分配与使用的具体情况。特区政府对现行资助机制没有制订明确的监督政策和措施，导致无法监控其使用情况。因此，澳门特区政府急需检讨现行的资助机制，制订明确的政策和措施，加强督察，确保各项资金分配、使用到位。

---

① 洪儷瑜. 迈向融合教育之路——回顾“特殊教育法”立“法”三十年[J]. 台湾特殊教育学会年刊，2014：21—32.

② 洪儷瑜. 迈向融合教育之路——回顾“特殊教育法”立“法”三十年[J]. 台湾特殊教育学会年刊，2014：21—32.

③ 董志文. 澳门融合学校家长对本澳融合教育发展的看法之研究[R]. 澳门城市大学，2015－12－03.

④ 教青局. 修订《特殊教育制度》咨询总结报告[EB/OL]. (2015－10－23)[2017－12－31]. http://www.dsej.gov.mo/-webdsej/www/edulaw/201510/index.html.

（五）应大力发展融合教育

有关研究根据2015年3月至5月由澳门特殊教育研究学会所进行的民意调查，编写了《融合生家长访谈问题大纲》，其中就融合教育学额问题进行调查："请问您觉得政府提供融合教育的学额怎样？为什么？"调查结果显示，多数家长认为澳门的融合教育学额存在不足。① 融合教育在澳门正式实行后，2006年的"第9/2006号法律"第十二条（三），虽然明确指出特殊教育要"优先在普通学校内以融合的方式实行"，指出今后融合教育将会是澳门特殊教育的一种重要的教育形式，②可是并没有提出如何保障融合生的就读学额，亦没有专为融合教育的学额制定相关的补充性条文，而澳门目前融合生显著增加，融合学校数目的增长速度赶不上融合生数目的增长速度，③最终导致融合教育学额不足。可见，加强融合教育的立法工作，以立法的形式明确和强化政府的责任，切实推进澳门融合教育发展，应是澳门日后修订特殊教育法律的一个重点。

参考文献

[1] 中华人民共和国澳门特别行政区政府. 2010年财政年度施政报告[EB/OL]. https://wenku.baidu.com/view/19bdcf6c58fafab069dc02a0.html? from=search.

[2] 中华人民共和国澳门特别行政区政府. 2011年财政年度施政报告[EB/OL]. https://wenku.baidu.com/view/8781c90979563c1ec5da7138.html? from=related.

[3] 崔世安. 2012年度教育领域施政方针执行情况：澳门特区2013年施政报告中关于教育的论述（上）[J]. 世界教育信息，20139(10)：67—72.

[4] 崔世安. 2013年度教育领域施政方针：澳门特区2013年施政报告中关于教育的论述（下）[J]. 世界教育信息，2013(11)：67—72.

[5] 崔世安. 2014年度教育领域施政方针：澳门特区2014年施政报告中关于教育的论述（下）[J]. 世界教育信息，2014(14)：62—66.

[6] 崔世安. 澳门特别行政区政府2009—2014年教育领域工作回顾（下）[J]. 世界教育信息，2015(7)：60—64.

[7] 澳门中华教育会. 对2015年财政年度施政方针之意见（教育部分）[EB/OL]. https://max.book118.com/html/2016/1202/67519538.shtm.

[8] 崔世安. 澳门特别行政区2016财政年度教育领域施政方针[J]. 世界教育信息，2016(4)：61—67.

[9] 崔世安. 澳门特别行政区政府2017年财政年度教育领域施政方针[J]. 世界教育信息，2017(2)：64—66.

[10] 阮邦球. 澳门特殊教育：回顾和展望[J]. 澳门行政杂志，2008(21)：81—104.

[11] 印务局. 第11/91MM号法令[Z]. 澳门：印务局，1991.

---

① 董志文. 澳门融合生家长对本澳融合教育发展看法之研究[J]. 现代特殊教育，2016(7)：75—77.

② 阮邦球. 澳门特殊教育：回顾和展望[J]. 澳门行政杂志，2008，21(79)：81—104.

③ 董志文. 从"叙利亚3岁男童溺毙"事件反思本澳教育体制下的融合生去向[N]. 澳门日报，2015-09-28(D8).

[12] 印务局. 第 33/96M 号法令[Z]. 澳门:印务局,1996.

[13] 印务局. 第 9/2006 号法令[Z]. 澳门:印务局,2006.

[14] 冼权锋,吕明,晏子等.《澳门特殊教育专项评鉴》报告[EB/OL]. (2012 - 09 - 28) [2017 - 12 - 31] http://www. dsej. gov. mo/—webdsej/www/grp _ doc/dsejdoc/20120928/index. html.

[15] 冼权锋,霍艾莲,何福全等. 融合教育制度下残疾学生的平等学习机会研. [EB/OL]. http://www. eoc. org. hk/EOC/Upload/ResearchReport/IE_cReport. Pdf.

[16] 教青局. 澳门特殊教育简介[Z]. 澳门:教青局,2012.

[17] 教青局. 共融校园:让我们一起平等成长[Z]. 澳门:教青局,2007.

[18] 林坤灿. 台湾"特殊教育法"沿革及其影响与作用[EB/OL]. (2014 - 12 - 10) [2017 - 12 - 31]http://163. 23. 173. 3/ftp/20141210091605. pdf.

[19] 董志文. 澳门融合学校家长对本澳融合教育发展的看法之研究[R]. 澳门城市大学,2015 - 12 - 03.

[20] 教青局. 修订《特殊教育制度》咨询总结报告[EB/OL]. (2015 - 10 - 23)[2017 - 12 - 31]http://www. dsej. gov. mo/—webdsej/www/edulaw/201510/index. html.

[21] 董志文. 从"叙利亚 3 岁男童溺毙"事件反思本澳教育体制下的融合生去向[N]. 澳门日报,2015 - 09 - 28(D8).

第三节　2016 年台湾的特殊教育

台湾的特殊教育可追溯至 19 世纪英国长老教会牧师甘雨霖(William Gambel)在台南设立训盲院,20 世纪 70 年代台湾开始设立特殊教育学校、特殊教育班、资源班及身心障碍福利服务机构等,至今已经发展为身心障碍 13 类和资优教育 6 类的完整的特殊教育系统。

一、台湾在学特殊学生的现状

台湾特殊教育的对象分为身心障碍学生与资赋优异学生两个序列。其中身心障碍总计 13 类,包括智能障碍、视觉障碍、听觉障碍、语言障碍、肢体障碍、身体病弱、严重情绪障碍、学习障碍、多重障碍、自闭症、发展迟缓、其他显著障碍和脑性麻痹。资赋优异又分为一般智能、学术性向、艺术才能、创造能力、领导能力、其他特殊才能等 6 类。根据台湾"教育主管部门"公布的数据,2016 年台湾接受特殊教育的学生共有 135 858 人,包括身心障碍学生 118 310 人,资赋优异学生 17 548 人;在身心障碍学生中,接受基础特殊教育的有 104 599 人(包括在特殊学校接受教育的 6 149 人,在普通学校就读的 98 450 人),接受高等教育的有 13 711 人。①

① 台湾教育主管部门特殊教育通报纲,https://www. set. edu. tw。

(一) 台湾特殊教育学校就读的残障学生

2016 年台湾共有特殊学校 28 所，与 2015 年相同。在特殊教育学校就读的学生共有 6 149 人，比 2015 年的 6 221 人减少了 72 人。总体而言，台湾近年来在特殊学校接受教育的学生基本上是逐年下降的，从 2012 年的 6 712 人减至 2016 年的 6 149 人，这可能和台湾大力发展融合教育有关。(见表 4-3-1、图 4-3-1)

表 4-3-1 台湾近年来在特殊教育学校就读的学生数量(人)

学年度	教育阶段				
	学前	小学	初中	高中(中职)	小计
2016	190	633	964	4 362	6 149
2015	158	666	1 071	4 326	6 221
2014	142	700	1 178	4 316	6 336
2013	161	726	1 192	4 553	6 632
2012	170	735	1 202	4 605	6 712

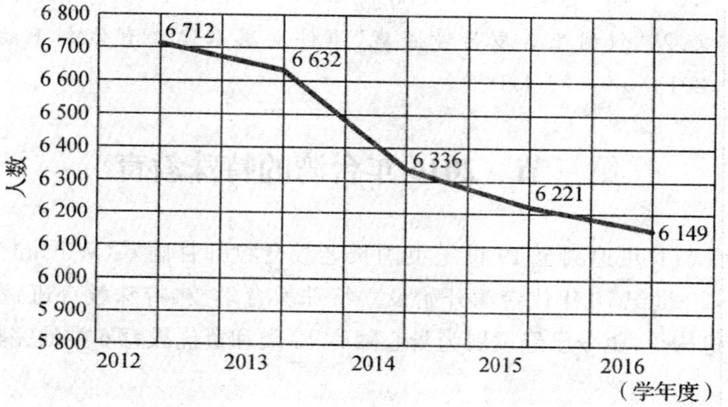

图 4-3-1 台湾近年来在特殊学校就读的学生总人数

(二) 台湾在普通学校就读的身心障碍学生的现状

1. 在基础学校随班就读的身心障碍学生数

就在基础学校接受特殊教育的身心障碍学生数而言，台湾的在学人数有一些变化。2012—2015 年呈逐年递增趋势，从 2012 年的 94 236 人增长至 2015 年的 103 157 人；2016 年比 2015 年有所减少，从 2015 年的 103 157 人递减至 98 450 人。相较于 2012 年的 94 236 人，近五年接受特殊教育服务的学生人数总体上呈增长趋势(如图 4-3-2)。

表 4-3-2　台湾近年来在普通基础学校就读的身心障碍学生类别及人数①

学年度	教育阶段	身心障碍类													
		智障	视障	听障	语障	肢障	脑痹	病弱	情绪	学障	多障	自闭	迟缓	其他	小计
2016	学前	438	28	387	353	209	385	198	46	0	251	870	10 800	162	14 127
	小学	9 607	295	1 086	1 072	838	678	989	2 581	12 559	1 767	5 637	417	1 072	38 598
	初中	6 555	216	585	180	509	423	590	1491	9757	758	3 130	0	273	24 467
	高中（中职）	5 627	247	647	109	717	241	696	1 443	8 409	334	2617	0	171	21 258
	合计	22 227	786	2 705	1 714	2 273	1 727	2 473	5 561	30 725	3 110	12 254	11 217	1 678	98 450
2015	学前	518	34	337	483	258	329	208	45	0	352	831	10 061	181	13 637
	小学	10 396	315	1 130	1 193	999	527	1 134	2 761	13 169	2 097	5 535	630	1 183	41 069
	初中	7 273	263	636	193	692	344	738	1 675	10 796	1 004	3 210	1	334	27 159
	高中（中职）	5 786	251	650	108	880	171	727	1 458	8 313	413	2 316	0	219	21 292
	合计	23 973	863	2 753	1 977	2 829	1 371	2 807	5 939	32 278	3 866	11 892	10 692	1 917	103 157
2014	学前	674	44	308	459	367	214	230	33	0	463	866	9072	180	12 910
	小学	10 428	324	1 132	1 205	1 157	343	1 249	2 480	11 411	2 483	5 072	485	1 319	39 088
	初中	7 502	277	678	195	859	225	785	1471	9 661	1 295	2 851	0	363	26 162
	高中（中职）	5 829	262	657	105	987	99	737	1 274	7 617	526	1978	0	221	20 292
	合计	24 433	907	2 775	1 964	3 370	881	3 001	5 258	28 689	4 767	10 767	9 557	2 083	98 452
2013	学前	807	43	315	418	434	100	265	47	0	581	887	8107	184	12 188
	小学	10 895	358	1 124	1 225	1 365	170	1 335	2 619	10 556	2 767	4 872	343	1 610	39 239
	初中	7 486	265	679	184	1 034	93	791	1 384	9 026	1 507	2 577	0	419	25 445
	高中（中职）	5 900	300	691	105	1 139	52	810	1 260	7 215	596	1 800	0	290	20 158
	合计	25 088	966	2 809	1 932	3 972	415	3 201	5 310	26 797	5 451	10 136	8 450	2 503	97 030
2012	学前	893	51	295	440	501	—	256	63	0	688	886	6 856	200	11 129
	小学	11 441	406	1 177	1 286	1 599	—	1 474	2 781	9 610	3 124	4 831	353	1 844	39 926
	初中	7 596	257	680	163	1 183	—	801	1 179	7 861	1 625	2 192	0	459	23 996
	高中（中职）	5 741	329	702	112	1 167	—	880	1 076	6 772	618	1 493	0	295	19 185
	合计	25 671	1 043	2 854	2 001	4 450	—	3 411	5 099	24 243	6 055	9 402	7 209	2 798	94 236

① 数据来源：台湾教育主管部门特殊教育通报纲，https://www.set.edu.tw。

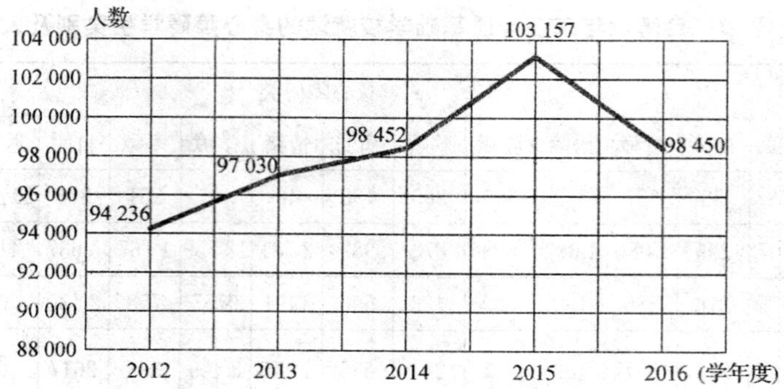

图 4-3-2　台湾近年来在普通基础学校就读的身心障碍学生人数

2. 在高等学校随班就读的身心障碍学生数

在高等院校接受教育的台湾身心障碍学生人数在近年来也呈现出波动，2012—2015年呈递增趋势，2016年比2015年有所减少，但相较于2012年，近五年大专院校接受特殊教育服务的学生人数总体上呈增长趋势，由2012年的12 651人增长至2016年的13 711人，增加的人数以智力障碍、情绪障碍、学习障碍和自闭症学生为主。（见表4-3-3、图4-3-3）

表 4-3-3　台湾近年来大专院校在读身心障碍学生类别及人数①

教育阶段	学年度	身心障碍类													
		智障	视障	听障	语障	肢障	脑瘫	病弱	情绪	学障	多障	自闭	迟缓	其他	小计
大专院校	2016	1 212	727	1 251	132	1 869	351	1 037	1 155	3 469	364	1 929	0	215	13 711
	2015	1 122	856	1 277	153	2 172	273	1 252	1 142	3 146	390	1 669	0	424	13 876
	2014	966	762	1 256	154	2 361	188	1 338	959	2 817	386	1 324	0	529	13 040
	2013	864	687	1 245	168	2 526	173	1 332	793	2 674	413	979	0	887	12 741
	2012	778	678	1 263	184	2 984	/	1 361	795	2 396	455	796	0	961	12 651

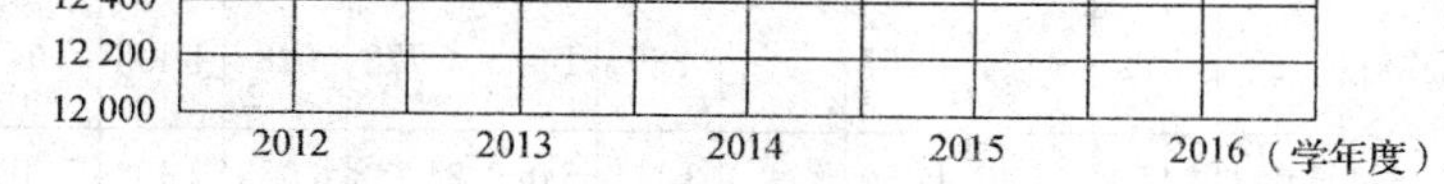

图 4-3-3　台湾近年来大专院校在读身心障碍学生总人数

① 数据来源：台湾教育主管部门特殊教育通报纲，https://www.set.edu.tw。

（三）台湾在读的资赋优异学生状况

台湾划分的资赋优异类包括一般智能、学术性向、艺术才能、创造能力、领导才能、其他特殊才能。台湾近年来在读的资赋优异学生中，学术性向类资赋优异学生最多，占资赋优异学生总人数的五成左右，但各类学生每学年在读的人数有波动。从 2012 年的 23 197 人到 2016 年的 17 548 人总体上是减少的，但每学年之间的人数变化趋势不同。2012 年比 2013 年的在读人数多，但 2013 年到 2015 年的在读人数却是逐年递增的，2016 年的在学人数又比 2015 年减少。（见表4－3－4、图 4－3－4）

表 4－3－4　台湾近年来资赋优异学生的类别及人数①

学年度	教育阶段	资赋优异类别						
		一般智能	学术性向	艺术才能	创造能力	领导才能	其他特殊才能	小计
2016	小学	5 999	26	309	80	0	7	6 421
	初中	396	7 046	106	28	4	1	7 581
	高中(中职)	0	1 615	1 931	0	0	0	3 546
	合计	6 395	8 687	2 346	108	4	8	17 548
2015	小学	6 373	35	368	55	2	12	6 845
	初中	577	6 996	199	15	2	9	7 798
	高中(中职)	4	5 141	5 287	1	0	19	10 452
	合计	6 954	12 172	5 854	71	4	40	25 095
2014	小学	5 950	57	362	20	0	9	6 398
	初中	557	6 827	183	21	3	7	7 598
	高中(中职)	0	5 307	4 913	0	0	0	10 220
	合计	6 507	12 191	5 458	41	3	16	24 216
2013	小学	5 834	50	357	25	0	11	6 277
	初中	658	5 231	170	17	5	15	6 096
	高中(中职)	0	5 490	4 850	0	0	0	10 340
	合计	6 522	10 771	5 377	42	5	26	22 713
2012	小学	5 531	82	2 805	28	0	17	8 463
	初中	544	4 376	121	14	0	16	5 071
	高中(中职)	0	5 054	4 609	0	0	0	9 663
	合计	6 075	9 512	7 535	42	0	33	23 197

① 数据来源：台湾“教育主管部门”特殊教育通报纲，https://www.set.edu.tw.

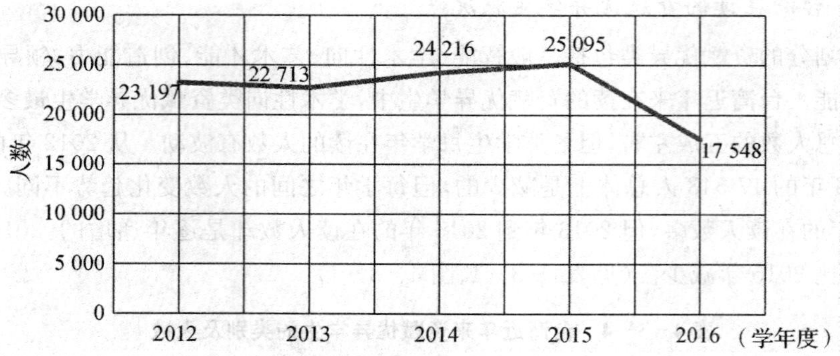

图 4-3-4　台湾近年来资赋优异学生的总人数

二、特殊儿童的安置方式

台湾 2016 年特殊儿童的安置方式与 2015 年相比并无太大差异，主要还是特殊学校的集中安置方式、普通学校特殊班相对集中的安置方式和随班就读的混合安置方式三种，只是在普通学校的随班就读安置方式中还包含资源教室、资源教师或者巡回指导教师这样的子模式。

（一）身心障碍学生的特殊学校安置

根据台湾“教育部”公布的数据，2016 年，台湾全省有各类特殊教育学校 28 所，包括以特殊教育学校为名的 16 所、以启智为名的 5 所、启聪学校 3 所、启明学校 2 所、惠明学校 1 所、实验学校 1 所，招收智障、视障、听障、肢体障碍和多重障碍学生。① （见表 4-3-5）由于特殊教育学校的学生数在下降，各校的班数也出现了不稳定的状况。如 2012 年台湾特殊教育学校的特殊班数为 703 个，2013 年则有 708 个，数量有所增加，但从 2014 年到 2016 年却逐年下降，2016 年下降到 687 个，②比 2015 年减少了 6 个。（见表 4-3-6、图 4-3-5）。

表 4-3-5　2016 年台湾的特殊学校

地区	学校名称
新北市	新北特殊教育学校
宜兰县	宜兰特殊教育学校
桃园市	桃园启智学校
新竹县	新竹特殊教育学校
台中市	私立惠明盲校
台中市	台中启明学校
彰化县	和美实验学校
彰化县	彰化特殊教育学校

① 数据来源：台湾教育主管部门特殊教育通报纲，https://www.set.edu.tw。
② 数据来源：台湾教育主管部门特殊教育通报纲，https://www.set.edu.tw。

地区	学校名称
南投县	南投特殊教育学校
台南市	台南大学附属启聪学校
高雄市	仁武特殊教育学校
屏东县	屏东特殊教育学校
台东县	台东大学附属特教学校
花莲县	花莲特殊教育学校
台中市	台中特殊教育学校
台中市	台中启聪学校
嘉义市	嘉义特殊教育学校
台南市	台南启智学校
云林县	云林特殊教育学校
台北市	台北市立启聪学校
台北市	台北市立启智学校
台北市	台北市立启明学校
台北市	文山特殊教育学校
基隆市	基隆特殊教育学校
高雄市	楠梓特殊教育学校
高雄市	成功启智学校
高雄市	高雄启智学校
苗栗县	苗栗特殊教育学校

表 4-3-6 台湾近年来特殊教育学校的班级数①(单位:个)

学年度	相当于普通学校的教育阶段				
	学前	小学	初中	高中(中职)	小计
2016	64	110	134	379	687
2015	63	112	145	373	693
2014	63	113	147	373	696
2013	62	117	148	381	708
2012	65	115	145	378	703

(二)身心障碍学生在普通学校安置

台湾 2016 年学年度在普通学校就读的障碍学生有 98 450 人,占整个基础教育阶段在读身心障碍学生总人数 104 599 的 94.12%。在普通学校就读是台湾身心障碍儿童安置的主要方式。

① 数据来源:台湾教育主管部门特殊教育通报纲,https://www.set.edu.tw。

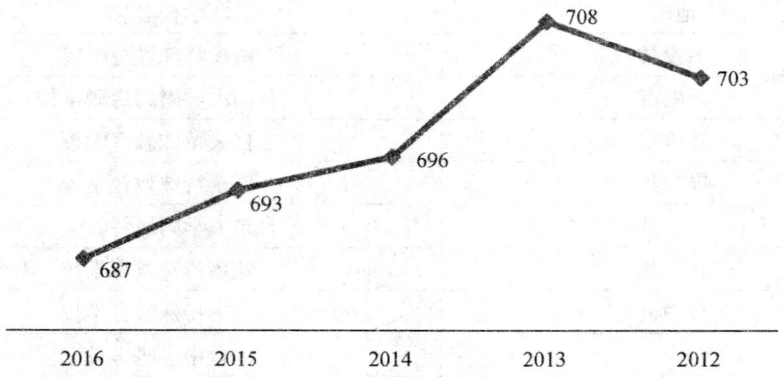

图 4-3-5　台湾近年来特殊教育学校班数的变化

但是,台湾身心障碍学生在普通学校的安置方式是多元的,包括分类集中安置(开特殊班)、不分类集中安置(不分特殊班)、分类的资源班安置、不分类的资源班安置、分类的巡回指导安置、不分类的巡回指导安置,还有在家、在床边等安置方式。

根据台湾"教育部"公布的数据,这些安置类型有 30 种之多,包括智障集中式、视障集中式、听障集中式、肢障集中式、多障集中式、情绪障碍集中式、自闭症集中式、不分类集中式、极重度障碍班台南市、不分类身障类资源班、发展迟缓资源班、学前融合班、视障巡回辅导、视障巡回辅导班、听障巡回辅导班、听语障巡回辅导班、自闭症巡回辅导、病弱巡回辅导班、情绪与行为障碍巡回辅导、不分类巡回辅导班、床边教学班、社会局巡回辅导(台中市)、语障资源班(高雄市)、注意缺陷多功障碍巡回辅导团队、多障巡回辅导班、巡回辅导(在家教育)、就读社会局机构、早期辽育巡回辅导班、学前资源班、语言障碍巡回辅导班等。

值得注意的是,从台湾公布的数据看台湾在普通学校就读的学生没有如大陆一样完全随班就读的,这是一个值得关注的现象。他们往往是在各种附设在普通学校的特殊班内。例如,2016 年学前阶段普通幼儿园的特殊班共有 430 个,包括单独的智障班 18 个,各种按智障外的特殊类别编定的特殊班 6 个(主要是听障班)、不分类的特殊班 121 个、不分类的资源班 24 个、不分类的巡回班 251 个、其他形式的班 10 个;普通小学有各种特殊班 2 790 个,包括智障班 507 个、根据智障外的障碍儿童类别编定的班 18 个、不按障碍儿童的类别编班的特殊班 105 个、分类资源班 3 个、不分类的资源班 1 737 个、分类巡回班级 116 个、不分类的巡回班 241 个、其他形式(含在家班、床边班等)63 个;初中就读的各类特殊班 1 394 个,包括智障班 327 个、根据智障外的各种障碍类别编定的班 13 个、不分类的特殊班 71 个、分类的资源班 6 个、不分类的资源班 858 个、分类巡回班 40 个、不分类巡回班 56 个、其他类型的班 23 个;高中阶段——职业教育阶段的班级 624 个,包括不分类别的资源班 229 个、其他形式班 395 个。(见表 4-3-7)

表 4-3-7　台湾 2016 年在普通学校就读的障碍学生班数①

教育阶段	智障班	其他分类特殊班	不分类的特殊班	分类资源班	不分类资源班	分类巡回班	不分类巡回班	其他形式班	合计
学前	18	6	121	0	24	0	251	10	430
小学	507	18	105	3	1 737	116	241	63	2 790
初中	327	13	71	6	858	40	56	23	1 394
高中（中职）	0	0	0	0	229	0	0	395	624
合计	852	37	297	9	2 848	156	548	491	5 238

从表 4-3-7 可以看出，就智障班而言，以小学阶段为最多，初中次之，幼儿园第三，高中（中职）阶段没有单独的智障班；就智障班外的分类特殊班的情况看，小学的这类班最多，其次是初中，幼儿园居第三，高中（中职）没有；就不分类别特殊班的情况看，幼儿园班最多，小学的次之，初中第三，高中（中职）阶段没有；就分类的资源班而言，初中最多，小学次之，幼儿园和高中（中职）没有；就不分类的资源班而言，小学最多，初中次之，高中（中职）第三，幼儿园第四；就分类的巡回班而言，小学最多，初中次之，幼儿园和高中（中职）没有；就不分类的巡回班来看，幼儿园最多，小学次之，初中第三，高中（中职）没有；就其他形式班而言，高中（中职）最多，小学次之，初中第三，幼儿园最少。

从学前、小学、初中和高中（中职）四个阶段来看，小学阶段的班级最多，初中次之，高中（中职）第三，幼儿园第四，说明小学阶段是安置障碍学生班级最多的阶段。

总体而言，最近几年安置在普通学校的特殊班数量一直呈增加的趋势。例如，2012 年有 4 646 个班级，2013 年有 4 958 个，2014 年则有 5 073 个，2015 年有 5 170 个，2016 年有 5 238 个，比 2012 年增加了 592 个。（见表 4-3-8、图 4-3-6）

表 4-3-8　学前至高中（中职）各教育阶段身心障碍类特殊教育班数②

学年	相当于普通学校的教育阶段				
	学前	小学	初中	高中（中职）	小计
2016	430	2 790	1 394	624	5 238
2015	387	2 786	1 388	609	5 170
2014	364	2 756	1 369	584	5 073
2013	345	2 692	1 347	574	4 958
2012	262	2 553	1 289	542	4 646

（三）身心障碍学生在大学的安置

台湾未能公示各类障碍学生在各大学就读的班级情况，但 2016 年就读高等教育的有

① 数据来源：台湾教育主管部门特殊教育通报纲，https://www.set.edu.tw。

② 数据来源：台湾教育主管部门特殊教育通报纲，https://www.set.edu.tw。

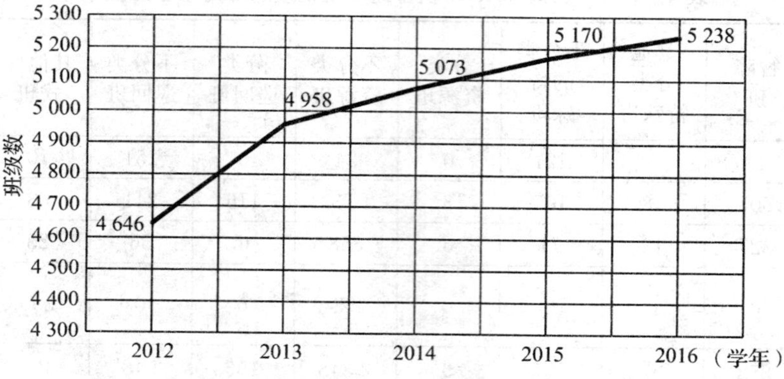

图 4－3－6　台湾近年来在普通学校的特殊教育班数

13 711 人，说明台湾的身心障碍人士有不少在大学学习。

身心障碍学生如果达到相应的入学水平，并经相关大专院校甄选，符合《大学校院办理单独招收身心障碍学生处理原则》单独招生规定的，即可进入大学学习。

（四）资赋优异学生的安置

资赋优异学生主要安置在普通学校，往往分成一般智能班、学术性向班、艺术才能班等类别，这些类别在实际执行中又被分为 23 种，包括一般智能 3 种（一般智能巡回辅导班、一般智能班、一般智能资源班），学术性向 9 种（自然班、自然资源班、社会资源班、科学资讯班、资优特教方案、语文班、语文资源班、数理班、数理资源班），艺术才能 7 种（美术班、美术资源班、音乐班、音乐资源班、资优特教方案、舞蹈班、舞蹈资源班），其他艺术才能 2 种（民俗班、体育班）和不分类 2 种（不分类资优资源班、资优巡回辅导班）。这些班级遍布各平台学校。

例如，2016 年台湾在普通学校设置的各类资赋优异班有 947 个，其中小学阶段 281 个、初中阶段 262 个、高中（中职）阶段 404 个，高中（中职）阶段最多，小学次之，初中最少。从资赋优异班的类别来看，包括语文班、数理班在内的学术性向班最多，有 348 个；一般智能班次之，有 264 个；艺术才能班居第三，有 218 个；不分类班最少，有 117 个。（见表 4－3－9）

表 4－3－9　2016 年台湾普通学校的资赋优异班数

教育阶段	一般智能班	学术性向班	艺术才能班	不分类班	合计
小学	255	0	8	18	281
初中	9	152	4	97	262
高中（中职）	0	196	206	2	404
合计	264	348	218	117	947

实际上，从 2012 年以来，除去 2012 年共有 1 062 个班外，其他年份均未超过 1 000 个班，2013 年为 930 个，2014 年为 917 个，2015 年为 936 个，与 2016 的 947 相差 10 余个，从趋势看，从 2013 年到 2016 年大致是呈增长势的。（见表 4－3－10、图 4－3－7）

表 4-3-10　台湾近年来资赋优异班级数

学年度	教育阶段			
	小学	初中	高中(中职)	小计
2016	281	262	404	947
2015	283	244	409	936
2014	286	220	411	917
2013	297	216	417	930
2012	409	231	422	1 062

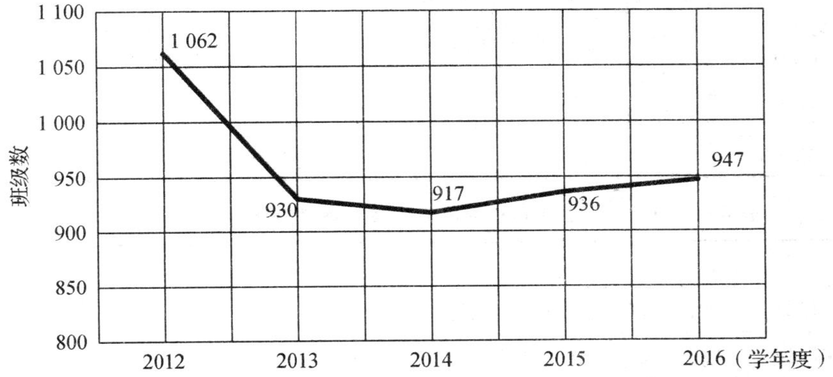

图 4-3-7　台湾近年来资赋优异班级数量的变化

三、2016 年台湾特殊教育法规的发展

近年来，台湾关于特殊教育的法规建设主要集中在如何更好地实施台湾的"特殊教育法"上。自 2012 年以来，共计发布 16 则法规(见表 4-3-11)及 4 则行政规则(见表 4-3-13)①，并对相应的法规进行修订、变更(见表 4-3-12、表 4-3-14)②，在扩大特殊教育的服务内容，使特殊教育的开展有法可依的同时，也对特殊教育的法规系统进行了完善。

表 4-3-11　2012—2016 学年度台湾颁布的特殊教育相关法规

时间	法 规 名 称
2013.06.27	身心障碍学生无法自行上下学交通服务实施办法
2013.07.01	身心障碍成人教育及终身学习活动实施办法
2013.07.12	"特殊教育法"实施细则
2013.08.22	身心障碍学生升学辅导办法
2013.09.02	身心障碍及资赋优异学生鉴定办法

① 资料来源:学生事务及特殊"教育司"，https://depart.moe.edu.tw。
② 资料来源:学生事务及特殊"教育司"，https://depart.moe.edu.tw。

续 表

时间	法规名称
2013.09.27	身心障碍学生支持服务办法
2013.10.21	高等教育阶段学校特殊教育专责单位设置及人员选用办法
2013.11.20	就读私立幼儿园社会福利机构的身心障碍幼儿及招收单位奖补助办法
2013.12.04	高级中等以下学校特殊教育推行委员会设置办法
2014.03.12	特殊教育学校设立变更停办合并及人员编制标准
2014.04.10	“教育部”补助直辖市县(市)政府办理身心障碍教育人事及业务经费办法
2014.04.14	特殊教育学生调整入学年龄及修业年限实施办法
2015.07.03	特殊教育支援服务与专业团队设置及实施办法
2015.08.10	高级中等以下学校身心障碍学生就读普通班减少班级人数或提供人力资源与协助办法
2015.12.08	学生转衔辅导及服务办法
2016.03.09	身心障碍学生及身心障碍人士子女就学费用减免办法

表 4-3-12　2012—2016 学年度台湾特殊教育相关法规变更情况

时间	法规名称
2013.01.23	增订并修正“特殊教育法”条文
2013.07.12	“教育部”令:修正《“特殊教育法”施行细则》第 6 条、第 11 条条文
2013.09.09	“教育部”令:废止《特殊教育相关专业人员及助理人员遴用办法》
2013.09.24	“教育部”令:修正《特殊教育支援服务与专业团队设置及实施办法》第 2 条、第 3 条条文
2013.10.15	“教育部”令:废止《各级主管教育行政机构提供普通学校辅导特殊教育学生支援服务办法》
2013.10.21	“教育部”令:订定《高等教育阶段学校特殊教育专责单位设置及人员选用办法》
2013.12.04	“教育部”令:修正《高级中等以下学校特殊教育推行委员会设置办法》第 1 条、第 2 条条文
2014.03.12	“教育部”令:修正《特殊教育学校设立变更停办合并及人员编制标准》第 12 条条文
2014.04.10	“教育部”令:修正《高级中等以下学校特殊教育班班级及专责单位设置与人员选用办法》部分条文
2014.04.14	“教育部”令:修正《特殊教育学生调整入学年龄及修业年限实施办法》第 8 条、第 9 条条文
2014.06.04	修正“特殊教育法”条文
2014.06.18	修正“特殊教育法”条文
2015.07.03	“教育部”令:修正《特殊教育支援服务与专业团队设置及实施办法》第 2 条、第 3 条条文

表 4-3-13　2012—2016 学年度台湾所颁的特殊教育相关行政规则

时间	行 政 规 则 名 称
2014.05.19	“教育部”2014 年适性入学作业应变中心组织及运作要点
2015.01.07	“教育部”学生辅导咨询会设置要点
2016.02.01	“教育部”特殊教育学生申诉评议会设置要点
2016.03.11	“教育部”学生辅导咨商中心设置要点

表 4-3-14　2012—2016 学年度台湾特殊教育相关行政规则变更情况

时间	行 政 规 则 名 称
2013.05.17	“教育部”令：废止《“教育部”补助直辖市、县(市)政府推动学前及“国民”教育阶段特殊教育工作实施要点》，自即日生效
2013.05.27	“教育部”令：废止《“教育部”特殊教育咨询会设置要点》，自即日生效
2013.06.17	“教育部”令：废止《中等学校、小学教师师资职前教育课程教育专业课程科目及学分》《幼稚园教师师资职前教育课程教育专业课程科目及学分》及《特殊教育教师师资职前教育课程教育专业课程科目及学分》，自即日生效
2013.12.18	“教育部”令：修正《“教育部”奖助民间团体办理特殊教育活动及私立大专校院办理身心障碍者推广教育专班作业原则》第 1 点、第 5 点规定，并修正名称为《“教育部”奖助民间团体办理高等教育阶段特殊教育活动及私立大专校院办理身心障碍者推广教育专班作业原则》，自即日生效
2014.08.05	“教育部”“国民”及学前驾驭署令：修正《“教育部”“国民”及学前教育署补助高级中等学校特殊教育经费作业原则》第 4 点规定，自即日生效
2015.01.23	“教育部”令：修正《“教育部”表扬优良特殊教育人员实施要点》部分规定，自即日生效
2015.02.09	“教育部”“国民”及学前教育署令：订定《“教育部”“国民”及学前教育署奖助民间办理高级中等以下教育阶段特殊教育活动要点》，自即日生效
2016.02.01	修正《“教育部”特殊教育学生申诉评议会设置要点》第五点，并自即日起生效
2016.06.30	“教育部”“国民”及学前教育署令：修正《“教育部”“国民”及学前教育署补助高级中等学校特殊教育经费作业原则》，并修正名称为《“教育部”“国民”及学前教育署补助高级中等学校及特殊教育学校特殊教育经费作业要点》，自即日生效

四、台湾的特殊教育行政管理

为提升特殊教育的服务品质，使各项业务得以顺利开展，近年来台湾的特殊教育行政发生了一些变化。1997 年台湾设置特殊教育工作小组，除适应体育继续由“体育司”负责，高中资优教育由“中教司”继续办理外，原分散于“国教司”“中教司”“技教司”“高教司”“社教司”及教研会之特殊教育相关的工作由该小组统筹负责执行。此外，台湾省政府教育厅改制为“台湾教育部中部办公室”后，台湾省、金门县、连江县所辖之高中职学校、特殊教育学校之各项特殊教育事务与特殊教育教师证书核发等业务则由该单位第一科负责办理。

地方政府则基本上是在教育局设立特教科，即在澎湖县、连江县、金门县外的教育局均设特教科，承办特殊教育业务。

同时，台湾"教育部"及各县、市政府都依规定成立了"特殊教育咨询委员会"，为各级行政提供特殊教育发展方向的咨询和建议，这些建议被当成年度工作技术规划和执行参考的依据。

此外，各县、市政府还成立"特殊教育学生鉴定及就学辅导委员会"、资源中心、教材编辑小组推展特殊教育相关业务。在学校方面，各校则依规定成立"特殊教育推行委员会"来推动校内各项与特殊教育有关的事务。

五、台湾的特殊教育教师培训

台湾最早于1975年在彰化师范大学创设特殊教育学系，开台湾特殊教育教师培训之先河。之后，台湾师范大学及高雄师范大学亦相继成立特殊教育学系，负责中等教育阶段特殊教育师资的培育，原有的九所师范学院特殊教育学系（现已合并或改名为综合大学或教育大学），负责初等教育阶段特殊教育师资的培育，中原大学特教系自1997年起也加入培育特教师资的行列。

1994年所谓的"师资培育法"公布后，特教师资培育渠道增加，大学部、特殊教育学程、学士后特殊教育学分班、特殊教育代理代课教师班等多种渠道都可进行特殊教育教师的培训。另外也有部分师范校院设有短期特殊教育师资训练班，招收并培训现任合格中小学普通教育教师，使之具备特殊教育资格。特殊教育合格教师人数呈逐年增加的趋势。

此外，一些大学也陆续设有特殊教育学系硕士班、博士班，为特殊教育师资或相关专业人员提供再深造的机会。

在专业设置方面，除去传统的特殊教育专业外，一些大学先后成立沟通障碍、复健咨商（含职业转衔、职业评量、职业咨商辅导）、早期疗育、科技辅具等研究所，培养特殊教育相关专业人才，如台北护理学院听语障碍科学所、中山医学大学语言治疗与听力学系、彰化师范大学复健咨商研究所、高雄师范大学听力学与语言治疗研究所及复健咨商研究所、台湾师范大学复健咨商研究所、台北市立教育大学沟通障碍教育研究所、台中教育大学特殊教育与辅助科技研究所及早期辽育研究所、花莲教育大学身心障碍与辅助科技研究所等，它们皆可开设相关课程，培养相关师资。

六、台湾特殊教育发展的经验和启发

（一）特殊教育服务对象种类齐全

台湾地区的14类[①]特殊教育对象是在"障而无碍""尊重差异性"的理念下，通过相关法规确定的，基本上涵盖了理论上的所有特殊儿童的类别。当然，这些类别并非是随意确定的，而是通过有资质的相应的鉴定委员会确定的，无论是超常儿童，还是身心障碍儿童，其类别的确定均有理论可信性，是经过相应程序完成的。

① "教育部"特殊教育工作小组."特殊教育法规"选辑[M].台北："教育部"，2008：3—10.

反观大陆，不仅特殊教育的对象范围狭窄，且鉴别随意，既无理论可信性可言，也谈不上由专业委员会操作鉴别。从尊重差异性、提高教育效果的角度看，大陆亟须扩大特殊教育的对象，并成立真正专业的特殊儿童鉴别委员会开展特殊儿童的鉴别工作。

（二）特殊教育法规健全且易实施

台湾已经建成相对完备的特殊教育法规系统，从"特殊教育法"到各种行政规定，保障了台湾特殊教育的实施，尤其是台湾关于残障儿童的鉴别、经费拨付和教师培养的规定，保障了特殊儿童从鉴别、入学、接受教育和相应的康复措施顺利实施，真正做到了法规为实践保驾护航。

反观大陆，从《宪法》《义务教育法》《残疾人保障法》开始，到《残疾人教育条例》等一系列的政策，林林总总，但特殊教育的发展依然未有该有的进步。其原因固然有经济、文化和某些县级地方政府的不作为等因素，但大陆的特殊教育法律建设缺乏一些便于实施操作的要素是一个重要的原因。因此，大陆的特殊教育法规建设应当更便于实施。

（三）随班就读要有措施保障

台湾的特殊教育相对发达，实施特殊教育的机构主要是普通学校。2016 年全台湾仅有 28 所特殊教育学校，但是却有几百所普通学校有各种形式的特殊班。需要注意的是，台湾在普通学校的特殊儿童却非完全在普通班级，而是根据儿童的特点决定单独编班还是使用资源班。可以这样认为，就身心障碍儿童而言，台湾的随班就读更多的是使用资源教室、资源教师这种形式，极少纯粹地随班就读，而且对一些难以跟随普通班级学习的身心障碍儿童还单独编班，并非将其安置在普通班。

反观大陆，近年来随班就读也成为残障儿童教育安置的主要方式，但是，大陆的随班就读往往是完全随班就读的方式，并非如台湾那样为这些儿童配备相应的资源教师等辅助措施或者手段，这就难以保证随班就读的效果。是故，大陆应该切实研究改进随班就读效果的措施，以提升教育效果。

（四）可以旗帜鲜明地开展超常教育

台湾的超常教育相对于大陆是发达的，2016 年的在学学生数尽管比 2012 年有所下降，但依然有在册学生 17 548 人。这些学生既有一般超常班的学生，也有学术性向班、艺术才能班的学生，既有在普通学校分类单独编班的学生，也有在普通学校不分类不单独编班的学生。但是，不管采用哪种安置方式，也不管在基础教育的哪个阶段接受教育，台湾的资优学生教育均是在相关规定的框架下展开的，这点值得大陆借鉴。

大陆也开展超常儿童教育，但是未能本着尊重差异性的原则大张旗鼓地进行，更没有相应的法律法规可遵循。因此，本报告建议，与其偷偷摸摸地进行超常儿童教育，不如学习台湾出台相应的规章制度，与身心障碍儿童教育一样，将超常儿童教育纳入整个特殊教育的范畴，大力发展。

参考文献

[1] “教育部”特殊教育工作小组.“特殊教育法规”选辑[M]. 台北:“教育部”,2008:3—10.

[2] 洪俪瑜. 英国的融合教育[M]. 台北:学富文化事业有限公司,2001.

[3] 吴永怡. 台湾地区小学教育人员对身心障碍学生融合教育态度及其相关影响因素之研究[M]. 睿煜出版社,2003.

[4] “教育部”特殊教育工作小组. 2006 年度特殊教育统计年报[M]. 台北:“教育部”,2006:11—14,71—80,127—128.

[5] 许天威,徐亨良,张胜成. 新特殊教育通论[M]. 台北:五南出版社,2004:298—299.

[6] 方俊明,李泽慧. 健全支持保障体系,提高特殊教育质量——国家特殊教育实验区工作进展情况分析报告[J]. 中国特殊教育,2016(8):3—7.

[7] 刘敏. 台湾《特殊教育新课程》及其对大陆融合教育课程改革与发展的启示[J]. 现代特殊教育,2015(3):18—21.

[8] 吴武典. 从特殊儿童的教育安置谈特殊教育的发展——台湾的经验与省思[J]. 中国特殊教育,1993(3):15—21.

[9] 马仁海. 台湾特殊教育理念对襄阳职业技术学院特殊师范教育专业建设的启示[J]. 襄阳职业技术学院学报,2016(5):137—140.

[10] 崔爽. 我国台湾地区特殊教育支持体系对大陆特教发展的启示[J]. 绥化学院学报,2017(1):154—157.

第五章　中国特殊教育教师的素养与培养

第一节　中国特殊教育教师的整体素养

一、中国特殊教育教师任职标准的三个阶段

在中华人民共和国成立之前，中国的特殊教育教师是谈不上有什么标准的任职资格的，尽管张謇等人在民国初年就开始了对特殊教育教师的培养。1949年之后，特殊教育的发展尚处在初级阶段，到改革开放之后，随着我国教育工作的进一步开展，特殊教育教师的任职标准也随着普通教师的任职标准经历了三个阶段，即中专学历阶段、大学学历阶段和特殊教育教师专业标准三个阶段。

（一）中专学历阶段

这个阶段实际上自20世纪50年代就开始了，直到1999年前后。在这个阶段，只要是中专学历或者相当学历（如高中学历）即为小学教师的合格学历；只要是学习师范的，即为小学教师的合格专业。当然，那时大学专科、本科和研究生学历就更是小学教师的合格学历。

实际上，在这个阶段，高等教育远未进入今天的大众化时代，甚至一些地区九年义务教育都未完全实施，能有中专学历的人做小学教师已经很不错了。但是，因为当年的中等师范学校并不分具体的专业方向，所以从学科角度看，当年并不要求中等师范毕业生的某些或某一学科素养。

当然，由于大陆特殊教育发展的滞后，在这个阶段特殊师范教育并不发达，实际到特殊学校包括盲、聋、培智学校任职的教师不见得都有在师范学校学习的经历。

（二）大学学历阶段

进入20世纪90年代后，尤其是1999年大学扩招之后，教师的学历要求开始发生较大的变化。我国大陆的大多数省、市、自治区自2000年开始已经把小学教师的合格学历提升到大学水平，有的省、市、自治区规定小学教师的合格学历为专科学历，有的规定本科学历是进入小学任教的门槛学历，一些拥有研究生学历的人也开始进入小学。

在这个阶段，特殊教育的师范教育已经有了一些发展，大多省、市、自治区取消了中专层次的特殊教育教师培养，或者将中专层次升格为专科或本科层次。这时，要想进入特殊学校，须有大学专科及以上的学历。但是，因为我国大陆的特殊教育专业是脱胎于传统的教育学专业，所学的更多的是特殊教育的相关理论知识，对语文、数学等学科相

关的内容训练不足。

（三）特殊教育教师专业标准阶段

2010年之后，随着大陆普通学校各阶段教师专业标准的颁布，2015年8月，教育部颁布了《特殊教育教师专业标准（试行）》，大陆特殊教育教师的标准进入第三个阶段——专业标准阶段。

该标准从基本理念、基本内容和实施意见三个方面对特殊教育教师的专业标准进行了规定，把教师的专业标准划分为专业理念与师德、专业知识、专业能力三个维度，尽管该标准对特殊教育教师的特殊教育素养、学科素养等进行了规定，但并未对学历做明确要求。

二、我国特殊教育教师的整体素养

（一）高校特殊教育专业教师的素养

本系列报告的2015年卷曾详细报告大陆各高校特殊教育专业的教师素养。总体而言，我国大陆2015年的83余所（现今又有增加）高校的特殊教育专业的教师素养是不能令人满意的，主要体现在教师的整体学历较低（拥有博士学位的比例较低）、特殊教育的专业素养不能令人满意（主要是因为许多教师不是特殊教育专业出身）、缺少特殊教育的文化学科教师（即缺少既接受数学专业或语文专业训练又接受特殊教育训练的教师）和教师的特殊教育实践经历较少等几个方面。

（二）特殊教育学校教师的素养

从教育部公布的统计数据看，目前我国大陆特殊教育学校教师的学历、职称等是能达到有关要求的。从2013年的特殊教育发展报告开始，每年的特殊教育办学条件的报告中都详细涉及了全国甚至各省、市、自治区的特殊教育学校教师的学历和职称。如从2013年到2015年，全国特殊教育学校拥有专科以上学历的教师都达到了95%以上，比普通小学拥有本科学历的教师比例高出4到8个百分点。①

但是，从2015年报告的特殊教育教师的素养来看，无论是在盲校、聋校还是在培智学校，特殊教育教师的特殊教育学科素养和语文、数学的学科素养都需要进一步提升。② 或者说，一线教师的特殊教育素养、学科素养尚未满足特殊教育教师应然的要求。

三、提升特殊教育教师素养的对策

根据我国高等学校特殊教育专业教师和特殊教育学校教师素养的现状，应该采取如下措施。

（一）加强特殊教育的职前培养，培养合格的特殊教育教师

（1）各高校提升高校特殊教育专业教师的学历。一方面严把学历关，少进或者不进

① 刘全礼，等.中国特殊教育发展报告（2105年）[M].北京.中国轻工出版社，2017：29.

② 刘全礼，等.中国特殊教育发展报告（2105年）[M].北京.中国轻工出版社，2017：171—221.

没有博士学位的新教师，另一方面，鼓励已经入编的非博士学位的年轻教师攻读博士学位，最好攻读特殊教育方向（专业）。

（2）教育部要采取措施，增加特殊教育博士学位授权单位。在传统的具有博士授权点的大学之外，教育部要有一定的倾斜措施，增加一批有能力培养特殊教育博士的博士点。

（3）各高校要加强特殊教育专业教师的特殊教育的实践能力，制定措施督促特殊教育专业的教师到特殊教育一线接触特殊儿童，接触特殊教育实践，以提高自己的特殊教育专业素养。

（4）各高校制定特殊教育专业学生主修或辅修的政策，使特殊教育的学生兼修一个学科专业，或者招收具有学科背景的学生修读特殊教育硕士专业，使之既有学科背景又有特殊教育素养。

（二）开展有效的继续教育，提升一线教师的素养

（1）各学校制订计划，督促不是学科（如语文、数学、音乐等）专科以上学历毕业的教师通过学历进修或者自学的方式拥有某个文化学科的合格的学科知识。

（2）各学校制订计划，督促没有受过特殊教育专业训练的教师修读本科以上的特殊教育专业，以使教师拥有基本的特殊教育学科素养。

（3）各学校要在调查的基础上，针对教师的特殊教育素养和学科素养，分门别类地做好教师的教研或校本培训计划，然后开展形式多样的包括真实的听课、评课、说课、专题研讨和听讲座在内的讲究效果的培训。

（4）教育部、省教育厅、市县区教育局要制订特殊教育教师的培训计划，系统地对一线教师进行培训，切实提升特殊教育教师的素养。

第二节　特殊教育学校教师自我认知的现状①

教师的专业发展如果离开了教师的自我认知和自我把握，是很难取得预期效果的。为了更好地开展特殊教育教师的继续教育，我们在课题组的系列研究中专门涉及了关于特殊教育教师自我认知的研究内容。

一、研究过程与方法

（一）样本学校

本研究的样本学校是本课题组的成员学校，包括盲校或盲部四所（南宁盲校、郑州盲校、开封特殊教育中心盲部和青岛盲校）、聋校或聋部五所（北京东城特殊教育中心聋部、开封特殊教育中心聋部、南宁聋校和北京实验启音学校）和培智学校或特殊教育中心三所（北京东城特殊教育中心培智部、北京海淀培智中心和北京西城宣武培智学校）。

---

① 本节部分内容曾发表于《教师博览》（科研版），2015年第7期。

（二）研究工具

研究采用自编系列工具中关于教师自我认知的问卷。问卷的具体内容见下文。

（三）问卷发放与收集

各学校的问卷由各学校参与本课题研究的课题组成员和笔者发放与回收，要求被试真实反映自己的情况。

二、研究的内容

本研究的内容分成两个部分。

第一部分是教师基本的信息，包括姓名、性别、年龄、服务的学校类别（盲、聋、培智学校或随班就读学校）等。

第二部分是关于教师自我认知的内容，分为三个方面：一是对工资的认知，包括对同学的工资是否了解和对自己收入的满意度；二是对自己工作能力和素养的认知，包括对自己的工作能力与素养是否满意、自己是否需要接受进一步教育两项内容；三是对专业发展动因的认知，主要围绕继续教育的动因展开。

三、结果与分析

（一）样本状况

本研究共调查了 291 名教师。其中男教师 63 名（约占 21.6%）、女教师 228 名（约占 78.4%）；原始学历的各层次学历的人数分布差异不是很大，目前学历以本科学历为主，占 80.7%（见表 5-2-1），说明教师的学历教育令人满意；目前学历的专业分布中理科、文科和特殊教育各专业方向大致相当（见表 5-2-2）。

表 5-2-1　教师的原始学历和目前学历分布

学历	人数		百分比		有效百分比	
	原始学历	目前学历	原始学历	目前学历	原始学历	目前学历
高中（中专）	108	1	0.3	0.3	38.0	0.4
专科	64	27	9.3	9.3	22.5	9.6
本科	97	226	77.7	77.7	34.2	80.7
硕士	15	26	8.9	8.9	5.3	9.3
小计	284	280	96.2	96.2	100.0	100.0
丢失	7	11	3.8	3.8		
合计	291	291	100.0	100.0		

表 5-2-2 教师目前学历的专业分布

专业类别	人数	百分比	有效百分比
数学类	12	4.1	4.4
语文含语言文学	54	18.6	19.6
其他理科	22	7.6	8.0
其他文科	17	5.8	6.2
特殊教育	44	15.1	16.0
中专中师	1	0.3	0.4
小三门	26	8.9	9.5
其他	99	34.0	36.0
小计	275	94.5	100.0
丢失	16	5.5	
总计	291	100.0	

(二) 教师们对工资的认知

教师对工资的认知是自我认知的重要内容之一。自己工资多少、和他人比较时处于什么位置、对自己的工资是否满意等既可以反映教师对自己职业的认可程度,又可以从一个侧面反映出教师与他人交往的状况。本研究选取了两项内容进行调查。一是教师们对自己同学(这里的同学是指看到问题时第一时间想到的同学,这也是教师最在乎或者脑中信息最清晰的一个社会人)的工资是否了解;二是教师对自己的工资是否满意。

1. 是否了解自己同学的工资

当教师们被问及对第一时间想到的同学的工资是否了解时,在 289 人中,有 165 人(约占 57.1%)回答了解,98 人(约占 33.9%)回答“不了解”,26 人(约占 9.0%)回答“说不好”。回答“不了解”和“说不好”的教师接近一半(见表5-2-3)。也就是说,接近一半的教师对同学工资的认知是模糊的。

表 5-2-3 教师对“是否了解同学的工资”的回答

答案类别		频次	百分比	有效百分比
有效	了解	165	56.7	57.1
	不了解	98	33.7	33.9
	说不好	26	8.9	9.0
	小计	289	99.3	100.0
丢失		2	0.7	
总计		291	100.0	

职业及职业收入是从业者最为关心的问题之一,同学则是进入社会后重要的关系之一。然而,在被调查的 289 名特殊教育教师中,有接近一半的教师不了解或说不好(也相当于不了解)同学的工资,说明这部分特殊教育教师的对外交流或交往存在问题,要么交往的层次很浅,连工资都不交流,要么是极少与同学交往。这部分教师处于同学工资了解

的封闭状态，进而可能是处于社会交往的封闭状态。这应该是特殊教育教师继续教育应该关注的一个问题。

那么，不同性别、不同年龄和不同学校的教师在对同学工资的了解上是否有差异呢？从表 5-2-4 可以看出，男教师比女教师更了解同学的工资，回答“说不好”的女教师比男教师的比例更高，男女教师回答“不了解”的比例大致相当。这说明男教师的同学交流比女教师要多一些。但检验发现，差异不显著。就是说，尽管男女教师在了解同学的工资上有些差异，但没有达到差异显著的程度。

表 5-2-4　不同性别教师对同学工资了解程度分布

性别	项目	了解	不了解	说不好	合计
男	人数	38	21	3	62
	占比(%)	61.3	33.9	4.8	100
	调整后的残差	0.8	0	−1.3	
女	人数	127	77	23	227
	占比(%)	55.9	33.9	10.1	100
	调整后的残差	−0.8	0	1.3	

[注：卡方检验结果中，似然比数值为 2.47，自由度为 3，显著性概率值 $p=0.481>0.05$，表明不同性别教师在该题回答上的差异不显著]

从表 5-2-5 中可以看出，如果把教师分成 30 岁以下、30—45 岁、45 岁以上三个年龄段，这三个年龄段教师对同学工资的了解的差异也不显著。但是，表 5-2-5 也显示出一种趋势，就是年龄越小的教师对同学的工资越了解，年龄越大的教师越不了解。这应该符合年龄特点。教师年龄越小，越是和同学交往密切；年龄越大，和同学交往就越少。

表 5-2-5　不同年龄段教师对同学工资了解程度分布

年龄段	项目	了解	不了解	说不好	合计
30 岁以下	人数	52	24	8	84
	占比(%)	61.9	28.6	9.5	100
	调整后的残差	1.1	−1.2	0.2	
30—45 岁	人数	98	61	17	176
	占比(%)	55.7	34.7	9.6	100
	调整后的残差	−0.6	0.4	0.4	
45 岁以上	人数	12	11	1	24
	占比(%)	50.0	45.8	4.2	100
	调整后的残差	−0.7	1.3	−0.9	

[注：卡方检验结果中，似然比数值为 4.13，自由度为 6，显著性概率值 $p=0.659>0.05$，表明不同年龄段教师在该题回答上的差异不显著]

从表 5-2-6 中可以看出，无论是盲校、聋校还是培智学校的教师，在对同学工资的了解上差异不显著。三类学校教师与同学的交往都不十分活跃，进而可以推论特殊教育教师与同学交往并不十分活跃。

表 5-2-6　不同类型学校的教师对同学工资了解程度分布

学校类别	项目	了解	不了解	说不好	合计
盲校	人数	44	27	4	75
	占比(%)	58.7	36	5.6	100
	调整后的残差	0.4	0.5	−1.3	
聋校	人数	63	42	10	115
	占比(%)	54.8	36.5	8.7	100
	调整后的残差	−0.6	0.8	−0.1	
培智学校	人数	56	28	12	96
	占比(%)	58.3	29.2	12.5	100
	调整后的残差	0.2	−1.3	1.4	
随班就读	人数	2	1	0	3
	占比(%)	66.7	33.3	0	100
	调整后的残差	0.3	0	0.5	

[注：卡方检验结果中，似然比数值为 6.43，自由度为 9，显著性概率值 $p=0.696>0.05$，表明不同类型学校的教师在该题选择上差异不显著]

在对同学工资的了解上，没有性别、年龄和学校的显著差异，说明整个特殊教育教师群体与同学交往的活跃程度不高。这是因为职业的自卑感导致教师与同学交往减少，还是因为职业的紧张度过高导致教师与同学交往较少，需要进一步研究。

当然，这里也可能存在另外的情况，就是特殊教育学校教师的心境处于一种散淡的状态，对工资、交往等已经十分不在意。不过，从现实来看，这种情况可能不是主流。

2. 对自己工资收入的满意程度

调查发现，在 288 位教师中，只有 19 位(约占 6.5%)对自己的工资收入满意；基本满意的有 108 位，约占 37.1%，满意和基本满意的有效百分比约占 44.1%；不满意的有 142 位，约占 48.8%；说不好的有 19 位，约占 6.5%。(见表 5-2-7)由上可知，超过 90%的教师能清醒地认知或评价自己的工资水平，只有不到 7%的教师处于对工资认知的模糊状态。

表 5-2-7　教师对自己工资的满意度

答案类别		频次	百分比	有效百分比
有效	满意	19	6.5	6.6
	基本满意	108	37.1	37.5
	不满意	142	48.8	49.3
	说不好	19	6.5	6.6
	小计	288	99.0	100.0
丢失		3	1.0	
合计		291	100.0	

就教师的性别、年龄段和服务的学校类别来看，尽管在满意、不满意等项目上的比例不尽相同，但没有达到统计学的差异显著程度。（见表 5-2-8、表 5-2-9、表 5-2-10）

表 5-2-8　不同性别的教师对工资收入满意程度的差异比较

性别	项目	满意	基本满意	不满意	说不好	合计
男	人数	6	25	25	7	63
	占比(%)	9.5	39.7	39.7	11.1	100.0
	调整后的残差	1.1	0.4	−1.7	1.6	
女	人数	13	83	117	12	225
	占比(%)	5.8	36.9	52.0	5.3	100.0
	调整后的残差	−1.1	−0.4	1.7	−1.6	

[注：卡方检验结果中，似然比数值为 4.85，自由度为 3，显著性概率值 $p=0.183>0.05$，表明不同性别教师在该题选择上差异不显著]

表 5-2-9　不同年龄段的教师对工资收入满意程度的差异比较

年龄段	项目	满意	基本满意	不满意	说不好	合计
30 岁以下	人数	9	31	37	6	83
	占比(%)	10.8	37.3	44.6	7.2	100.0
	调整后的残差	1.8	0.1	−1.1	0.2	
30—45 岁	人数	8	61	95	11	175
	占比(%)	4.6	34.9	54.3	6.3	100.0
	调整后的残差	−1.8	−1.0	2.1	−0.4	
45 岁以上	人数	2	13	8	2	25
	占比(%)	8.0	52.0	32.0	8.0	100.0
	调整后的残差	0.3	1.6	−1.8	0.3	

[注：卡方检验结果中，似然比数值为 7.87，自由度为 6，显著性概率值 $p=0.248>0.05$，表明不同年龄段教师在该题选择上差异不显著]

表 5-2-10　不同类型学校的教师对工资收入满意程度的差异比较

学校类型	项目	满意	基本满意	不满意	说不好	合计
盲校	人数	6	33	32	3	74
	占比(%)	8.1	44.6	43.2	4.1	100
	调整后的残差	0.6	1.5	−1.2	−1.0	
聋校	人数	9	40	55	11	115
	占比(%)	7.8	34.8	47.8	9.6	100
	调整后的残差	0.7	−0.8	−0.4	1.7	
启智学校	人数	4	34	53	5	96
	占比(%)	4.2	35.4	55.2	5.2	100
	调整后的残差	−1.2	−0.5	1.4	−0.7	
随班就读	人数	0	1	2	0	3
	占比(%)	0	33.3	66.7	0	100
	调整后的残差	−0.5	−0.1	0.6	−0.5	

[注:卡方检验结果中,似然比数值为 7.50,自由度为 9,显著性概率值 $p=0.585>0.05$,表明不同类型学校教师在该题选择上差异不显著]

从上述数据可以看到,目前特殊教育学校教师对自己工资的认知度较高,只有6.5%的教师说不清是满意还是不满意。尽管满意度不理想,但都能清晰地感知到是否满意。但是,对于同学工资了解的教师比例仅达到被调查人数的一半多一点,反映出教师与同学的交往存在问题,或者说存在交往不活跃的现象。这点值得继续教育实施者关注。

(三) 教师对自己的工作能力与素养的认知

1. 对自己目前的工作能力和素养的满意度

对工作能力的自我认知是教师最重要的自我认知。教师如果不了解自己的工作能力,是很难成为一个优秀甚至合格的教师的。从被调查的 291 人看,有 189 人(约占总样本的 64.9%,占有效样本的 65.4%)对自己的工作能力和素养是满意的,有 60 人(约占总样本的 20.6%,占有效样本的 20.8%)对自己的工作能力和素养不满意,回答"说不好"的有 40 人(约占总样本的 13.7%,占有效样本的 13.8%)。(见表 5-2-11)

表 5-2-11　教师对自己目前的工作能力和素养的满意度

答案类别		频次	百分比	有效百分比
有效	满意	189	64.9	65.4
	不满意	60	20.6	20.8
	说不好	40	13.7	13.8
	小计	289	99.3	100.0

续 表

答案类别	频次	百分比	有效百分比
丢失	2	0.7	
合计	291	100.0	

对自己的能力和素养能清晰认知的教师达到了 80%以上，或者说接近 15%的教师对自己的知识能力素养是不能清醒认知的。应该说，这么多教师对自己的工作能力与素养不能清晰地认知是一个问题。

当然，和以往笔者对教师素养的研究相比较可以发现，教师对自身能力和素养的满意度基本上处于一致的状态。①②

比较发现，男教师选择满意的比例比女教师高，男教师达到 71.4%，女教师才 63.7%；相反，男教师选择不满意的有 12.7%，女教师选择不满意的有 23.0%。男女教师选择说不好的比例差别不大。就数据来看，男教师对自己的能力素养比女教师更有信心，(见表 5-2-12)但差异检验不显著。

表 5-2-12　不同性别的教师对自身工作能力和素养满意度的差异比较

性别	项目	满意	不满意	说不好	合计
男	人数	45	8	10	63
	占比(%)	71.4	12.7	15.9	100.0
	调整后的残差	1.1	−1.8	0.5	
女	人数	144	52	30	226
	占比(%)	63.7	23.0	13.3	100.0
	调整后的残差	−1.1	1.8	−0.5	

[注：卡方检验结果中，似然比数值为 3.50，自由度为 2，显著性概率值 $p=0.174>0.05$，表明不同性别教师在该题选择上差异不显著]

年龄越小的教师对自己能力和素养的满意度越小，年龄越大的教师对自己能力和素养的满意度越大；反之，年龄越小的教师对自己的能力和素养的不满意度则越高，年龄越大的教师对自己的能力和素养的不满意度越小，(见表 5-2-13)但差异检验不显著。

表 5-2-13　不同年龄段的教师对工作能力和素养满意度的差异比较

年龄段	项目	满意	不满意	说不好	合计
30 岁以下	人数	47	25	12	84
	占比(%)	56.0	29.8	14.2	100.0
	调整后的残差	−2.3	2.4	0.3	

① 刘全礼. 聋校教师的专业素质研究[J]. 中国特殊教育，2010(10)：44-50.

② 刘全礼. 盲校教师的专业素养研究[J]. 中国特殊教育，2014(12)：73-78.

续 表

年龄段	项目	满意	不满意	说不好	合计
30—45 岁	人数	119	32	24	175
	占比(%)	68.0	18.3	13.7	100.0
	调整后的残差	1.0	−1.3	0.2	
45 岁以上	人数	21	2	2	25
	占比(%)	84.0	8.0	8.0	100.0
	调整后的残差	2.0	−1.6	−0.8	

[注:卡方检验结果中,似然比数值为 9.28,自由度为 4,显著性概率值 $p=.055>0.05$,表明不同年龄段教师在该题选择上差异不显著]

在盲校、聋校、培智学校三类学校中,盲校、聋校和培智学校教师对自己能力和素养的满意度依次减小,培智学校的不满意度最高,但这些差异也没有达到统计学的显著水平。(见表 5-2-14)

表 5-2-14 不同类型学校的教师对工作能力和素养满意度的差异比较

学校类别	项目	满意	不满意	说不好	合计
盲校	人数	46	16	13	75
	占比(%)	61.3	21.3	17.4	100
	调整后的残差	−0.9	0.1	1.0	
聋校	人数	74	21	19	114
	占比(%)	64.9	18.4	16.7	100
	调整后的残差	−0.1	−0.8	1.1	
培智学校	人数	66	23	8	97
	占比(%)	68	23.7	8.3	100
	调整后的残差	0.7	0.9	−2.0	
随班就读	人数	3	0	0	3
	占比(%)	100	0	0	100
	调整后的残差	1.3	−0.9	−0.7	

[注:卡方检验结果中,似然比数值为 7.36,自由度为 6,显著性概率值 $p=0.289>0.05$,表明不同类型学校的教师在该题选择上差异不显著]

对自己工作能力和素养的认知在性别、年龄段和学校类别上的差异不显著,说明教师们对自己能力和素养的认知是稳定的,与性别、年龄段和学校无关。

2. 是否需要继续教育

在直接考察教师们对自己能力和素养的主观感受后,又从另外一个侧面,即从是否需要进一步学习这个角度考察教师们对自己工作能力和素养的认知。要求教师对"就您目前的工作而言，您感觉需要进一步教育吗”这个问题，从需要、不需要和说不好三个方面予以选择。结果发现，在291人中，有239人(约占总样本的82.1%，占有效样本的83.0%)回答需要，有24人(约占总样本的8.2%，占有效样本的8.6%)回答不需要，有25人(约占总样本的8.6%，占有效样本的8.7%)回答说不好。(见表5-2-15)只有不到10%的教师对自己是否需要进一步学习的认知不清晰，这个比例要低于教师对自己能力和素养认知不清晰的比例，说明教师们对是否需要继续教育的认知，比对自己能力和素养的认知更清晰。

表5-2-15　教师对“是否需要继续教育”的回答频次

答案类别		频次	百分比	有效百分比
有效	需要	239	82.1	83.0
	不需要	24	8.2	8.3
	说不好	25	8.6	8.7
	小计	288	99.0	100.0
丢失		3	1.0	
合计		291	100.0	

当然，在是否需要继续教育上，回答需要的比例(83.0%)要高于对自己的能力和素养满意的比例(65.4%)，说明即使是对自己的能力和素养满意的教师也觉得有继续教育的必要。这应该符合特殊教育的实际。

就性别来看，男女教师在继续教育的需要上差异不显著(见表5-2-16)；就年龄段而言，年龄段越小的教师继续教育的需要率越高，但差异检验不显著(见表5-2-17)；就学校类别而言，盲、聋、培智学校教师继续教育需要的差异不显著(见表5-2-18)。

表5-2-16　不同性别的教师对“是否需要继续教育”回答的差异比较

性别	项目	需要	不需要	说不好	合计
男	人数	51	4	8	63
	占比(%)	81.0	6.3	12.7	100.0
	调整后的残差	−0.5	−0.6	1.3	
女	人数	188	20	17	225
	占比(%)	83.5	8.9	7.6	100.0
	调整后的残差	0.5	0.6	−1.3	

[注：卡方检验结果中，似然比数值为1.81，自由度为2，显著性概率值 $p=0.404>0.05$，表明不同性别教师在该题选择上差异不显著]

表 5-2-17 不同年龄段的教师对"是否需要继续教育"回答的差异比较

年龄段	项目	需要	不需要	说不好	合计
30 岁以下	人数	71	5	7	83
	占比(%)	85.6	6.0	8.4	100.0
	调整后的残差	0.7	−1.0	0	
30—45 岁	人数	147	16	14	177
	占比(%)	83.1	9.0	7.9	100.0
	调整后的残差	0	0.4	−0.4	
45 岁以上	人数	17	3	3	23
	占比(%)	74.0	13.0	13.0	100.0
	调整后的残差	1.1	−0.5	−1.0	

[注:卡方检验结果中,似然比数值为 2.06,自由度为 4,显著性概率值 $p=0.725>0.05$,表明不同年龄段教师在该题选择上差异不显著]

表 5-2-18 不同类型学校的教师对"是否需要继续教育"回答的差异比较

学校类型	项目	需要	不需要	说不好	合计
盲校	人数	62	4	8	74
	占比(%)	83.8	5.4	10.8	100
	调整后的残差	0.2	−1.1	0.8	
聋校	人数	92	12	11	115
	占比(%)	80	10.4	9.6	100
	调整后的残差	−1.1	1.1	0.4	
培智学校	人数	83	7	6	96
	占比(%)	86.4	7.3	6.3	100
	调整后的残差	1.1	−0.5	−1.0	
随班就读	人数	2	1	0	3
	占比(%)	66.7	33.3	0	100
	调整后的残差	−0.8	1.6	−0.5	

[注:卡方检验结果中,似然比数值为 4.91,自由度为 6,显著性概率值 $p=0.555>0.05$,表明不同类型学校的教师在该题选择上差异不显著]

(四)专业发展动因的认知

教师的专业发展主要包括两个方面,一是学历发展,即提升学历;二是提升能力、素养,通常这两个方面统称为继续教育。那么,教师们认为的继续教育的动因或理由主要有哪些呢?

本次调查,把相关理由列为五个方面:提高教育教学素养、提高学历、提升待遇、上级要求和其他。要求教师们每人可以选择两个主要的理由,结果发现,在五个列出的因素中,288 名教师中有 241 人次选择的是"提高教育教学素养",人数最多,约占 83.7%;列第二位的是“提高待遇”，有86人次，约占29.9%；列第三位的是“提高学历”，有74人次，约占25.7%；列第四位的是“上级要求”，有43人次，约占14.9%；也有约9.4%的人选择了其他原因。（见表5-2-19）

表5-2-19 开展继续教育的理由排序(288人)

理由	频次	占比(%)	排序
提高教育教学素养	241	83.7	1
提高待遇	86	29.9	2
提高学历	74	25.7	3
上级要求	43	14.9	4
其他	27	9.4	5

从检验来看，不同性别的教师在继续教育理由上的差异不显著(见表5-2-20)；不同年龄段的教师在某些理由的选择上差异显著，30岁以下的教师选择“提高学历”的比例显著高于30—45岁年龄段的教师(见表5-2-21)；不同类型学校的教师在某些理由的选择上差异也显著(表5-2-22)，盲校教师选择“提高学历”的比例显著低于培智学校教师，选择“上级要求”的比例显著高于培智学校的教师。从年龄来看，年龄小的教师需要拿学历，年龄大的教师则没有这个需要。因此，30岁以下的教师与年龄段大的教师差异显著就可以理解了。但是，盲校教师为何在“提高学历”的选择上显著低于培智学校，而在“上级要求”的选择上显著高于培智学校则需要进一步的研究。

应该说教师们对继续教育理由的选择排序是比较真实的。提高教育教学素养，无论是从提高学历的角度还是从提高教研知识能力的角度，都是继续教育最重要的，也应该是第一位的动因。而通过自己的努力获得一定的待遇回报也是情理之中的事情，因此，提高待遇成为第二个理由也就合情合理。

表5-2-20 不同性别的教师继续教育理由的差异比较

性别	项目	提高教学素养	提高学历	提高待遇	上级要求	其他	合计
男	人数	51	15	16	10	5	97
	占比(%)	52.5	15.5	16.5	10.3	5.2	100.0
	调整后的残差	0.3	−0.1	−0.5	0.5	−0.3	
女	人数	190	59	70	33	22	374
	占比(%)	50.8	15.8	18.7	8.8	5.9	100.0
	调整后的残差	−0.3	0.1	0.5	−0.5	0.3	

[注：卡方检验结果中，似然比数值为0.519，自由度为4，显著性概率值 $p=0.972>0.05$，表明不同性别教师在该题选择上差异不显著]

表 5-2-21　不同年龄段的教师继续教育理由的差异比较

年龄段	项目	提高教学素养	提高学历	提高待遇	上级要求	其他	合计
30 岁以下	人数	70	32	35	6	6	149
	占比(%)	47.0	21.5	23.5	4.0	4.0	100.0
	调整后的残差	−1.2	2.4	1.9	−2.6	−1.0	
30—45 岁	人数	149	36	45	30	18	278
	占比(%)	53.6	12.9	16.2	10.8	6.5	100.0
	调整后的残差	1.3	−2.0	−1.6	1.6	1.0	
45 岁以上	人数	19	5	6	6	2	38
	占比(%)	50.0	13.2	15.8	15.8	5.3	100.0
	调整后的残差	−0.2	−0.4	−0.4	1.5	−0.1	

[注：卡方检验结果中，似然比数值为 16.91，自由度为 8，显著性概率值 $p=0.031$，小于 0.05，达到 0.05 显著水平，从表中调整后的标准化残差值(AR 值)可以看出，30 岁以下教师选择“提高学历”的比例显著高于 30—45 岁教师]

表 5-2-22　不同类型学校的教师继续教育理由的差异比较

学校类别	项目	提高教学素养	提高学历	提高待遇	上级要求	其他	合计
盲校	人数	65	10	23	23	4	125
	占比(%)	52	8	18.4	18.4	3.2	100
	调整后的残差	0.2	−2.8	0	4.2	−1.4	
聋校	人数	91	25	36	14	13	179
	占比(%)	50.8	14.0	20.1	7.8	7.3	100
	调整后的残差	−0.1	−0.8	0.8	−0.8	1.1	
培智学校	人数	83	37	27	6	10	163
	占比(%)	50.9	22.7	16.6	3.7	6.1	100
	调整后的残差	−0.1	3.0	−0.7	−3.0	0.3	
随班就读	人数	2	2	0	0	0	4
	占比(%)	50	50	0	0	0	100
	调整后的残差	0	1.9	−0.9	−0.6	−0.5	

[注：卡方检验结果中，似然比数值为 34.40，自由度为 12，显著性概率值 $p=0.001$，小于 0.01，达到 0.01 显著水平，从表中调整后的标准化残差值(AR 值)可以看出，盲校教师选择“提高学历”的比例显著低于培智学校教师，选择“上级要求”的显著高于培智学校教师]

四、研究结论

第一，接近一半（42.9%）的教师对同学的工资不了解，说明这些教师与同学交往较少，反映出特殊教育教师的社会交往需要进一步加强；绝大部分教师对自己的工资有着清晰的满意度认知，只有不到7%的教师认知模糊。但大多数教师对自己工资的满意度较低，满意和基本满意的只有44.1%，不到一半。

第二，特殊教育教师对自己能力和素养的认知程度较高，无论是满意还是不满意，能够清醒认知的达到了80%以上，对自己的知识能力素养不能清醒认知的有13.8%；但是对自己的能力和素养满意的教师只有65.4%，说明即使从教师自身的角度看，也有很大比例的特殊教育教师需要提高能力和素养。

第三，教师们对是否需要继续教育的认知度较高，83.0%的教师认为需要继续教育，只有8.7%的教师认知模糊；但是，在对继续教育的清晰认知者中，有8.3%的教师认为不需要继续教育。

第四，在教师们认为的继续教育的理由中排名前三位的是提高教育教学素养、提高待遇和提高学历，这符合工作要求，也符合教师的个人利益。

第三节　特殊教育学校教师继续教育的效果和意愿①

新一轮课改以来，伴随着普通教育新课改的培训，特殊教育也进入了培训形式多样化的阶段，并且培训密度在近几年达到了前所未有的地步。这些培训既有教育部层级的国培，也有各省市自己组织的地方培训，还有县市级和学校组织的培训。然而，关于这些培训的效果如何、教师们是否认可这些培训、如何进行培训才能取得最佳效果等的研究却很少。本节内容即是关于教师继续教育的效果及意愿方面的研究。

一、研究过程与方法

（一）样本学校

本研究的样本学校是本课题组的成员学校，包括盲校或盲部五所（北京盲校、广州盲校、青岛盲校、开封特殊教育中心盲部、南宁盲哑学校盲部）、聋校或聋部四所（北京东城特殊教育中心聋部、开封特殊教育中心聋部、南宁盲哑学校聋部和北京平谷特殊教育中心聋部）和培智学校或特殊教育中心四所（北京平谷特殊教育中心培智部、北京海淀培智中心、北京朝阳安华学校和浙江乐清特殊教育中心）。

（二）研究工具

研究采用自编系列工具中关于教师继续教育意愿等的封闭式访谈问卷。问卷的具体内容见下文。

---

① 本部分的内容曾经发表于《现代特殊教育》（高校），2015年第3期。

（三）访谈过程与资料收集

北京各学校由笔者亲自主持访谈。把被访谈教师集中在会议室，采用集体访谈的方法就各项访谈内容进行逐一提问，由被访谈者逐一回答。要求对封闭式的问题根据说明做出选择，对非开放式的问题写出自己的观点或想法、做法与建议。

二、研究的内容

本研究的内容分成两个部分。

第一部分是教师的基本信息，包括姓名、性别、年龄、服务的学校类别（盲、聋、培智学校或随班就读学校）、学历等。

第二部分是访谈的主体内容，分为六个方面。一是关于教师们是否接受过专业的继续教育的调查；二是关于已经接受的专业继续教育的效果的访谈；三是教师们接受继续教育的必要性调查，分为被访者的主观方面以及自己认为同事们是否觉得有必要两个方面；四是教师对继续教育的积极性调查；五是被访者的自我继续教育活动调查，包括自己和同事的阅读调查等方面；六是关于自己希望继续教育的内容、方式等的调查。

三、结果与分析

（一）教师是否接受过一次以上的培训

在被问及的教师中，几乎所有人都接受过一次以上的专业教育或者是参加过教研活动。这应该符合事实。样本学校除乐清特殊教育中心之外，几乎都是地区级以上城市的学校，不仅自己搞教研活动，还接受校外的各种培训。所以，被调查者接受过相应的培训是可信的。

（二）教师对培训活动效果的评价

关于培训效果的评价是教师们通过对以往培训活动的主观感受得出的。问的问题是他们接受的这些培训或者活动是否“解渴”（这里的“解渴”主要是指这些培训理论上是否对自己的认识水平有提升，实践上是否对自己的工作有帮助，能解决实际问题）。评价分成了四个等级，即解渴、不怎么解渴、不解渴和说不好。结果发现，在256名被访教师中，回答“解渴”的有88人，约占34.4%；回答“不怎么解渴”的有103人，约占40.2%；回答“不解渴”的有22人，约占8.6%；回答“说不好”的43人，约占16.8%。（见表5-3-1）回答“不解渴”和“说不好”的占25.4%，比例是很高的。如果把回答“不怎么解渴”的人数也看作是培训不成功的表现，则高达65.6%的教师并没有从培训中获得应有的“解渴”感。所以，教师们以往的培训不应该被看作是成功的培训。或者说，培训的组织者、管理者、上课者或者上级部门，确实该深思如何才能更好地开展培训了。尽管没有其他继续教育的数据可供比对，也未见普通教育的国培评价的可信数据，但从笔者有限的与参加特殊教育培训的教师们的接触来看，感觉34.4%的“解渴率”已经很高了。换句话说，一般学校培训的“解渴率”比这个数字还小。

表 5-3-1　教师们对"培训活动是否解渴"的评价

评价等级	频次	百分比
解渴	88	34.4
不怎么解渴	103	40.2
不解渴	22	8.6
说不好	43	16.8
合计	256	100.0

教师们对培训效果的评价和其性别、年龄、学历以及所在学校类别有关吗？从表 5-3-2 可以看出，49 名男教师中有 24.5%的人认为是解渴的，低于女教师选择解渴的比例 36.7%，也低于整个样本的解渴率。这可能反映出男教师的知识水平、需求和视野可能更难以满足，但是差异检验不显著，即男女教师在对这个问题的回答上没有统计学上的差异。

表 5-3-2　不同性别的教师对培训效果的评价

性别	项目	解渴	不怎么解渴	不解渴	说不好	合计
男	人数	12	19	6	12	49
	占比(%)	24.5	38.8	12.2	24.5	100.0
	调整后的残差	−1.6	−0.2	1.0	1.6	
女	人数	76	84	16	31	207
	占比(%)	36.7	40.6	7.7	15.0	100.0
	调整后的残差	1.6	0.2	−1.0	−1.6	

[注：卡方检验结果中，似然比数值为 4.70，自由度为 3，显著性概率值 $p=0.195>0.05$，表明不同性别教师在该题选择上差异不显著]

不仅如此，不同年龄段、不同学历的教师，在对以往的培训解渴与否的评价差异也不显著。(见表 5-3-3、表 5-3-4)但是，从特殊学校的类别来看，在盲校、聋校、培智学校中，盲校教师有 41.1%认为以往的培训解渴，聋校有 32.9%，培智学校只有 25.4%。(见表 5-3-5)盲校和培智学校的差异显著。这说明，在访谈的三类特殊学校中，盲校教师对培训的质量比培智学校更认可。这可能和培智学校近年来的学生成分发生了很大的变化，教师们需要新的对策，而培训者没法提供使教师们满意的培训有关。这可能是导致培智学校和盲校差异显著的一个因素。尽管盲校教师认为以往培训解渴的比例较高，但仍旧有 50%以上的教师觉得不解渴，说明特殊教育的继续教育或各种培训确实存在有待研究的大量问题。

表 5-3-3　不同年龄段的教师对培训效果的评价

年龄段	项目	解渴	不怎么解渴	不解渴	说不好	合计
30 岁以下	人数	26	31	6	12	75
	占比(%)	34.7	41.3	8.0	16.0	100.0
	调整后的残差	0	0.2	−0.2	−0.1	
30—45 岁	人数	53	65	16	26	160
	占比(%)	33.1	40.6	10.0	16.3	100.0
	调整后的残差	−0.7	0.2	1.0	−0.2	
45 岁以上	人数	9	6	0	4	19
	占比(%)	47.4	31.6	0	21.0	100.0
	调整后的残差	1.2	−0.8	−1.4	0.6	

[注：卡方检验结果中，似然比数值为5.20，自由度为6，显著性概率值 $p=0.519>0.05$，表明不同年龄段的教师在该题选择上差异不显著]

表 5-3-4　不同学历的教师对培训效果的评价

学历	项目	解渴	不怎么解渴	不解渴	说不好	合计
专科	人数	7	13	4	2	26
	占比(%)	26.9	50.0	15.4	7.7	100.0
	调整后的残差	−0.8	1.0	1.2	−1.2	
本科	人数	69	83	16	35	203
	占比(%)	34.0	40.9	7.9	17.2	100.0
	调整后的残差	0.1	−0.2	−1.2	1.0	
硕士	人数	8	6	2	3	19
	占比(%)	42.1	31.6	10.5	15.8	100.0
	调整后的残差	0.8	−0.9	0.3	0	

[注：卡方检验结果中，似然比数值为4.56，自由度为6，显著性概率值 $p=0.601>0.05$，表明不同学历的教师在该题选择上差异不显著]

表 5-3-5　不同类型学校的教师对培训效果的评价

学校类型	项目	解渴	不怎么解渴	不解渴	说不好	合计
盲校	人数	46	41	5	20	112
	占比(%)	41.1	36.6	4.4	17.9	100.0
	调整后的残差	2.0	−1.0	−2.1	0.4	

续 表

学校类型	项目	解渴	不怎么解渴	不解渴	说不好	合计
聋校	人数	24	25	9	15	73
	占比(%)	32.9	34.2	12.3	20.6	100.0
	调整后的残差	−0.3	−1.2	1.3	1.0	
培智学校	人数	18	37	8	8	71
	占比(%)	25.4	52.0	11.3	11.3	100.0
	调整后的残差	−1.9	2.4	0.9	−1.5	

[注:卡方检验结果中,似然比数值为13.00,自由度为6,显著性概率值$p=0.043<0.05$,达到0.05显著水平,从表中调整后的标准化残差值(AR值)可以看出,盲校教师选择“解渴”选项的比例显著高于培智学校教师]

(三)接受继续教育的必要性

访谈分两个侧面考察教师们对继续教育必要性的看法。一是从个人主观的角度,即个人觉得有没有必要进行专业的继续教育;二是从自己的角度看同事们,即被访者认为同事们是否觉得有必要进行专业的继续教育。从个人主观的角度看,在访谈的258名教师中,有232名(约占89.9%)认为有必要进行继续教育,占绝大多数;但仍旧有近10%的教师以为没有必要进行继续教育。(见表5-3-6)这可能和盲校、聋校、培智学校的教学要求较低有关,许多人认为,给盲、聋、智障儿童上课,随便一个人就可以,不需要什么专业,也不需要什么继续教育;也可能是这部分教师的水平较高,或者这些教师认为不用接受继续教育就能够教好学生。具体原因则需要进一步研究。

表5-3-6 教师对“有无必要进行专业的继续教育”的回答

答案类别	频次	百分比
有必要	232	89.9
没必要	5	1.9
说不好	21	8.2
合计	258	100.0

从自己的角度看同事们时,在258名教师中,有171名教师(约占66.3%)认为同事们觉得有必要进行专业的继续教育,大大低于自己认为有必要进行继续教育的比例89.9%;认为同事们觉得没必要的有3人,回答“说不好”的有79人,两者的比例达到了33.7%(见表5-3-7),约占三分之一。这个结果一方面说明,上述自己认为有必要进行继续教育的比例可能存在虚假,或者说教师们没有说真话;另一方面说明教师们之间的交往存在问题,有30.6%的教师可能不进行继续教育相关内容的交流。因为从同事角度看,在学校进行各种活动时,关系较近的教师之间往往会直言不讳地谈论对这些活动的看法。当有30.6%的教师选择“说不好”时,说明接近三分之一的教师彼此之间没有深入的交流。在这30.6%的教师中,可能存在一些认为有必要进一步学习的人,教师们没发现。

但总体上说，当教师们认为只有66.3%的教师认可继续教育的必要性时，还是应该引起重视的。这说明特殊教育教师存在着较为严重的接受继续教育的愿望不强烈的现象，提示管理者在进行继续教育时首先要使教师们乐意进一步学习。

表5-3-7　教师对“同事们是否觉得有必要进行专业的继续教育”的回答

答案类别	频次	百分比
有必要	171	66.3
没必要	8	3.1
说不好	79	30.6
合计	258	100.0

值得注意的是，不同学历和不同类型学校的教师在这两个问题的选择上差异显著(见表5-3-8、表5-3-9、表5-3-10、表5-3-11)。学历越高的教师，越认为有继续教育的必要。例如，专科学历的教师中有73.1%认为有必要进行继续教育，而本科和硕士学历的教师分别有91.2%、94.7%认为有必要进行继续教育(见表5-3-8)；盲校教师有93.9%、培智学校教师有95.8%认为有必要进行继续教育，显著高于聋校教师78.1%的比例(见表5-3-9)。如何解释这个现象需要进一步研究。学历越高可能懂得越多，越知道继续教育有用；聋校的文化课教学困难，教师们可能觉得，即使进行继续教育，也不见得能提升自己的教学水平，故认为没有必要。

表5-3-8　不同学历教师对专业的继续教育必要性的认可比较

学历	项目	有必要	没必要	说不好	合计
专科	人数	19	3	4	26
	占比(%)	73.1	11.5	15.4	100.0
	调整后的残差	−2.9	3.7	1.3	
本科	人数	186	2	16	204
	占比(%)	91.2	1.0	7.8	100.0
	调整后的残差	1.8	−2.5	−0.7	
硕士	人数	18	0	1	19
	占比(%)	94.7	0	5.3	100.0
	调整后的残差	0.8	−0.6	−0.5	

[注：卡方检验结果中，似然比数值为10.23，自由度为4，显著性概率值$p=0.038<0.05$，达到0.05显著水平，从表中调整后的标准化残差值(AR值)可以看出，就“有必要”选项而言，专科教师做出选择的比例显著低于本科教师]

表 5-3-9　不同类型学校教师对专业的继续教育必要性的认可比较

学校类型	项目	有必要	没必要	说不好	合计
盲校	人数	107	2	5	114
	占比(%)	93.9	1.7	4.4	100.0
	调整后的残差	1.9	−0.2	−2.0	
聋校	人数	57	3	13	73
	占比(%)	78.1	4.1	17.8	100.0
	调整后的残差	−4.0	1.6	3.6	
培智学校	人数	68	0	3	71
	占比(%)	95.8	0	4.2	100.0
	调整后的残差	1.9	−1.4	−1.4	

[注:卡方检验结果中,似然比数值为 16.00,自由度为 4,显著性概率值 $p=0.003<0.05$,达到 0.05 显著水平,从表中调整后的标准化残差值(AR 值)可以看出,盲校和培智校教师选择"有必要"选项的比例显著高于聋校教师,选择"说不好"选项的盲校教师比例显著低于聋校教师]

不过,在回答同事是否认为继续教育有必要时,比较觉得同事认为有必要的教师占比,专科学历教师稍微高于本科学历教师,低于研究生学历教师(见表 5-3-10);盲校教师高于聋校和培智学校教师(见表 5-3-11)。

表 5-3-10　不同学历的教师对同事们认为的培训必要性的评价比较

学历	项目	有必要	没必要	说不好	合计
专科	人数	17	4	4	25
	占比(%)	68.0	16.0	16.0	100.0
	调整后的残差	0.2	3.8	−1.7	
本科	人数	133	4	68	205
	占比(%)	64.9	2.0	33.1	100.0
	调整后的残差	−0.7	−2.4	1.7	
硕士	人数	14	0	5	19
	占比(%)	73.7	0	26.3	100.0
	调整后的残差	0.7	−0.8	−0.5	

[注:卡方检验结果中,似然比数值为 11.73,自由度为 4,显著性概率值 $p=0.02<0.05$,达到 0.05 显著水平,从调整后的标准化残差值(AR 值)可以看出,专科学历教师觉得同事认为没必要进行继续教育培训的比例远远高于本科学历教师]

表 5-3-11　不同类型学校的教师对同事们认为的培训必要性的评价比较

学校类型	项目	有	没	说不好	合计
盲校	人数	82	5	27	114
	占比(%)	71.9	4.4	23.7	100.0
	调整后的残差	1.7	1.1	−2.2	
聋校	人数	46	3	25	74
	占比(%)	62.2	4.0	33.8	100.0
	调整后的残差	−0.9	−0.6	0.7	
培智学校	人数	43	0	27	70
	占比(%)	61.4	0	38.6	100.0
	调整后的残差	−1.0	−1.8	1.7	

[注:卡方检验结果中,似然比数值为 9.57,自由度为 4,显著性概率值 $p=0.048<0.05$,达到 0.05 显著水平,从调整后的标准化残差值(AR 值)可以看出,选择“说不好”选项的盲校教师比例显著低于聋校、培智学校的教师]

(四) 同事对继续教育的积极性

为了避免继续教育积极性访谈的结果出现过多虚假,调查采用了迂回的策略,问被访者感觉同事们接受继续教育的积极性如何。答案分为有积极性、没有积极性和说不好三项。在 259 名接受访谈的教师中,认为同事有积极性的有 140 人,约占 54.0%;认为同事没有积极性的 16 人,约占 6.2%;回答“说不好”的 103 人,占 39.8%。(见表 5-3-12)尽管在回答“说不好”的教师中,可能存在一些有积极性的教师,但总体而言,回答“有积极性”的教师占 54.0%应该是比较真实的情况。即使教师们与同事交流时不一定能反映出真实想法,但开展教研活动、接受上级培训时,大家的态度是能够相互感受到的。这就和教师们认为的只有 66.3%的同事感觉有必要进行继续教育是吻合的。

表 5-3-12　教师对“您感觉同事们有接受继续教育的积极性吗”的回答

答案类别	频次	百分比
有积极性	140	54.0
没有积极性	16	6.2
说不好	103	39.8
合计	259	100.0

当然,如果把回答“说不好”的 103 人剔除,仅仅从有积极性、没有积极性两项来看,认为有积极性的教师占 89.7%。从这个角度看,教师们关于继续教育必要性的回答又是可信的。到底该如何解释需要进一步研究。

值得重视的是,对同事接受继续教育积极性的判断,在年龄、性别和学历层次上差异不显著,但在学校类型上差异显著。表 5-3-13 表示,盲校教师中有 65.8%的人认为同事有接受继续教育的积极性,显著高于聋校 43.2%的比例,也高于培智学校 46.5%的比例;盲校教师选择说不好的比例显著低于培智学校教师。我国的盲校教师的继续教育活动主要在校内开展，一旦有校外培训，包括国培、省市培训，教师们都很有积极性，所以这个结果是可以理解的。

表 5-3-13 不同类型学校教师对同事们参与培训积极性评价的比较

学校类型	项目	有积极性	没有积极性	说不好	合计
盲校	人数	75	6	33	114
	占比(%)	65.8	5.3	28.9	100.0
	调整后的残差	3.4	−0.5	−3.2	
聋校	人数	32	8	34	74
	占比(%)	43.2	10.8	46.0	100.0
	调整后的残差	−2.2	2.0	1.3	
培智学校	人数	33	2	36	71
	占比(%)	46.5	2.8	50.7	100.0
	调整后的残差	−1.5	−1.4	2.2	

[注：卡方检验结果中，似然比数值为 15.47，自由度为 4，显著性概率值 $p=0.004<0.01$，达到 0.01 显著水平，从表中调整后的标准化残差值(AR 值)可以看出，盲校教师选择"有积极性"的比例显著高于聋校教师，盲校教师选择"说不好"的比例显著低于培智学校教师]

（五）被访者自我开展继续教育的状况

访谈从被访者自己开展继续教育活动的角度对教师的继续教育积极性等进行了调查。访谈以三个问题为内容：日常工作之外自己是否经常阅读或学习与专业有关的书籍、同事是否经常阅读或学习与专业有关的书籍、自己日常工作之外是否经常看与专业有关的视频。结果如下。

1. 日常工作之外，是否经常阅读或学习专业书籍

在 258 名被访教师中，有 108 名(约占 41.9%)经常阅读或学习与专业有关的书籍，不经常的有 51 名(约占 19.8%)，偶尔的有 95 名(约占 36.8%)。(见表 5-3-14)这说明特殊教育学校的教师们平时主动提高自我的比例不到一半。

表 5-3-14 教师对"日常工作之外经常阅读或学习与专业有关的书籍"的回答

答案类别	频次	百分比
经常	108	41.9
不经常	51	19.8
偶尔	95	36.8
没有心情	4	1.5
合计	258	100.0

检验发现，日常工作外，教师是否经常阅读与专业有关的书籍在性别、年龄段和学历上的差异不显著。但是，表 5-3-15、表 5-3-16、表 5-3-17 依然表明了这样的趋势，即女教师比男教师更经常阅读与专业有关的书籍，高年龄段比低年龄段的教师更经常阅读，教师学历越高经常阅读的比例越高。

表 5-3-15　不同性别的教师阅读经常性的比较

性别	项目	经常	不经常	偶尔	没心情	合计
男	人数	19	8	21	1	49
	占比(%)	38.8	16.3	42.9	2.0	100.0
	调整后的残差	−0.5	−0.7	1.0	0.3	
女	人数	89	43	74	3	209
	占比(%)	42.6	20.6	35.4	1.4	100.0
	调整后的残差	0.5	0.7	−1.0	−0.3	

[注:卡方检验结果中,似然比数值为 1.18,自由度为 3,显著性概率值 $p=0.757>0.05$,表明不同性别的教师在该题选择上差异不显著]

表 5-3-16　不同年龄段的教师阅读经常性的比较

年龄段	项目	经常	不经常	偶尔	没心情	合计
30 岁以下	人数	27	11	36	0	74
	占比(%)	36.5	14.9	48.6	0	100.0
	调整后的残差	−1.2	−1.3	2.7	−1.3	
30—45 岁	人数	70	35	52	4	161
	占比(%)	43.5	21.7	32.3	2.5	100.0
	调整后的残差	0.5	0.9	−1.6	1.5	
45 岁以上	人数	11	5	4	0	20
	占比(%)	55.0	25.0	20.0	0	100.0
	调整后的残差	1.2	0.6	−1.6	−0.6	

[注:卡方检验结果中,似然比数值为 3.80,自由度为 5,显著性概率值 $p=0.934$,差异不显著]

表 5-3-17　不同学历的教师阅读经常性的比较

学历	项目	经常	不经常	偶尔	没心情	合计
专科	人数	10	6	9	0	25
	占比(%)	40.0	24.0	36.0	0	100.0
	调整后的残差	−0.2	0.5	0	−0.7	
本科	人数	85	41	75	4	205
	占比(%)	41.4	20.0	36.6	2.0	100.0
	调整后的残差	−0.5	−0.4	−0.6	0.9	
硕士	人数	10	4	5	0	19
	占比(%)	52.6	21.1	26.3	0	100.0
	调整后的残差	1.0	0.1	−0.9	−0.6	

[注:卡方检验结果中,似然比数值为 2.80,自由度为 4,显著性概率值 $p=0.834$,差异不显著]

在盲校、聋校和培智学校之间比较时，盲校教师经常阅读的比例为49.1%，高于培智学校 41.4%和聋校 31.1%的比例，且差异显著。（见表 5－3－18）如何解释这个差异需要进一步研究。

表 5－3－18 不同学校的教师阅读经常性的比较

学校类别	项目	经常	不经常	偶尔	没心情	合计
盲校	人数	56	23	35	0	114
	占比(%)	49.1	20.2	30.7	0	100.0
	调整后的残差	2.1	0.1	−1.8	−1.8	
聋校	人数	23	20	27	4	74
	(占比)%	31.1	27.0	36.5	5.4	100.0
	调整后的残差	−2.2	1.9	−0.1	3.2	
培智学校	人数	29	8	33	0	70
	占比(%)	41.4	11.4	47.2	0	100.0
	调整后的残差	−0.1	−2.1	2.1	−1.2	

［注：卡方检验结果中，似然比数值为 24.48，自由度为 10，显著性概率值 $p=0.006<0.01$，达到 0.01 显著水平，从表中调整后的标准化残差值(AR 值)可以看出，盲校教师选择“经常”的比例显著高于聋校教师］

2. 日常工作之外，是否经常观看和专业有关的视频

在 254 名被访者中，有 73 人（约占 28.7%）经常观看相关视频，“不经常”的 74 人（约占 29.1%），“偶尔”的 98 人（约占 38.6%），“说不好”和“没有心情”的比例很低。（见表 5－3－19）和阅读书籍比较，观看相关视频的比例更低，这可能和相关视频不如书籍丰富有关系，也可能和教师们的学习习惯有关系。但不管原因何在，这个结论从侧面反映出教师们主动学习的比例较低。

表 5－3－19 教师日常工作外观看和专业有关的视频频率统计

答案类别	频率	百分比
经常	73	28.7
不经常	74	29.1
偶尔	98	38.6
说不好	5	2.0
没有心情	4	1.6
合计	254	100.0

与阅读书籍相反，男教师经常观看和专业有关视频的比例高于女教师，但差异不显著；教师年龄段越高、学历越高，经常观看和专业有关视频的比例越高，但差异不显著，这和前述关于是否经常阅读的情况相同。（见表 5－3－20、表 5－3－21、表 5－3－22）

表 5-3-20　不同性别的教师观看与专业相关的视频频率的比较

性别	项目	经常	不经常	偶尔	不了解	没有心情	合计
男	人数	15	12	20	0	1	48
	占比(%)	31.3	25.0	41.7	0	2.1	100
	调整后的残差	0.4	−0.7	0.5	−1.1	0.3	
女	人数	58	62	78	5	3	206
	占比(%)	28.2	30.1	37.9	2.4	1.4	100
	调整后的残差	−0.4	0.7	−0.5	1.1	−0.3	

[注：卡方检验结果中，似然比数值为 3.23，自由度为 5，显著性概率值 $p=0.664>0.05$，表明不同性别的教师在该题选择上差异不显著]

表 5-3-21　不同年龄段的教师观看与专业相关的视频频率的比较

年龄段		经常	不经常	偶尔	说不好	没有心情	合计
30 岁以下	人数	20	15	34	3	0	72
	占比(%)	27.8	20.8	47.2	4.2	0	100
	调整后的残差	−0.3	−1.8	1.9	1.6	−1.3	
30—45 岁	人数	45	53	57	1	4	160
	占比(%)	28.1	33.1	35.6	0.6	2.5	100
	调整后的残差	−0.4	1.9	−1.1	−2.0	1.5	
45 岁以上	人数	8	5	5	1	0	19
	占比(%)	42.1	26.3	26.3	5.3	0	100
	调整后的残差	1.1	−0.4	−1.3	1.0	−0.6	

[注：卡方检验结果中，似然比数值为 19.12，自由度为 10，显著性概率值 $p=0.039<0.05$，达到 0.05 显著水平，从表中调整后的标准化残差值(AR 值)可以看出，30 岁以下的教师选择“不了解”的比例显著高于 30—45 岁的教师]

表 5-3-22　不同学历的教师观看与专业相关的视频频率的比较

学历	项目	经常	不经常	偶尔	不了解	没有心情	合计
专科	人数	3	8	12	0	0	23
	占比(%)	13.0	34.8	52.2	0	0	100
	调整后的残差	−1.8	0.4	1.3	−0.7	−0.7	
本科	人数	61	58	76	5	4	204
	占比(%)	29.9	28.4	37.3	2.5	2.0	100
	调整后的残差	1.2	−0.8	−0.6	1.0	0.9	
硕士	人数	6	7	6	0	0	69
	占比(%)	31.6	36.8	31.6	0	0	100
	调整后的残差	0.3	0.7	−0.6	−0.7	−0.6	

[注：卡方检验结果中，似然比数值为 12.63，自由度为 10，显著性概率值 $p=0.245>0.05$，差异不显著]

盲校教师经常观看相关视频的比例高于培智学校，培智学校高于聋校，而且差异显著。(见表 5-3-23)这是否反映出盲校因为较少有学校外的培训，反而引发了教师们学习的主动性，需要进一步研究。

表 5-3-23　不同类型学校的教师观看与专业相关的视频频率的比较

学校类型	项目	经常	不经常	偶尔	不了解	没有心情	合计
盲校	人数	42	36	35	0	0	113
	占比(%)	37.2	15.0	30.9	0	0	100.0
	调整后的残差	2.7	0.9	−2.2	−2.0	−1.8	
聋校	人数	21	23	21	3	4	72
	占比(%)	15.1	17.8	13.7	47.9	5.5	100.0
	调整后的残差	0.1	0.6	−1.9	1.6	3.2	
培智学校	人数	10	15	42	2	0	69
	占比(%)	28.2	9.9	19.7	42.3	0	100.0
	调整后的残差	−3.1	−1.6	4.5	0.7	−1.2	

[注：卡方检验结果中，似然比数值为 37.72，自由度为 8，显著性概率值 $p<0.001$，达到0.001显著水平，从表中调整后的标准化残差值(AR 值)可以看出，盲校教师选择“经常”的比例显著高于培智学校教师，选择“偶尔”的比例显著低于培智学校教师]

3. 同事是否经常阅读或学习与专业有关的书籍

在向教师提问“按照您的了解，您的同事经常阅读或学习与专业有关的书籍吗”这个问题时，257 名教师中，回答“经常”的有 72 人，约占 28.0%；回答“不经常”的有 37 人，约占 14.4%；回答“偶尔”的有 41 人，约占 16.0%；回答“不了解”的有 103 人，约占 40.0%。(见表 5-3-24)这些数据说明，在同事眼中，教师们经常阅读或学习专业书籍的比例是很低的，即使扣除回答“不了解”和“没有心情了解”的 107 人，在答案明确的 150 人中，回答同事经常阅读或学习专业书籍的比例也只有 48%，足见教师们自己积极进修业务的情况是不容乐观的。

表 5-3-24　教师对“同事是否经常阅读或学习与专业有关的书籍”的回答

答案类别	频次	百分比
经常	72	28.0
不经常	37	14.4
偶尔	41	16.0
不了解	103	40.0
没有心情了解	4	1.6
合计	257	100.0

（六）教师们希望接受什么样的继续教育

在访谈中，要求教师们就自己希望接受什么样的继续教育写下自己的想法，被访教师从培训内容、培训模式和方法等方面充分发表了自己的意见。例如，有的教师提出要采取专家引领、解答问题的培训模式；有的建议要进行国外相关内容的培训；等等。从这些建议也可以看出，特殊教育教师群体的整体水平有待提高。

从这些意见中，不难发现我们过往的培训存在一些亟须改进的问题。例如，教师们接受继续教育的积极性有待激发，效果有待提高；培训重形式（包括培训形式，如一定要用讨论法、要一线教师讲解等）轻实质、重过程轻理解；内容支离破碎，没有系统设计；理论层次上不来，实践问题也不能解决；等等。

四、研究结论

第一，被调查教师几乎都接受过专业的培训，但是这些培训的解渴程度较低，主要表现为只有34.4%的教师认为以往培训解渴，而且根据教师的性别、年龄段、学历以及所在学校类别进行的统计差异不显著。

第二，大多数教师认为需要进一步的继续教育，主要表现为有89.9%的教师认为有必要进行继续教育，并且在性别、年龄段上差异不显著。但是学历越高的教师越认为有继续教育的必要，盲校和培智学校的教师认为有必要进行继续教育的比例显著高于聋校教师。

第三，教师们自己开展继续教育的情况不容乐观，或者说特殊教育学校的教师自主进行业务学习的积极性不能令人满意，主要表现为只有41.9%的教师经常阅读或学习相关专业书籍，只有28.7%的教师经常观看与专业有关的视频。

第四节　中国高校特殊教育专业教师和残疾人教育教师培养与素养

一、特殊教育教师素养概述

特殊教育教师的素养是指特殊教育专业教师所应具备的专业理念与师德、专业知识、专业能力。

由于教育对象的特殊性，特殊教育对教师的专业素养提出了更多、更高和更专业的要求。2015年教育部出台了《特殊教育教师专业标准（试行）》，从专业理念与师德、专业知识、专业能力三方面提出了对特殊教育教师的基本要求。

专业理念与师德是特殊教育教师素养的基础，决定教师当下的行为和态度，也决定教师未来的发展方向和速度。专业知识是关于有特殊教育需要的儿童身心发展、特殊教育原则与方法、特殊教育测评、有特殊教育需要的儿童康复训练、个别化教育训练计划等方面的陈述性知识，是影响教师专业能力提高、实践能力增强的重要基础储备。① 专业能力是指针对不同障碍类别和不同程度的学生进行测评、康复、安置、教育和干预的能力，这直接影响特殊教育质量和特殊教育教师专业水平的展示。

二、特殊教育教师素养相关研究

（一）高等院校特殊教育专业教师素养相关研究

高等院校特殊教育教师应该具有什么样的素养？较有代表性的观点认为高等特殊教育专业教师素养应该包括三个方面，即特殊教育专业理念及师德、特殊教育专业知识和特殊教育专业能力。②

高等院校特殊教育专业专任教师的特殊教育专业理念及师德是其素养的基础，直接决定教师对有特殊教育需要人群持什么样的看法（即特殊儿童观），直接决定教师对特殊教育的价值和信念（即特殊教育观），直接决定其教育行为和专业能力的发展空间，也是决定教师信守教育承诺和师德的重要因素。

高等院校特殊教育专业专任教师的特殊教育知识是特殊教育教师教学的理论来源，是教研活动的行动指南，是终身学习的基石。

高等特殊教育专业专任教师的特殊教育专业能力是教师对特殊学生影响的表达，也是教师调节自身与学生、环境关系的能力。

研究认为，只有具备了这三种素养，且能够相互协调一致，形成合力，才能充分发挥高校特教专业专任教师的综合素养。

也有人把高校特教专业教师素养结构当作一个系统模型进行研究，主要包含特教专业知识、专业理念、专业技能和专业情意四大要素。③ 专业情意是高校特殊教育专业教师素养中的核心要素，是动力因子，能有效地推动教师各方面的发展；高校特殊教育专业教师理念是整个系统中的关键要素，对整个教师素养系统起着导向作用，是重要的方向因子；专业知识（包括专业背景）是构成高校特教专业教师素养系统的基本要素，是不可或缺的保障性的条件要素；专业技能是标志要素，是操作因子，具有核心的作用。

有研究针对高等院校特殊教育专业教师素养的组成和结构进行，但对于不同阶段和不同层次高校的特殊教育教师素养的研究较少，同时，有关高校教师个体成长中教师素养的不同比重和发展顺序的研究也较少。

（二）基础特殊教育教师素养相关研究

基础特殊教育教师专业素养的研究涵盖在特殊教育学校和普通学校任教两种情况，对特殊教育教师的学历、职称、专业知识、实践能力等都有研究。这些研究证明了当前我国特殊教育教师中存在的一些问题，如发现盲校教师缺少系统学科的训练，聋校教师的学科素养与聋生学习特点相脱节，培智学校教师学历相对较高，但同样存在学科素养不理想

---

① 赵斌. 论高校特殊教育专业教师的素养[J]. 绥化学院学报，2014(7)：5—9.

② 赵斌. 论高校特殊教育专业教师的素养[J]. 绥化学院学报，2014(7)：5—9.

③ 李燕，张明平，赵斌. 高校特殊教育专业教师素养构建[J]. 绥化学院学报，2015，35(4)：11—14.

的问题，[①②③]普通教育中承担随班就读工作的教师的培养和认定以及职后素养提升等还有一段路需要走。[④]

但是，关于一线特殊教育教师素养的研究尚未涉及送教上门教师的素养等问题。同时，还缺乏针对不同类别特殊学校教师的专业知识、专业技能和提高课堂教学效益的素养要素等的研究。

三、目前特殊教育师专业建设及师资素养的现状

（一）高等特殊教育专业建设情况

本部分利用自编的“特殊教育师资培养调查表”，对包括各高校特殊教育专业的办学时间、层次、是否接受资助、专业是否分方向、教师数量、教师学历、教师年龄、专业背景、首届招生时间、已毕业届数、2016 年招生数以及 2017 年毕业学生数等 12 个项目，在全国范围内以 48 所院校为样本，进行了详细调查。

1. 高校特殊教育专业师资基本情况

（1）年龄结构

调查显示，样本高校特殊教育专业教师呈两极分布，高龄化与年轻化并存，35 岁以下的年轻教师占教师总数的比例最高，尤其是专科院校的比例高达 76.48%。与此同时，个别高校又极度缺乏年轻教师，教师队伍中年龄最年轻者也在 45 岁以上，故呈现出高龄化现象。（见表 5－4－1）

表 5－4－1　样本高校特殊教育教师年龄情况

学校类型	年龄	35 岁以下	36—45 岁	46—55 岁	56 岁以上	总计
本科	人数	150	132	83	11	376
	比例(%)	39.89	35.11	22.07	2.93	100.00
专科	人数	52	8	8	0	68
	比例(%)	76.48	11.76	11.76	0.00	100.00

（2）学历层次

教师的学历水平是影响高校专业发展的重要因素之一。在对样本高校特殊教育专业师资进行调查了解后发现，我国本科院校特殊教育专业教师学历层次相对较低，其中硕士学历的教师占 55.58%，博士学历的占 30.28%，学士学历的占 14.14%；与此相对，专科院校特殊教育专业教师硕士学历占 68.29%，博士学历的仅占 4.88%，学士学历的占 26.83%。（见表 5－4－2）另外，个别院校目前尚无取得博士学位的教师。

表 5－4－2　样本高校特殊教育教师学历情况

① 刘全礼．盲校教师的专业素养研究[J]．中国特殊教育，2014(12)：73—78.
② 刘全礼．聋校教师的专业素质研究[J]．中国特殊教育，2010(10)：44—50.
③ 刘全礼．培智学校教师的专业素养研究[J]．中国特殊教育，2015(5)：61—66.
④ 周丹，王雁．美国融合教育教师素养构成及启示[J]．比较教育研究，2017，39(3)：89—95.

学校类型	项目	学历			总计
		学士	硕士	博士	
本科院校	人数	57	224	122	403
	比例(%)	14.14	55.58	30.28	100.00
专科院校	人数	11	28	2	41
	比例(%)	26.83	68.29	4.88	100.00

(3) 专业背景

高校学科专业的发展与其师资的专业性有着密切的关系。经调查发现,样本院校中本科院校和专科院校教师拥有特教专业背景的比例分别为34.99%和39.02%。(见表5-4-3)与此同时,特殊教育专业的特殊性要求师资队伍拥有复合性专业背景。调查显示,目前样本院校中医学及康复专业和艺术专业背景的师资较为缺乏。

表5-4-3 样本高校特殊教育教师学位专业背景情况

学校类型	项目	学位专业						总计
		特殊教育学	心理学	教育学	医学及康复学	艺术	其他	
本科院校	人数	141	63	130	28	11	30	403
	比例(%)	34.99	15.63	32.26	6.95	2.73	7.44	100.00
专科院校	人数	16	7	13	4	0	1	41
	比例(%)	39.02	17.07	31.71	9.76	0.00	2.44	100.00

2. 高校特教专业建设现状

目前,国家对特殊教育的关注以及对特殊教育的经费投入在不断增加,但由于种种原因,样本高校中接受资助的院校有17所,仅占样本高校总数的35.42%,剩余的31所院校均未得到资助。(见表5-4-4)同时,特殊教育专业是否分方向进行招生与教学也是衡量其发展情况的重要指标之一。被调查的样本高校中特殊教育专业已经分方向教学的院校有16所,仅占总样本的33.33%。另外,生师比例是判断学校师资水平和发展规模的重要数据,根据2016年实际招生人数可算出,本科院校的校均招生人数为63人,专科院校为126人,是本科院校招生数的2倍;同时本科院校的校均教师数量为9.37人,专科院校为8.2人。根据样本统计推算出,目前我国特教本科院校生师比约为25∶1,专科院校的生师比约为54∶1。这说明了专科院校特教专业目前招生规模过大,且师资数量严重不足。

表 5-4-4　样本高校特殊教育专业基本情况

学校类型	是否接受资助				是否分方向				特教专业师资总数	2016年招收学生总数	2017年毕业生总数
	是		否		是		否				
	学校数量	比例（%）	学校数量	比例（%）	学校数量	比例（%）	学校数量	比例（%）			
本科院校	15	34.89	28	65.11	14	32.56	29	67.44	403	2 702	2 353
专科院校	2	40.00	3	60.00	2	40.00	3	60.00	41	631	468
总院校数	17	35.42	31	64.58	16	33.33	32	66.67	444	3 333	2 821

3. 高校特教专业建设区域发展对比

（1）不同地区高校特殊教育教师年龄分布情况

由表 5-4-5 可知，样本中各地区特殊教育专业教师基本以中青年为主力军，但个别地区也存在一些特殊情况。如东北地区 35 岁以下教师数量为 0.80%，教师年龄集中在 36—45 岁之间；华南地区年龄在 46 岁以上的教师比例达到 38.46%，而 35 岁以下青年教师的比例为 28.21%。

表 5-4-5　不同地区样本高校特殊教育教师年龄分布情况

地区	35 岁以下		36—45 岁		46—55 岁		55 岁以上		总计	
	人数	比例（%）	人数	比例（%）	人数	比例（%）	人数	比例（%）	人数	比例（%）
华北地区	36	43.37	24	28.92	21	25.30	2	2.41	83	100.00
东北地区	0	0.00	8	80.00	2	20.00	0	0.00	10	100.00
华东地区	59	45.74	36	27.91	33	25.58	1	0.77	129	100.00
华中地区	24	55.81	11	25.58	7	16.28	1	2.33	43	100.00
华南地区	11	28.21	13	33.33	11	28.21	4	10.25	39	100.00
西南地区	53	49.07	40	37.04	12	11.11	3	2.78	108	100.00
西北地区	19	59.38	8	25.00	5	15.62	0	0.00	32	100.00

（2）不同地区高校特殊教育教师学历分布情况

总体来看，样本高校特殊教育专业教师的学历水平与国内其他专业教师相比较低。各地区的分布以硕士学历居多，但华中地区的学士学位教师比例高达 44.19%，这与目前我国高校教师的普遍学历水平相去甚远。同时，各地区博士学位教师比例过少，东北地区的博士学位教师比例仅占 10%。华南地区的教师学历水平相对较高，其中博士学位教师达到51.28%，硕士学位的教师有 43.59%，学士学位教师的比例仅为 5.13%。（见表 5-4-6）

表 5-4-6　不同地区样本高校特殊教育教师学历分布情况

地区	学士学位		硕士学位		博士学位		总计	
	人数	比例(%)	人数	比例(%)	人数	比例(%)	人数	比例(%)
华北地区	15	18.07	54	65.06	14	16.87	83	100.00
东北地区	1	10.00	8	80.00	1	10.00	10	100.00
华东地区	15	11.63	67	51.94	47	36.43	129	100.00
华中地区	19	44.19	16	37.21	8	18.60	43	100.00
华南地区	2	5.13	17	43.59	20	51.28	39	100.00
西南地区	11	10.19	67	62.04	30	27.77	108	100.00
西北地区	5	15.63	23	71.87	4	12.50	32	100.00

(3) 不同地区特殊教育教师专业背景分布情况

总体来看，样本高校中各地区教师专业背景数量差异化较为明显。其中，华北、东北、华中及华南地区高校特教教师的专业数量大部分在两个及以下，华东、西南、西北地区高校的教师专业数量集中在三个及以上。(见表 5-4-7)

表 5-4-7　不同地区样本高校教师专业背景分布情况

地区	单一专业		两个专业		三个专业		四个专业及以上		总计	
	学校数量	比例(%)	学校数量	比例(%)	学校数量	比例(%)	学校数量	比例(%)	学校数量	比例(%)
华北地区	1	12.50	4	50.00	0	0.00	3	37.50	8	100.00
东北地区	1	50.00	1	50.00	0	0.00	0	0.00	2	100.00
华东地区	3	21.43	3	21.43	6	42.86	2	14.28	14	100.00
华中地区	1	20.00	3	60.00	1	20.00	0	0.00	5	100.00
华南地区	1	20.00	3	60.00	0	0.00	1	20.00	5	100.00
西南地区	1	10.00	3	30.00	5	50.00	1	10.00	10	100.00
西北地区	1	25.00	1	25.00	2	50.00	0	0.00	4	100.00

4. 高校新老特殊教育专业发展对比

从 1979 年北京师范大学开办全国第一个特教专业，到 2016 年海南师范大学新成立特教专业，历时三十七载。高等特殊教育的开办不仅仅是从南到北空间方位的变化，更是时间长轴上的延伸。新老高校的发展模式各有特色，专业建设方面也存在着不同程度上的差距。因此，研究者将样本高校划分为办学历史 10 年以下、10—19 年、20 年及以上三个区间，对各项数据进行对比研究，从而了解其差距存在的实际情况。

(1) 不同办学历史高校师生数量对比

经过统计发现，特教专业开办 10 年以下的高校数量最多，在总高校数量中占比高达 66.67%。然而，这一区间的校均教师数量却远远低于其他两区间的高校，每校仅有 7.56 名教师，从而也影响了每年的招生和毕业人数。

表 5-4-8　不同办学历史样本高校专业师生数量对比

项目	开办专业 20 年及以上		开办专业 10—19 年		开办专业 10 年以下	
	总计	校均数	总计	校均数	总计	校均数
学校数量	9	/	7	/	32	/
教师数量	106	11.78	96	13.71	242	7.56
2016 年招生规模	780	86.68	656	93.71	1897	59.28
2017 年毕业人数	714	79.33	786	112.29	1321	41.28

（2）不同办学历史高校师资基本情况对比

从年龄分布情况来看，开办专业在 10 年以下高校的教师群体最为年轻，35 岁以下青年教师数量占比高达 55.37%，而其他两区间高校专业教师年龄主要集中在 36—45 岁。从学历分布情况看，三类高校教师的学历水平都集中在硕士层次，而高水平人才中，也是办学 10 年以下的新建专业院校占比最多，达到 28.92%，开办专业 10—19 年高校的学士学历教师比例最多，高达 23.96%。从专业分布情况来看，开办专业 20 年以上的高校教师专业背景结构最为合理，不同专业人才分布较均匀，而开办专业 10—19 年高校的教师中，有医学及康复专业背景的教师数量为 0，这一重要专业背景教师的缺失将不利于该类高校特教专业的发展。（见表 5-4-9）

表 5-4-9　不同办学历史样本高校特殊教育师资基本情况对比

项目		开办专业 20 年及以上		开办专业 10—19 年		开办专业 10 年以下	
		人数	比例(%)	人数	比例(%)	人数	比例(%)
教师数量		106	100.00	96	100.00	242	100.00
年龄分布	35 岁及以下	37	34.91	31	32.29	134	55.37
	36—45 岁	43	40.57	38	39.58	59	24.38
	46—55 岁	22	20.75	25	26.04	44	18.18
	56 岁及以上	4	3.77	2	2.08	5	2.07
学历分布	学士	12	11.32	23	23.96	33	13.64
	硕士	63	59.43	50	52.08	139	57.44
	博士	31	29.25	23	23.96	70	28.92
专业背景	特殊教育	39	36.79	23	23.96	95	39.26
	教育学	23	21.70	47	48.96	72	29.75
	心理学	19	17.92	10	10.42	42	17.36
	艺术	11	10.38	13	13.54	8	3.31
医学及康复		5	4.72	0	0.00	6	2.47
其他		9	8.49	3	3.12	19	7.85

(3) 不同办学历史高校特教专业建设情况对比

从表 5-4-10 中可明显看出，开办专业 20 年及以上的高校在特教专业建设情况上要远远优于其他两类高校：首先，分方向进行学生培养的高校在组内比例中高达66.67%，远超其他两类高校；同时，争取到国家资金支持的学校数量比例也是最多；在教师专业背景方面，拥有四种以上专业背景的高校比例也已过半。

表 5-4-10　不同办学历史样本高校特教专业建设情况对比

项目		开办专业 20 年及以上		开办专业 10—19 年		开办专业 10 年以下	
		数量	组内比例(%)	数量	组内比例(%)	数量	组内比例(%)
学校数量		9	100.00	7	100.00	32	100.00
专业分方向		6	66.67	2	28.57	8	25.00
接受资助		6	66.67	2	28.57	9	25.13
专业背景种类	单一专业	0	0.00	0	0.00	2	6.25
	两类专业	1	11.11	2	28.57	8	25.00
	三类专业	3	33.33	2	28.57	13	40.61
	四类及以上	5	55.56	3	42.86	9	28.14

5. 分析与讨论

(1) 教师梯队结构未形成，有碍专业建设与发展

一方面，我国高校特殊教育专业教师中青年教师所占比例较大。由于近几年新建特殊教育专业的高校不断增多，加之全国高校普遍扩招，特殊教育专业毕业的应届硕、博士生便有了更多进入高校任教的机会。但在部分高校中，存在青年教师数量不足、教师队伍老龄化现象。尽管老教师的教学经验丰富、教学质量高，但老教师退休后师资队伍就会出现断层现象。另一方面，样本院校中，本科院校的博士学历教师占比为 30.28%，而专科院校中博士学历的教师仅有 4.88%，大部分教师为硕士及学士学历，博士学历的教师比例相对较小，这将不利于开展特殊教育科研项目。造成这种现象的原因是多样的：首先，高校特殊教育师资相对短缺，教学压力较大，教师很难有时间精力继续深造；其次，国内高校特殊教育专业的博士点较少、招生人数有限。为了解决这一问题，部分高校逐渐开始支持特教教师出国深造或者继续读博提升学历和职称，但是又出现少部分教师获得更高学历后离开本校的情况。

(2) 师资专业化程度不高，教学质量有待考察

调查显示，目前各高校特殊教育教师的专业背景较多，大致包括特殊教育、心理学(包括教育心理学)、生理学、医学、康复学及计算机学等。尽管特殊教育是一门交叉学科，需要不同专业的教师来充实特殊教育师资队伍，但是，不论本科院校还是专科院校，特殊教育专业教师占的比例并不高，甚至有部分学校没有特殊教育专业的教师，因此，高校特殊教育专业水平还需要进一步加强。由于经济发展等问题，我国有些地区部分高校缺少专业的特殊教育教师，经历着从教育类相关专业(包括学前教育、教育心理学等专业)教师转

到特殊教育专业任教，再到吸收与特殊教育直接相关的海内外知名高校人才到特殊教育师资队伍的过程。还有部分特殊教育教师是从其他专业调任过来的，缺少特殊教育的理论知识、专业能力及研究背景，却勉强承担课程的教学，其课堂教学质量和科研水平有待考察。

(3) 新建院校师资与招生规模严重失衡

2017年教育部等七部委印发的《第二期特殊教育提升计划(2017—2020年)》要求到2020年，基本实现市(地)和30万人口以上、残疾儿童少年较多的县(市)都有一所特殊教育学校。随着大量特殊教育学校的新建，接受特殊教育的群体不断扩大，对特殊教育人才的需求也在不断增多，出现了特殊教育教师及相关人员供不应求的现象。根据数据统计发现，新建院校的招生规模过大，而师资却存在较严重的短缺，专科招生规模较大，达到本科院校的两倍。师资与招生规模的严重失衡容易造成专业建设积重难返，因此对这一问题必须引起重视。

(4) 经费投入分布不均

教育经费是发展教育事业和提高教育质量的重要物质保证。特殊教育的教育对象对生师比和其他教育资源的要求决定了特殊教育是一项需要投入大量资金的事业。根据统计数据可知，我国仅有34.78%的高校接受了国家资助。此外，本科院校接受资助的仅有35.71%，而专科院校仅有25%；办学历史较久的高校接受资助比例最高，而新建高校中收到资助的比例最小。由此可知，对高校特殊教育专业的经费投入存在着不均衡。

(二) 特殊教育专业师资素养及存在的问题

1. 高等院校特殊教育专业教师素养及存在的问题

(1) 教师的专业理念和师德素养

专业理念主要包括教育价值观、教育活动观和学生观三个方面。在教育价值观方面，教育价值有应然和实然两方面。应然的特殊教育价值观是从潜能开发和缺陷补偿的角度，促进特殊教育对象的全面发展，帮助其实现人生价值和尊严；实然的特殊教育价值观主要表现为物化的，以市场为导向，只重当下的教育。教育活动观方面，高等院校特殊教育教师轻视学生实践能力的培养，学生培养与社会需求脱节。在学生观方面，高等院校特殊教育教师往往忽视学生的主观能动性，导致学生的学习能力、问题解决能力、组织实际课堂和团队合作能力不足。

近年来，在各残疾人高等教育师范院校师德建设的长效管理机制下，高等院校特殊教育教师群体的师德建设取得了显著成效，博爱塑魂的教育理念根植人心。① 现代特殊教育的师德素养是可持续发展的价值观、人尽其才的育才观、面向全体有特殊需要儿童的服务观及因材施教的效能观的具体表现。特殊教育领域专业性极强，要求教师不断提高自我修养，加强业务学习，更新自己的教育理念和教学方式，注重加强自我教育、自我评价，具备精益求精的工作态度和终身发展的意识，做到在思想上自我激励，在见识上博采众

① 陈时强，肖源. 残疾人高等教育院校教师专业素养的有效途径[J]. 教育与教学研究. 2014(12)：42—43.

家，在实践中积累情感，在前进中磨炼毅力。①

（2）教师的专业知识素养

随着学科与研究方向的分化趋向于“精”和“专”，特殊教育本身的复杂性和综合性也要求教师具备综合的专业知识结构。美国特殊儿童委员会（CEC）于2012年颁布的《特殊教育教师培养标准》，突出强调特教教师应掌握丰富的学科知识，熟悉所教学科的知识框架、组织结构以及教学方法，强调教师要具备跨学科讲授与知识整合能力。但在我国特教教师培养中，很少或根本未涉及学科教育的相关内容，这不利于学生的就业，也不利职后学科教学工作的开展。特殊教育学校尤其是聋校相对于缺乏学科背景的特教专业毕业生，更愿意挑选数学、中文等专业毕业的大学生。② 因此，高校对于特教教师的培养，除开设普通教育、特殊教育的基本理论课程外，还应加强学科知识的传授及学科教学法的训练，提升未来特教教师的综合素质及竞争力，以更好地满足特殊教育学校教学之需和促进特教教师更好地就业。③

目前，高等院校特殊教育教师的知识体系难以适应特殊教育对象发展的需求，教师团队的协作意识不足，缺乏学科间的协作与融合。另外，教师的科研难以脱离特殊教育实践，缺乏生态效度。此外，有些学校的师资数量不足，与学生总量的增长及教学质量的要求尚不协调，生师比高，教师专业特点不突出，缺乏特殊教育专业技能（如唇语、手语、盲文等）或不够熟练，相当一部分教师还停留在原有的知识传授和教学水平上，无力承担知识更新的任务，缺乏对高等特殊教育培养目标和教学法的研究。④

（3）教师的专业能力素养

高等特殊教育教师的专业能力素养主要包括教育教学能力、康复能力和科研创新能力等方面，但是高等院校特殊教育教师普遍缺乏康复的实践操作能力。融合教育的推进，使越来越多轻、中度障碍的特殊儿童进入普校随班就读，特殊教育学校招收越来越多障碍程度重或多重障碍的特殊儿童。

教育教学能力方面，高等院校特殊教育教师存在知识结构陈旧、教学模式单一、课堂的趣味性有待提高等问题；在开展日常教育工作中缺乏一定的教育艺术性，在专业认同和专业情怀上不能形成正确的价值导向。科研创新方面，高等院校特殊教育教师主要存在科研质量差，应用价值低；方向不明确，创新程度低；教师不合作，难以形成合力的问题。⑤教师不注重吸收新的知识，理论陈旧，教学内容脱离特殊教育现实需要，难以适应时代的发展要求。

（4）教师的实践能力素养

教师只有具备较高的实践能力，才能更好地指导学生进行学习。在对学生进行实践能力培养时，教师应该具备的素养主要有如下几点。① 师范生基本技能：三字一话、绘

---

① 朱志明，张娅莉．特殊教育教师职业道德素养的培养途径[J]．湖南教育，2016(6)：40—41.

② 王雁，肖非，朱楠，等．中国特殊教育学校教师队伍现状报告[J]．现代特殊教育，2011(10)：4—9.

③ 赵斌，陈红．特殊教育教师专业素养探析——基于特殊教育学校课程标准[J]．2017(6)：17—22.

④ 陈强．高等特殊教育院校教师专业化发展研究[J]．继续教育研究，2013(6)：60—61.

⑤ 王希海．专业化事业中的高校教师专业素养研究[D]．东北师范大学，2007：5.

画、教具制作、练讲、练管、多媒体运用等；② 特殊教育专项技能：教育诊断与评估、拟订IEP、教学活动(个别/小组/集体)的设计与实施、教学评价、特殊儿童班级管理以及盲文、手语等沟通技巧；③ 相关服务(康复)技能：动作训练、作业治疗、言语治疗、行为矫正、心理治疗、音乐治疗、游戏治疗、艺术治疗、戏剧教育、辅具制作与使用等。①

2. 残疾人高等教育的专任教师素养及存在的问题

目前，南京特殊教育师范学院、长春大学、天津理工大学、重庆师范大学等高等院校举办残疾人高等教育，在校生数量总数仅两千多人，②学校开设专业数量有限，主要集中在聋人服装设计、盲人推拿按摩、计算机等。我国残疾人高等教育院校教师专业研究方向主要是唇语、手语、听障、智障、视障、孤独症、康复、脑神经电波等。

(1) 教师的专业理念和师德素养

面对特殊的教育对象，高等教育的专任教师在专业理念和师德方面更应该注重对专业信仰的坚守。残疾人高等教育院校本着“博爱塑魂，质量为本，特色立业”的教育理念，始终把师德师风建设放在师资队伍建设工作的首要位置，发扬“学高为师，德高为范”的优良传统，弘扬博爱精神，注重人文关怀，不断增强教师“教书育人”的使命感和责任感。

目前的现状是残疾人高等教育的专任教师与学生沟通的意识不强，师生间的信任关系不稳定。部分残疾人高等教育的专任教师把对残疾学生的教育价值缩小，轻视对残疾人的教育，在教育质量和课程安排方面缺乏明确规定；教师对特殊教育专业的认同度不高，缺乏专业情怀，职业倦怠明显，责任感不强；教师缺乏对学生的人文关怀，尤其是缺乏对学生心理和精神方面变化的关注。

(2) 教师的专业知识与能力素养

在专业能力方面，残疾人高等教育专任教师既要具备促进学生职业发展的专业技能，又要具备对学生进行康复和干预的实践能力。任伟宁、滕祥东等学者研究发现，目前已有74.2%的教师系统学习了残疾人高等教育相关的知识与技能。在已系统学习的教师中，入职前已完成系统学习的仅占14.2%。教师参与残疾人教育课题研发与发表论文的比例占51.6%，其中以第一作者公开发表过残疾人高等教育研究论文的仅为37.3%。可见，教师对残疾人高等教育实践中的问题研究不够。能熟练掌握特殊教育心理学、特殊教育学、特殊教育相关法规及病理学或康复学知识的教师比例都低于40%，其中熟练掌握病理学或康复学知识的教师比例最低，仅占12.0%。调查表明，教师认为促进教师专业发展的决定性因素和最有效方法排在前三位的均有“参加教研课题研究”。③

---

① 刘文雅，徐波. 特殊教育专业全学习生涯式实践教学体系探讨[J]. 现代特殊教育(高教)，2016(3)：71—75.

② 陈时强，肖源. 残疾人高等教育院校教师专业素养的有效途径[J]. 教育与教学研究，2014(12)：42—43.

③ 任伟宁，滕祥东，孙岩，等. 残疾人高等教育教师专业发展支持保障研究[J]. 中国特殊教育，2014，174(12)：66—72.

表 5-4-11　教师熟练掌握特殊教育相关知识与技能的情况

选项内容	所占比例(%)
与残疾学生的沟通技能	64.4
满足残疾学生需求的教学设计能力	63.6
进行课题研发或科研的能力	51.6
特殊教育心理学	35.6
特殊教育学	32.9
特殊教育相关法规	28.4
病理学或康复学知识	12.0

[注:该表来自残疾人高等教育教师专业发展支持保障研究]

由此可见,从专业知识和能力素养结构来看,残疾人高等教育专任教师的知识体系不完整,尤其缺乏病理学和康复学方面的知识。教师课题研发和科研能力不足。教师的教学设计和教学改革能力明显不足。教师的有效沟通能力处于较低水平,难以运用有效沟通的技巧。

(3) 教师的信息素养

与科技信息的普及不匹配的是,特殊教育教师的信息获取能力仅限于最基础的层面,深度不够;对于信息捕捉的灵敏度不够,对已有信息的加工处理深度不够,与专业发展有关的信息知之甚少;信息道德与信息安全方面的知识不够,缺乏对特殊教育相关信息和知识的储备。

(三) 特殊教育教师素养职后培训现状及问题

1. 特殊教育教师素养职后培训现状分析

特殊教育教师专业化发展是一个持续的动态过程,需要教师不断地接受新知识、学习新技能。教师教育水平的发展主要有两个关键期,高校学习阶段,对教师教育的过程起到基础性的作用;职后培训,教师面临教师技能提高的第二个发展关键期。针对我国特殊教育教师专业背景薄弱的现实,加强职后培训是满足其当下专业需求和未来专业发展的重要途径。

(1) 教师对职后培训认知水平的现状分析

教师对职后培训的认知程度对培养的结果至关重要。调查发现,教师对职后培训的整体认知水平比较高(M=4.814),远远高于整体的平均水平 3,且教师个体之间的认知差异不大(SD=0.17),说明特教教师对职后培训的重要性达成了共识。(见表 5-4-12)

表 5-4-12　教师对职后培养的认知水平

项目	总数(人)	平均数	标准差
教师对职后培养的认知水平	124	4.81	0.17

(2) 教师对职后培训模式倾向选择的现状分析

培训模式对教师的信息加工方式有显著作用，进而影响教师的信息接收水平。经过调查发现，教师对不同的职后培训模式有不同的倾向水平。按照教师的倾向性水平的程度，由高到低依次表现为：案例研究式培训—师生互动式培训—教研讨论式培训—专家讲座式培训—听课评课式培训。总体而言，教师对这几种培训模式都比较满意，尤其喜欢案例研究式培训，结合案例的讲解生动形象，又不乏理论知识的支撑，因此教师的职后培训可以多选这种模式进行。（见表 5 - 4 - 13）

表 5 - 4 - 13　教师对职后培训模式的倾向选择

培训模式	总数(人)	平均数	标准差
专家讲座模式	124	4.03	1.03
听课评课模式	124	3.98	1.07
教研讨论模式	124	4.23	0.98
师生互动模式	124	4.27	1.00
案例研究模式	124	4.56	0.81

(3) 教师对职后培训内容需求的现状分析

职后培养要有针对性地满足教师多层次的需求。经过调查发现，教师对职后培训的内容呈现出多角度的需求，既包括教学技能、康复技能和科研能力，又涵盖专业理论知识和最新理论知识。按照教师的需求程度，从高到低表现为：特殊教育专业知识方面的培训—特教方面最新理论和实践方法的培训—残疾儿童特长培养方面的培训—教育教学基本技能的培训—教育科研能力的培训—急救护理能力的培训—与家长工作相关联的培训。这表明目前我国特殊教育学校对教师提出了综合发展的要求，特殊教育教师需要具备多方面的能力才能适应社会发展的要求。（见表 5 - 4 - 14）

表 5 - 4 - 14　教师对职后培训内容的需求

培训内容	总数(人)	平均数	标准差
教育教学基本技能的培训	124	4.42	0.88
教育科研能力的培训	124	4.40	0.88
急救护理能力的培训	124	4.06	1.04
与家长工作相关联的培训	124	3.95	1.06
残疾儿童特长培养的培训	124	4.47	0.85
特殊教育专业知识的培训	124	4.71	0.65
特教最新理论和实践方法的培训	124	4.70	0.72

(4) 教师对职后培训效果评价的现状分析

教师对职后培训的评价是职后培训效果的重要反馈。调查发现，教师对职后培训的效果持有较高的评价。职后培训的短期效果和长期影响都得到了较好的评价，而且长期

影响要比短期效果的评价更高。(如表 5-4-15)

表 5-4-15　教师对职后培训效果的评价

评价类别	总数(人)	平均数	标准差
长期影响	124	4.67	0.11
短期效果	124	4.35	0.26

2. 特殊教育教师职后培训存在的问题

(1) 培训方式单一,时间分配不尽合理

当前我国特殊教育教师接受的职后培训方式大部分是专家讲座模式,授课方式几乎是满堂灌,专家在课上滔滔不绝,学员在课上沉默寡言,缺少"师生互动"和"生生交流"。一方面,课堂过于单调乏味,失去了课堂应有的生机活力;另一方面,学生的学习过于被动,没有思考的机会和探索的欲望。同时,当前大部分对特殊教育教师的职后培训主要采取短期集中培训的方式,培训时长为一周到半个月左右。为了让教师在短时间内学到更多的知识,达到最大的培训效果,高强度的理论学习几乎占据了学员们全部的时间。

(2) 培训内容针对性不强,层次性不够清晰

面对特殊教育本身的特殊性、对象的复杂性、要求的多样性和个体的差异性,职后培训的内容显得针对性不强,具体表现为:第一,对象的针对性不强,一些省市在组织教师培训时,常常涵盖了盲校、聋校、培智学校的所有类型的教师,无法满足不同学员对培训的需求;第二,内容的针对性不强,大多数一线教师为专科学历且非特殊教育专业背景出身,而专家培训的内容中专业的理论术语太多,教师难以消化,没有立足于教师自身的接受水平;第三,专业的针对性不强,随着特殊教育事业的发展,教学和康复结合理念深入人心,而目前的培养主要集中在教学技能方面,很少涉及教学和康复结合操作的案例等。

(3) 特殊教育教师的职后培训机会分布不平衡

由于中西部省市经济欠发达,教育理念落后,对特殊教育学校教师培养的投入力度和规模都较小,培养的次数也较少,而东部经济发达、教育理念先进,不仅培养次数多,参培教师也多,且培训内容全面丰富。具体表现为:西部地区部分省市面向特殊教育学校教师组织省培或校培数量较少,主要以教育部和财政部共同主办的国培计划为主,而东部发达地区省培、校培的数量较多、规模较大。

四、对策与建议

近年来,特殊教育事业取得了很大的进步,但仍然存在一系列问题。在专业理念和师德素养方面,教师专业认同度不高,专业情感缺乏,专业坚守不足。在专业知识素养方面,教师的特殊教育知识体系不完善,各学科领域教师缺乏合作;教师的理论深度不够,科研不深入。在专业能力素养方面,教师的实践操作能力不足,主要表现在康复和科研能力方面。在信息素养方面,教师的信息共享意识不足,缺乏获取信息的平台。究其原因,主要是我国特殊教育事业起步晚,高等院校特殊教育师资建设落后,对其培训力度不够,教师自身缺乏国际化视野。针对以上问题及分析,为提高我国特殊教育教师素养提出以下建议。

（一）坚定专业信仰：增强特殊教育专业认同，培养专业情感

专业情感是教师专业化发展素养的重要组成部分，是教师专业化发展的不竭动力和核心因素。积极正向的情感在特殊教育教师开展课堂教学、构建良好的师生关系、营造和谐课堂氛围、促进特殊学生健康成长、维持自身身心健康、保持良好工作状态以及提升自己的师德修养等方面起着十分关键的作用。[①] 同时，教师的专业认同对其教育教学行为及价值判断起决定性作用，专业认同的发展是学习成为一名教师的核心所在。培养高等院校特殊教育教师专业认同需个体的涉入，是对教师的新价值预设，它蕴含了更多的价值理性，既看到结构对教师个体的制约，又体现教师在教育及专业发展中的能动性。[②] 在培养高等院校特殊教育教师专业认同的基础上应充分发挥其自觉性、建设性和动态性的特征，促进教师专业成长、专业发展，有效开展专业实践，使专业认同成为其自身发展的内源性动力。专业认同，是教师专业理念和师德素养的保证。在专业认同发展的基础上，还需培养高等院校特殊教育教师的专业情怀。专业情怀是教师对自己所从事职业的个性倾向性的总和，是教师出色完成职业使命所必需的情趣、情感和情操，是教师专业发展的动力和“兴奋剂”。[③] 高校教师要以培养高素质的特教教师为首要目标，以服务特殊教育事业为己任，以遵循特殊教育时代要求及使命为原则，志存高远，爱岗敬业，乐于奉献。

高等院校特殊教育教师面对特殊的教育对象，其研究内容的复杂性、综合性，研究过程的艰难性、漫长性，研究成果的局限性、针对性等都阻碍了高等院校特殊教育教师的科研之路。因此，高等院校特殊教育教师还要保持对研究的坚守，看到特殊教育事业的未来和希望。提高自身的专业觉悟，处理好职业理想和社会理想的关系，不要偏离高校特殊教育教师的根本目标，要把本职工作、个人理想以及社会期望结合起来，更好地开展特殊教育教师的培养工作。

（二）塑造“T”型人才：构建“多学科融合特殊教育观”，丰富专业理论

办好特殊教育，提高特殊教育质量，重点在“培养什么样的人”和“怎样培养”这两个根本问题上。[④] 高等院校特殊教育教师要提高自己的专业知识素养，塑造“T”型人才。对于高校特殊教育教师个体而言，要构建一个“多学科融合的特殊教育观”，不断拓宽自己的知识背景，充分掌握各方面的内容，丰富和扩充自己的知识体系，完善学科的知识网络，达到融会贯通的新高度。高校特殊教育教师要以医学知识为基础，以心理学知识为指导，以教育学知识为核心，以康复学知识为辅助，促进特殊教育对象的充分发展。同时，高校特殊教育教师要形成一个多学科交叉的团队，构建“多学科交叉平台”和新老教师梯队，各个领域的特殊教育教师形成一股可以持续发展的合力，推动特殊教育事业实现跨越式发展。高校特殊教育教师要在不断学习、不断同化或顺应特殊教育新理念的基础上，以辩证的思

---

① 张淑婷．特殊教育教师的工作价值观、专业情感和工作责任心的关系研究[D]．西南大学，2017.

② 卢乃桂，王夫艳．教育变革中的教师专业身份及其建构[J]．比较教育研究，2009(12)：20—23.

③ 孟万金．全纳教育理念下教师专业素养及专业化标准研究[J]．中国特殊教育，2008(5)：13—17.

④ 丁勇．关于办好特殊教育、提高教育质量的思考——基于中国学生发展核心素养的视角[J]．中国特殊教育，2017(8)：32—36.

维审视特殊教育的发展，在学习的过程中取其精华、去其糟粕，有针对性地提出自己建设性的意见。

（三）提高信息素养：树立资源共享观，搭建特教网络支持平台

在信息多元时代，特殊教育的复杂综合性，要求高等特殊教育教师必须具备更高的信息素养。为此，高等院校特殊教育教师要树立资源共享观念，在自我发展和终身学习的过程中提升自身的信息素养，包括信息意识、信息敏感度和信息思维能力。从宏观角度而言，一方面，我国特殊教育事业的发展起步较晚，各种理论和实践不完善，需要在世界范围内获取各种特殊教育资源信息，以完善我国的特殊教育理论体系；另一方面，特殊教育事业本身处于不断的发展中，要学会处理在这一过程中不断出现的新问题，交流分享学习资源产生新的理念，促进特殊教育事业自身的发展。从微观角度而言，高等院校教师在实际的教学过程中遇到问题时，需要从已有的信息中获取资源，进行建构重组，形成解决问题的方法技能；同时，教师在教学过程中形成的一些总结性经验与方法，也可以通过网络实现资源分享，使更多的人受惠。在双向互动中，形成特教网络支持平台，促进特殊教育事业的发展。

第六章　中国大陆特殊教育政策的应然发展

第一节　2014—2016 提升计划的问题与对策报告

2014 年由教育部、国家发改委、民政部、财政部、人力资源社会保障部、卫生计生委和中国残联共同发布的《特殊教育提升计划（2014—2016 年）》（以下简称提升计划）是近年来中国大陆特殊教育领域具有里程碑意义的文件。在政治上，它实际上是中国共产党的十七大中"关心特殊教育"、十八大中"支持特殊教育"转化为治国方略的体现；在特殊教育法规建设上它提供了一种建设思路，即务实的特殊教育法规建设思路；在特殊教育发展的支持措施上，它是中国大陆对特殊教育发展的一次强有力的助推。

然而，提升计划也非尽善尽美，它也存在需要修正的内容。为了更好地推动特殊教育的发展，也是为了今后类似计划的进一步出台，尤其是为了特殊教育专门法律的出台，本节内容以提升计划的文本为素材，对其中的主要问题进行分析和思考，以就教于同仁，并为未来特殊教育的政策法规建设进言献策。

一、《特殊教育提升计划（2014—2016 年）》概述

国务院办公厅于 2014 年 1 月下发提升计划后，全国各地除北京外，均于当年下发了本地区的特殊教育提升计划或者提升计划的实施方案。应该说，这是一次全国范围内的大面积的特殊教育行动。从文本上看，它具有下述特点。

（一）中央出台的提升计划具有明确具体的特点

中央下发的提升计划明确具体，开始使用数字，这构成了提升计划的重要特点。在提升计划的四个部分中，除去第一部分论述提升计划的意义未使用数字外，其余每个部分的关键地方均用数字表述。

例如，在第二部分总体目标和重点任务中规定，到 2016 年，全国基本普及残疾儿童少年义务教育，视力、听力、智力残疾儿童少年义务教育入学率达到 90%以上；研究制定盲、聋和培智三类特殊教育学校课程标准。在主要措施中，规定义务教育阶段特殊教育学校生均预算内公用经费标准要在三年内（即到 2016 年）达到每生每年 6 000 元，有条件的地区可进一步提高（目前标准高于每年 6 000 元的地区不得下调）。在组织领导中，尤其是在计划实施结果的评估中规定残疾儿童少年义务教育入学率不达标的县（市、区），不得申报即 0 申报全国义务教育基本均衡县。

这里的 90%、6 000 元、0 申报是特殊教育领域的法规政策中少见的数字要求，比之以往，明确具体，提供了实施的参照系。

（二）各地纷纷仿效中央提升计划的同时有自己的特点

前述谈及，国务院 2014 年 1 月下发提升计划后，除北京外，其他省份①在当年出台了本省的提升计划或者本省的提升计划实施方案，其口径与国务院的提升计划基本一致。例如，在义务教育阶段残疾儿童的入学率不达标时，几乎都表示要 0 申报义务教育均衡县等。当然，各地也有不一致的状况存在，以下着重就残疾儿童的入学率、生均公用经费和教师的特殊教育补贴三个方面进行分析。

1. 各省的残疾儿童入学率规定

国务院下发的提升计划规定，到 2016 年视力、听力、智力三类残疾儿童的入学率要达到 90％以上，除去未见上海、天津涉及残疾儿童的入学率外（北京没有出台这个计划，未做统计），其余省份的规定基本上都是在 2016 年接近、达到或超过 90％。从实现目标的步骤来看，大多数省份是直接规定三年达到目标，有六省计划于 2014、2015、2016 年分三次达到目标。其中，内蒙古三年的目标分别是 80％、85％、90％，湖南三年的目标分别是 83％、86％、90％，广西是 80％、85％、90％，贵州是 83％、85％、90％，甘肃是 75％、80％、85％，青海是 81％、86％、90％。从目标的具体数值来看，除北京、天津、上海未见数据外，其他省份共有六个省份预设的三类儿童的入学率高于全国要求。其中，江苏最高，为 96％；河北、浙江、福建、山东并列第二，为 95％；重庆排第三，为 93％。甘肃、西藏两省低于全国提升计划的要求，分别为 85％和 80％，其他各省均为 90％。（见表 6－1－1）

从下文的分析中，我们会看到，各省 2016 年三类儿童义务教育入学率目标的确定不一定是准确的，这和特殊儿童的基数是否清楚有关系。

表 6－1－1　各省提升计划中设定的残疾儿童入学率

地区	2014 年	2015 年	2016 年	地区	2014 年	2015 年	2016 年
全国			90％	河南			90％
辽宁			90％1	湖北			90％3
吉林			90％	湖南	83％	86％	90％
黑龙江			90％	广东			90％
北京			—	海南			90％
河北			95％	广西	80％	85％	90％
天津			—	重庆			93％
山西			90％	四川			80％4
内蒙古	80％	85％	90％	贵州	83％	85％	90％
上海			—	云南			90％
江苏			96％2	西藏			80％

① 为了叙述的方便，本章把全国各省、直辖市、自治区均称为省份或省。

续　表

地区	2014 年	2015 年	2016 年	地区	2014 年	2015 年	2016 年
浙江			95%	陕西			90%
安徽			90%	甘肃	75%	80%	85%
江西			90%	青海	81%	86%	90%
福建			95%	宁夏			90%
山东			95%	新疆			90%

[注:1.辽宁为两个目标,发达地区为 95%;2.江苏也是两个目标,发达地区为 98%;3.湖北是分两类,听力残疾达到 95%,智力残疾达到 90%;4.四川是民族地区 80%,其他地区为 90%。此外,北京没有出台提升计划,天津、上海未见目标比例,这三个省份没有数据]

2. 各省生均预算内公用经费的目标

提升计划要求,到 2016 年各省特殊教育的生均预算内公用经费不得低于 6 000 元,已经等于或高于 6 000 的,不得降低。统计发现,除北京未见提升计划,上海、浙江没有对生均公用经费进行规定外,其余各省份都规定了 2016 年义务教育阶段的特殊学生的生均公用经费要达到或超过 6 000 元。从达到 6 000 元的方式来看,大多数省份没有细分三年内各年度的指标。但是有的省份则对哪年达到多少进行了规定。例如,河南、海南规定 2014 年、2015 年、2016 年分别达到 4 000 元、5 000 元、6 000 元,广西则规定 2014 年达到 4 000 元,然后达到 6 000 元。从达到的额度来看,大多数省份的表述是达到或不低于 6 000元,河北则明确表述要高于 6 000 元。此外,有的省份没有表述要达到的具体数值,仅仅是给出了特殊教育的生均公用经费是普通学校的多少倍,如江苏是普通学校的 9 倍以上,福建是普通学校的 8 倍。有的省份既给出了具体数值,又给出了是普通学校的几倍,如河北规定生均高于 6 000 元,同时,又是普通学校的 10—15 倍;湖北规定达到生均 6 000 元,同时又是普通学校的 8 倍。广东更为具体,规定了根据学生的类别拨款,对盲、聋学生按照普通学生的生均 8 倍拨款;对发展障碍的智力落后、孤独症、脑瘫学生则是 10 倍于普通学生的生均拨款;对随班就读的各类均不低于 6 000 元。(见表 6 - 1 - 2)

表 6 - 1 - 2　各省提升计划规定的生均公用经费

地区	有具体数值		有倍数		地区	有具体数值		有倍数	
	达到 6 000 元	高于 6 000 元	6—8 倍	9 倍以上		达到 6 000 元	高于 6 000 元	6—8 倍	9 倍以上
全国	√				河南	√			
辽宁	√				湖北	√		√	
吉林	√				湖南	√			
黑龙江	√				广东		√	√	√
北京	—				海南	√			
河北		√		√	广西	√			

续 表

地区	有具体数值		有倍数		地区	有具体数值		有倍数	
	达到6 000元	高于6 000元	6—8倍	9倍以上		达到6 000元	高于6 000元	6—8倍	9倍以上
天津	√				重庆	√			
山西	√				四川	√			
内蒙古	√				贵州	√			
上海	—				云南	√			
江苏				√	西藏	√			
浙江	—				陕西	√			
安徽	√				甘肃	√			
江西	√				青海	√			
福建			√		宁夏	√			
山东	√				新疆	√			

3. 教师的特殊教育津贴

国务院出台的提升计划要求全面落实国家规定的特殊教育津贴等特殊教育教师工资待遇倾斜政策，对在普通学校承担特殊学生随班就读教学和管理工作的教师，在绩效考核中给予倾斜。应该说，大多数省份早就发放特殊教育学校的特殊教育津贴了，只是有的地方是以教师的基本工资为基数，有的是以实际工资为基数。

这次在各省份的提升计划中，除去北京，其他30个省份中有5个省份包括天津、重庆、贵州、青海和新疆没有提及教师的特殊教育津贴，其他25个省份均提到特殊教育津贴。在这25个提到特殊教育津贴的省份中，有10个省份未表述特殊教育津贴的发放标准，15个省份给出了具体的特殊教育发放标准。

在给出发放标准的省份中，又分为三种不同的发放类别。第一类是以湖北为代表的明确特殊教育教师的特教津贴是在享有中小学教师基本工资津贴10%的基础上，再加基本工资的15%。第二类是以江苏为代表的，明确特殊教育津贴是本人工资的15%，这和基本工资的15%显然不是一个数量级。第三类是笼统地给出特殊教育津贴是基本工资的多少，这一类最多。西藏比较特殊，规定以中小学基本工资和西藏特有的特殊补贴为发放基数。（见表6-1-3）

表6-1-3 各地提升计划中对特教津贴的处理措施

地区	计划中是否提到津贴		提到津贴时的比例(%)	地区	计划中是否提到津贴		提到津贴时的比例(%)
	未提到	提到			未提到	提到	
全国		√		河南		√	15[2]
辽宁		√		湖北		√	15[3]

续 表

地区	计划中是否提到津贴		提到津贴时的比例(%)	地区	计划中是否提到津贴		提到津贴时的比例(%)
	未提到	提到			未提到	提到	
吉林		√		湖南		√	15
黑龙江		√		广东		√	
北京	—	—		海南		√	20[4]
河北		√	25	广西		√	
天津	√			重庆	√		
山西		√	50	四川		√	15
内蒙古		√	25	贵州	√		
上海		√		云南		√	
江苏		√	15[1]	西藏		√	30[5]
浙江		√	15	陕西		√	50
安徽		√	15	甘肃		√	30
江西		√		青海	√		
福建		√		宁夏		√	30
山东		√		新疆	√		

[注:1. 江苏是工资总额的15%,不是基本工资的15%。2. 河南规定10年以上为25%。3. 湖北是在享受中小学补贴的10%之外,再加15%,实际上是25%。4. 海南是20年以上为30%。5. 西藏是以基本工资和西藏特殊津贴的倍数为基数工资]

在提升计划的特教津贴中,河南、海南等省份还提出根据教龄增加特教津贴的发放比例。例如,河南规定,从事特殊教育10年以上教师的特教津贴就上升为25%;海南则规定,从事特殊教育20年以上,其特教津贴增加至30%。

从提升计划中给出津贴发放比例的省份来看,扣除发放基数的差异(发放基数的大小决定了发放额度的大小,例如,江苏是以工资收入为基数的,这个数值远远大于基本工资的基数),扣除江苏,其他14个省份中排第一的是山西、陕西,达到了50%;西藏、甘肃、宁夏并列第二,发放比例为30%;河北、内蒙古、湖北并列第三,补贴比例25%;海南第三,为20%;浙江、安徽、河南、湖南、四川均为15%。尽管相关省的提升计划中未明确特教津贴的基数,但多数是以基本工资为基准的。

特殊教育津贴反映的是教师待遇的低下。从应然的角度看,特殊教育教师也是教师,不应该增加什么特殊教育津贴。但是,我国教师待遇确实过低,在这种状况下,即使基本工资加20%也没有多少钱。因此,特殊教育教师的待遇不是增加津贴多少的问题,而是真正根本上提高教师待遇的问题。

二、特殊教育提升计划的问题举例

我们一直强调特殊教育提升计划对中国特殊教育的巨大的促进作用,其对特殊教育的助推作用是前所未有的。但是,提升计划也有不足。

例如,从各地计划出台的指导思想来看,是为了给人看还是为了真正推动我国特殊教育事业的发展?从文本来看,恐怕给人看的成分不会少。例如,就特教津贴来看,若干个省在谈到发放比例的同时,还特别强调了从事特殊教育工作多少年比如15年才能获得多少补贴。提升计划应该关注三年要做的事情,10年、15年不是应该关注的内容。

从计划出台的具体操作来看,是各地调查本地特殊教育实际的结果,还是复制全国提升计划,抑或是决策者拍脑袋的结果?如果是调查的结果,其实施的可能性就没有问题。否则,造假的计划不仅害人,实施难度也很大。就文本来看,只有少数省份谈到了特殊教育最基本的问题,如儿童数量问题。新疆就是在谈到调查摸清残疾儿童的基数后,再行其他计划的。实际上,没有这种准确的基数,其他都无从谈起。

为了更好地推动类似计划包括特殊教育专门法规的出台,更好地推动特殊教育的开展,本书只举三例,对提升计划的可能问题进行分析。

(一)90%的入学率是否能够实现

从前述可以发现,国家提升计划规定2016年三类儿童的入学率目标为90%以上。地方各省份除去西藏是80%,甘肃是85%,四川的民族地区是80%外,均设定了90%以上的入学目标。国家目标的实现与否要靠地方省份,地方省份要靠县级组织。如果地方的县级组织不能实现90%的目标,那么,整个国家是难以实现目标要求的。

当然,当地政府对教育、对特殊教育的重视程度,当地的文化传统,当地教育法律的执行力度等,都是影响地方实现90%入学目标的因素。然而,在这些因素之外,还有一个最重要的影响目标实现的基础因素,这个因素仅有新疆等极少数省份注意到,那就是各地特殊儿童的数量。当特殊儿童的数量尚且不知时,何谈入学率的实现?

这里有两个问题,一是到底各省份有多少特殊儿童,二是入学率是如何统计的。如果这两个问题不清楚,入学率规定就永远是个无用的数字,那么提升计划就成为一纸空文。

我们以2006年全国第二次残疾人抽样调查为例,当年全国有6—14岁学龄残疾儿童246万人,占全部残疾人口的2.96%。其中视力残疾儿童13万人,听力残疾儿童11万人,言语残疾儿童17万人,肢体残疾儿童48万人,智力残疾儿童76万人,精神残疾儿童6万人,多重残疾儿童75万人。① 视力残疾、听力残疾、智力残疾三者合计为100万人。当年的公报显示,在学龄残疾儿童中,63.19%正在普通学校或特殊教育学校接受义务教育,并且接受教育的这些儿童的比例为:视力残疾儿童79.07%,听力残疾儿童85.05%,言语

① 2006年第二次全国残疾人抽样调查主要数据公报(第二号)[EB/OL]. http://www.cdpf.org.cn/sjzx/cjrgk/,2007-11-21.

残疾儿童 76.92%，肢体残疾儿童 80.36%，智力残疾儿童 64.86%，精神残疾儿童 69.42%，多重残疾儿童 40.99%。[①] 可是，根据教育部教育统计，2006 年全国包括随班就读也包括其他在册的非视力残疾、智力残疾和听力残疾儿童，还包括高中阶段的残疾儿童，一共才有 362 946 人[②]在接受特殊教育，与前述残疾人抽样调查中 100 万三类残疾儿童 63.19%的入学率，即应有 63 万以上的就读儿童之数据相差甚远。即使根据当年公布的接受教育的视力残疾儿童占 79.07%、听力残疾占 85.05%、智力残疾占 64.85%来计算，也应该有：10.3＋9.4＋49.3＝69（万人），与教育部公布的 362 946 人就读人数相差 33 万人之多。

实际上，数据矛盾且相差巨大的状况不是个案。以 2010 年为例，根据当年第六次全国人口普查的结果，2010 年末我国残疾人数为 8 502 万人，比 2006 年的 8 296 万人增加了 206 万人。各类残疾人的人数分别为：视力残疾1 263万人；听力残疾 2 054 万人；言语残疾 130 万人；肢体残疾 2 472 万人；智力残疾 568 万人；精神残疾 629 万人；多重残疾 1 386 万人。[③] 如果根据残疾总人口的 2.96%是 4—16 岁的学龄儿童计算的话，2010 年该有 252 万学龄儿童。但是，根据教育部教育统计，2010 年仅有 425 613 名残疾学生，也仅仅占 252 万的 16.9%左右。

这些数据之间的极为严重的偏差问题没有引起国家层面的重视，也没有引起相关职能部门包括教育部和中国残联等的重视。数据不准，包括残疾儿童的基数不准，极可能是数据的统计造假所致。

在这种情况下，各地政府拿什么来保障实现三类儿童 90%以上的入学目标是值得研究的，甚至是值得怀疑的。其结果极有可能是数据达标或者数据造假，失去了提升计划应有的意义。

（二）6 000 元的人均公用经费是否能够实现

特殊教育发展得好与不好和文化有一定的关系，但就中国目前的社会状况而言，决定特殊教育发展的根本还是政府的决心如何。从这个角度看，似乎地方政府对国务院下发的提升计划中到 2016 年特殊教育学校生均预算内公用经费达到 6 000 元信心满满。但是，从地方政府对教育的重视程度看，实现生均每年 6 000 元的目标，对有的省份而言或许是一个很大的挑战。

---

① 2006 年第二次全国残疾人抽样调查主要数据公报（第二号）[EB/OL]. http://www.cdpf.org.cn/sjzx/cjrgk/, 2007-11-21.

② 教育部. 2006 年教育统计[EB/OL]. http://www.moe.gov.cn/s78/A03/moe_560/moe_1659/moe_1665/201002/t20100226_27274.html.

③ 中国残疾人联合会. 中国残疾人事业统计[EB/OL]. http://www.cdpf.org.cn/sjzx/cjrgk/201206/t20120626_387581.shtml, 2010.

表 6-1-4　2014 年各省小学生均公用经费(元)

地区	生均公用经费	排名	地区	生均公用经费	排名
全国	2 241.83		宁夏	2 425.75	16
北京	9 950.95	1	安徽	2 364.44	17
上海	7 383.61	2	福建	2 200.61	18
西藏	6 641.25	3	湖南	2 187.39	19
天津	3 968.87	4	山东	2 179.46	20
陕西	3 589.97	5	河南	2 036.84	21
青海	3 176.07	6	广东	1 851.39	22
海南	3 091.77	7	山西	1 842.46	23
江苏	2 958.16	8	四川	1 824.03	24
江西	2 789.24	9	甘肃	1 815.62	25
吉林	2 680.00	10	云南	1 712.94	26
黑龙江	2 640.90	11	浙江	1 693.05	27
新疆	2 587.43	12	湖北	1 642.83	28
内蒙古	2 527.43	13	广西	1 639.99	29
重庆	2 513.19	14	河北	1 439.30	30
辽宁	2 445.02	15	贵州	1 386.05	31

根据教育部 2014 年教育经费执行情况公报，2014 年全国小学生均公用经费为 2 241.83 元，各省的差异极大。例如，排名第一的北京生均公用经费达到了 9 950.95 元，排名最后的贵州只有 1 386.05 元，(见表 6-1-4)北京比贵州多 8 564.9 元。[①] 毫无疑问，就北京等生均公用经费排名靠前的省份而言，实现特殊教育学校 2014 年生均公用经费 6 000 元的目标不是难事，甚至有的省份早就超过了 6 000 元。但是，对于另外一些地区，2014 年实现特殊教育学校生均公用经费的要求不见得没有挑战。

假如 2014 年各地公布的生均经费的数据没有水分，那么，2014 年生均经费排名靠后的省份就得下大力气才能使特殊教育学校的经费达到 6 000 元。以贵州为例，2014 年公布的普通小学的生均公用经费为 1 386.05 元，要达到 6 000 元需要增加 4 613.95 元，增加数约是 2014 年生均公用经费的 3.33 倍。这样的财政支出，对于一些地方而言，无异于割心剜肉，不可能没有阻力。

实际上，2014 年公布的各地教育经费的数据不见得没有水分。或者说，就现实情况看，可能地方上统计的生均公用经费的数据比实际发生的要多很多。以河南为例，河南省政府印发的《2015 年全省十项重点民生工程工作方案》中规定，从 2015 年起，河南实行城

① 教育部. 2014 年教育经费执行情况公报[EB/OL]. http://www.moe.gov.cn.

乡统一的义务教育学校公用经费基准定额，年生均小学600元、初中800元。① 这就是说，河南过去城乡义务教育学校的生均经费是不同的；同时，至少是农村地区的义务教育学校的生均经费不是600元，而是低于600元。根据2014年教育部教育经费执行情况的报告，河南报告的2014年小学的生均公用经费是2 036.84元(在全国排第21位，接近全国水平)。这个2 036.84元假如是真实的，那就是很高的城市公用经费和很低的农村公用经费平均的结果。或者说，河南农村地区的实际的小学生均公用经费远远低于600元。在这种情况下，要想使特殊教育学校的生均公用经费达到6 000元，就要比普通小学增长10倍以上。这对地方政府怎能不是一种挑战呢?

河南绝非个案。也就是说，2014年各省公布的生均经费可能比实际发生的要高。这样，某些省份实现特殊教育经费的达标就更加困难。因此，实现提升计划的经费目标并不容易。

（三）提升计划谁来实施、谁来评鉴

三类儿童90%的入学率目标是否能实现、生均6 000元的公用经费是否能达到和提升计划的实施主体、谁来评鉴密切相关。

但是，提升计划的一个很重要的问题就是对实施主体以及谁来对实施进行评鉴未能明确说明。一般以为，政府是义务教育的主要责任人。其中，教育部门代表政府具体实施相关的教育行为。然而，就经费多少而言，教育系统是没有任何权力的；不仅如此，哪种学校的编制多少教育系统也没有权力决定。这就是说，当我们的提升计划不能明确地确定谁是实施提升计划的主体时，其实施状况难以预料。尽管各省市的提升计划与国务院公布的计划相类似，基本上都是由八个部门共同发布。然而，就如前述，当当地的财政如某县的财政极为紧张时，如何保障县长能支持提升计划的财务需求，确实是一个未知数。就基层而言，县长应该是提升计划的第一责任人，或者县政府才是提升计划的实施者。在中央层次当然不需要说明，但在基层，这个实施主体应该予以说明。

同时，提升计划的实施结果由谁来评鉴，各地与国务院颁布的计划一样，没有明确，有的省份只是如国家提升计划那样，在最后加上“国家有关部门组织开展对特殊教育提升计划实施情况的专项督导检查。残疾儿童少年义务教育入学率不达标的县(市、区)，不得申报全国义务教育基本均衡县”类似这样的话语。很明显，谁来评鉴计划的实施很重要。这可能和评鉴的角度、评鉴素材或评鉴材料的获取、评鉴材料的解释关系密切。

以教育部2015年11月30日发布的《〈国家中长期教育改革和发展规划纲要〉中期评估特殊教育专题评估报告》②为例，这个第三方的评估报告对中长期规划以来的特殊教育的实施情况进行了较为详细的报告。但是，这个报告更像是教育部的工作总结，而非一个专业的评估报告。例如，该报告谈及“从2014年起，各地将义务教育阶段特殊教育学校公用经费单列，年生均标准达4 000元，预计2016年达到不低于6 000元”。应该说，这个来

---

① 河南省2015年全省十项重点民生工程工作方案[EB/OL]. http://www.henan.gov.cn/zwgk/system/2015/04/01/010540583.shtml.

② 教育部.《国家中长期教育改革和发展规划纲要》中期评估特殊教育专题评估报告[EB/OL]. http://www.moe.gov.cn/jyb_xwfb/xw_fbh/moe_2069/xwfbh_2015n/xwfb_151130/151130_sfcl/201511/t20151130_221728.html.

自基教二司的数据有它正确的一面，比如，北京、上海这样的地区，特殊教育学校的人均公用经费肯定达到了这个标准。然而，就如前述分析的那样，有的省份2015年才开始计划城乡一体化，使义务教育的城乡生均公用经费达到600元(小学)。在这样的省份，特殊教育学校的人均公用经费真的达到了4 000元？所以，如何使用评鉴数据和由谁来评鉴非常关键。

当然，即使有好的评鉴，如果提升计划中没有罚则，评鉴的功能也难以发挥出来，至少不能淋漓尽致地发挥出来，使得评鉴仅仅是一个无关痛痒的报告而已。而提升计划的最大的问题之一就是没有规定计划不能实施时的罚则。

还是以《〈国家中长期教育改革和发展规划纲要〉中期评估特殊教育专题评估报告》为例，报告发现，到2015年全国仍有589个30万人口以下的县没有特教学校。因为当年的中长期规划也没有罚则，该报告也只能在问题与不足中指出这些问题。这些县的政策违背责任由谁来承担，该如何改进却没有进一步的处理参照系。

当然，选谁来评鉴、如何对待评鉴，和当地政府官员的胸怀关系密切。

三、对策

针对上述特点和计划中的问题，再行制定类似计划或者制定特殊教育法规时应该特别注意以下三个内容。

（一）明确法规的对象

这里有三层意思。

一是实施主体，就是谁来实施。这是政策法规贯彻的要件。从未来特殊教育政策法规的制定来看，县级政府(官员)、县级政府的派出机构教育局(官员)、特殊教育学校(教师)、一般学校(教师)和家长应该是主要实施人。未来的政策法规必须同时关注这五个方面，必须在相应的条文中予以明确。

二是实施的对象，就是对谁实施。这是政策法规贯彻的另外一个要件。从未来特殊教育政策法规的制定来看，学校(教师)和学生、学生家长应该是主要的对象。学校具有双重角色，既是实施的主体又是对象。

三是特殊教育对象的明确。目前包括提升计划在内的各种特殊教育的政策法规仅仅把视力障碍、听力障碍、智力障碍三类明确清晰了，但是其他各类则未能明确，未来的政策法规一定要明确其他各类。不管是只包括身心障碍儿童，还是包括轻微违法犯罪儿童，均需要明确。只有这样，才能把特殊教育事业和整个教育事业有机地统一起来。

（二）措施再细化

比较而言，提升计划的措施细化程度已经相当高。但是从上述论述可以看出，未来相应政策或法规的制定还有措施细化的空间，兹举三例。

一是经费保障措施的细化。本次提升计划已经把经费尤其是公用经费细化到具体的数字，但似乎未能考虑到地区差异，比如北京和贵州的差异。针对地区的差异，可以换一个细化的方法。比如规定特殊教育的经费由中央和地方共同负担。中央不得低于当年预算经费的比例是多少，地方不得低于当年预算经费的比例是多少，同时要优先编列特殊教育经费。这样既保证了经费与普通教育同步，又照顾了地区差异。

二是明确谁来监督实施和评鉴实施。目前的提升计划明确了由县(区、市)评估验收。但县(区、市)谁来评估验收？县(区、市)人大？教育督导部门？还是第三方？并未明确。因此，今后应该明确监督、评鉴的具体实施者。

三是计划未尽的罚则要再明确。提升计划对计划未实施到位者也进行了处罚规定，就是不得申报义务教育均衡县。不报均衡县对一个县而言有那么大的惩罚作用么？然而，对于特殊教育法规的漠视可以反映出地方执政者对法治精神的漠视，理应受到惩罚。这是建设法治国家之必需。

(三) 要在法规中引入问责机制

罚则要明确其实暗含了对政策法规执行责任人的处罚。如果没有罚则，没有实施对象的明确，是没法实施罚则的。要有效地实施罚则，引入问责机制是必要的。法律再好，没有监督、没有实施的评鉴和问责，也是难以彻底贯彻的。实际上，中国共产党党内已经就精准扶贫进行了省委主要领导的考核和问责制，[①]为什么未来特殊教育法规的制定不引入这个机制呢?

没有相应的明确的罚则措施，才是教育类法律法规政策变“软”的重要原因。未来的教育类法规不仅要有明确的罚则，还要如考试作弊入刑法一样，有相应的刑法措施。这才是改变教育法制不力的恰当顶层设计。

第二节　中国大陆随班就读政策的应然发展

——以《普通学校特殊教育资源教室建设指南》为例[②]

一、问题的提出

随班就读这个土生土长的我国特殊教育管理领域唯一的原创专业术语的第一次出现，是在原国家教委 1987 年的文件《关于印发〈全日制弱智学校(班)教学计划(征求意见稿)〉的通知》中。该文件提出：“在普及初等教育的过程中，大多数轻度弱智儿童已经进入当地普通小学随班就读。这种形式有利于弱智儿童与正常儿童的交往，是在那些尚未建立弱智学校(班)的地区特别是农村地区解决轻度弱智儿童入学问题的可行办法。”自此，随班就读成为我国特殊儿童的一种特定的教育安置方式，[③]并且成为主要的教育方式。

根据教育部教育统计，近十年在普通学校就读的大陆特殊教育学生的比例均超过总

① 中共中央办公厅，国务院办公厅. 省级党委和政府扶贫开发工作成效考核办法[EB/OL]. http://news.xinhuanet.com/politics/2016-02/16/c_1118061688.htm.

② 该节内容曾发表于《现代特殊教育》(高校)，2016 年 11 期。

③ 刘全礼. 随班就读教育学——资源教师的理念与实践[M]. 天津：天津教育出版社，2007：8—10.

数的 50%。例如,2006 年是 61.12%,2011 年是 56.49%,2014 年则为 52.94%。(见表 6-2-1①)

表 6-2-1　2006—2014 年全国在普通学校就读的特殊学生的比例

年度	当年特殊教育学生总数	在普通学校就读的比例(%)
2006	362 946	61.12
2007	419 316	64.88
2008	417 440	63.27
2009	428 125	62.87
2010	425 613	60.99
2011	398 736	56.49
2012	378 751	52.74
2013	368 103	51.84
2014	394 870	52.94

然而,表 6-2-1 也显示了一个明显的趋势,就是通过普通学校接受教育(主要是随班就读)的特殊儿童的比例呈下降的趋势。为什么会出现这种状况呢?是因为特殊教育学校的数量增加了,许多学生进入特殊学校了吗?还是其他原因,如随班就读的效果不佳导致随班就读的人数减少呢?

尽管未见公开否定随班就读的文章,但从大陆一些呼吁提高随班就读的质量、呼吁为随班就读提供实实在在的支持的文章来看,从近年来智障学生、听障学生等随班就读的学生回流尤其是从初中随班就读回流到特殊教育学校的实例来看,随班就读的效益尤其是课堂教学的文化课效益较低,确实是随班就读的一个重要问题。许多人把这没有效益的随班就读称为"随班就混"自然就可以理解了。

毋庸讳言,在我国普通学校课堂教学的现实中,如果没有助教,没有陪读,没有其他措施,随班就读学生的课堂学习更多的是靠学生自己。因为教师不可能过多地关注随班就读的特殊儿童,否则,对普通儿童也是不公平的。笔者曾经强调,在普通学校的课堂内,教师对随班就读学生的关注稍高于对所有学生的平均关注水平即可,不能过高。② 可大量不懂特殊教育的普通学校的教师即使想课后帮助这些随班就读的特殊学生也不一定能有恰当的方法。这时随班就混就极为可能。

实际上,无论是西方,还是我国的台湾地区,随班就读发展的过程中都曾出现过随班就混的时期。例如,根据吴武典的介绍,台湾在 20 世纪末大量的学生随班就读后,仅有约 15%的身心障碍儿童接受了特定的特殊教育服务,③另外大量的随班就读学生仍旧是随

① 彭兴蓬、雷江华根据教育部 2006—2014 年的教育统计数据整理。该统计原始数据见教育部网站:http://www.moe.gov.cn/s78/A03/moe_560/jytjsj_2014/。

② 刘全礼.随班就读教育学——资源教师的理念与实践[M].天津:天津教育出版社,2007:31—32.

③ 吴武典.从特殊儿童的教育安置谈特殊教育的发展——台湾的经验与省思[J].中国特殊教育,1997(3):18.

班就混。后来台湾出台了相应的专门的可以执行的规定才解决了由随班就混到真正随班就读的转换。

值得庆幸的是，中国大陆目前也出现了类似法规，开始进入实实在在的随班就读的政策支持阶段，其标志就是2016年1月教育部颁布的《普通学校特殊教育资源教室建设指南》。如果说，2014年出台的《特殊教育提升计划（2014—2016年）》是中国共产党第十七次、十八次全国代表大会中“关心特殊教育”①“支持特殊教育”②转化为治教方略的特殊教育具有里程碑意义的政策措施的话，那么，《普通学校特殊教育资源教室建设指南》则是随班就读30年来具有里程碑意义的政策措施。

二、《普通学校特殊教育资源教室建设指南》的主要内容

2016年1月教育部出台的《普通学校特殊教育资源教室建设指南》（以下简称《指南》）共分八个部分，分别就（资源教室建设的）总体要求、（资源教室的）功能作用、（资源教室）基本布局（设置数量要求）、（资源教室的）场地及环境要求、（资源教室的）区域设置（功能区划分）、（资源教室仪器等的）配备目录、（资源教室的）资源教师和（资源教室的）③管理规范进行了说明。

应该说，该文件对资源教室应该包括哪些要素、资源教室有什么功能、普通学校如何设置资源教室、资源教室如何运行等进行了规定，是到目前为止随班就读管理领域最为详细的支持性文件，其关于资源教室的配备目录中，对必备设备和可选设备进行了详细的规定，各地可以据此按图索骥地进行仪器设备等的购置。相信这个文件对于各地随班就读工作的开展会具有非常重要的作用。

然而，就如电影是一门遗憾的艺术一样，该《指南》也有若干遗憾之处。这里举两例说明。

首先，该文件关于资源教室的立意或视野应该更高，指导思想应该更合乎现实。《指南》中的资源教室的概念理解是西方20世纪50年代的资源教室的概念内涵，那时把资源教室仅仅理解为有形的屋子及其设备。21世纪的资源教室概念已经不仅仅是有形房间加器材设备的概念了，实际上是学校甚至社区的一切可用于帮助特殊儿童的教学资源，是有形的房屋与无形的环境的密切结合，④用笔者的话讲就是“到处是杀敌的好战场”。《指南》中把资源教室理解为一个或多个多功能屋子及其设备，或许是特定文化环境的特定产物。但我们认为，有形的房子固然重要，无形的思想和科学的帮助、支持、教育特殊儿童的理念更重要，有形与无形的密切结合才是方向。否则，有的地方就可能会把资源教室建成用来展览的工具。

其次，资源教室的使用对象应该是一般学生和特定学生的灵活结合，而非仅仅是某些特定类型的学生，器材配置也应该灵活。从下文的论述中将会看到，普通学校大量的特殊

---

① 参见2007年胡锦涛在中国共产党第十七次全国代表大会上的报告，第八部分（一）优先发展教育，建设人力资源强国。

② 参见2012年胡锦涛在中国共产党第十八次全国代表大会上的报告，第七部分（一）努力办好人们满意的教育。

③ 此处括号为笔者所加，用以补充说明文件中原题目的不足。

④ 刘全礼.随班就读教育学——资源教师的理念与实践[M].天津：天津教育出版社，2007：40—41.

儿童并非盲、聋儿童，甚至智障儿童也不是多数。在这种情况下，《指南》中规定的基本配置的器材，不一定是需要的。例如，在基本配置中规定，要配备供全盲学生使用的盲文板、盲文笔、盲文纸、盲文版教材及各种触摸图集、模型、语音计算器、盲杖、眼罩等，供低视力学生使用的视功能训练工具及材料、便携式助视器或放大镜、望远镜、可调式照明灯等。一个500人以上的普通小学有5个以上的特殊儿童并不少见，但这些特殊儿童往往不是盲生。根据《指南》规定，这样的学校应该设置资源教室，并配置这些视障学生需要的器材设备。这些器材一旦配置，对没有盲生的学校而言，就有可能浪费纳税人的钱财，成为摆设。

当然，如瑕不掩瑜一样，我们应该看到该规定对随班就读可能产生的良好作用；同时，也应该看到，它的出台实际上为特殊教育法规政策的建设尤其是应然转变提供了样本。

三、随班就读法规政策的应然转变

如前所述，《指南》是随班就读30年来具有里程碑意义的政策文件，怎么评价它的作用都不为过，尽管它有一些不足，但它肯定会对大陆随班就读提供到目前为止最为实在的支持。

然而，我们看到，这只是教育部的一份文件，一份教育部办公厅下发的2016年的1号文件而已，远远不是法规。随班就读乃至特殊教育要真正获得支持，还必须把这些文件转化为法律或者具有法律意义的规定。那么，如何实现这种转变呢？

（一）在指导思想上要有从文件转换到法律的意识

中国缺少专门的特殊教育法律。目前和身心障碍儿童教育直接相关的法律大致有三部。

一是《中华人民共和国宪法》(2004版)，其第四十五条(第三款)谈到："国家和社会帮助安排盲、聋、哑和其他有残疾的公民的劳动、生活和教育。"

二是《中华人民共和国义务教育法》(2006版)，其第十九条(第一款)谈到："县级以上地方人民政府根据需要设置相应的实施特殊教育的学校(班)，对视力残疾、听力语言残疾和智力残疾的适龄儿童、少年实施义务教育。特殊教育学校(班)应当具备适应残疾儿童、少年学习、康复、生活特点的场所和设施。"

三是《中华人民共和国残疾人保障法》(2008版)。其中有专章谈残疾人教育。

此外，还有一个条例，即1994年颁布的《残疾人教育条例》。这个条例是关于残疾人教育的，并非涉及所有身心障碍儿童，更不用说涉及所有的特殊儿童。

在目前中国的教育类法规极"软"，即教育类法规可以随意违背的情况下，单纯的文件就更不容易实施。以教育投入占GDP的比重而言，1993年，国务院发布《中国教育改革和发展纲要》提出，国家财政性教育经费支出占GDP比例要达到4%。但到2010年，国家财政性教育经费支出占GDP的比重才3.66%。后来，有着"新教改"纲领性文件之称的《国家中长期教育改革和发展规划纲要(2010—2020年)》中再一次强调，"提高国家财政性教育经费支出占国内生产总值比例，2012 年达到 4%”后，才于 2012 年在数字上实现 4%，[①]前后经历 20 年的时间。是因为中国经济的总量不够？是国务院的文件层次低？恐怕都不是，主要还是地方政府未能把特殊教育文件当作硬的必须执行的法规。

因此，就国内外的实践看，是出台特殊教育法规的时候了。从近年来的文献看，中央政府不可谓不重视特殊教育。但是，没有专门法律的保驾护航，这种重视到了基层就成为春风不度玉门关的微小涟漪，并不能引起当地政府的重视。因此，从教育部官员到一般特殊学校的教师，从特殊教育的科研人员到特殊儿童家长，应该力促人大立法，把教育部的相关文件转化为公民和地方政府必须实施的法规，只有实现了这种转变，才是对特殊教育、对随班就读的真正、有效的支持。

当然，颁布特殊教育专门法律的理由并非仅仅是为了支持随班就读，其他理由需要另文研究。例如，我国特殊儿童尤其是残疾儿童的庞大基数、国家发展的应然要求、人民福祉的充分实现，都需要特殊教育的大力发展，而这些必须有特殊教育法的全面护航。

（二）在特殊教育法规条文的制定上要由宏观概括转变为具体可操

我国大陆现行教育法规、政策文件尤其是特殊教育的政策文件的特点之一是宏观、概括，有时还带有口号的色彩，执行时不易操作。该《指南》已经呈现出极为明显的由宏观概括到可以操作的转变。

例如，第三条基本布局的规定就具体明确。该条指出：资源教室应当优先设立在招收较多残疾学生随班就读且在当地学校布局调整规划中长期保留的普通学校。招收 5 人以上残疾学生的普通学校，一般应设立资源教室。不足 5 人的，由所在区域教育行政部门统筹规划资源教室的布局，辐射片区所有随班就读学生，实现共享发展。

再如，第六部分对资源教室的器材设备等资源进行了详细的规定，并分为基本配备与可选配备两列详述于后。

然而，就如前述谈及的该《指南》仍旧有遗憾一样，它在随班就读对象的界定及确定、随班就读经费的保障、随班就读责任的规定等方面仍旧粗疏，下举三例，以便在制定特殊教育法时有所参考。

1. 特殊教育对象的类别

就准确性而言，《指南》对随班就读对象的表述，已经超过过去的文件，它把随班就读的对象界定为：随班就读的残疾学生及其他有特殊需要的学生。但具体哪些是残疾学生、哪些是有特殊需要的学生呢？该文件没有进一步说明。

从我国特殊教育法规政策的纵向发展来看，《宪法》中明确了四类，即盲、聋、哑、其他有残疾的人；《残疾人保障法》明确了七类，即视力残疾、听力残疾、智力残疾、肢体残疾、言语残疾、精神残疾和综合残疾；《未成年人保护法》中提到了未成年犯罪一类。很明显，现有法律规定的各个特殊教育对象的类别都不能满足现实的需要。

从横向实践来看，无论是特殊教育较为发达的欧美地区，还是我国的台湾等地区，特殊教育的对象都不止这几类。例如，台湾所谓的“特殊教育法”规定了台湾的特殊教育对

---

① 该数据见教育部当年教育公报。

象为两个序列：一个序列是身心障碍儿童，包括智能障碍、视觉障碍、听觉障碍、语言障碍、肢体障碍、脑性麻痹、身体病弱、情绪行为障碍、学习障碍、多重障碍、自闭症、发展迟缓、其他障碍；另一个序列是资赋优异，包括一般智能资赋优异、学术性向资赋优异、艺术才能资赋优异、创造能力资赋优异、领导能力资赋优异、其他特殊才能资赋优异。① 两个序列合计 19 类。

从现实实践来看，目前在大陆的特殊教育学校就读的除去盲、聋、智障、肢体残疾、孤独症儿童外，还有在普通学校学习的智力超常、情绪行为异常、学习障碍、言语障碍、学业不良等大量的特殊儿童，②③包括在工读学校学习的轻微违法犯罪儿童。非盲、聋、智障儿童实际上是目前随班就读的特殊学生的主体。

因此，结合我国教育的实践，未来法规界定的特殊教育的对象应该是三个序列。

第一个序列是身心障碍儿童，至少包括盲、聋、智障、肢体障碍、孤独症、情绪行为异常、学习障碍、言语障碍、学业不良、多重障碍十类。

第二个序列是智力超常儿童序列，至少包括一般智力超常、特殊艺术才能、特殊体能、特殊学科超常等。

第三个序列是轻微违法犯罪序列，主要是违法犯罪儿童。

2. 特殊教育对象的鉴别

就如《指南》中对特殊教育的对象只是给予名称不谈如何确定一样，几乎所有和特殊教育有关的政策法规都未明确给出如何鉴别特殊教育对象的措施与方法。这显然是不妥的。我国特殊教育领域的数据往往无法相互吻合，就可能与特殊教育对象的鉴别有关系。

比如 2006 年我国有 362 946④ 名特殊教育学生，而当年第二次残疾人抽样调查公布的结果是，全国有 6—14 岁学龄残疾儿童为 246 万人，占全部残疾人口的 2.96%。其中视力残疾儿童 13 万人，听力残疾儿童 11 万人，言语残疾儿童 17 万人，肢体残疾儿童 48 万人，智力残疾儿童 76 万人，精神残疾儿童 6 万人，多重残疾儿童 75 万人。⑤ 当年的公报显示，在学龄残疾儿童中，63.19%正在普通教育或特殊教育学校接受义务教育，并且接受教育的这些儿童的比例为：视力残疾儿童 79.07%，听力残疾儿童 85.05%，言语残疾儿童 76.92%，肢体残疾儿童 80.36%，智力残疾儿童 64.86%，精神残疾儿童 69.42%，多重残疾儿童 40.99%。⑥ 可是，教育部公布的在读的学生仅仅有 362 946 名，哪里能和 246 万的 63.19%的数据相吻合？

因此，必须在新立的特殊教育法规中明确如何鉴别这些特殊教育的对象。当前特殊教育对象靠医生鉴别的方法必须改变。因为医生并非所有特殊教育对象的研究专长者，

---

① 台湾“特殊教育法”第三、第四条，见台湾“教育部”全球资讯网：http://www.edu.tw。

② 刘全礼.随班就读教育学——资源教师的理念与实践[M].天津：天津教育出版社，2007：6—9.

③ 刘全礼.学业不良儿童教育学——儿童学业不良成因及对策研究[M].天津：特教教育出版社，2007：243—245.

④ 教育部 2006 年教育统计。

⑤ 见 2007 年 11 月 21 日公布的 2006 年第二次全国残疾人抽样调查主要数据公报（第二号）或参见中国残疾人联合会网站，网址：http://www.cdpf.org.cn/sjzx/cjrgk/。

⑥ 见 2007 年 11 月 21 日公布的 2006 年第二次全国残疾人抽样调查主要数据公报（第二号）或参见中国残疾人联合会网站，网址：http://www.cdpf.org.cn/sjzx/cjrgk/。

同时，鉴别的目的在于教育而非贴标签。

笔者建议，大陆可以吸收台湾对特殊教育对象鉴别的做法。例如，台湾的“特殊教育法”第6条规定①：

各级主管机关应设特殊教育学生鉴定及就学辅导会(以下简称鉴辅会)，遴聘学者专家、教育行政人员、学校行政人员、同级教师组织代表、家长代表、专业人员、相关机关(构)及团体代表，办理特殊教育学生鉴定、安置、重新安置、辅导等事宜；其实施方法、程序、期程、相关资源分配，与运作方式之办法及自治法规，由各级主管机关定之。

前项鉴辅会成员中，教育行政人员及学校行政人员代表人数合计不得超过半数，单一性别人数不得少于三分之一。

各级主管机关办理身心障碍学生鉴定及安置工作召开会议时，应通知有关之学生家长列席，该家长并得邀请相关专业人员列席。

3. 特殊教育经费的明确

《指南》第八部分(二)中对资源教室的经费投入进行了要求：各地教育行政部门要将资源教室建设纳入当地特殊教育事业发展的总体规划，建立财政支持保障的长效机制。学校也应将资源教室的建设、维护以及工作运行纳入年度经费预算，保证资源教室工作正常开展。

很明显，如《指南》般对资源教室的经费进行要求是很难保障经费到位的，尽管该文件对经费的来源进行了规定，但对经费的数量并没有要求。根据目前的中国教育实际，即使有了明确规定，经费都不一定到位，何况还没有明确规定。

以《特殊教育提升计划(2014—2016年)》为例，其第三条第三款对各地特殊教育学校的生均公用经费有明确要求，就是三年内特殊教育的生均公用经费达到或高于6 000元。这个目标能否实现呢？以河南为例，该省从2015年才开始小学生均600元的公用经费标准，特殊教育学校能在2016年达到生均6 000元以上的公用费用确实有挑战。

值得思考的是，根据教育部2014年全国教育经费执行情况统计公告，河南2014年的小学生均公用经费已经达到了2 036.84元，接近全国2 241.83元的水平②。这是为什么？既然2014年小学的生均公用经费都达到了生均2 000余元了，为什么还要实施民生工程使2015年小学的生均公用经费达到600元呢？600元到2 036.84元中间可是差了三倍多。这要么说明河南的经费投入分配不合理，有的地区投入太多，有的地区则太少；要么说明达到的数目仅仅是“数字经费”。

可以肯定的是，河南不是个案。这充分说明教育经费执行的困难，也预示了特殊教育经费实施的更加困难。普通教育尚且如此纠结，何况特殊教育的随班就读经费。

因此，必须用法律的形式规定特殊教育的经费。否则，经费拨付极容易成为一纸空文。这里我们仍旧可以借鉴其他国家和地区的做法，例如借鉴我国台湾地区的做法。

台湾“特殊教育法”第九条对特殊教育经费进行了明确的规定：

---

① 见台湾教育主管部门全球资讯网：http://www.edu.tw。

② 教育部2014年全国教育经费执行情况统计公告，网址：http://www.moe.gov.cn。

"各级政府"应从宽编列特殊教育预算,"中央政府"不得低于当年度教育主管预算的百分之四至五;地方政府不得低于当年度教育主管预算的百分之五。地方政府编列预算时,应优先办理身心障碍教育。

正是由于这些相关措施的保障,2014 年全台湾教育经费预算总额为 5 585 亿元(台币),假如按照 9.5%属于特殊教育经费计算,2014 年特殊教育的预算经费是 530.575 亿元,折合人民币(按照人民币和新台币 1∶5 计算)当为106.115 亿元。2014 年台湾的特殊教育学生 142 044 人,合计人均74 705.7 元。[①]

(三)在法律意图实现的目标上要强调法律实施过程的评鉴和罚则

应该说《指南》就资源教室而言,内容是完备的。但就中国地方政府的执行力来看,这个《指南》缺少一个重要的环节,就是文件实施的评鉴及问责意识。

该指南的实施主体是谁?由谁来监督、评鉴其实施,当未能实施时该如何处理等,均未涉及。比如,在资源教师部分,提出了资源教师要具备相应的证书,要具备相应的知识和能力储备。然而,谁来考核他们是否具备?如果资源教师不具备相应的条件时该如何处理?是通过继续教育比如国培来完成还是通过其他渠道来完成等,都未能说明。

当然,最大的问题还是问责意识。假如没有根据文件的要求做,谁该负责任,负什么样的责任?

实际上,一个行政文件是没有权利问责当地政府的。因此,必须要有相应的法规,而且,还应在立法时明确法律实施的评鉴和未能实施的问责。

第一,要有明确的法律实施的评鉴条文,即由谁来评估、鉴别法律的实施状况。

第二,要有明确的问责条文。没有罚则,是中国教育类法规的软肋,是导致教育类法规执行不力的根源之一。怎么办?没有其他办法,就是明确法律的实施主体、明确罚则,对于未能执行者进入司法的惩罚程序,甚至进入刑法程序,这才是保障特殊教育法规实施的根本。

---

① 资料来源于台湾教育主管部门全球资讯网:http://www.edu.tw。

第七章　中国特殊教育的课程发展

第一节　中国大陆特殊教育课程的发展简述

课程问题是特殊教育最主要也是最重要的问题，也是广大一线教师关心的问题。在本系列报告2013年卷盲校、聋校、培智学校的课程与教学的报告中曾经涉及特殊教育课程问题。但要谈论课程问题，需要先对课程的内涵与外延进行界定，限于篇幅，本报告不对此进行梳理，仅仅是把课程理解为学校教育的内容及其实施。

一、中国大陆特殊教育课程的发展简述

中国大陆特殊教育课程的发展大致可以分为下述几个阶段。①

（一）古代特殊教育的课程

由于古代尚无专门的特殊教育学校，古代特殊教育的课程实际上融合在一般教育中。大部分超常儿童的教育内容体现在诗词歌赋上，残疾儿童的教育主要限于生活技能上。

（二）特殊教育开创时期的课程

清朝末年，我国开始现代意义上的特殊教育后，其课程主要集中在三个方面：

一是文化课程，盲、聋学校都开设这些课程。

二是艺术课程，包括说唱和绘画等。

三是劳动技能课程。

（三）民国时期的课程

民国成立后，特殊教育学校增多，但课程的设置基本上还是文化、艺术和劳动课程。

（四）中华人民共和国成立后课程的发展

1. 对旧学校的接管和改造

1954年北京市人民政府在接管北平启明瞽目院后，确定对旧学校改造的方针是：整顿巩固，改革教学，创造经验，提高质量。盲、聋哑小学除去实施普通小学的文化基础教育外，在有条件的地方还要给予盲、聋哑学生职业技能训练，并对盲、聋哑学校的学制、课程设置进行改革。

2. 独立课程的实验

1949年随着对旧学校的接管和改造，在新的马克思主义思想指导下的新型特殊教育

---

① 本部分内容取自北京青少年音像出版社出版的由刘全礼主持的大型电视片《特教档案之特教概论》第九集。

学校课程的实验也开始了。例如，1954 年，教育部确定北京第一、第二聋哑学校为全国进行口语教学的实验学校。

3. 开始独立课程的建立

1955 年开始，具有中华人民共和国特色的特殊教育课程开始建立，新的特殊教育学校的课程计划(教学计划)陆续颁布，开始了建立我国大陆独特的特殊教育学校课程体系的过程。其中主要的课程计划包括：1955 年颁布的《盲童学校教学计划(草案)》，1956 年颁布的《聋哑学校手势教学班级教学计划(暂行草案)》，1957 年颁布的《聋哑学校口语教学班级教学计划(草案)》，1962 年颁布的《全日制盲童学校教学计划(草案)》和《全日制聋哑学校教学计划(草案)》。

4. 新时期特殊教育学校的课程建设

改革开放以后，随着新时期的到来，特殊教育学校的课程建设也进入了新的阶段。1984 年颁布了《全日制八年制聋哑学校教学计划(征求意见稿)》，1987 年又颁布了《全日制盲校五年制小学教学计划(草案)》(含六年制)(又称《全日制盲校小学教学计划(初稿)》)和《弱智学校教学计划(征求意见稿)》，1993 年又颁布了《全日制盲校课程计划》(试行)和《全日制聋校课程计划》(试行)，1994 年颁布了《中度智力残疾学生教育训练纲要(试行)》。

这个阶段是中国特殊教育发展的最好时期之一。这些计划颁布后，还陆续出版了包括聋校、培智学校的教材，为中国特殊教育的发展做出了贡献。

5. 新一轮课程改革

随着普通教育课程改革轰轰烈烈的开展，2001 年特殊教育也开始了新一轮的课程改革。此次改革历时最长，从 2001 年开始，直到 2007 年才颁布《聋校义务教育课程设置实验方案》《盲校义务教育课程设置实验方案》和《培智学校义务教育课程设置实验方案》，又经过 10 年于 2016 年才颁布了盲校、聋校、培智学校的课程大纲，进入学生用书和教师用书的编写阶段。

二、新一轮课程建设的特点

中华人民共和国成立后，“文革”期间除外，其他时间几乎是每 10 年就颁布一次新的教学计划。开始于 1984 年的这一轮课程改革尽管不彻底，但当时还是为聋校、培智学校的学生编写了部分教科书。

开始于 2001 年的新一轮课程改革是追随普通学校课程改革的结果。尽管这轮课程改革有诸多不如意的地方，最后颁布的课程计划和课程标准也不尽如人意，但从成就来看，三类学校的课程标准也有若干值得圈点之处。

(一) 课程标准建设的指导思想明确

1. 坚持正确的政治导向

42 门课程的标准建设始终坚持正确的政治思想导向，包括落实十八大以来中央的有关要求，强化社会主义核心价值观，强化法制教育等。

任何国家、任何教育的课程都带有价值观，在特殊教育课程中坚持中国独有的适合中国国情的价值观是必要的，也是必需的。

2. 坚持恰当的学术导向

课程标准建设既是一个政治问题,又是一个学术问题。在坚持正确的政治方向的同时,还要坚持恰当的学术导向。大致而言,42门课程标准的建设,在课程内容的取舍、课程内容的编排和课程内容的实施上都坚持了恰当的学术导向。

在课程内容的确定上,兼顾国家、社会和学生个体的需要。国家、社会需要遵纪守法且具有基本的知识、能力和情感素养的社会主义建设者,这些需要体现在盲、聋、培智学校课程的一般内容,包括语文、数学、历史、思想品德等科目中。但是,42门课程还兼顾了三类特殊儿童的个体需要,这些需要不仅仅是那些经过处理的一般课程的内容,还包括三类儿童的各种缺陷矫正的课程内容。这些内容实际上都是以满足学生的个体需要为指导思想的。例如,盲校中的盲文课响一、方向辨别和定向行走课程,聋校中的沟通与交往课程、律动课程,培智学校中的康复训练课程、劳动技能课程等。

在课程内容的编排上,兼顾学科编排方式和大单元编排方式。在某些学科特色鲜明的内容上,坚持以学科的方式组织内容,包括盲、聋、培智三类学校的语文、数学等学科,都采取了学科中心的思想,突出了学科特色、遵循了学科的内在逻辑、适应了学生的认知需要。

例如,培智学校的实用数学,尽管内容相对简单,但依然采取以数学学科的逻辑主线为编排内容的主要依据,由数前概念到数概念,再到数运算等依次展开。这样处理便于学生掌握学习的内容。同时,还有专门的以大单元方式组织的综合课程,如盲校的品德与生活、聋校的沟通与交往等,即使是一般课程也渗透了综合课程的思想。如培智学校的实用语文、实用数学均是在一个相对完整且几科大致相同的单元下展开的。

在课程内容的实施上,遵循学校、社会和家庭有机结合的策略。学校教育固然要以学校为实施主体,但在某些内容的实施上则需要与社会、家庭密切配合。在若干课程中,均对内容实施上学校、社会、家庭相结合做了明确的规定。

例如,盲校的品德与社会课程在强调开发、利用学校资源的同时,特别强调社会资源的利用,强调要"因地制宜利用社区环境资源"。社会公共设施和场所,如商店、纪念馆、博物馆、公园、少年儿童活动中心、文化体育场馆、校外教育基地以及区域自然景物、人文景物等都是可以利用的课程资源,"学校师生、家长、社区人员以及周边从事各种职业的人"都是重要的资源等。

3. 坚持实施方式的可操作要求

在三类学校课程标准的研制上,坚持了实施方式的可操作要求。理念再新、理论再好,但不能实施,也不能推崇。本次特殊教育的课程建设,汲取了以往课程建设包括普通教育的课程建设的经验,注重了课程实施各个环节的可操作性。

首先,根据三类儿童的教育是义务教育的有机组成部分的定性,把三类特殊儿童的课程内容限制在普通学校的义务教育的课标范围内。或者在三类儿童的课程内容确定上,根据三类儿童义务教育的基本性质,以普通学校义务教育的课程内容为基本的参照框架。以聋校的语文课程为例,在说明部分明确列出了汉语的常用字,为教材编写提供了最为准确的参照。

其次，在各科课程内容的确定上，尤其是内容展开的顺序上，注重要素和结构并举。特殊教育课程内容需要确定包含哪些基本的知识点即要素的问题，但更重要的还在于如何根据三类儿童的特点，如视知觉的障碍、听知觉的障碍或智力落后的特点，来确定这些知识点（要素）如何编排即结构的问题。本次课程改革提出的基本策略是，兼顾内容的结构与要素，既给出各门课程基本的内容要素，即主要的知识点，也给出这些知识点该如何链接，即结构。例如，培智学校的数学教材在给出知识点（要素）的同时，还明确了采取小步子大循环、多样化呈现课程内容的编排方式。

再次，在三类特殊儿童知识接受和能力培养的要求上，强调了知识接受和能力创新的结合。坚持没有基本的知识获得，就不可能有创新的基本原理，将知识传授放在第一位。42门学科均把知识的传授作为基本任务，在基本的知识点确定后，又将学生获得知识时以及获得知识后的创新教育作为一个基本任务，鼓励学生、教师创造性地获取知识、形成能力。例如，聋校的绘画与手工教材的编写建议就特别强调潜能和创新。

（二）42门课程建设的理念问题

1. 以义务教育的性质为指针

三类学校课程标准的研制实际上就是三类特殊儿童义务教育的课程标准的研制，具有义务教育的典型特征。因此，在研制三类学校课程标准时，遵循的第一个理念就是，要以义务教育的性质为指针。义务教育阶段学生应该享有的基本的知识、能力、情感教育，三类儿童也要享有。因此，在确定三类学校的课标时，基本的知识、能力、情感和态度要求，均以2011年版的普通学校的课程标准作为基本参照。这在保证了三类儿童享有我国义务教育基本权利的同时，还与普通教育保持基本一致。

2. 以颁布的特殊教育学校的课程计划为准绳

在三类学校的课程标准尤其是课程内容的确定上，以已经颁布的三类儿童的课程计划为准绳。或者说，三类儿童的课程标准除去遵循义务教育的基本性质、以2011年版的普通学校课标为参照外，还遵循已经颁布的三类儿童的课程计划的规定。把三类儿童的课程计划作为研制课程标准的法定准绳，是由课程计划、课程标准、教科书三者的逻辑关系决定的。课程计划是课程标准的上位文件，作为下位文件的课程标准必须以上位文件为参照。当然，这并非说三类儿童的课程计划十全十美，相反，它们还存在一些需要改进的地方。但那是下一轮课程建设的问题。

3. 以处理好学生的一般需求和特殊需求的关系为切入点

三类儿童首先具有作为儿童的一般性，即具有儿童的共性，这个共性体现在课程上就是与普通教育相同的课程及内容，这是三类儿童的课程标准的基础。但是，三类儿童又有自己的特殊性，这些特殊性体现在课程及内容上就是针对三类儿童的特点开设的课程及内容，这是三类儿童课程标准的特色。本次课程标准的研制以处理好三类儿童的一般需求和特殊需求的关系为切入点，既开设满足一般需求的一般课程（如语文、数学等），又开设满足特殊需求的课程（如盲校的定向行走、聋校的律动、培智学校的生活适应）；既强调在一般课程内容中发掘能够满足三类学生特殊需求的课程内容，如在盲校的语文课程中渗入盲文摸读的内容、在聋校的数学课程中渗透聋生言语矫正的内容（即聋生的言语语言的逻辑表达内容）、在培智学校的语文课程中渗透言语矫正的内容，又强调在特殊课程中满足一般需求，如在盲校手工课程中培养盲生的数学空间关系，在聋校律动课程中培养聋生的语言逻辑表达能力，在培智学校的生活适应课程中培养学生基本的语文、数学素养。

（三）本轮课程建设的几个特点

1. 课程标准的一般性和特殊性

（1）课程目标中一般性与特殊性的关系

本轮课程标准的制定坚持了课程目标的一般性，这是由课程的义务教育性质决定的。但是，在提出课程目标的一般性要求后，还注意了课程目标的特殊要求，体现了三类儿童课程目标的塑造、建立与矫正统一的原则。例如，盲校的语文课程目标中单列："盲生学会盲文，能正确规范地摸读、书写盲文。低视力学生认识 3 500 个左右常用汉字。能正确地书写汉字，并有一定的速度。"这恰恰是盲生语文课程目标特殊性的体现。

（2）课程内容的一般性和特殊性

根据课程目标中一般性和特殊性的关系，在设置一般课程的同时，还设置了特殊课程内容。这些特殊内容主要通过三个层面实现。

一是设置特殊课程。无论是盲、聋学校还是培智学校，都设置了由特殊目标决定的特殊课程。如盲校中的手工课程、聋校中的律动课程、培智学校中的生活适应课程等。

二是在普通课程中设置特殊的板块。如在盲校的语文课程中设置了盲文及书写内容，聋校的沟通与交往课程中设置了手语内容，培智学校实用语文课程中设置了言语训练内容等。

三是对普通课程进行难度和容量的调整，以适应三类儿童的特殊需要。例如，盲校各课程既强调对文字的掌握和使用，又强调仅对低视力儿童有书写汉字的要求；聋校各课程既强调聋生口语的训练，又不对口语能力进行统一的要求；培智学校的各课程则都降低了难度，以数学为例，把实用数学限制在普通学校的第一学段，即规定该课程以"《义务教育数学课程标准（2011 年版）》第一学段的内容为基本框架，适当向两头延伸"，照顾了智力障碍儿童的一般要求和特殊要求。

（3）课程实施建议的一般性和特殊性

在课程实施的建议环节，无论是教学建议、教材编写建议还是评价建议、课程资源开发建议，都注意了一般性和特殊性的关系，并在必要的情况下突出了特殊性。

例如，盲校的语文课标在教学建议第二条就强调教学中注重潜能开发和缺陷补偿相结合，强调："盲校语文教学应重视学生的潜能开发和缺陷补偿。教师要确立正确的学生观，通过科学评估，把握学生学习语文的特点。学校和教师要积极创造条件，帮助学生拓展活动空间，增加生活体验，充实感性经验，以丰富形象和知识积累。运用现代辅助技术、直观手段帮助学生弥补表象缺乏。充分发挥听觉、触觉、嗅觉等感觉在感知自然现象、社会变化、人类活动中的积极作用，重视其独特感受。要根据学生的个体差异，灵活运用直观教学、个别化教学等策略，发挥现代技术对学生语文学习的支持性作用，最大限度地补偿视觉缺陷，开发学生语文学习的潜能，培养和提高学生听、说、读、写能力，使每个学生的语文素养得到充分、适合的发展。"

聋校的物理课程标准在教材编写建议第四部分第一条中强调了呈现形式生动活泼，同时特别强调了聋生教材的特点，即“教材的呈现形式要生动活泼、图文并茂。文字叙述要符合初中聋生的年龄特点，便于聋生阅读和理解。图片是呈现科学情境的重要形式，教材要注意充分发挥图片形象、直观、易懂、有趣的特点。教材的版式要新颖，要符合初中年龄段聋生阅读的习惯和特点，做到形式和内容的有机结合。对教材中出现的重要的物理概念应给予对应的手语图示。手语词汇以国家正式编订出版的《中国手语》《理科专业手语》为准”。

培智学校实用数学课程的评价建议中的第二条重视评价方式的多样化强调：“要以教学目标为依据，选择合适的评价方式，重视评价方式的多样化。对学生生活数学的学习评价要加强过程性、诊断性评价，把握不同评价方式的特性，充分发挥各自功能。对于学习兴趣、学习习惯的评价，主要通过日常观察、作业分析、过程记录等方式获取信息。对于学业成果的评价，主要通过口头测验、书面测验、操作解答和作业分析等方式获取信息。注重设计口头表达、操作指认、社会实践、作品展示等表现性任务，分析学生在完成具体任务时的表现。”

2. 强调生存与生活教育

本轮特殊教育的课程改革强调了义务教育的性质，但同时也强调了对三类儿童的生存与生活教育。这体现在两个方面。

一是在普通课程中渗透相关的内容，强调这些课程的内容和生活相联系。例如，培智学校的10门课程几乎都与生活密切相关。

二是专门开设与三类儿童的生存、生活密切相关的课程。盲校的定向行走、社会适应、综合康复，聋校的沟通与交往、律动，培智学校的生活适应、劳动技能、康复训练等都具有典型的生存与生活教育的特色。

3. 三类儿童专门的课程标准

与2011年版义务教育的课程标准不同的是，本次特殊教育的课标建设还专门设置了普通义务教育中未专门设置的课程，包括盲校的定向行走、综合康复，聋校的沟通与交往、律动，培智学校的康复训练、生活适应等都属于专门设置的普通学校没有的课程。它们的课程标准的内容安排与其他课程一样，所不同的是，更强调这些内容对三类儿童的特殊作用。

三、中国大陆特殊教育学校教材的主要问题

毫无疑问，新一轮课程改革也存在若干问题。例如，从学理角度看，已经颁布的课程计划和课程标准中，培智学校的数学、语文科目命名为“生活数学”“生活语文”就违反了学理。为了在学生用书和教师用书的编写过程中不犯或者少犯错误，应该避免前一轮教科书编写中的失误。①

---

① 参见刘全礼，兰继军，徐景俊. 特殊教育教师的继续教育概论——特殊教育教师专业发展的内容及实施研究[M]. 北京：中国轻工业出版社，2016：190—191.

（一）教材未能把义务教育的性质与特殊儿童的特点密切结合

义务教育的性质有很多要素或者多种表述，但就教材而言却是指学生要享有义务教育阶段的基本文化权利，即要享有获得相应的文化知识、形成相应的能力的权利。这是义务教育的性质决定的。

特殊教育的教育对象是残疾人（目前单独设校的主要是盲、聋和智力障碍儿童学校）。由于残疾的存在，他们在享有相关权利时，可能没法如普通儿童那样淋漓尽致，有的可能还不具备享有的能力。例如，盲生的平面几何的画图知识和能力，聋生的即席听、说、对话能力等都会受到残疾或障碍的影响，智力障碍儿童尤其是中度以上的智力障碍儿童，其能力更差，很难享有一些文化知识。

因此，残疾儿童的教材编写既要充分考虑其权利，又要考虑其特点。然而，以前各种版本的教材都未能意识到这个问题，更不用说使两者密切结合了。

（二）教材内容的呈现不能体现各类特殊儿童的学习特点

特殊学校的已有教科书未能根据特殊儿童的特点呈现内容。

例如，盲生的视觉表象贫乏，那么教材就应该体现出如何使用其他信息渠道获取知能，或者如何保护与健康地使用低视力学生残存的视觉能力，包括大量使用听觉、触摸觉和用语言直白地描述等。

再如，聋生的听觉表象贫乏并由此导致了言语掌握、概念形成等一系列问题，那么，教材就要针对这些特点展开。

还如，智力障碍学生的经验贫乏且接受信息的能力较低，那么教材的内容、呈现的方式等都应该从这些特点入手。

（三）未能找到教材教学的最佳途径

除去上述教材的呈现未能完全满足障碍儿童的身心特点外，如何开展最有效的教学体现得也不到位。例如，盲生如何把触摸教具和语言相联系、聋生的手语和书面语如何联系、对智力障碍儿童如何小步子大循环地进行教学等，都未能给出建议。

第二节　2016年中国大陆盲校的课程发展

根据我国《残疾人残疾分类和分级》（中华人民共和国国家标准2011年第2号公告），视力残疾被明确划分为一种残疾类型，包括盲与低视力。[①] 2010年末，我国残疾人总数达8 502万人。其中视力残疾者共1 263万人，占到残疾人总数的近15%，可见视力残疾是一个较为庞大的群体。残疾人教育关乎残疾人的社会适应与人生发展，更关系到国家社会的长治久安。特殊教育学校是我们国家安置残疾儿童的主要形式，针对盲童的教育是我国特殊教育的开端，盲校不仅是我国最早出现的特殊教育学校，更是当前我国特殊教育

① 北京残疾人联合会.《残疾人残疾分类和分级》(中华人民共和国国家标准 2011 年第 2 号公告)[EB/Ol].(2011-01-26).http://www.bdpf.org.cn/zwpd/zcfg/cjrzl/c16091/content.html.

学校的重要组成部分。[①] 当前社会迅速变化，人们对残疾人和特殊教育的认识不断加深，在融合教育的时代潮流下，回顾我国盲校课程的发展不仅可以对我国特殊教育理论有一定的总结与反思的作用，更对视力残疾群体的生存与发展具有重要的意义。2016 年出台的《盲校义务教育课程标准》对我国盲校课程的发展具有里程碑意义，在义务教育改革的背景下，盲校课程得到进一步规范和完善。

一、萌芽：1951 年以前我国盲校课程

我国近代的特殊教育是伴随着西方宗教的渗透而逐渐萌芽的，以盲人教育为先河，并长期保持着相对独立和分散的状态。

(一) 清末时期盲校课程的特点

清末，西方宗教人士在传教的同时推动了我国本土盲校的创建。在我国本土盲文出现后，盲校课程就呈现出丰富而又活跃的状态。

1. 私人为主的办学主体模式

早期，我国的盲校主要以私人办学见长，西方传教士起到了示范作用。除 1835 年澳门女塾已有对盲人女童进行教育外，近代我国最早专门对盲人施教的学校是 1874 年传教士威廉・穆瑞(William Murray)于北京创办的“瞽叟通文馆”。[②] 之后，全国许多地区开始出现盲校和盲聋哑学校，外国宗教人士所办颇多，也有近代我国本土有识之士所创，如比较出名的张謇创办的狼山盲哑学校。这些盲校多数出现于开放通商口岸，多属宗教人士为宣传宗教所办，具有慈善性、公益性的特征，但是并不能满足所有盲童的需要。可以说，西方传教士在我国本土展开的盲人教育起到了鲜明的示范作用，这为我国本土探索开展盲人教育提供了重要参考。

2. 推动盲人教育的盲文出现

盲文的构建奠定了盲人教育的基础，使盲校课程的实施成为可能。由于本土盲人教育的空白，为了解决语言沟通问题，早期外国传教士做了大量的探索。如北京瞽叟通文馆根据“布莱尔盲文体系”创建的“瞽叟通文”，亦称“康熙盲文”，算是我国最早的汉语盲文点字。[③] 此外，这个时期还有李修善，即传教士大卫・希尔(David Hill)等创制“大卫・希尔法”，亦称“声母韵母法”或“汉口法”。之后又有与我国不同地区方言结合而产生的盲文，如后来出现的“心目克明”就得到了广泛的接受。[④] 可以说早期的盲文主要是外国传教士创制的，具有一定的宗教传播的目的性，但由于其与地方方言结合，地方性强，在使用和推广中也就遇到了一定的困难。但是，这些探索为解决我国盲人的交流问题做出了努力，也为我国本土盲文的出现奠定了基础。

---

① 郭卫东.论中国近代特殊教育的发端[J].教育学报，2007(3)：91—96.

② 朱宗顺.特殊教育史[M].北京：北京大学出版社，2015：111—112.

③ 朱宗顺.特殊教育史[M].北京：北京大学出版社，2015：111—114，120—128.

④ 郭卫东.基督教新教传教士与中国盲文体系的演进[J].近代史研究，2006(2)：110—124.

3. 独立而又个性鲜明的盲校课程

办学主体为私人的特点决定了当时盲校课程个性化、内容丰富的特点，但同时也缺乏完整的体系。许多传教士进入中国，一方面宣传宗教，另一方面也亲身感受到了残疾人的悲惨遭遇，所以将传教、教育与慈善事业有机结合起来。此时的盲人教育是为了帮助他们能够谋生，所以以补偿缺陷的课程观为主，课程设置主要是基本读写算知识和一些特定的职业训练。① 但是，私人办学导致不同盲校资源条件不同，课程也有差异，不成体系，而早期的职业课程多是手工编织、电疗、针灸一类的活动。② 其中傅兰雅父子于1911年创办的上海盲童学校成为当时众多私人办学的一个典范，其课程特点如表7-2-1所示。

表7-2-1 上海盲童学校课程特点③

项目	内容	特点
目标	在因学生能力之所及，授以完全之教育，使之毕业后能支持其生活的全部或部分	缺陷补偿与生活适应结合
课程	起居(家政)、手工、体育、文化(与普通教育相似；用普通学校教材)、职业训练(工艺科：编制藤制家具，编制篮筐，织布，编席子、竹工、碎布)	与普通学校保持一致；注重艺体的培养；单一的手工类职业训练
盲文	布莱尔六点制中文盲字	此时的盲文是由外国宗教人士创造并经过本土化的改造

(二) 民国时期盲校课程的特点

民国时期的宏观政策中已有对特殊教育的关注，盲校办学形成公私并举的局面，但政策仍然形大于实，仍以私人办学为主。此时，国家在政策层面上已经关注到特殊教育，但多是作为普通教育或社会教育中的附加条款出现，并且语焉不详，形大于实，但相比以往的政策空白已是一种进步。最具有代表性的是，1927年我国历史上第一所公立特殊教育学校——南京盲哑学校成立，学校主要招收盲生和聋生。学制从小学开始，后逐渐有初中及职业部。南京盲哑学校的出现填补了我国没有公立特殊教育学校的空白，并且有了本土创造的盲文，南京盲哑学校课程(见表7-2-2)虽然与普通学校一致，但是具有相对完整的体系，除通识课程外也有一定的职业训练，此外政治性鲜明也是它的一个突出特点。

表7-2-2 南京盲哑公立学校中盲教育课程特点④

项目	内容	特点
目标	"教养兼施、以教为主"，使盲者能识字，独立谋生，减轻社会负担	缺陷补偿与生活适应结合

① 黄培森. 中国特殊教育史略[M]. 成都：西南交通大学出版社，2015：64—66.
② 徐白仑. 国际视障教育学会中国分会第三届学术研讨会论文集[C]. 1997：79.
③ 朱怡华. 上海盲童学校历史调查简记[J]. 华东师范大学学报(教育科学版)，1994(2)：47—54.
④ 朱宗顺. 特殊教育史[M]. 北京：北京大学出版社，2015：218.

续 表

项目	内容	特点
课程	小学：凸字、国语、音乐、体育、算数、社会、自然、汉字等 初中：公民、体育、卫生、国文、英文、数学、博物化学、物理、地理、历史、音乐、国乐、劳作、汉字等 还开设三民主义课程，重视国乐课，配以技艺训练	分科特点；与普通学校课程高度一致；政治性强；职业训练种类增多
盲文	由南京盲哑学校主任叶炳华所创的“国音盲字”	国音盲字是我国公立学校盲校课程突出的成就

[注：南京盲哑学校盲教育课程根据朱宗顺主编的《特殊教育史》整理所得]

（三）抗日战争前后盲校课程的特点

抗战时期，全国的教育事业都遭受了前所未有的打击。而刚刚兴起的盲校也不得不关、停、撤、转。所以，此时的盲校教育基本上是在艰难地维持，在课程上也没有更多的创新性内容，主要延续已有的课程设置与课程实施。到抗战后期，我国仅存 10 所公私立盲人学校和 9 所公私立盲哑学校，且都是以私立为主。① 这成为全国最艰难时期盲人生活学习最宝贵的地方。当时的盲校学制主要以初等教育为主，伴以职业教育，极少的一部分盲校会设有幼儿园。不同学校间的课程设置各有不同，但基本上都与普通学校保持一致，以分科教育为主，有的学校则直接使用普通学校教材；在职业教育方面，也基本沿袭之前的技艺教授，包括按摩、针灸、编织、乐器演奏等。在抗日战争时期，虽然盲校课程没有大的发展，但这却是中华人民共和国成立后国家公立盲校的蓝本，对延续我国特殊教育事业起到了重要作用。

二、转型：1951 年至 1993 年我国盲校课程

中华人民共和国成立后，国家将原有的盲校悉数收归国有，在政策立法上不断推动盲校课程的改革。

（一）中华人民共和国成立初期盲校及课程的过渡

中华人民共和国成立初期，国家统一接管了一大批私人盲校。为保证学校正常运行，国家在政策层面上提出了涵盖各个层面的指示。

1. 盲校收归国家接管

中华人民共和国成立伊始，国家将原本公立、私人、教会办学的特殊教育学校收归国有，并且不断规范盲校课程。到 1949 年时，全国共有聋盲学校 42 所，在校学生 2 380 人，但是盲哑儿童的数字却不止这些。② 收归国有后的特殊教育学校，不仅在管理上更加规范，而且越来越多的盲哑儿童也能因此接受教育。此时，我国教育开始学习苏联的教学模式，教学取代课程。所以自 1951 年学制改革后，盲校课程也进入统一规划行列，如 1955

① 《中国教育年鉴》编辑部. 中国教育年鉴(1949—1981)[M]. 北京：北京大百科全书出版社，1984：385.
② 张福娟. 特殊教育史[M]. 上海：华东师范大学出版社，2000：212.

年的《小学计划在盲童学校中如何变通执行的指示》以及1957年的《办好盲童学校、聋哑学校的几点指示》。① 所以，此时盲校及课程按照标准化的模式，与普通学校非常相似，只是稍作改变，具有高度的计划性、整体性特点。

2. 国家对盲文使用的统一

盲文的统一是教学有效运行的必要条件。在中华人民共和国成立之前相当长的时间里，盲校使用的盲文体现出明显的地区差异。如南京等地盲校使用"国音盲字"，华北、东北等地使用"康熙盲字"，武汉等地少数盲校使用"五方原音"，全国其他部分盲校使用"心目克明"，广东、广西等使用"客话心目克明"。② 所以盲文的统一也是中华人民共和国成立之后国家对盲校教学规划的重要工作之一。1953年汉语拼音方案公布，学校教学采用新盲字；1959和1960年，国家发布《关于各类盲人教育使用盲字的通知》和《关于各部分地区和学校实验汉语拼音（双拼）盲字方案的联合通知》。③ 盲字的统一既解决了长时间我国盲文使用混乱的情况，又为进一步促进盲校教学规划与改革做好了必要的准备。

3. 盲校课程的过渡

中华人民共和国成立初期，为恢复与稳定教育发展，此时我国学校教育的政治性尤其鲜明。学校教育主要是模仿学习苏联的教学模式，强调课程计划、课程纲要、教科书等在教学中的作用，具有高度统一性的特点。④ 此时，政府对盲校教学的管理从没有明确发布关于盲校课程的计划或纲要，只是给予一些原有办学学校的批准与指示，到1962年政府才编制出《全日制六年制盲童学校教学计划（草稿）》，体现出一种对盲校教学摸索的过程，具有过渡性的特点。而前期的指示多是参考地方已有经验和普通学校的教学计划，缺乏体系，表现出临时性特点；后期出现的独立的教学计划纲要如《全日制六年制盲童学校教学计划（草稿）》，也由于种种原因并未实行，体现出过渡性的特点。表7-2-3为该时期政府对盲校课程建设的相关文件。

表7-2-3 中华人民共和国成立初期政府稳定盲校课程发展的文件⑤

年份	文件	主要内容	特点
1953	《教育部关于盲哑学校方针、课程、学制、编制等问题给西安市文教局的复函》	目标上与普校中个体德智体美全面发展一致；内容上与普校课程一致，但不设图画课，增加技术课程；采用普通小学教材	没有独立的教学计划与纲要，与普通学校教学相一致，只在个别科目上有所变通，没有具体说明评价的内容
1954	《教育部关于盲哑教育方针、课程、学制、编制等问题给山东省教育厅的复函》	明确指出盲哑学校的教学计划、教学大纲、教学方法等还未制定；生产技能课安排交给地方学校把握	

① 中国教育学会教育学研究会. 特殊教育学[M]. 福州：福建教育出版社，2014：72—75，79—80.
② 郭卫东. 基督教新教传教士与中国盲文体系的演进[J]. 近代史研究，2006(2)：110—124.
③ 中国教育学会教育学研究会. 特殊教育学[M]. 福州：福建教育出版社，2014：72—75，79—80.
④ 焦炜. 课程改革的政治学研究[M]. 北京：中国社会科学出版社，2015：212—214.
⑤ 顾定倩，朴永馨，刘艳虹. 中国特殊教育史资料选：下卷[M]. 北京：北京师范大学出版社，2010：1549—1564.

续 表

年份	文件	主要内容	特点
1955	《教育部关于取消盲童课本的预备班制度并试教新编的语文课本的通知》	取消预备班，在语文教学上结合使用自编教材《字母课本（试用本）》和《盲童学校初级小学语文课本第一册（试用本）》；课程评价上强调对识字、摸读、听写能力的考查	出现自编的教材《字母课本（试用本）》和《盲童学校初级小学语文课本第一册（试用本）》，有对学生评价上的要求
	《教育部关于小学计划在盲童学校中如何变通执行的指示》	内容与《小学教学计划》一致，但不设图画课，加强手工劳动课的比重，唱歌改为音乐，写字教学上采用《盲童学校初级小学语文课本第一册（试用本）》与普通学校教学相一致，只在个别科目有所变通，强调劳动技术的教学	
	《教育部通过上海市教育局转告上海盲童学校试行〈盲童学校教学计划（草案）〉》	教学内容：语文、算数、自然、地理、历史、手工劳动、体育、音乐	出现独立的盲校教学计划
1957	《办好盲童学校、聋哑学校的几点指示》	对培养目标、学制改革、人员编制等的说明	对盲哑学校规范管理及发展推进
1958	《教育部关于在盲童学校和聋哑学校教学拼音字母的通知》	确定盲童学校在学生一年级采用汉语拼音字母教学	统一盲字与汉语拼音的教学
1959	《教育部关于各类盲人教育使用盲字的通知》	采用新盲字教学，盲字必须与汉语拼音方案一致	
1962	《全日制六年制盲童学校教学计划（草稿）》	明确培养目标；教学计划上，设置周会、语文、算术、历史、地理、自然、常识、体育、音乐、手工、生活指导、劳动、自习、集体社会活动等内容；除一年级有盲校的识字课本，其他基本上采用普通学校课本	具有完整意义上的盲校教学，具有一定的参考性

［注：以上内容根据顾定倩、朴永馨、刘艳虹主编的《中国特殊教育史资料选》中的部分内容整理所得］

（二）法制建设与盲校课程的不断完善

国家教育的发展在“文革”中受到阻碍，并出现混乱局面。改革开放后，国家坚持推进教育立法工作。而盲校课程伴随义务教育课程改革迎来了发展的契机。

1. 特殊教育法律不断完善

特殊教育立法是“文革”后的重点工作，它给特殊教育的运行与残疾儿童的入学以保障。1982 年《中华人民共和国宪法》第 45 条出现了国家对残疾人接受教育的说明；1986 年《中华人民共和国义务教育法》进一步明确残疾人应当接受教育，并且明确特殊儿童的教育是义务教育的一部分;1990 年《残疾人保障法》的出台更是使残疾人的权利得到进一步的保障。[①] 这为后续的课程改革创造了良好的背景条件。

2. 义务教育改革前的盲校课程

法律在恢复与推进特殊教育的实施上起到了保障作用,此时盲校的教学内容更加丰富,教学实施与评价的过程也更加灵活。如 1987 年,国家同时发布《全日制盲校小学教学计划(初稿)》和《关于征求对全日制盲校小学教学计划意见的复函》,对全日制五年制和六年制的盲校小学的课程进行了详细的说明。之后,1993 年《全日制盲校小学教学计划》更是在培养目标、教学形式与评价方面有较大的突破,逐渐成熟、灵活。[②] 如表 7-2-4 是"文革"后至义务教育改革前的盲校教学计划的特点。

表 7-2-4 "文革"后至义务教育改革前盲校教学计划的特点[③]

项目	1987 年全日制盲校小学教学计划	1993 年全日制盲校小学教学计划
目标特点	注重缺陷补偿,对发展的量的层面有要求	强调人的全面发展,对发展的质的层面有要求
内容设置	分科课程为主:盲文、思想品德、语文、数学、自然、社会、体育、音乐、手工、生活指导、识字汉字、班队会、体育活动、情趣活动等	在原有分科内容基础上,形式更加丰富,将活动课程纳入其中,强调活动课程在教学计划中的作用
评价	注重考试评价	考试与考察相结合
特点	强调计划性	计划性与灵活性相结合

[注:以上内容根据钱志亮主编的《盲校课程与教学》中的部分内容整理所得]

三、进步:21 世纪初期我国盲校课程

进入 21 世纪,国家加快对盲校课程改革的步伐,其中 2007 年颁布的《盲校义务教育课程设置方案》和 2016 年颁布的《盲校义务教育课程标准》是新时期盲校课程改革的标志性成果。

(一) 课程管理中国家与学校的相互调和

在课程管理上,国家不断完善和规范盲校课程设置与实施,但同样也给地方学校留下足够的发挥空间。

1. 国家对盲校课程的规范

21 世纪初期我国盲校的课程发展成果显著,从 1993 年的《全日制盲校课程计划(试行)》到 2007 年颁布的《盲校义务教育课程设置方案》,再到 2016 年 12 月颁布的《盲校义务教育课程标准》,我国盲校课程形式不断规范,内容更加清晰,操作也更加明确。尤其是 2016 年颁布的《盲校义务教育课程标准》对不同学科的课程性质与理念、课程目标、课程

① 朱宗顺. 特殊教育史[M]. 北京:北京大学出版社,2015:234.
② 中国教育学会教育学研究会. 特殊教育学[M]. 福州:福建教育出版社,2014:330—333.
③ 钱志亮. 盲校课程与教学[M]. 北京:北京师范大学出版社,2013:58—62.

内容、课程实施、课程评价做了全面的说明。[①] 普通学校义务教育课程改革始于21世纪初期，盲校课程标准的出现却时隔如此之久，可见国家对盲校课程标准制定的谨慎，也反映出盲校课程标准的提出经过了充足的准备。

2. 学校自主性不断增强

从中华人民共和国成立后学习苏联的教学模式到如今的新课程改革，在这个过程中，国家调整了课程管理的权力，课程管理权力不断下放，体现出在课程管理上对地方与学校的赋权增能。从《盲校义务教育课程设置方案》中"课程实施"的部分可见，地方可以对课程设置进行因地制宜的调整[②]；而《盲校义务教育课程标准》中更是将话语体系从"课程实施""课程评价"改为"实施建议""评价建议"，并且鼓励推荐使用地方的教育资源来支持教学实施，可以说国家在宏观层面上已经赋予了教师在课程实施上的相对权力，并且给予了一定支持，体现出地方、学校、教师的自主性不断增强。

（二）课程观念的普教与特教相结合

在与普通教育保持一贯性的前提下，盲校课程设置方案与课程标准更加考虑盲生身心发展的个性化需要，目标不断清晰。

1. 课程观的普特一致性

在课程观上，依照法律与普通教育课程标准是盲校课程设置及标准制定的一个重要的前提条件。因为特殊教育学校（包括盲校）的课程方案与标准和普通学校的课程方案与标准保持着特殊与一般的关系，普通学校课程是盲校课程的一般性体现，盲校课程是普通学校课程的特殊性体现；本质上因为盲生与所有普通学生都是一样的，都是学生的角色，只是盲生在某些方面有一定的特殊需要，但这不影响其角色地位与受教育权利的实现。所以盲校课程方案的设定不仅根据《中华人民共和国义务教育法》《国务院关于基础教育改革与发展的决定》《基础教育课程改革纲要（试行）》，还将《义务教育课程设置实验方案》作为重要的参考。具体表现为两者在学科难度上保持了相对一致。[③]

2. 考虑盲生的特殊需要

盲校课程与普通学校课程本质相同但并不是指内容上完全对等。在课程设置与标准制定上要充分考虑盲生的身心发展特点，把握特殊性。所以，盲校课程设置方案明确提出要结合视力障碍儿童身心发展特点去设置盲校课程。具体表现为在《盲校义务教育数学课程标准》中，"知识技能"目标提出盲生数学学习的特殊过程，即经历盲文数学符号的学习和应用，掌握盲文数学符号的要求，并把它作为数学学习的首要目标[④]；在《盲校义务教育语文课程标准》中，将点识盲文作为盲生的基本功，并尊重各地区盲文的差异，尊重各地

---

① 中国残疾人服务网. 盲校义务教育课程标准（2016年版）[EB/OL].（2016-11-25）. http://www.cdpsn.org.cn/policy/dt206l45375.htm.

② 中华人民共和国教育部. 教育部关于印发《盲校义务教育课程设置实验方案》《聋校义务教育课程设置实验方案》和《培智学校义务教育课程设置实验方案》的通知[EB/OL].（2007-02-02）. http://www.moe.gov.cn/srcsite/A06/s3331/200702/t20070202_128271.html.

③ 钱志亮. 盲校义务教育课程标准的特点[J]. 现代特殊教育，2017(1)：10—11.

④ 任涛. 盲校义务教育数学课程标准解读[J]. 现代特殊教育，2017(2)：9—12.

区习惯，确定底线的同时尊重差异。[①] 所以，对于盲生不仅要考虑其与普通学生的差异，还要考虑地区与学校之间的差异，更要考虑个体与个体间的差异。

（三）课程目标中全面发展与生活适应齐头并进

在课程目标上，盲校课程设置方案与课程标准不仅强调对视力障碍学生全面发展的理想性要求，同时也突出对视力障碍学生生活适应的实际性要求。

1. 对全面发展的强调

课程观层面的一般性要求指出，对于视力障碍学生来说，个体的全面发展是课程的目标之一。全面发展体现出的是对视力障碍学生身心和谐发展的要求，对视力障碍学生德育、智育、体育、美育全面发展的要求，对视力障碍学生知识、能力与情感、态度、价值观、意志品质全面发展的要求。

2. 对生活适应的强调

生活适应是课程目标中的另外一个重点。对视力障碍学生生活适应的要求不仅仅限于能够生活自理，更是学业发展与生活适应相互结合。首先，要求视力障碍学生能够以潜能开发来进行缺陷补偿；其次，要求视力障碍学生适应国家与社会，热爱国家与民族，同时具备法律知识素养，成为一个合格的公民；再次，要求视力障碍学生适应当前的时局发展，不仅要有人生规划的意识，更要有终身学习的态度与能力。而这一切都统合于能够独立生活与生活适应之中。

（四）课程实施中内容、形式、资源的相互照应

在课程实施上，鼓励探索地区、学校的资源，以多样的形式开展课程，课程内容不仅包括康复训练、通识知识，还包括适应生活的各种活动。

1. 课程内容设置全面

当前盲校课程不仅有体现其普遍性的普通课程，还有体现其特殊性的特殊课程。根据《盲校义务教育课程设置方案》，当前我国盲校课程主要涉及人文与社会、语言与文学、体育与健康、数学、科学、艺术、技术、康复、综合实践活动这九个领域。低年级阶段非常重视康复课程，如综合康复贯穿一至三年级，并且以一年级课时量最多；高年级阶段增加学业课程，如历史与社会、科学在高年级拆分成历史、地理、生物、物理、化学等分科课程；同时在义务教育阶段非常重视基本读写能力、信息技术与综合实践活动能力的培养，贯穿义务教育阶段。这体现出盲校课程中的教康整合原则。

2. 课程形式丰富且多样

新盲校课程融合了活动与分科两种方式，并且出现必修、选修课程之分。课程设置方案已经明确说明，活动课程与分科课程形式相互结合，并且在低年级阶段更多实施活动课程，高年级阶段慢慢增加分科课程。盲校课程标准提出适应个性需要发展的“选修模块”的设置，这是因为每个学生的需要不同且需要的程度也各有不同。所以以选修形式充分给予学生自主选择的权利。在时间安排上，也充分考虑高低年级学生特点，如课程设置方

---

① 黄柏芳.《盲校义务教育语文课程标准》解读[J].现代特殊教育，2017(6)：13—15.

案中建议低年级阶段每天安排6节课，中高年级阶段每天安排7节课，每节课的课时为45分钟；低年级阶段，应当在每节课的中间安排5分钟的休息或活动。①

3. 注重课程资源的开发

盲校课程标准非常注重课程资源的开发，并且积极鼓励学校开发校本课程。在《盲校义务教育课程标准》中每个学科后面都明确了“课程资源的开发与利用建议”②，并进一步列举课程中会用到的各种有形资源与无形资源，如学校教科书，学生身边的活动，以及学校、家庭及社区的资源。其中，鼓励运用媒体资源、网络资源充分体现了课程标准的时代气息。

（五）课程评价中课程本位与弹性原则的相互补充

当前对盲生课程的评价在保持与普通教育评价一致的情况下，要注意丰富评价主体与方式，并且保持一定的弹性。

1. 课程本位的评价方式

课程本位评价是当前特殊教育学校最为流行的评价方式之一，它强化了课堂评价对学生学习与教师教学活动的指导作用。③ 由于盲生的课程设置与目标同普通教育高度相似，所以在课程标准的规范下，有利于实施课程本位的评价。而这种课程本位的评价方式也可以通过多种形式完成，如学生与教师不同主体间的评价，传统分数与流行的档案等不同形式的评价。课程本位评价更有效地展示了学生的学习成果。

2. 弹性评价原则为补充

盲校课程标准中的课程评价并不是对普通教育课程标准的随意降低，而是充分考虑盲生的身心特点，保持一定弹性。如在《盲校义务教育地理课程标准》中，由于视力残疾学生在生活中接触地图的机会不多，而地图也只是帮助地理学习，所以在看图、填图、制图方面应适当降低要求并调整评价方式④；化学学科中实验探究具有重要地位，但由于盲生的特殊性，在降低目标要求的基础上还要使评价更尊重学生的差异。⑤

四、对我国盲校课程发展的反思与展望

我国盲校是伴随国家近代化出现的产物，对盲校课程进行反思与展望能为其未来发展提供启示。

（一）对我国盲校课程发展的反思

1. 课程管理权力的变化

基于国家基础教育改革的整体需要，盲校课程改革中课程管理权力发生了变化。在

---

① 中华人民共和国教育部. 教育部关于印发《盲校义务教育课程设置实验方案》《聋校义务教育课程设置实验方案》和《培智学校义务教育课程设置实验方案》的通知[EB/OL].（2007-02-02）. http://www.moe.gov.cn/srcsite/A06/s3331/200702/t20070202_128271.html.

② 中国残疾人服务网. 盲校义务教育课程标准（2016年版）[EB/OL].（2016-11-25）. http://www.cdpsn.org.cn/policy/dt206l45375.htm.

③ 章永. 特殊教育学校课程本位评估的操作性初探[J]. 乐山师范学院学报，2012(10)：128—130.

④ 张蕾.《盲校义务教育地理课程标准》解读[J]. 现代特殊教育，2017(6)：8—10.

⑤ 李俊.《盲校义务教育化学课程标准》解读[J]. 现代特殊教育，2017(3)：17—20.

本次基础教育改革中，国家为了处理课程统一性与多样性的关系，建立了国家、地方、学校三级课程管理体制，体现出课程集权与放权的特点。[①] 而我国盲校课程管理权力变化与义务教育改革是保持一致的。早期盲校私人办学，课程管理权力在学校，不同学校根据自己的实际条件与需要开设课程，体现出课程的特殊性；中华人民共和国成立后，国家接管特殊教育学校，规范盲校课程，体现出课程的统一性；到20世纪末期，盲校也随着义务教育课程改革，实行国家、地方、学校三级课程管理体制，地方与学校有了更多自主的课程管理权力，突出体现在校本课程的开发与应用上，体现出课程的多样性。

2. 盲校课程理念的转变

我国盲校课程理念的转变与我国学校教育课程观念的转变保持历史的一致性，都经历了从课程到教学，又从教学回归到课程的观念变化。由于早期我国盲校是私人办学，学校根据实际情况开设课程，国家层面上并没有统一的大纲、教材与参考书；中华人民共和国成立后，我国参照苏联的教学涵盖课程的模式，以教学代替课程，出现了标准化的课程纲要、教科书，盲校更是几乎照搬普通教育模式而仅做细微的变通；到了20世纪末，课程改革又重新把课程放到上位，实质上是教育从教师、教学材料、教学向学生、学习材料、学习的转换。

3. 盲文的统一规范是课程发展的基础

经过前期国家对盲文的规范，盲校课程的实施得到基本保证。当前我国使用的盲文主要有两类，即"现行盲文"和"双拼盲文"。在使用过程中主要体现为单一使用"现行盲文""双拼盲文"和共同使用这三种情况。[②] 盲文的使用者不仅包括盲生，还有盲校教师以及进入社会的广大盲人群体。只有统一规范盲文的使用，才能使盲人间的沟通更方便，盲生与教师的交流更有效，盲校课程与社会生活才能相互照应。

4. 课程目标愈加完整、实际

我国盲校在经历以私人办校为主体转变到以国家办校为主体的这一过程中，盲校的课程目标不断完整化、实际化。早期盲校由于多是私人办学，所以不同学校各树一帜，并且夹杂着宗教色彩，但总体上坚持个体本位取向，即为了盲生适应生活，缺乏社会层面对个体的要求。中华人民共和国成立后，盲校课程的目标取向体现在政策表达中。中华人民共和国成立后至20世纪末，为建设、恢复、稳定盲校的发展，国家在政策目标上强调社会本位取向，对盲生个体发展层面关注不够。在21世纪课程改革中，盲校课程目标兼顾社会与个人发展，一方面为国家社会培养有用人才，另一方面以人为本，注重盲生个体发展，变得愈加完整、实际。

5. 课程内容更加与时俱进

在百年的盲校课程发展中，盲校课程内容不断与时俱进。除了基本的读、写、算等通识技能，相当长的一段时间里，手工劳动作为盲校课程的一个重要内容，如私人办学时的编席子、织布、编篮筐等，再到中华人民共和国成立后对手工劳动教学内容的强调。如今，

---

① 李允. 课程与教学论[M]. 北京：北京大学出版社，2015：248—253.

② 程黎，顾定倩，刘艳虹，等. 我国盲文使用状况的调查研究[J]. 语言文字应用，2013(2)：42—48.

新课程标准中加入了许多具有时代气息的内容，如信息技术应用、综合实践活动、综合康复、生活适应等，而且强调辅助技术在课程中的运用，这不仅丰富了盲校课程的内容，更使得盲校课程与时俱进。

6. 课程资源逐渐丰富、广泛

课程资源是激发课程活力、促进课程实施的一个重要条件。在长期学习苏联教学模式的过程中，教学上过于注重教学大纲、教学计划、教科书的作用，导致教学过于单一、枯燥。这是中华人民共和国成立初期管理新接手的大批学校时的状况，这也是受当时百废待兴、资源匮乏的实际情况制约所致。进入21世纪，国家科技、经济快速发展，为盲校课程实施提供了大量的课程资源；同时社会群众文化水平不断提高，这更促进了课程资源的有效流动，如视力障碍学生辅助技术的普及就是一个重要的表现。

7. 课程实施更加灵活多变

在义务教育改革背景下，盲校课程实施更加灵活，更加注重学生的主体地位。形式上，不仅有传统单一的班级授课制，还包括个别教学和以学生自主探究为主的活动课程等多种形式；课程实施的场所也突破了学校单一环境，在家校、社区、社会支持的条件下，社会资源被有效调动，课程可以扩展到社会环境中实施。

8. 课程评价逐渐多元、完善

课程评价在检验课程目标实现与监督课程实施方面具有重要的作用。早期，关于盲校课程的评价不作为一个重要的内容呈现在课程之中，所以很容易使盲校课程流于形式。而政府在接管不同办学主体的盲校后，开始转向学习苏联的教学模式，并且盲校教学长期仿照普通学校，所以在评价上非常注重学生知识、技能的掌握，且以测验的形式为主。课程改革后，课程涵盖了教学，以课程为本位的评价逐渐受到重视，并且多种主体、多种评价方式得以运用，保证了盲校课程评价逐渐多元、完善。① 与此同时，课程在评价上更加注重符合盲生的身心发展特点，如延长时间、变通内容等都是体现。

（二）对我国盲校课程发展的展望

我国盲校是义务教育体系中的一部分。盲校课程不仅要真正做到可持续发展，还要做好与学前教育以及职业教育、高等教育的衔接。面对越来越多的盲生走进融合教育，盲校课程与普通教育课程的相互借鉴也极为重要。

1. 承接学前教育

盲生的学前教育关系到其在义务教育阶段的学习与成长。盲生接受学前教育不仅能为其适应小学学习生活做好准备，更能够促进盲生的康复与社会融入。一般接收盲童的幼儿园都附设在盲校中，所以应该加强彼此之间的联系。而幼儿园对盲童的教育更多的应该是帮助其为更好地适应小学生活而做准备，不应该将课程完全小学化进而扼杀盲童的学习兴趣。② 而当前我国盲校学前教育课程内容混乱、小学化倾向严重，缺乏系统的规

① 朱茵，章文亮. 转变评价方式重新认识盲生[J]. 现代特殊教育，2003(1)：34—35.

② 陈丽红. 盲校幼小衔接现状分析及解决对策[J]. 中国特殊教育，2006(2)：52—55.

范与标准。规范与完善盲校学前教育课程是一个亟待解决的问题。①

2. 衔接职业教育

从有盲校开始，职业教育一直是盲生学校教育体系的主要终端之一。在职业教育方面，早在21世纪初就有学者提出整合式的盲人职业课程。② 如今则有必要拓宽盲人职业教育的门类，除了传统的按摩、手工、器乐外，还要添加信息技术的内容，如早在20世纪我国台湾地区就已经有针对盲生的盲用电脑，并且为其提供电脑培训。③ 当前我国大陆科技发展迅速，应该加强盲人辅助技术的使用来帮助盲生更好地就业。而对于传统的如按摩的职业课程则应该增添更多内涵，增强盲生的市场竞争力，培养其德艺并重的同时也要教授盲生必要的自我防范技巧。④

3. 衔接高等教育

当前越来越多的盲生有机会进入高等学校。据官方统计，2016年申请合理便利条件的残疾考生人数大幅增加。⑤ 相比于其他残疾人，盲人更容易融入社会，在盲生义务教育得到保障并且得到长足发展的情况下，会有越来越多的盲生进入高等院校接受深造。陈光华曾调查过盲生对进入高等学校深造的态度以及社会对盲生接受高等教育的态度。调查结果表明，盲生对接受高等教育有一定的期待，但是自信心又有不足，而师范生对盲人上大学还是持积极肯定的态度。⑥⑦ 所以有条件的大学应该积极做好无障碍设施及辅助技术的准备，帮助视障学生接受高等教育，而盲校也可以组织一定的活动去帮助视障学生体验高校的生活。

4. 优化盲校教师队伍

良好的教师队伍是课程实施最基本的保证。而当前我国盲校教师很多是由普校教师转岗过来的，入职前缺乏相关专业的训练；教师的实践性不强，对盲生群体不了解，缺乏盲教育的前沿知识，并且学科素养不理想。⑧ 但是，盲校课程标准对教师课程资源整合与实施的能力要求较高。所以，应该加快做好盲校教师的职前培训工作，鼓励盲校教师学习有关盲人心理与教育的新知识，也有必要及时更新盲校教师课程实施的评价与考核方式。

5. 加强家庭、社区对学校的配合

盲校课程的实施需要家庭与社区的理解与支持。一方面，盲校课程实施需要家庭、社区的理解，要用发展的眼光看待盲生的学习与成长，尊重他们学习的权利，给予他们更多的理解。另一方面，盲校课程资源建设也需要家庭与社区的支持。教师开发的校本课程，既表现其对学生发展的把握，更体现了对地区资源的整合，所以，应该积极向学校开放地区资源，支持盲校课程资源库的建设。

---

① 吴杨，钱志亮. 盲校学前教育课程设置的调查研究[J]. 中国特殊教育，2016(8)：31—36.

② 吴军. 盲校职业教育阶段实施课程整合的必要性和可行性[J]. 中国特殊教育，2003(3)：15—18.

③ 徐白仑. 国际视障教育学会中国分会第三届学术研讨会论文集[C]. 乌鲁木齐，1997：25.

④ 季桂梅，赵有荣. 盲校职业教育按摩专业课程设置策略[J]. 潍坊教育学院学报，2010(2)：101—102.

⑤ 中国残疾人联合会. 中国残联调研残疾考生参加2016年普通高考情况[EB/OL]. (2016-06-07). http://www.cdpf.org.cn/ywzz/jyjyb/jy_254/gzdt_255/201703/t20170308_584219.shtml.

⑥ 陈光华，郭黎岩，王峥. 视障青年对接受普通高等教育的态度调查[J]. 毕节学院学报，2012(2)：57—62.

⑦ 陈光华. 对视障生接受普通高等教育的态度调查[J]. 中国特殊教育，2005(12)：36—43.

⑧ 刘全礼. 盲校教师的专业素养研究[J]. 中国特殊教育，2014(12)：73—78.

6. 助力于推进融合教育发展

融合教育是国际教育的潮流，我国则赋予其“随班就读”的本土化称号。盲童是最早的“随班就读”实验对象之一。1987年，“金钥匙”视障教育研究中心在华东、华北和东北的部分农村地区开展了“让视障儿童在本村就近进入小学随班就读”的教改试点工作。① 如今这项工作还在进行，如2014年，“金钥匙”研究中心召开的新疆全纳教育支持保障体系建设项目总结会就在乌鲁木齐举行。② 面对融合教育的趋势，盲校应该重新审视未来发展之路，重新审视盲校课程的未来发展变化。越来越多的视障学生进入普通学校，盲校有必要为普通学校提供资源与指导，必要时拓宽功能，以资源整合的模式支持普通教育，为其提供技术支持与指导。

第三节　2016年中国大陆聋校的课程发展

特殊教育作为国民教育体系的重要组成部分，在新一轮基础教育改革浪潮的推动下，也发生了可喜的变化。聋校课程是为适应聋生身心发展规律而发展或设计出的各类学科、计划、活动以及教学材料的综合及其进程和安排，是聋校教学、评价、教材编写等活动开展的基础，是聋校推进素质教育的核心和关键。

我国聋校课程的建立和发展按时间划分大致经历了四个时期：中华人民共和国成立前的萌芽时期，中华人民共和国成立后至改革开放前的初创时期，改革开放至20世纪末的发展时期，21世纪以来的改革时期。③④ 从20世纪50年代我国首个聋校教学计划⑤颁发伊始，到90年代《全日制聋校课程计划（试行）》（1993）的发展，再到21世纪我国聋校课程改革与建设，不难看出我国大陆聋校课程发展始终注意结合不同时代背景和社会发展特点，在实践中不断探索，在探索中不断发展，借鉴普校课程改革经验，立足聋生发展实际，并积极吸收融合教育理念，不断探索适合自己的课程发展道路。21世纪以来，随着基础教育课程改革进一步推进，聋校课程改革的步伐也日益加快，聋校课程建设迎来了崭新的局面。2007年，教育部发布《聋校义务教育课程设置实验方案》（以下简称《方案》），一改过去聋校课程设置散乱无序的状态，根据均衡性与特殊性相结合、综合课程与分科课程相结合、统一性与选择性相结合的原则对聋校义务教育阶段课程设置做了具体规定，对聋校课程建设和发展起到了规范和引导作用。其中针对聋生身心发展特点增设的“沟通与交往”和“综合实践活动”课程成为最大亮点，此后各地积极开展相关研究和实践活动，取得了显著成绩。2016年，在多年实践基础上，教育部发布《聋校义务教育课程标准》（以下简称《标准》），改变了自《方案》颁布以来我国聋校课程“有方案无标准”的尴尬局面，“这是

---

① 徐洪妹. 视障教育上海盲校百年印证[M]. 上海：上海教育出版社，2010：13.

② 中国残疾人联合会. “中国残联金钥匙中心/CBM新疆全纳教育支持保障体系建设项目”总结座谈会在乌鲁木齐市举行(2014)[EB/OL]. (2014-10-28). http://www.cdpf.org.cn/ywzz/jyjyb/jy_254/gzdt_255/201412/t20141210_433373.shtml.

③ 郑焕艳. 我国聋校课程设置与演变的研究[D]. 北京：北京师范大学，2009.

④ 盛永进. 特殊教育学基础[M]. 北京：教育科学出版社，2011：221—222.

⑤ 1956年和1957年分别颁布《聋哑学校手势教学班级教学计划（暂行草案）》《聋哑学校口语教学班级教学计划（暂行草案）》。

我国第一次专门为残疾学生制定的一整套系统的学习标准，是对我国多年来特殊教育发展和教育教学改革经验的集中总结，是当前及今后一个时期我国特殊教育教学改革的顶层设计，对于进一步提升特殊教育质量、办好特殊教育、促进教育公平具有特殊的重要意义”①。这两份文件是我国聋校课程改革和建设的重要里程碑，中间的十年也是我国聋校课程发展的重要时期。《标准》既是对自《方案》颁布以来聋校课程发展成果的总结，又是新一轮改革的起点，在这样的发展节点上总结过去十年间我国聋校课程改革发展情况，厘清存在的问题，不仅是对《方案》相关要求是否达标的自我审视，也是为了更好把握《标准》改革方向，并进一步推进未来《标准》的落实。

经过近十年的发展，聋校课程改革取得了显著成果。② 为了解我国大陆聋校课程发展情况，笔者通过对知网相关文献的整理，着重分析自《方案》颁布至《标准》出台的十年间聋校课程发展的主要情况，总结这一阶段聋校课程改革和建设取得的成果及存在的问题，并据此提出相应的对策与建议，以期为未来进一步落实《标准》和继续推进聋校课程改革提供一点想法。

一、课程理念

（一）生活化

近十年聋校课程改革带来的最大改变是课程更加贴近聋生的实际生活，这是一项系统的变革，在理念、目标、内容、实施和评价等诸多方面都能体现出这一特点。新课改努力克服传统的重知识轻能力、教学脱离聋生实际的倾向，强调基于聋生的生活经验，紧密联系聋生的自身生活和社会生活，将学校学习与日常生活联系起来，使其学有所得、学而有用，而不是割裂学校与生活，学而无用。

（二）综合化

《方案》提出：“各门课程都应重视学科知识、社会生活和聋生自身经验的整合，加强学科渗透。”这种综合化倾向体现在如下三个方面。第一，充分考虑和尊重低年级聋生思维发展特点和知识加工特点，将以往单一的学科课程进行分学段分层次整合，更加符合不同年龄阶段聋生生活经验不断丰富、要求不断提高的需要。例如，聋校思想品德课转变为综合课程，分为品德与生活（1—3 年级）、品德与社会（4—6 年级）及思想品德（7—9 年级）三个层次；劳动课程同样根据聋生年龄阶段分为生活指导（1—3 年级）、劳动技术（4—6 年级）和职业技术（7—9 年级）。第二，不同学科和课程内容之间的整合进一步加强，以往各自为政的学科课程和教学之间的交叉和整合更加明显。例如，信息技术教育既可以作为一门独立课程实施系统化教学，又可以作为支持系统在聋校语文、数学、语训等不同课程教学活动中应用。第三，新增综合实践活动课程，这是集信息技术教育、研究性学习、社区服务与社会实践等为一体的新课程，在聋校课程改革历史上是一次重大突破，是对过去以

① 教育部. 教育部发部实施盲、聋和培智三类殊殊教育学校义务教育课程标准[EB/OL]. http://www.moe.gov.cn/jyb_xwfb/gzdt_gzdt/s5987/201612/t20161213_291720.html.

② 刘全礼. 中国特殊教育发展报告（2013 年）[M]. 北京：中国轻工业出版社，2015：70—77.

学科课程为主的聋校课程体系的结构性突破。相比学科课程向综合课程的转向，综合实践活动课程不仅强调课程内容组织方式的综合性，更强调课程内容教学方式的活动性和实践性，并且集合多个学科领域于一体，是更进一步的变革。

（三）活动性

活动性是生活化和综合化的必然结果。新课改提倡让聋校课程和教学回归聋生实际生活，而现实生活中的各种经验是综合的、联系的，不是分离的、割裂的，因此依靠过去那种讲授式的分科教学显然行不通。这不仅要求转变知识的组织和传递方式，从以分科课程的形式向聋生讲授知识到让学生在活动课程中亲身实践和探索知识，还要求转变聋生知识经验的加工方式，从过去那种“拿来式”的学习转向“探究性”的学习，在活动中探究，在探究中学习。

（四）生成性

生成性意指动态的、生成的，而不是静态的、预设的，因此生成的过程自然也是一个探索未知的过程。新课改倡导聋校课程向生活化、综合化和活动性转向，而一旦课程脱离预设文本且来源于实际生活，那么知识经验本身的不确定性和未知性就必然导致聋校整个课程体系的变革，不仅在课程内容、实施、评价上由预设转向动态生成，还必然导致这一活动的两大主体（师与生）在角色、互动关系等方面的巨大改变。课程就从传统的师授生收的文本经验变为师生共同探究生成的“活”经验，因此也更能促进聋生从中学有所得。当然，生成性并不意味着模糊性和随意性，相反，正是这种生成性才更能体现新课改关注聋生个别化和差异性发展的思想。

二、课程设置

《方案》提出聋校课程设置要遵循均衡性与特殊性相结合的原则、综合课程和分科课程相结合的原则及统一性与选择性相结合的原则。经过多年的实践与发展，聋校课程设置呈现出多水平、多类型、多层次的特点。多水平是指聋校课程分为国家、地方和学校三种不同水平，既有国家统一课程，又有地方特色课程和校本课程。《方案》给开发和建设地方课程和校本课程足够空间，以最大限度根据地区实际情况制定真正适合聋生发展需要的课程。多类型指聋校课程类型多样，既有学科课程，又有活动课程；既有分科课程，又有综合课程；既有必修课程，也有选修课程。同时课程门类齐全、内容丰富，既有文化课，又有康复训练课，还有思品课、艺体类、职业技术类课程。多层次指聋校课程设置充分尊重聋生身心发展特点，依据聋生年龄发展水平对相关课程进行分学段调整，更加符合不同年龄阶段聋生发展特点和课程组织规律。例如，德育课程按聋生年龄阶段分为品德与生活（1—3 年级）、品德与社会（4—6 年级）及思想品德（7—9 年级）三个层次，不同层次既相互独立又相互联系，在课程内容的深度和广度上逐层递增，前一层是后一层的基础，后一层是前一层的深化，以适应和满足不同年龄阶段聋生生活范围逐步扩大、经验不断丰富、社会融合能力逐步发展的需要。

三、课程内容

（一）国家课程校本化

《方案》虽对聋校课程设置、课时、类型等做了明确规定，但配套的教材等其他课程资源的发展仍较为滞后甚至匮乏。在这种情况下，大部分聋校对国家课程进行了创造性使用，充分利用聋校现有课程资源，并整合普校义务教育课程，在课程目标、内容、实施、评价和课程资源等方面积极进行校本化改革，以适应当地实际和聋生发展需要。如上海聋人高级中学根据课程标准和聋生实际，在现行的普校课程基础上，通过补充、重组、删减、重新编排、整合等方法对高中数学课程内容进行二次开发和校本化处理，在课程实施过程中始终注意结合聋生生活实际和发展水平对课程内容进行整合、衔接，并根据聋生能力差异在课程目标、评价等方面进行分类处理。① 南京市聋人学校根据《江苏省义务教育信息技术课程纲要》，并以配套实验教材为基础，对聋生信息技术课程做了校本化探索，根据聋生信息素养发展水平和特点对课程目标、课时、内容等做了相应调整，在课程实施过程中将综合活动与课程教学相结合，引导聋生在活动中学会应用，促进聋生信息处理能力和信息素养的提高。②

（二）校本课程专业化

新课改提倡课程多元化，在国家课程的框架内可适当补充地方课程和校本课程，以适应学生发展的需要。首先，校本课程类型主要集中在艺体类、手工类和职业类课程，同时逐渐向其他类型拓展，各地聋校依据实际情况积极开展康复、社会适应、心理健康、信息技术、职业教育、艺术等校本课程的开发与建设工作。重庆丰都县特殊教育学校依托当地特色产业，如鬼城鬼文化手工业、长江三峡农业产业、旅游业等资源，开发和建设了有当地特色的聋生职业技术教育校本课程及教材。③ 常州市武进区特殊教育学校基于多元智能理论，根据聋生实际需要开发了人文类、生活类、技能类和特长类四大领域校本课程。其次，校本课程的开发逐渐走向系统化、专业化，课程开发和建设中的盲目性与随意性逐渐减少。衢州聋校从“以文化教育为中心，以职业教育和艺术教育为两翼”的办学策略出发，创建艺能特色学校，培养“一专多能”的聋人毕业生，由此进行了艺术和职业教育校本课程开发实践，形成了比较科学的校本课程体系。④ 董洪亮在多年实践基础上总结出校本课程开发应基本包括“建立组织、动员、形成核心价值、学生需求评估、资源评估、形成课程规划、培训、过程调控、总结评价和改进”等程序和步骤；同时对校本课程与国家课程的结构关系做了说明，认为使校本课程结构化是聋校课程建设的一大任务，并提出可以从板块设计、层次设计和年级设计三个水平来整合全校课程，使其逻辑体系更加严密，在观念和操作层面对基层聋校校本课程建设和专业化发展有很大的启示作用。⑤

---

① 江翔.聋高中数学课程校本化初探[J].现代特殊教育，2013(12)：33—34.
② 孙继红.聋校信息技术课程校本化实施的规划与思考[J].中小学信息技术教育，2010(2)：38—39.
③ 杨小梅.立足地方特色开展聋校校本职业技术教育[J].南京特教学院学报，2009(4)：22—25.
④ 周志英，冯金宝.聋校艺术与职业教育校本课程开发案例研究[J].中国特殊教育，2007(4)：62—66.
⑤ 董洪亮.校本课程开发：观念与操作[J].现代特殊教育，2009(12)：9—12.

四、课程实施

新课改背景下如何保障课程实施效果、保证教学质量，一直是聋校课程发展和改革的核心问题。教学是课程实施的主要途径，而课程资源的丰富程度和质量水平、教学策略的有效性又是保障教学活动效果的重要条件。笔者从课程实施中的课程资源，包括教材、支持系统（教什么）和教学策略（怎么教）入手，对相关情况进行介绍。

（一）教材

教材是最基本、最重要、最具有代表性、最主要的课程资源，是实施教学的主要依据。聋校十分重视对不同教材资源的利用，目前在教材使用上大致有四种情况：沿用旧版实验教材或借用普校教材，并加以适当调整和整合；在已有教材资料基础上进行新旧教材衔接工作并编写新教材；开发校本教材；多种教材资源混用。①

1. 活用旧教材

《方案》虽确定了聋校课程设置和课程计划，但并未更新配套的实验教材。许多地区仍然沿用人教社于 1995 年左右出版的"聋校义务教育实验教材"。由于年代久远，旧版教材不免有陈旧和不合时代发展要求的部分。与聋校教材相比，普校教材更新更快、资源更加丰富。在这种背景下，为有效推进新课改，一些不具备编写新教材条件的聋校在旧版教材（普校或聋校）使用上推陈出新。一方面尝试整合普校教材，充分利用普校教材中丰富的教学资源②，并依据聋生身心特点进行适当调整③；另一方面积极优化、更新、拓展聋校旧教材相关内容④，对旧教材不合时宜之处进行适当的调整与改进，同时结合新课改理念积极调整教学方法、策略（如探究性学习等），活用旧教材，以适应新课改背景下的聋校教育教学。

2. 编订新教材

随着《标准》的颁布，教育部已开始着手新版实验教材的编写工作。目前聋校语文、数学等科目的新教材已开始投入使用，但其他科目特别是《方案》新增科目的教材还尚未统一。鉴于这种情况，各地聋校积极开展新教材的编订工作及新旧教材的衔接工作。从门类上看，新教材编写主要以新课程为主逐渐向其他科目拓展。浙江省于 2013 年进行省聋校"沟通与交往"教材编写和修订工作，并尝试在全省范围内推广试行。⑤ 北京启喑实验学校开展小学段"道德与生活""道德与社会"科目新教材的编订工作及新旧教材的衔接研讨工作。

3. 编写校本教材

除了活用现有教材资源外，很多聋校都积极结合自身实际，尝试开发和编写校本教

① 邵伟. 聋校小学语文教材使用问题探析及对策[J]. 绥化学院学报，2016，36(7)：45—48.

② 闫延河. 在聋校使用普校数学教材可行性的若干思考[J]. 中国特殊教育，2008(3)：21—24.

③ 黄贤娟. 聋校二年级语文教材与普校教材优化整合的探讨[J]. 中国科教创新导刊，2013(21)：51.

④ 陈玲华. 创造性使用聋校低年级语文教材的尝试[J]. 现代特殊教育，2007(10)：21—23.

⑤ 王小展. 省聋校《沟通与交往》教材编写工作会议在宁波召开[EB/OL]. http://www.hz-lx.net/sites/main/template/detail.aspx? id=12834.

材。从种类上看，校本教材主要以语文为主，并进一步拓展到沟通与交往、艺体类、职业技术类（如服装、缝纫等）、康复[①]等多个学科。一方面反映出语文作为聋生语言能力发展的基础课程，已有教材资源无法满足当前新课改发展要求的迫切形势；另一方面也反映出基层聋校对艺体类、职业技术类等课程的重视，对新课改提倡的"缺陷补偿、潜能开发"、素质教育和全面发展等理念的践行，通过开发多样化校本课程，利用当地和学校相关资源，为聋生全面发展打好基础。

（二）教学策略

1. 有效教学策略

随着我国聋校新课程改革的深入发展，实施有效教学策略，切实提高教学质量日益成为各地聋校关注的热点与难点。对有效教学的理解，不同学校和教师有不同看法，但都关注一个中心，即聋生在教学中是否真正得到了发展。2013 年 11 月，中国听障教育有效教学研讨会在合肥举行，会上指出片面理解新课改精神、师生沟通障碍和过度使用教学辅助手段等是造成当前聋校课改中教学效率不高的主要原因。各地聋校也从实践层面对如何实施有效教学提出了很多看法，包括设计有效的教学目标、注重有效的教学过程、开展有效的师生沟通、实施分层分类和个别化教学等。[②]

2. 生活化教学策略

新课改提倡要将学校教学从封闭的课堂拓展到课外，聋生不仅要学习基础知识和技能，更要学会学习、学会生活、学会合作，因此加强课程与学生实际生活经验的联系，实施生活化教学也成为聋校课程改革的重要趋势，这也是提高教学有效性的客观要求。各地聋校在课程实施中都非常关注生活化理念的践行。例如无锡市特殊教育学校从校园活动、课堂教学、课程结构、社会实践四个方面着手积极进行生活化美术教育实践。[③] 安徽省阜阳市特殊教育学校在聋生语文生活化教学中通过创设情境教学、环境陶冶、走出课堂、角色扮演、再现生活等途径取得了很好效果，并提出实施语文生活化教学需要注意目的性、主体性和可操作性等问题，以保证生活化教学效果。[④]

3. 探究性学习策略

探究性学习是培养聋生综合运用知识解决问题能力、创新精神与实践能力的有效途径。基层特教教师重视在各门课程的教育教学中活用探究性学习，如在语文[⑤]、数学[⑥]、生物[⑦]、科学[⑧]等课程的教学中引入探究性学习，促进聋生问题解决能力和创新实践能力的发展。目前探究性学习、自主探究等策略在聋校课堂教学中已有较为广泛的应用，有助于提升聋生在课堂教学中的参与度和积极性，培养其发现、分析和解决问题的能力。值得注

---

① 王圣永，孙利云. 聋校小学阶段"康教结合"集体康复校本课程设置与教材编写的探讨[J]. 内蒙古教育，2016(27)：29.

② 沈玉林. 聚焦聋校有效教学——中国听障教育有效教学研讨会综述[J]. 现代特殊教育，2013(12)：55—56.

③ 吴琦. 刍议聋校生活化美术教育实践[J]. 南京特教学院学报，2010(1)：69—72.

④ 见玉娟. 聋校语文"生活化"教学模式的建构与思考[J]. 现代特殊教育，2009(4)：23—24.

⑤ 孙雪枫. 运用探究性学习方式提高语文教学效率[J]. 现代特殊教育，2013(3)：41—42.

⑥ 范才增. 浅谈聋生数学课堂中的探究性学习[J]. 数学学习与研究，2016(6)：111.

⑦ 谢永灿. 聋校生物探究性学习的研究[J]. 现代特殊教育，2007(C1)：68—70.

⑧ 陈洁. 浅析聋校科学课中的探究性学习[J]. 科教导刊，2011(34)：126—127.

意的是，当前对聋校课堂探究性学习存在的问题及制约因素的分析较为缺乏。白锋亮认为制约聋校语文课堂探究性学习的因素来自于学生和教师两个方面。探究性学习要求学生具备一定的发现问题、解决问题的能力并能够进行交流探讨，而大多数聋生因语言表达能力和思维能力较差，致使探究性学习较难开展；从教师角度看，一些教师容易将探究性学习理解为完全以学生为中心的教学模式，从“填鸭式”走入“放羊式”教学的极端，缺乏系统有效的评价，同样使得探究性学习浮于形式。①

（三）支持系统

1. 信息技术

信息化背景下如何推动聋校课程改革更加适应时代发展、促进聋生适应社会变革是新课改的重要目标之一。聋生计算机技能的培养和信息素养的提升在聋校课程改革中应受到更多的重视。除了设立专门的计算机课程，信息技术作为支持系统与聋校其他课程的整合②是当前聋校课程改革的重要内容之一，即如何有效利用网络多媒体等信息技术手段为其他课程的教育教学服务。新课改提倡聋校课程逐步走向综合化和生活化，信息技术作为支持系统无疑是有利于推动课程发展的。目前，信息技术在聋校不同课程的教学活动（语文、数学、语训、职业教育、沟通与交往等）中的应用已十分广泛，利用多种直观形象的教学辅助手段和电子设备，提供多种感官刺激，补偿聋生听觉和抽象思维较弱等缺陷，是提高聋生课堂互动和参与度，支持聋生转变学习方式③，并最终提升课堂教学质量的有效手段。例如多媒体、交互式电子白板、平板电脑、微课等新型教学手段在聋校课堂教学中的应用。微课④是以微型教学视频为主要载体，结合多种视频录制工具，针对某个学科知识点或教学环节而设计开发的一种情景化、可视化、支持多种学习方式的在线视频课程资源，在聋校课堂教学中逐渐受到重视。

2. 其他课程资源

除了网络和多媒体资源外，新课改还特别强调聋校应充分挖掘学校周边设施设备、社区环境、当地特色产业等资源，帮助聋生更好地融入社会。山东省东营市特殊教育学校围绕校本课程资源开发，引导并辅导学生参与社会实践：与市技师学院、蓝海职业技术学院联合，对学生进行职业教育培训；在校内开展丝网花、花泥画等手工制作活动，培养学生的一技之长；与海河小学、春晖小学、油田二小或社会爱心团体联合，组织有关活动，使学生体会到社会的关爱；结合学校社区、附近社团及相关单位开展活动，挖掘开发课程资源；带领学生走入黄河入海口、清风湖、天鹅湖等地，欣赏东营的美丽风光，了解东营丰富的自然资源、文化习俗和历史足迹；邀请家长共同参与课题研究与课程的设计和开发，充分利用家庭教育资源，丰富校本课程资源开发的途径。⑤

---

① 白锋亮.影响高中聋生语文探究性学习的因素及对策[J].新课程.教育学术，2010(8)：230—231.

② 钱新平.信息化与聋校学科教学的整合[J].现代特殊教育，2007(4)：22—23.

③ 陈书爽.信息技术应用于聋校课程改革的相关研究[J].南京特教学院学报，2007(4)：62—65.

④ 高媛媛.“微课”对聋校语文教学的启示[J].现代特殊教育，2014(3)：50—51.

⑤ 姜艳萍.特殊教育学校校本课程资源的开发与利用[J].小学教学参考，2014(12)：9.

五、课程评价

（一）强化评价的发展功能

《基础教育课程改革纲要（试行）》明确规定，“建立促进学生全面发展的评价体系”是实施素质教育的核心任务。这也要求聋校课程评价同样需遵循素质教育对课程评价体系建设的新要求，强化课程评价在促进聋生全面发展中的作用，转变过去应试教育体系下将课程评价功能定位在甄别和选拔上的错误观念。江苏省大丰市特殊教育学校将体育评价内容拓展为运动技能、学习态度、交往与合作能力等，这样多元化的评价内容更关注学生的参与度、身心健康状况、适应社会的能力以及积极的情绪体验和心理素质。[①]

（二）坚持评价多元化取向

聋校课程评价在内容、方法和评价主体上呈现出多元化特点。课程评价中兼顾聋生学业成绩和能力培养，关注聋生全面发展；在评价方式方法上更加多样，积极运用档案袋、调查、访谈等方法；在评价主体上不仅重视教师、学校教务人员的评价，更注意鼓励聋生、家长甚至社区参与到聋校课程和教学的评价当中。浙江省衢州聋校通过实践建立了较为完善的艺术与职业教育校本课程评价体系，由教师、学生、学校管理者以及学生家长共同参与分析与评估的过程，综合运用非正式评价、真实评量、测验和考等级证书等方法实施评价。[②]

六、余思

2007 年以来，我国聋校课程发展既是不断解决问题和自我完善的过程，又是进一步发现问题、提出新的发展要求的过程。前者集中体现在聋校课程改革紧跟《方案》要求，在课程理念、设置、目标、教学、评价、资源开发等方面进行积极尝试和探索，丰富和充实相关领域研究成果；后者则体现为后半期（主要是 2010 年以后）聋校课程发展重心的逐渐转移，即除了继续巩固新课改发展成果，更重视新课改实施现状与问题的反思与探讨。当前聋校课程改革在教材编订、校本课程开发、教学和评价、课程资源、师资建设等方面成果显著，但仍面临诸多问题，这也是未来我国聋校课程改革的主要发力方向，以更好地推进未来《标准》的落实和新课改的稳步发展。

（一）教材

当前聋校在教材使用上方式多样，能积极利用已有教材资源并积极尝试编订新教材、开发校本教材，但仍存在许多问题[③]，如嫁接、照搬普校教材，实验教材使用和调整中存在随意性，校本教材编订中缺乏系统性和科学性等问题。《标准》出台后聋校义务教育阶段实验教材正在紧锣密鼓地编订当中，这是重大进步，但未来对普校教材和校本教材等资源的需求可能并不会因新版实验教材投入使用而完全消失，合理混编普校、聋校教材，开发校本教材依旧是基层聋校教材使用上的重要途径之一。在混编教材和校本教材开发上，

① 丁晓平. 构建以聋生发展为本的课程评价体系[J]. 现代特殊教育，2013(1)：41.

② 周志英，冯金宝. 聋校艺术与职业教育校本课程开发案例研究[J]. 中国特殊教育，2007(4)：62—66.

③ 高磊，兰继军，王疆娜. 聋校语文校本教材开发的探索[J]. 中国特殊教育，2010(8)：32—36.

要坚持科学发展观，明确义务教育阶段聋校课程培养目标，始终以聋生发展水平和认知特点为基础，依据聋生特殊教育需要特别是要重视促进聋生语言能力和思维水平的发展，对现有教材进行合理调整，并积极开发校本教材。

（二）校本课程

当前校本课程开发与建设方面取得了丰硕成果，很多聋校也建立了较为完整的校本课程体系。但对于大多数基层特校教师来说，校本课程开发还具有相当的难度，校本课程开发过程中依旧存在随意性、覆盖面窄、教师能力不足甚至功利化等问题。① 因此，未来在校本课程开发上特校要继续给予足够重视，根据聋生发展实际情况和当地实际进一步拓展校本课程，同时加强与高校科研单位、课程专家间的联系与合作，减少课程开发的随意性和盲目性；要加强聋校教师校本课程培训和相关技能培训，提高教师课程开发和建设能力，防止出现“因师设课”的现象。

（三）教学与评价

聋校新课改过程中应更加重视教学有效性，不断摸索新的教学模式、方式方法，以更好地保障课程实施和教学效果。新兴的教学模式、方法和策略应采取循证实践的形式进入聋校课程实施当中，提高其在实践中的科学性和有效性。例如是否所有学科内容都适宜实施生活化教学，过分强调生活化和活动性是否会不利于聋生系统学习学科知识，等等。另外，在课程评价上要始终坚持评价的发展性功能，坚持多元评价取向，采用多样化的评价内容、方式、手段，鼓励多方主体参与课程评价，重视聋生差异和个别化教育需求，兼顾学业成绩和能力发展，促进聋生全面发展。

（四）课程资源

聋校课程改革十分强调对课程资源的开发与利用，如多媒体和网络资源、地方特色文化和产业资源、学校周边设施和社区环境资源等，但在课程资源利用中又存在过分依赖多样化课程资源而忽视聋生实际发展情况的问题。如信息技术在聋校课堂教学中的超范围、过量使用，看似丰富了教学内容和手段、活跃了课堂气氛，但花样太多可能导致聋生眼花缭乱，看过即忘，并未真正学到知识；再如有的学校在实施综合实践活动课程时积极联系当地社区机构，给聋生提供校外实践活动机会，但在实际操作中由于种种原因使得这种实习活动成了走过场，学生并没能真正参与实践活动。因此，聋校既要重视综合开发相关课程资源，更要利用好这些资源，使其物尽其用，真正发挥其促进聋生发展的作用。

（五）教师专业发展

教师专业发展水平是制约聋校新课改成效的重要因素。与新课改在课程建设、教学实践等方面的成果相比，聋校教师专业发展和师资培训问题似乎有所滞后。未来应进一步加强聋校教师关于课程改革相关内容的培训，加深其对课改理念、目标、教学、评价等的认识，更好地为课堂教学服务；同时应继续加强在校本课程、课程资源开发方面的培训，提升聋校教师科研能力，以更好地推进和落实课程改革。

---

① 董洪亮. 校本课程开发：观念与操作[J]. 现代特殊教育，2009(12)：9—12.

第四节　2016年中国大陆培智学校的课程发展

一、有关智力障碍教育课程的研究

我国大陆培智教育（智力障碍教育）的开展比盲教育、聋教育晚，直到1979年才出现了持续的智力障碍儿童的学校教育。毫无疑问，伴随着智力障碍儿童学校教育的出现，也出现了智力障碍儿童的课程内容是什么、如何教的问题。但是，我国大陆培智教育的课程研究却一直有如下特点。

（一）一般课程的研究替代培智教育课程的研究[①]

把培智教育的课程研究放在特殊教育课程的一般研究或者探讨上是培智教育课程研究的一个重要特点。

例如，朴永馨就从特殊教育的共性和个性角度出发论及特殊教育课程的目标、内容等问题。他认为，特殊教育的课程与普通教育既有共性，又有特殊性；同时，在教学目标上，也是既有共性，又有特殊性，即特殊教育的课程目标既有一般性，也有特殊性，且特殊性一是表现在共同性要从特殊儿童的特殊性出发，二是其专门的缺陷补偿；课程内容的特殊性主要表现在学科名称的不同以及增加了某些特殊的内容。[②]

他认为，特殊教育的课程改革在取向上要以学生为本，在结构上要改变过去那种过于强调学科本位、科目过多和缺乏整合的情况；在内容上要体现生活化，避免过分注重书本知识和学科体系的繁、难、偏、旧的情况；在评价上，要注重评价学生的发展、促进教师水平的提高和促进课程本身的发展；在管理上，要改变过去单一的国家课程模式，实行国家、地方和学校三级管理并充分开发地方和校本课程。[③]

再如，张文京倡导要制定和谐课程[④]；张婧强调课程改革要联系信息社会的实际和信息化教育的实际[⑤]；熊利平则认为，特殊教育课程应确立合理的目标价值取向，既关注特殊儿童的未来生活，也关注其现实生活，把未来性和现实性统一起来，而愉快教育、生态导向课程等是将二者结合的途径[⑥]。

刘全礼曾经发表过几篇探讨特殊教育课程改革的文章，内容涉及特殊教育课程改革的多方面，包括课程标准制定的指导思想、课程标准的内容体系以及课程研制人员的资质和校本课程等问题。例如，他认为课程改革的唯一目的是最大限度地使残疾学生获得最

---

① 刘全礼，兰继军，徐景俊. 特教教师的继续教育概论——特教教师专业发展的内容及实施研究[M]. 北京：中国轻工业出版社，2016：184—185.

② 朴永馨. 特殊教育课程与教学[M]. 大连：辽宁师范大学出版社，2002：34—36.

③ 朴永馨. 特殊教育课程与教学[M]. 大连：辽宁师范大学出版社，2002：377—378.

④ 张文京. 特殊教育和谐课程探新[J]. 中国特殊教育，2005(8).

⑤ 张婧. 信息化教育时代与特殊教育课程改革关系初探[J]. 中国特殊教育，2005(2).

⑥ 熊利平. 未来性与现实性的统一——关于特殊教育课程理念和课程的思考[J]. 重庆师范大学学报(哲学社会科学版)，2005(1).

大的教育效益，课程改革的首要依据是特殊教育的义务教育性质和学生的特殊教育需要。① 他还认为，我国特殊教育课程改革必须按照科学的程序、按部就班地在有资质的人员的共同努力下开展相关工作。②

实际上，关于特殊教育学校在基础教育阶段的义务教育性质是不需要讨论的，因为政府的相关法规已经有明确的规定。例如，2011 年修订颁布的《残疾人教育条例》第十三条：地方各级人民政府应当将残疾儿童、少年实行义务教育纳入当地义务教育发展规划并统筹安排实施。

县级以上各级人民政府对实施义务教育的工作进行监督、指导、检查，应当包括对残疾儿童、少年实施义务教育工作的监督、指导、检查。

第十五条：残疾儿童、少年接受义务教育的入学年龄和年限，应当与当地儿童、少年接受义务教育的入学年龄和年限相同；必要时，其入学年龄和在校年龄可以适当提高。

这里虽然没有明确残疾儿童的教育是义务教育的性质，但要求将其当作义务教育来看待。

同时，对残疾儿童义务教育阶段的课程问题也有规定，《残疾人教育条例》第十九条：残疾儿童、少年特殊教育学校（班）的教育工作，应当坚持思想教育、文化教育、劳动技能教育与身心补偿相结合；并根据学生残疾状况和补偿程度，实施分类教学，有条件的学校，实施个别教学。

第二十条：残疾儿童、少年特殊教育学校（班）的课程计划、教学大纲和教材，应当适合残疾儿童、少年的特点。

残疾儿童、少年特殊教育学校（班）的课程计划和教学大纲由国务院教育行政部门制定；教材由省级以上人民政府教育行政部门审定。

第二十一条：随班就读残疾学生的义务教育，可以适用普通义务教育的课程计划、教学大纲和教材，但是对其学校要求可以有适度弹性。

第二十二条：实施义务教育的残疾儿童、少年特殊教育学校应当根据需要，在适当阶段对残疾学生进行劳动技能教育、职业教育和职业指导。

（二）培智教育课程本身的研究较多集中在务虚上

关于培智教育课程本身的研究较多地集中在务虚的相关理论研究上。③

例如，肖非曾就智力落后教育的目的、内容等提出看法。他认为，制定智力落后教育的目的、任务时要处理好知识和能力的关系、现实生活和未来生活的关系、身体发展和心理发展的关系、共性要求和个性发展的关系；智力落后教育的目的应该是在达到国家的总目标后再实现下列目标，培养智力落后儿童妥善处理和应付个人和家庭生活问题的能力、发展其语言和社会交往能力、发展其身心机能、矫正身心缺陷以及发展其职业能力，使之

---

① 刘全礼. 再谈我国特殊教育课程标准制定的几个问题[J]. 中国特殊教育，2004(2).

② 刘全礼. 三谈我国特殊教育的课程改革问题[M]//刘全礼选编. 特殊教育导论教学资料选. 天津：天津教育出版社，2007：178.

③ 刘全礼，兰继军，徐景俊. 特教教师的继续教育概论——特教教师专业发展的内容及实施研究[M]. 北京：中国轻工业出版社，2016：188—190.

掌握一技之长，强调教育内容的基础性、实用性、补偿性、教育性、灵活性和综合性。[①]

当然，也有人提出其他观点。例如，杜晓新等人就认为，智力落后教育的课程改革应该注意如下几点：① 注重缺陷补偿，保障障碍儿童的后续发展；② 实施医教结合，构建课程框架；③ 树立综合康复的理念，进行课程整合；④ 注重康复训练人才的培养，满足培智教育的需要。[②]

但是，正如王辉所言的"特殊学校的课程改革缺乏科学引领"[③]一样，整个智力落后教育的课程改革缺乏起码的科学引领和规范，这种情况不仅出现在各地校本课程的开发上，甚至出现在新课程方案的制订上。

在智力落后教育的课程改革相关文章中，有的涉及对1987年版课程的状况调查（如：《关于培智学校教师对目前课程态度的相关研究》，蒋建荣、朱友涵，《中国特殊教育》，2003.5）；有的涉及综合课程的研制（如：《培智学校课程统整的实践研究》，孙颖，《中国特殊教育》，2004.4）；有的涉及校本课程（如：《培智学校校本课程研究案例分析》，王辉，《中国特殊教育》，2004.9；《智障教育校本课程开发的探索与实践》，黄建行、陆瑾、黄建中，《中国特殊教育》，2004.9；《培智学校校本课程开发的类型分析》，郁松华，《中国特殊教育》，2005.10）；有的涉及课程目标（如：《特殊教育启智学校课程目标体系的设置》，陶德清，《中国特殊教育》，2006.6）；有的涉及课程框架（如：《试论我国培智学校课程框架的构建》，杜晓新、王和平、黄昭鸣，《中国特殊教育》，2007.5）；有的涉及学科改革（如：《培智学校社会适应课程标准研究的初步设想》，刘在花、赫尔实，《中国特殊教育》，2005.2；《特殊教育生物学课程设置研究》，徐作英，《中国特殊教育》，2005.3；《培智学校科学教育情况的调查研究》，赵汤琪、吴月芹，《中国特殊教育》，2005.07；《培智学校课程改革与社会适应目标探析》，邓猛、雷江华，《中国特殊教育》，2006.8）等。

但是，还没有看出这些改革的真正的学术价值，正如王辉在研究了八个学校的校本课程后所说：发现各个培智学校在校本课程研究中，没有充分明确自己的角色地位，扩大了校本研究的范围，造成校本特色不明显，甚至违背了培智教育课程改革的精神。同时，也说明我国培智教育课程改革的滞后性，误导了培智学校的校本课程研究。[④]

（三）培智教育（特殊教育）的课程在理论上尚未达到形而上的哲学层面

尽管关于培智教育的课程研究主要集中在理论上，但是远未达到形而上的哲学层面。例如，从1997年到2007年的十一年间，这被认为是我国大陆培智教育课程改革最重要的十一年，在中国特殊教育界唯一的学术刊物《中国特殊教育》[⑤]上，发表的与课程有关的文章仅仅37篇。正如一位作者所说：特殊教育课程理论研究的缺失是一个现实的问题，主要表现为简单移植普通教育的课程理论研究成果，没有自身特色，也没有实质性的特殊教育课程实践研究作支撑。必须通过转换研究范式、研究特殊教育课程的特殊性、特殊学校

---

① 肖非，王雁. 智力落后教育通论[M]. 北京：华夏出版社，2000：125—137.

② 杜晓新，王和平，黄昭鸣. 试论我国培智学校课程框架的构建[J]. 中国特殊教育，2007(5).

③ 王辉. 中国特殊儿童义务教育发展中的问题调查报告[J]. 中国特殊教育，2006(10).

④ 王辉. 培智学校校本课程研究案例分析[J]. 中国特殊教育，2004(9).

⑤ 《现代特殊教育》高校版作为另外一份学术刊物2014年才试刊，2015年才正式刊行。

教师参与课程研究等途径走出理论研究缺失的困境。①

因此，盛永进说：特殊教育研究需要哲学思考。② 他认为，特殊教育研究需要一个对特殊教育本身进行反思的“哲学化”过程。“哲学化”的关键在于：关注价值论应然研究，使特殊教育研究根植于深厚的理论基础；重视概念逻辑方法，使特殊教育进入真正有深度的理论研究，进而对特殊教育做出本质的、逻辑的归纳和概括。

（四）培智教育的课程研究在操作上尚未完全进入学科层次

培智教育的课程研究不仅在理论上远未进入形而上的哲学层面，在操作上更是缺少关于具体学科的研究。

除去关于具体的语文、数学等学科（包括聋教育的学科）的少量研究外③④，笔者尚未见到关于培智教育的各学科的专门的研究。

二、培智教育课程建设的发展简述

我国大陆智力障碍儿童的连续的专门学校的教育起步于1979年。1987年颁布了第一个关于培智教育的教学计划；1994年颁布了中度智力残疾儿童的教育纲要；2007年颁布了新一轮课程改革的课程计划；2016年颁布了新一轮课程改革的课程标准，并于当年开始新教材的编写。

（一）1987年版智力落后教育的内容概述⑤

1987年国家教委颁布了我国第一个智力落后教育的教学计划，即《全日制弱智学校（班）教学计划》（征求意见稿），计划规定了各年级设置的课程。（见表7-4-1）

表7-4-1　全日制弱智学校（班）每周课时教学计划（征求意见稿）

科目		年级									总课时数	占总课时数百分比
		一	二	三	四	五	六	七	八	九		
常识		1	1	2	2	3	3	3	3	3	735	8.8
语文	阅读	5	5	5	6	6	6	6	6	6	1 785	
	语言训练	2	2	2	1	1	1				315	
	作文				1	1	1	2	2	2	315	
	写字	1	1	1	1	1	1				210	
	小计	8	8	8	9	9	9	8	8	8	2 625	31.2
数学		5	5	5	5	5	5	5	5	5	1 575	18.7

① 谈秀菁.特殊教育课程理论研究的缺失与回归[J].中国特殊教育，2006(4).

② 盛永进.关于特殊教育研究哲学化的思考[J].中国特殊教育，2005(8).

③ 刘全礼，兰继军，徐景俊.特教教师的继续教育概论——特教教师专业发展的内容及实施研究[M].北京：中国轻工业出版社，2016：190—212.

④ 刘全礼.关于我国特殊教育课程建设的几点思考[J].现代特殊教育，2018(3).

⑤ 刘全礼.智力落后儿童的特点与教育纲要[M].天津：天津教育出版社，2008：186—188.

续　表

科目		年级									总课时数	占总课时数百分比
		一	二	三	四	五	六	七	八	九		
音乐(低年级唱游)		3	3	3	3	2	2	1	1	1	665	7.9
美工		3	3	3	3	2	2	1	1	1	630	7.5
体育		3	3	3	3	2	2	2	2	2	770	9.2
劳动技能		2	2	2	2	4	4	8	8	8	1 400	16.7
每周总课时		25	25	26	26	27	27	28	28	28	8 400	
活动	周班、队会	2	2	2	2	2	2	2	2	2	630	
	文体活动	2	2	2	2	2	2	2	2	2	630	
	兴趣活动	2	2	2	2	2	2	2	2	2	630	
在校周活动总量		31	31	32	32	33	33	34	34	34		
集体教育和机动时间		全年四周										

常识课——对学生综合进行思想品德、文明礼貌、遵纪守法教育及生活、自然(包括生理卫生)、社会常识教育,补偿其智力和适应行为的缺陷,培养学生良好的行为习惯和适应社会生活的能力。

语文课——通过识字、写字、说话、阅读、作文教学和训练,使学生掌握常用的字词,具有初步的阅读能力,能表达自己的思想、感情,能写一般的应用文和简单记叙文。加强说话训练,对学生的言语障碍进行矫正。

数字课——使学生掌握整数加、减、乘、除简单的四则运算,珠算加减法和简单的分数、小数、计量单位、几何图形和体积的知识及运算技能,培养学生具有初步的计算技能、抽象概括能力和应用数学解决日常生活中的一些简单实际问题的能力。

音乐课——通过音乐教学、音乐游戏和音律训练,培养和发展学生的听觉、节奏感和音乐感受能力,矫正学生的感知障碍和动作不协调,促进学生身心和谐发展。低年级音乐教学以唱游为主,其他年级也要注意音乐与舞蹈、游戏的结合。

美工课——通过美术、绘画和手工技能的教学和训练,矫正学生的感知缺陷和小肌肉群的活动障碍,培养和发展学生的观察、视觉、绘画、制作和审美能力。

体育课——通过体育教学和体育活动,培养学生的大肌肉群活动能力、反应能力和协调平衡能力,刺激大脑活动机能的发展,并培养学生的卫生习惯和锻炼身体的习惯。

劳动技能课——通过自我服务劳动、家务劳动、公益劳动、手工制作劳动和简单的生产劳动的教学和训练,培养学生具有生活自理能力和劳动习惯,掌握从事家务劳动、简单生产劳动的初步技能。

(二) 1994 年版的中度智力残疾学生纲要简述

1994 年教育部颁布了《中度智力残疾学生教育训练纲要(试行)》。该纲要分教育训练的目的和任务、教育训练对象和学制、确定教育训练纲要的原则、教育训练的内容、教育训练工作的几个问题和附录等部分，附录主要有三个，包括生活适应、活动训练、实用语算（实用语文和实用算术）。

附录一是生活适应，针对低年级、中年级和高年级三个阶段分别安排了如下内容：个人卫生（包括低年级的会洗脚、中年级的会刷牙、高年级的会洗头等）、着装（包括低年级的会根据天气情况穿适当的衣服、中年级的会洗简单衣服、高年级的会折叠衣服等）、进餐（包括低年级的会分辨能吃和不能吃的食物、中年级的会基本的饮食礼仪、高年级的了解常见食物的价格等）、排泄（包括低年级的会用卫生纸、中年级的会基本的排泄技能等，高年级没有安排）、睡眠（包括低年级的知道睡自己的床、中年级的睡觉时保持安静、高年级的能独立整理卧具等）、安全（包括低年级的会过马路、中年级的女孩夜间不单独外出、高年级的会乘车等）、家庭生活（包括低年级的知道家庭人数、中年级的知道家在哪里、高年级的会整理房间等）、劳动生活（包括低年级的认识生活中常用容器并学习使用、中年级的学习简单的劳动技能、高年级的了解和遵守劳动纪律等）、社会生活（包括低年级的知道自己的姓名和年龄，中年级的知道自己的出生年、月、日以及民族和籍贯，高年级的了解主要节日的来历和习俗等）、职业生活（包括高年级的遵守操作规程，低年级、中年级没有内容）。

附录二是活动训练，针对低年级、中年级和高年级三个阶段分别安排了如下内容：基本感知训练（包括低、中年级的含身体感觉在内的感知觉训练、空间位置训练等）、局部运动（包括低年级的会翻书页、中年级的会捡拾细小物品、高年级的会提起放下腿部等）、全身运动（包括低年级的训练正确行走、中年级的学习四点支撑爬行、高年级的会各种跑步技巧等）、音乐与律动（包括低年级的学习良好的歌唱姿势、中年级的学习简单的歌唱表演、高年级的学习歌唱表演等）、美工（包括低年级的掌握正确的握笔姿势、中年级的会用蜡笔涂抹和能分辨红黄蓝绿四种颜色、高年级的能用蜡笔画简单的图案并着色等）。

附录三的第一部分是实用语文，针对低年级、中年级和高年级三个阶段分别安排了如下内容：言语听说能力训练（包括低年级的理解文字和图片的区别、中年级的运用口语做简单对话——几句话、高年级的运用口语做简单对话——一段话等）、阅读能力训练（包括低年级的认读常用字 100 个，包括独体字 40—50 个，并会组词，理解词义和用途；中年级的认读常用字 100—150 个并会组词，了解词义和用途；高年级的认读常用字 200—300 个并会组词，了解词义和用途等）、书写能力训练（包括低年级的了解和掌握基本笔画、中年级的基本掌握笔顺规则、高年级的正确掌握笔顺规则等），并给出了常用字词的范围。

附录三的第二部分是实用算术，针对低年级、中年级和高年级三个阶段分别安排了如下内容：数前概念的认识（包括低年级的认识快与慢、先与后、远与近、里与外、上与下，中、高年级段没有安排本内容）、数的认识（包括低年级的认识 10 以内的数，中年级的认读 100 以内的数，高年级的建立数位的概念，即个位、十位、百位的概念等）、计算（包括低年级的了解“增加”和“减少”的概念、中年级的认识加与减的关系、高年级的学习 100 以内整十数加减整十数等）、日常生活中的数学（包括低年级的知道今天、明天和昨天，中年级的知道去年、今年和明年，高年级的学习阅读汽车、火车等交通工具的时间表等）。

（三）2007年版智力落后的教育内容简述[①]

2007年教育部印发《培智学校课程设置实验方案》，新的教育内容如表7－4－2、表7－4－3所示。

表7－4－2　2007年版培智课程类别学校课程计划表（单位：节）

年级	课程类别											
	一般性课程						选择性课程					
	生活语文	生活数学	生活适应	劳动技能	唱游与律动	绘画与手工	运动与保健	信息技术	康复训练	第二语言	艺术休闲	校本课程
低年级	3—4	2	3—4	1	3—4	3—4	3—4	6—9				
中年级	3—4	2—3	2—3	2	3—4	3—4	3—4	6—9				
高年级	4—5	4—5	1	3—4	2	2	2—3	6—10				

表7－4－3　2007年版培智学校课程设置及比例表（%）

年级	课程类别											
	一般性课程						选择性课程					
	生活语文	生活数学	生活适应	劳动技能	唱游与律动	绘画与手工	运动与保健	信息技术	康复训练	第二语言	艺术休闲	校本课程
低年级	10—12	6—7	11—13	3—4	10—12	10—12	10—12	20—30				
中年级	10—12	8—9	7—8	5—6	10—12	10—12	10—12	20—30				
高年级	13—15	13—15	3—4	8—9	6—7	6—7	11—13	20—30				

该课程方案把课程内容分成一般性课程和选择性课程两类。两类课程内容的说明如下。

1. 一般性课程的说明

一般性课程为必修课，设置以下六类科目。

生活语文——着眼于学生的生活需要，以生活为核心组织课程内容，使学生掌握与其生活紧密相关的语文基础知识和基本技能，具有初步的听、说、读、写能力；针对智力残疾学生的语言特点，加强听说能力的训练，把传授知识与补偿缺陷有机结合，使学生具有基本的生活和社会交往能力，形成良好的公民素质和文明的行为习惯，为其生活自理和适应社会打下基础。

生活数学——以帮助学生形成和掌握与生活相关的简单的数的概念、数的运算、时空认识以及数的运用，学习运用简单的运算工具等为课程内容。培养学生具有初步的计算技能、初步的思维能力和应用数学解决日常生活中一些简单问题的能力。

生活适应——以提高学生的生活能力为目的，以学生当前及未来生活中的各种生活常识、技能、经验为课程内容。培养学生具有生活自理能力、简单家务劳动能力、自我保护

① 刘全礼.智力落后儿童的特点与教育纲要[M].天津：天津教育出版社，2008：188—190.

能力和社会适应能力，使之尽可能成为一个独立的社会公民。

劳动技能——以培养学生简单的劳动技能为主，对学生进行职前劳动的知识和技能教育。通过劳动技能的训练，使学生掌握一定的劳动知识与技能，养成良好的劳动习惯，具备一定的社会适应和职业适应能力。

唱游与律动——课程将音乐律动与舞蹈、游戏相结合，通过音乐教学、音乐游戏和律动训练培养和发展学生的听觉、节奏感和音乐感受能力，补偿学生的认知缺陷，提高学生的动作协调能力，促进学生身心和谐发展。

绘画与手工——通过绘画和手工技能的教学和训练，培养和发展学生的视觉、观察、绘画、手工制作能力，发展学生的审美情趣，提高其审美能力。

运动与保健——以提高学生的运动能力，增强学生身体素质为主。通过体育运动，提高学生的大肌肉群活动能力、反应能力和协调平衡能力，刺激大脑机能的发展。提高安全意识和运动中的自我保护能力。学习基础的卫生保健、维护健康、防治疾病的知识和方法，培养积极锻炼身体的习惯和良好的卫生习惯，促进学生健康成长。

2. 选择性课程的说明

选择性课程是学校根据当地的区域环境、学校特点、学生的潜能开发需要而设计的可供学生选择的课程，有五类科目，课时可弹性安排。

信息技术——以学习简单的通信工具运用、计算机操作、互联网络运用以及其他现代信息技术应用为主。帮助学生运用信息技术更好地适应生活和社会发展，提高生活质量。一般在高年级设置。

康复训练——根据学生生理和心理的发展需求，以及在运动、感知、言语、思维和个性等方面的主要缺陷，结合学生个别化教育计划的制订，有针对性地进行各种康复训练、治疗、咨询和辅导。课程力求使学生的身心缺陷得到一定程度的康复，受损器官和组织的功能得到一定程度的恢复，身体素质和健康水平得到提高。

第二语言——在学生已有语言的基础上，根据当地的特点和学生的具体情况可选择学习第二语言，如地方语言、民族语言、普通话以及简单的外语等；对不能使用语言的学生也可以采用其他非语言的沟通方式或沟通辅具。

艺术休闲——通过程度适宜的音乐、舞蹈、美术、工艺等多种艺术活动，使学生尝试学会感受美和表现美，丰富、愉悦学生的精神生活；学习若干种简单的休闲方式，陶冶学生的生活情趣和生活品味，提高智力残疾学生的生活质量。

校本课程——学校可根据地域特征、社会环境、经济文化发展的特点，以及学生实际生活需要，设置和开发具有本校特点的课程。课程的开设应当充分利用和挖掘学校与地方的课程资源。

(四) 2016 年的培智学校课程标准

2016 年，教育部颁布了培智学校 10 门课程的课程标准，包括生活语文、生活数学、生活适应、唱游与律动、绘画与手工、康复训练、艺术休闲、运动与保健、劳动技能和信息技术。

该课程标准系列大致上分为四部分内容。第一部分是前言，主要说明该课程的性质、基本理念和设计思路;第二部分是该课程的目标,往往分为两个层次,一个是课程的总目标,另外一个则是不同学段或者不同分内容的目标;第三部分是该课程的内容描述,主要是把本学科的讲授内容进行顺序罗列;第四部分是实施该课程标准的建议,包括教材编写建议、教学建议、(课程或教学)评价建议与课程资源的开发与利用建议等。

1. 培智课程课标的前言

10门课程均有前言,把该课程最重要的但是隐藏在具体的课程内容之后的意图与思路表达出来。

例如,《培智学校义务教育唱游与律动课程标准》第一部分的前言是:音乐是传承人类文化的重要载体,是人类宝贵的文化遗产和智慧结晶。唱游与律动是培智学校进行音乐教育的重要形式,是开展素质教育、实施美育的重要课程,对于开发培智学校学生潜能,促进身心和谐发展,提升生命质量具有重要意义。《培智学校义务教育唱游与律动课程标准》是课程实施的重要依据。

该前言把"唱游与律动"的课程性质界定为培智学校九年制义务教育阶段的一般性课程。

"唱游与律动"课程引领学生进入音乐艺术世界,让学生从优秀音乐作品中得到文化的熏陶和美感的滋养;培养坚强、乐观的人生态度;增强与他人沟通、交往、合作的能力;促进爱国、诚信、友善等核心价值观的形成。

"唱游与律动"课程调动学生多感官参与,激发学生的学习兴趣,让学生获得基本的音乐知识与技能,提高学生动作的灵活性、协调性,集中注意力,培养良好的行为习惯,促进学生身心和谐发展。

"唱游与律动"课程帮助学生学习、了解和体会音乐作品的情绪情感,激励、唤醒学生的情感共鸣和美感体验,为其平等参与、融入社会和全面发展奠定良好的基础。

该课程的基本理念包括如下几点。

(1) 联系生活经验,强调音乐体验

课程贴近学生的生活实际,利用学生的已有经验,以生动的教学形式增进学习的趣味性,引导学生感受音乐、丰富体验、有效参与,激发学生学习音乐的兴趣,获得内在的音乐感受,愉悦身心,陶冶情操。

(2) 重视音乐实践,发展音乐能力

课程重视调动学生多感官体验,积极引导学生主动参与多种形式的音乐实践活动,学习基本的音乐基础知识和基本技能,发展音乐感受能力和表现能力。

(3) 渗透康复理念,帮助融入社会

课程重视学生潜能的开发和功能限制的改善,在各教学内容和环节中渗透康复理念,促进学生听觉、语言、动作能力等方面的改善,培养学生表现能力、沟通能力、合作意识,为学生更好地参与社会、融入社会提供帮助。

(4) 面向全体学生,尊重个体差异

课程强调从学生发展现状和音乐能力发展的规律出发,面向全体学生,尊重学生的个体差异,关注学生的个性化需求,因材施教,使每个学生在教学实践中受益。

该课程的设计思路是：突出课程的实践性和参与性，以唱游和律动为主要实践活动方式，紧密结合学生生活实际，设计适合学生特点的、生动活泼的教学形式，引导学生主动参与各项教学实践活动，感知音乐与生活的联系，促进其身心和谐发展。

该课程由“感受与欣赏”“演唱”“音乐游戏”“律动”四个学习领域构成。各学习领域相互关联，相互渗透，组成一个有机的整体。

该课程划分为三个学段：低年级段（1—3 年级）、中年级段（4—6 年级）、高年级段（7—9 年级），并按照三个学段分别提出课程目标与内容，呈现递进发展、完整有序的课程结构，体现培智学校唱游与律动课程的整体性和阶段性。

课程标准的“实施建议”部分，对教学、评价、教材编写以及课程资源的开发与利用提出了具体可行的建议，对课程内容的选择和课程资源的开发留有创造和选择运用的空间。

2. 培智课程课标的目标

10 门课程的目标均包含两个内容，即该课程的总目标和分内容、分阶段的目标。

例如，“生活适应”课程的总目标是：帮助学生了解基本的生活常识，掌握必备的适应性技能，养成良好的行为习惯，形成基本的生活适应能力及良好的品德，成为适应社会生活的公民。

“生活语文”课程的总目标是：提高学生适应生活的语文素养，使学生具有初步的爱祖国、爱集体、爱社会主义的思想情感和健康的审美情趣，形成积极的生活态度和正确的价值观；掌握与其生活紧密相关的语文基础知识和技能，具有初步的听、说、读、写能力和社会交往能力。养成良好的学习习惯，能在生活实践中学习和运用语文知识和技能，为其适应生活和适应社会打下基础。

“生活数学”课程的总目标是：通过培智学校义务教育阶段的生活数学学习，使学生获得适应社会生活和进一步发展所必需的数学基础知识、基本技能、基本思想和基本活动经验；体会数学知识之间、数学与其他学科之间以及数学与生活之间的联系，运用数学的思维方式进行思考，增强解决日常生活简单问题的能力；了解数学的价值，培养学习数学的兴趣，增强在生活中运用数学的信心，养成良好的学习习惯，具有一定的科学意识。

“劳动技能”课程的总目标是：学生通过自我服务劳动、家务劳动、公益劳动和简单生产劳动技能的学习，形成独立或半独立的生活能力，为平等参与社会生活和就业打基础。① 知识与技能目标：掌握自我服务劳动、家务劳动和公益劳动的知识与技能；认识常见的材料和工具，掌握简单的加工技术；初步掌握一门简单的通用生产技术；初步了解残疾人劳动就业的相关知识和求职的方法技巧。② 过程与方法目标：能协调运用肢体和感官参与活动、观察和分析事物；具有对劳动技能进行模仿和实际操作的能力；改善认知功能，提高精细动作水平和交流合作能力；自觉遵守安全规则；养成良好的劳动习惯；初步具有独立或半独立生活的能力。③ 情感态度与价值观目标：通过丰富的劳动体验，初步形成对劳动的正确认识；具有热爱劳动、热爱人民、热爱生活、热爱家乡的思想感情；具有认真负责、遵守纪律、勤俭节约、爱护公物、珍惜劳动成果、团结协作的品质；具有劳动意识和良好的意志品质；具有一定的质量意识、安全意识、审美意识、环保意识和法律意识。

“运动与保健”课程的总目标是：通过课程的学习，学生将掌握运动与保健的基础知识、基本技能和方法，发展体能，开发潜能，促进功能康复和补偿；培养参与运动的兴趣和爱好，体验运动的乐趣与成功，逐步养成体育锻炼的好习惯，形成良好的心理品质、合作与交往能力，基本形成健康的生活方式和积极进取、乐观开朗的人生态度，为融入社会打下基础。

课程分为运动参与、运动技能、身体健康、心理健康四个方面。

3. 培智学校课标的内容

这是各课程标准最关注的内容，基本上根据各科的特点展开。

例如“康复训练”内容被描述为：课程内容分为动作训练、感知觉训练、沟通与交往训练、情绪与行为训练四大模块。动作训练包括粗大动作训练、精细动作训练。粗大动作训练分为姿势控制、移动、平衡与协调三个部分。精细动作训练分为手部动作、手眼协调、握笔写画、使用工具四个部分。动作训练的粗大动作训练姿势控制内容又分为：① 坐位、立位下能维持头颈部直立；② 在地面或座椅上能维持坐位；③ 俯趴、爬、跪坐或立位下能维持手部支撑；等等。

4. 课程标准的实施建议

10门课程均有课程实施的建议。

例如，“绘画与手工”课程实施建议的第一部分教学建议是：绘画与手工课程的改革不仅是内容的改革，也是教学过程和教学方法的改革。重视教学过程和教学方法的改革，并将康复训练有机地融入绘画与手工课程内容中，是本次课程改革的重要特点。① 树立面向全体、关注差异的教学观。明确“育人为本”的指导思想，尊重培智学校每一个学生学习的权利，关注每一个学生在学习中的表现和发展。教师要根据学生智力和能力的实际情况，区分不同的水平，关注学生差异，采用合适的教学方法和手段，做到因人而异、因材施教，力争让每一个学生在其原有的水平上学有所获。农村和边远地区的教师要因地制宜，灵活选用和创造适合当地教学条件的教学方法和手段，努力提高教学质量。② 探索有效的教学方法和手段。在教学过程中，教师要积极探索和研究适合各类学生身心特征和学科特点的学习方法，通过对教学目标、教学情境、信息资源、自主学习、合作学习、探究学习、学习评价等方面的精心策划和设计，帮助他们学会学习。注重差异教学和个别化教学，提高课堂教学效果。

“绘画与手工”实施建议第二部分评价建议是：绘画与手工课程评价应以学生在课程学习中的客观事实为依据，注重评价与教学的协调统一，应有形成性评价和简单的自我评价。既要关注学生掌握与日常生活有关的知识、技能的情况，更要重视学生的学习兴趣、动手操作能力和基本的审美意识等方面的评价。针对学生的特殊性，更应突出评价的激励性。① 依据绘画与手工课程标准进行评价。在评价中努力体现标准的理念和目标，充分发挥评价的指导、激励与反馈功能。依据各类学生的差异，运用恰当的方法和手段进行评价，激发学生学习兴趣，促进学生在课程学习、审美体验、情感态度、身体康复等方面的逐步发展。同时，通过评价获得更多的信息反馈，不断改进教学工作。② 注重学习过程的评价。本课程对学生的评价更应注重对学习过程的评价，关注学生的学习态度、学习参与度。不仅依据作业评价学习结果，还要通过考查学生在学习过程中的表现，评价其在学习能力、动手操作、学习兴趣和基本的审美意识等方面的发展。评价采用个人或小组展示的方式，可以在学习过程中或学习结束后进行，以多种适合的方式向学生反馈评价的结果，注重评价的正面性、鼓励性，突出评价的差异性、激励性，保持学生持久的学习兴趣。

"绘画与手工"实施建议第三部分教材编写建议是：教材是课程内容的重要载体，主要包括学生用书和教师参考用书。教材是引导学生认知发展、生活学习、技能掌握、人格构建的一种范例，是教师与学生沟通的桥梁。教材对学生的学习兴趣、认知水平、审美趣味、造型表达、创新意识、潜能开发等有着直接的影响。① 依据课程标准编写教材。教材的编写应根据课程总目标的要求，依据学段标准和学生智能水平，从课堂教学实际出发，努力满足学生的特殊需要，以利于学生的学习作为思考的基点，以图片欣赏、示范步骤、资料参考、多重选择、方法指导等方式，展示学习过程，支持学生学习。② 内容组织的适切性。内容的选择应符合培智学校学生的认知水平与身心发展特点，注重教科书的适切性，合理安排"造型·表现""设计·应用""欣赏·评述""综合·探索"四大学习领域的内容，每个学段各有侧重。以"造型·表现"学习领域为主，其他三个学习领域可融入其中。第一学段侧重简单的绘画造型练习，第二学段进一步提高绘画造型表现能力，第三学段应重视综合解决问题的能力。

"绘画与手工"实施建议的第四部分课程资源的开发与利用建议是：课程资源主要包括学校资源、自然资源、社会资源和网络资源。绘画与手工课程资源的开发有利于丰富教学内容，满足学生学习的多样性和实用性的需求，突出地方美术教育的特色。

例如满足课程学习的基本条件部分有如下叙述：在学习中，必备的学习材料和工具包括绘画与手工材料和工具。提供的材料和工具应考虑学生使用的安全性。在教学中，必须配备教学所需的材料、工具及相关设备，包括线描、水彩画、水粉画、中国画、版画等绘画材料和工具；多种手工材料和工具；绘画与手工专用教室，储藏教具、工具、材料的场所以及展示学生作品的场所；可供绘画与手工课程使用的多媒体教学设备和软件、图书、杂志、录像、光盘等。

三、培智学校课程的问题与对策

（一）培智学校课程建设存在的问题

毫无疑问，我国培智学校的课程建设取得了重要成就，尤其是 2016 年 10 门课程标准的颁布更是证明了这些成就。可以这样说，如何肯定培智学校课程建设的成就，都不为过。

然而，成就巨大不一定没有改进的空间，相反，我国大陆培智学校的课程建设仍存在诸多问题，而且还是重要的、亟须解决的问题。

1. 某些课程文件的文字关没过

无论是课程计划还是课程标准，抑或是经过审定的教科书，一旦颁布或者使用，便不是哪个研制者或作者的私人作品了，而是国家以指令性文件的方式下达的必须遵守的硬性规定。

然而，令人遗憾的是，这些文件尤其是课程标准却普遍存在文字表述不过关的现象，文件表述词不达意、义不准确、前言不搭后语、逻辑混乱等问题并非鲜见。这样的课程标准怎么能作为教育学生的硬性规定？

2. 有些课程文件的学术、思想、理论关没过

如果这些文件仅仅是文字关没过，尚可通过修改文字补足缺陷。然而，并不鲜见的是学术、思想和理论关没过。

例如，“唱游与律动”第一部分的前言对音乐的描述是：“音乐是传承人类文化的重要载体，是人类宝贵的文化遗产和智慧结晶。”但音乐是什么却没有描述。

关于唱游与律动的界定，“唱游与律动是培智学校进行音乐教育的重要形式，是开展素质教育、实施美育的重要课程，对于开发培智学校学生潜能，促进身心和谐发展，提升生命质量具有重要意义”，也没有给出唱游与律动的本质特征。把“唱游与律动”的课程性质界定为：“唱游与律动”课程是培智学校九年制义务教育阶段的一般性课程。

“唱游与律动”课程引领学生进入音乐艺术世界，让学生从优秀音乐作品中得到文化的熏陶和美感的滋养；培养坚强、乐观的人生态度；增强与他人沟通、交往、合作的能力；促进爱国、诚信、友善等核心价值观的形成。

“唱游与律动”课程调动学生多感官参与，激发学生的学习兴趣，让学生获得基本的音乐知识与技能，提高学生动作的灵活性、协调性，集中注意力，培养良好的行为习惯，促进学生身心和谐发展。

这里又把唱游与音乐混淆在一起，最重要的本课程的定性、功能等完全没有表达出来。

这就不难理解在谈该课程的设计理念时谈的不是为什么和如何设计该课程，而是不着边际地说明该课程的基本理念是联系生活经验，强调音乐体验，并解释课程应贴近学生的生活实际，利用学生的已有经验，以生动的教学形式增进学习的趣味性，引导学生感受音乐、丰富体验、有效参与，激发学生学习音乐的兴趣，获得内在的音乐感受，愉悦身心，陶冶情操等，文件没有逻辑清晰地表达出音乐与唱游是什么性质的课程、在培智教育中的作用何在、是如何设计的等，反映了制定者对音乐课程、对唱游与律动课程的本质、对智力障碍儿童的发展与唱游律动的关系、对本课程的内容的理论和实践来源缺少基本的学术把握。

再如，“康复训练”课标内容的动作训练之粗大动作训练中姿势控制内容的“坐位、立位下能维持头颈部直立”“在地面或座椅上能维持坐位”“俯趴、爬、跪坐或立位下能维持手部支撑”等，以及“智力残疾学生中度训练纲要”附录二之活动训练的局部运动包括低年级的会翻书页、中年级的会细小物品的捡拾、高年级的会提起放下腿部等内容，均体现出对智力障碍儿童感知能力、运动能力和康复训练、活动训练的课程内容的体系缺少基本的学术把握或研究。

还如，“绘画与手工”课程第四部分实施建议的第一部分教学建议：“绘画与手工课程的改革不仅是内容的改革，也是教学过程和教学方法的改革。重视教学过程和教学方法的改革，并将康复训练有机地融入绘画与手工课程内容中，是本次课程改革的重要特点。”这说的不是教学建议，而是与本课程的实施无关的课程改革，接下来的“① 面向全体关注差

异的教学观。明确‘育人为本’的指导思想，尊重培智学校每一个学生学习的权利，关注每一个学生在学习中的表现和发展……”等更是逻辑不清，不仅缺少“绘画与手工”这门课程该如何教的基本的学术把握，文字表达上也有待加强。

3. 有些文字表述的技术水平需要进一步提高

这些课程中某些文字的描述还存在一些技术性的缺陷。

例如，如果将“生活适应”课程总目标的描述“生活适应课程旨在帮助学生了解基本的生活常识，掌握必备的适应性技能，养成良好的行为习惯……”改为“生活适应的目标是使学生了解基本的……”，将“运动与保健”课程总目标的描述“通过课程的学习，学生将掌握运动与保健的基础知识、基本技能和方法，发展体能，开发潜能，促进功能康复和补偿……”改为“使学生掌握运动与保健的基础知识、基本技能和方法……”，似乎更合乎传统教学大纲（课程标准）的语言规范。

第八章　2016年中国特殊教育的热点报告

第一节　2016年中国特殊教育的医教结合

《特殊教育提升计划(2014—2016年)》明确指出要“开展‘医教结合’实验,探索教育与康复相结合的特殊教育模式”。[①] 医教结合成为特殊教育界的热点话题,特殊教育行业、医学和康复行业也相继开展了医教结合的实践。目前,“医教结合”理念已深入特殊教育的各个领域,成为特殊教育发展的重要内涵。

一、“医教结合”政策法规

(一)“医教结合”政策与法规——国家层面

2016年5月,国务院办公厅《关于加快中西部教育发展的指导意见》(国办发〔2016〕37号)提出,“拓展特教服务模式”“开展医教结合区域试验,支持特教学校与当地医疗、康复中心及社区其他服务机构合作,为残疾学生提供康复服务”[②]。该文件的发布促使中西部地区加快了对特殊教育服务模式的拓展工作。

2016年9月,教育部《关于政协十二届全国委员会第四次会议第2233号(教育类214号)提案答复的函》(教提案〔2016〕第204号)指出,“增加中央特殊教育专项补助经费”“从2014年起,中央财政特殊教育补助经费提高到4.1亿元,主要用于支持薄弱特殊教育学校改造、普通学校设立特殊教育资源(中心)教室、送教上门服务和开展‘医教结合’区域试验等”[③]。

2016年9月,教育部《关于政协十二届全国委员会第四次会议第3303号(教育类314号)提案答复的函》(教提案〔2016〕第305号)明确指出,“推动医教结合工作”。国家特殊教育改革37个实验区中有13个市(州)、县(区)的实验内容是推动“医教结合”。目的在于“探索政府牵头、相关部门协作,整合资源、区域推进‘医教结合’的运行机制,为残疾儿童少年提供有针对性的特殊教育和康复训练”。针对医教结合的师资问题,“教育部还实

---

① 国务院办公厅关于转发教育部等部门特殊教育提升计划(2014—2016年)的通知(国办发〔2014〕1号)[EB/OL].(2014-01-08).http://www.gov.cn/zwgk/2014-01/20/content_2570527.htm.

② 国务院办公厅《关于加快中西部教育发展的指导意见》(国办发〔2016〕37号)[EB/OL].(2016-06-11).http://www.moe.gov.cn/jyb_xxgk/moe_1777/moe_1778/201606/t20160615_268538.html.

③ 关于政协十二届全国委员会第四次会议第2233号(教育类214号)提案答复的函(教提案〔2016〕第204号)[EB/OL].(2016-09-20).http://www.moe.gov.cn/jyb_xxgk/xxgk_jyta/jyta_jces/201610/t20161019_285548.html.

施了‘卓越特教教师培养计划’，探索师范院校和医学院校合作培养复合型特教教师”。①

2016 年 9 月，教育部《关于政协十二届全国委员会第四次会议第 3808 号（教育类 332 号）提案答复的函》（教提案〔2016〕第 330 号）关于“医教结合”实验提出四点内容：“一是教育部确定天津市北辰区等 13 个实验区开展区域推进‘医教结合’实验……二是国家实施特殊教育改善办学条件项目，重点支持‘医教结合’区域实验项目等内容。三是启动实施‘卓越特殊教育教师培养计划’，确定华东师范大学等五所院校为试点学校，重点探索师范院校与医学院校联合培养机制。四是加快推进三类特殊教育学校课程体系建设工作。”②

2016 年 10 月，教育部《关于政协十二届全国委员会第四次会议第 2858 号（教育类 300 号）提案答复的函》（教提案〔2016〕第 287 号）提出，近年来，教育部围绕“医教结合”进行积极探索。从依托特教学校开展实验，到上海成立改革实验试点项目，再到 13 个以“医教结合”为内容的国家级改革试验区的确定，无一不体现出政府对“医教结合”的推进。该文件进一步指出，“教育部将继续鼓励支持各地和基层特殊教育学校结合实际开展‘医教结合’实验，努力探索教育与康复相结合的特殊教育新模式”。③

（二）“医教结合”政策与法规——省市层面

2016 年 8 月，《上海市教育改革和发展“十三五”规划》明确提出“基本实现残障学生医教结合服务全覆盖”的发展目标。上海在特殊教育领域的主要发展任务为“积极推进医教结合。完善多部门协同、教育机构与医疗机构联动的医教结合专业服务机制，建设医教结合的特殊教育课程体系，创新课程实施方式，积极开展个别化教育。加强残障儿童评估研究，推动医学评估与教育评估的有机结合，为每个残障儿童建立个人档案，实现从发现开始的教育、康复、保健跟踪服务，提高特殊教育的针对性和有效性”。④

2016 年 8 月，《北京市“十三五”时期残疾人事业发展规划》指出“推动‘康教结合’‘医教结合’，为特殊教育学校、资源教室配备必要的康复设备，逐步配备心理咨询、言语矫正、职业治疗、物理治疗、行为矫正等康复教师，或以政府购买服务的形式配齐相关专业服务”。⑤

2016 年 9 月，青海省人民政府办公厅《关于印发青海省“十三五”教育改革和发展规划的通知》（青政办〔2016〕177 号）提出，“加强对未入学残疾儿童少年接受义务教育的安置工作，开展特殊教育‘送教上门’服务和‘医教结合’试点”。⑥

---

① 关于政协十二届全国委员会第四次会议第 3303 号（教育类 314 号）提案答复的函（教提案〔2016〕第 305 号）[EB/OL].（2016 - 09 - 20）. http://www.moe.gov.cn/jyb_xxgk/xxgk_jyta/jyta_jces/201610/t20161018_285364.html.

② 关于政协十二届全国委员会第四次会议第 3808 号（教育类 332 号）提案答复的函（教提案〔2016〕第 330 号）[EB/OL].（2016 - 09 - 20）. http://www.moe.gov.cn/jyb_xxgk/xxgk_jyta/jyta_jces/201610/t20161019_285550.html.

③ 关于政协十二届全国委员会第四次会议第 2858 号（教育类 300 号）提案答复的函（教提案〔2016〕第 287 号）[EB/OL].（2016 - 10 - 27）. http://www.moe.gov.cn/jyb_xxgk/xxgk_jyta/jyta_jiaoshisi/201611/t20161129_290400.html.

④ 上海市教育改革和发展“十三五”规划[EB/OL].（2016 - 08 - 16）. http://www.shanghai.gov.cn/shanghai/download/gongkai/hff1661.pdf.

⑤ 北京市“十三五”时期残疾人事业发展规划[EB/OL].（2016 - 08 - 25）. http://www.bdpf.org.cn/zwpd/zwgk/fzgh/c29780/content.html.

⑥ 关于印发青海省“十三五”教育改革和发展规划的通知（青政办〔2016〕177 号）[EB/OL].（2016 - 09 - 09）. http://xxgk.qh.gov.cn/html/1670/297932.html.

2016年10月,《浙江省特殊教育"十三五"发展规划》(浙教基〔2016〕132号)提出优化特殊教育服务的总体目标。"优化特殊教育课程,普及医教结合工作,加强教育和卫生、民政、残联等部门的合作,促进医疗康复与教育的更紧密结合,实现康复和教育的同步进行,形成多元康复的医教结合模式,实现3—18岁残疾儿童少年医教结合全覆盖,省级示范性医教结合实验学校达到20个。"为实现这一目标,"探索'特殊教育学校+康复机构'、'特殊教育学校+高等院校'、'特校康复教师+驻校顾问医生'、政府购买服务等多种医教结合模式","组建跨学科、跨专业的项目研究团队,建设医教结合专家库,重点开展自闭症、脑瘫儿童的医教结合工作机制和医教结合康复研究,编写医教结合工作指南,逐步形成3—18岁多障碍类别医教结合的特殊教育体系"。①

2016年11月,重庆市教育委员会等五部门《关于贯彻落实国家加快中西部教育发展的实施意见》(渝教计发〔2016〕11号)提出,"建立健全布局合理、学段衔接、普职融通、医教结合的特殊教育体系,逐步形成以随班就读为主体、以特殊教育学校为骨干、以特殊教育资源中心为支撑、以送教上门和社区教育为补充的特殊教育格局,为各类残疾儿童提供教育、康复与保健服务"。②

2016年11月,《江西省教育事业发展"十三五"规划》提出,"积极做好国家和省级特殊教育改革实验区工作,探索推行全纳教育,建立完善送教上门、随班就读、医教结合的政策、模式和机制"。③

2016年12月,《贵州省"十三五"教育事业发展规划》提出,"全面推进全纳教育,建立学段衔接、普职融通、医教结合的特殊教育体系"。④

2016年12月,山东省人民政府《关于印发山东省残疾人事业发展"十三五"规划的通知》(鲁政发〔2016〕33号)提出,"全面推进全纳教育,构建布局合理,医教、康教结合,学段衔接,普职融通的特殊教育体系"。⑤

二、"医教结合"理论研究

(一)"医教结合"人才培养

针对当前残障人士康复需求的现状,研究者们主要从培养多元教育康复能力的人才,组建均衡的教育康复人才队伍,建立教育康复人才专业成长的支撑平台等方面提出策略。

培养多元教育康复能力人才方面,可分为职前和在职两阶段。职前培养主要包括对特教专业学生在校期间的课程设置和培养方式设计。首先,高校特殊教育专业的课程可

---

① 浙江省教育厅关于印发《浙江省特殊教育"十三五"发展规划》的通知(浙教基〔2016〕132号)[EB/OL].(2016-10-09).http://www.zjedu.gov.cn/news/147693369230024195.html.

② 重庆市教育委员会等五部门关于贯彻落实国家加快中西部教育发展的实施意见(渝教计发〔2016〕11号)[EB/OL].(2017-02-02).http://www.moe.gov.cn/srcsite/A26/s3331/200702/t20070202_128271.html.

③ 江西省教育事业发展"十三五"规划[EB/OL].(2016-11-10).http://www.jxedu.gov.cn/zwgk/jygh/2016/11/20161110045347544.html.

④ 贵州省"十三五"教育事业发展规划[EB/OL].(2016-12-11).http://www.gzsedu.cn/2017/01/11/154935144347.html.

⑤ 山东省人民政府关于印发山东省残疾人事业发展"十三五"规划的通知(鲁政发〔2016〕33号)[EB/OL].(2016-12-23).http://www.shandong.gov.cn/art/2017/1/24/art_2661_199753.html.

适当加入相关医学类课程,如解剖学、生物学基础、康复基础理论等[①],教育学课程和康复医学课程可以按 2∶1 或 3∶1 的比例设置[②],目标在于培养“双师型”人才。特殊教育专业设置中可开设教育康复选修课程,设置不同障碍类别的评估与干预课程,丰富学生的干预实践技能。加大实践课程建设力度,要求学生定期到地方特殊学校、医疗康复机构进行见习、实习。其次,倡导师范院校和医学院校合作培养特殊教育专业人才。聘请医疗康复机构的专业人员作为相关学科授课教师,使学生掌握康复实践类知识。在职特殊教育教师培训可采取“送出去”和“引进来”相结合的策略。前者是教师进修学习医教结合相关的理论和技能,后者是引进康复专家或康复医生对特校、特教机构教师进行指导和培训。

组建均衡的教育康复人才队伍方面,应考虑人才多元能力的培养和人才队伍的均衡配置。首先,医教结合人才应具备多元能力,不仅要掌握基本的教康知识,还应掌握教育教学、康复训练设备的使用方法。其次,我国从事视障、听障等传统康复治疗的人员较多,从事其他障碍类型康复治疗的人员较少,能够一专多能的教育康复人才更少。基于此现状,医教结合人才培养应考虑人才队伍的均衡配置问题。或是培养一专多能型教育康复人才,或是将康复服务细化、统合,在此基础上科学设置康复人才培养体系。

建立教育康复人才专业成长的支撑平台方面,应建立非医疗系统的康复人才职业资格的认定体系,并建立教育康复人才专业成长的保障体系。目前,许多教育康复从业者非医疗专业出身,难以获得医疗系统的康复治疗师专业技术资格认证。因此,国家建立相应的非医疗系统康复人才职业资格认定制度,才能为教育康复从业者搭建起专业发展的平台。此外,还可以从研究设置教康类专业人员的职称评审制度,落实教康人员的工资待遇、特教津贴等方面促进专业人才的成长。

(二)“医教结合”工作体系建设

首先,建立多部门合作的管理机制。各级政府加强对“医教结合”的指导,将“医教结合”纳入特殊教育事业总体规划。相关职能部门加强合作,明确教育、卫生、财政、人力资源与社会保障、残联等职能部门的职责,共同研制出适应“医教结合”政策推进的人事编制、经费、政策等,结合本地实际制定具体实施方案。学校与康复、医疗机构加强合作,坚持以特殊学校为本位,建立特殊学校、医疗机构、康复机构相互协作的体系。

其次,完善“医教结合”支持服务系统。建立完善区(县)一级特殊教育指导中心,着力建立“市—区(县)—学校”多层次互动的“医教结合”服务体系。在特殊儿童鉴定、安置上,坚持医学与教育评估相结合,力图全面、精准、客观地评估儿童情况。教育和卫生部门为特殊儿童建立个人信息档案,记录其接受的“医教结合”相关服务信息,加强特殊儿童教育信息监测服务和动态管理,实现信息共享。建立特殊教育“医教结合”网络资源库,为特殊教育相关医务、教育人员以及家长提供更多资讯。

最后,建立推进“医教结合”督导评估机制。组织专家团队,对实施过程进行督导。制定客观、合理的评估方案,采用专家团队主导,结合学校反馈、家长共同参与的方式,对实

① 葛新斌,等.“医教结合”的论争辨析及其推进策略[J].教育理论与实践,2016(28):12—15.
② 彭琪珺,等.广州市特殊教育“医教结合”模式实践状况的调查研究[J].广东第二师范学院学报,2016(2):23—28.

施效果进行综合评估验收。同时还应对卓有成效的"医教结合"实践进行鼓励,并总结、推广其有益经验,对试验未取得成效的探索,进行总结反思。①

（三）聋教育的"医教结合"策略探讨

周娟认为,在聋教育中实施医教结合应从转变观念、培养建设师资、课程改革三方面进行。② 转变观念是聋教育中实施医教结合的基本前提,可通过专家讲座、自学感悟等方式转变教师对医教结合的抵触情绪,可通过家长讲座、家长培训、家长考核等方式开展家庭康复工作,与学校康复形成良好衔接,使家长意识到语言康复训练对听障儿童的重要性。培养建设师资是聋教育中实施医教结合的关键因素,学校应注意引进听觉康复、言语矫治和语言教育方面的专业人员,并注重专业人员知识结构的不断更新。学校可结合需要和自身能力,对教室进行功能定位,配备必要的康复教学设备,完善硬件设施建设,最大限度地为聋生创造良好的学习条件。课程改革则是聋教育中实施医教结合的根本途径,将学科课程与康复课程进行整合,采用集体康复、个别化康复和家庭康复相结合的康复训练形式。课程实施过程可采用协同教学,即由聋校教师担任主教,配备医学方面的专业人员作为助教。

（四）低视力儿童"医教结合"模式建构

邓岳敏针对低视力儿童提出"残—医—教"一体化康复模式。③ 以低视力儿童为中心,以残联为主导,残联、医院和特殊教育学校分工合作,为低视力儿童诊断、治疗和教育康复等提供全方位、不间断的康复服务。该康复模式中,残联进行政策的宣传与咨询,对儿童进行初步筛查,向上级残联汇报,帮助转介医院;为保证低视力儿童康复服务的连续性,为其建立个人档案,办理残疾证,并对其进行跟踪管理与服务。残联还应做好转衔和各单位人员的组织协调工作。医院应对视障患者进行诊断与检查,为其适配助视器,积极参与低视力儿童个别化康复计划的制订,为特殊教育学校提供康复技术指导,为残联提供低视力儿童的诊断证明和相关病历资料。特殊教育学校教师应指导低视力儿童正确使用助视器,结合低视力儿童的学习和生活对其进行功能性视力的训练。教师在发现低视力儿童有功能性视力衰退或对助视器有特殊要求时,应及时向医院和残联转介。

（五）脑瘫儿童"医教结合"模式建构

上海浦东新区特殊教育学校对脑瘫儿童的医教结合提出两大目标、四类课程、五项内容和24小时康复等。④ 两大目标是指康复和教育:前者旨在延缓或阻止瘫疾进程,改善其肢体、言语语言功能现状,最大限度地挖掘残存功能,培养学生社会适应所必需的能力;后者旨在增进知识技能,培养道德品质,提高学习能力,使他们掌握社会生活所需的最基本的知识和技能,形成健康的心理状态和积极的生活态度,回归到社会这个大家庭中。四类课程是以"社会生存"为核心的基础性、潜能性、技能性、补偿性课程。五项内容则包括

① 葛新斌,等."医教结合"的论争辨析及其推进策略[J].教育理论与实践,2016(28):12—15.

② 周娟.聋教育医教结合模式初探[J].绥化学院学报,2016(1):139—141.

③ 邓岳敏."残—医—教"一体化低视力儿童康复模式的构建[J].绥化学院学报,2016(1):119—123.

④ 周美琴.脑瘫学生医教结合的学校教育模式研究与实践成果[J].现代特殊教育,2016(5):8—10.

肢体康复、言语康复、知识技能教育、生活技能教育和心理健康教育(如表8-1-1所示)。

表8-1-1 上海浦东新区特殊教育学校对脑瘫儿童医教结合的五项内容

项目	具体康复与教育内容
肢体康复	肌力训练、姿势控制训练、关节活动度训练、肌体平衡训练、肢体协调训练、肢体转换移动训练
言语康复	呼吸异常的治疗、发声异常的治疗、共鸣异常的治疗、构音异常的治疗、语言康复
知识技能教育	感知觉、学习能力、阅读理解、数学能力
生活技能教育	如厕能力、饮食能力、清洁能力、穿衣能力、轮椅使用能力、学习用品使用能力、其他家居用品使用能力
心理健康教育	情绪控制、行为表现、自我认知

24小时康复是教师将康复与课堂教学相结合,或是在教学时同步进行器械的辅助,或是在教学前、教学中插入康复内容,以游戏康复与运动康复为主。根据学校一日作息安排,让脑瘫学生在不同时间段进行康复训练,如利用课间、用餐、午后等片段时间进行轮椅操、手指操等。同时,学校组织学生将体育比赛、游戏、表演等活动与康复训练相结合,家庭教育与康复训练相结合。

三、"医教结合"实践探索

(一)特教学校的"医教结合"实践模式探索

广州市康复实验学校采用"康教一体"的办学模式①,该模式目标在于让学生"成为具有社会生活能力的人融入社会",且不同的学生应具有不同方面的"社会生活能力"。"康教一体"模式由年级长、治疗师、教师、护理员等组成团队,基于医疗康复、教育康复、职业康复、社会康复等目标对学生进行综合性评估,并通过"评估学生状况—制定康教目标—拟定康教计划—实施康教计划—酌情修正康教计划—再实施康教计划—达成康教目标"的流程,针对不同学生实施且不断调整优化个别化教育计划。

广州市越秀区启智学校采用"走出去,请进来,常态化"的策略开展医教结合②。"走出去",即学校派出个训骨干教师到越秀区儿童医院康复科进行为期一个季度的跟岗学习,熟悉医疗部门对残疾患者的评估,找出与教育评估的差异之处,并跟踪治疗方案及有效治疗手段的制定,掌握多种障碍类型的评估和有效训练策略。"请进来",即医院康复师和学校个训教师结对。先由医院介入相关评估,教师根据评估结果拟订教育训练计划,再由对口康复师把关。每月康复师到学校对个案共同研讨,以便教师及时修正训练进度及策略。康复治疗师还肩负更重要的任务,即指导教师制订个别化训练计划及开展康复训练、参与评选学校优秀IEP计划(康复部分)、参与学校康复教师的业绩考评,以及对校内有需求的学生家长给予医疗、康复方面的建议。"常态化",即康复治疗师有计划地对学校

---

① 彭琪珺等.广州市特殊教育"医教结合"模式实践状况的调查研究[J].广东第二师范学院学报,2016(2):23—28.

② 聂永平.特教学校医教结合有效支持策略的研究[J].现代特殊教育,2016(7):62—63.

行政、教师、家长分别开展专业医疗讲座和沙龙活动，以确保教育、康复工作方向的一致性。

黑龙江省黑河市特殊教育学校坚持“挖掘潜能，增长技能，完善人格，适应社会”的培养目标[①]。课程上尝试采用“技能目标—主题训练—康复教育”的课程模式，以技能目标的导向性开展主题生活技能训练，并围绕主题技能训练模拟真实情景、按季节的更替进行室内或室外的康复教育训练。课程设置可分为主题技能课程和康复课程，其中主题技能课程以生活适应技能训练为核心，康复课程以身体机能康复训练为主。低年级（一、二年级）为康复初期，主要以康复课程为主，以教育技能课程为辅。中年级（三、四年级）教育技能课程和康复课程可以各占一半。高年级（五、六年级）则以教育技能课程为主，康复课程为辅。教师每周进行集体教研，制定下一周技能目标，并梳理“主题训练实施方案”。

教学中将个别训练与集体教学相结合。坚持以挖掘学生的生理能力为目标，把康复目标和学科目标有机整合。个别训练教学内容包括语言康复以及情绪与行为干预等，每天学习时间不少于 2 课时，每节课时间为 30 分钟左右。其他的集体康复课程每天安排 2 课时，每节课时间为 35 分钟左右。课堂外构建学校教育与家庭康复多位一体化康复模式。学校充分利用教育资源不断拓宽康复教育渠道，定期对家长进行培训，建立家校联系簿，开通班级博客，组织教师家访。教师要帮助家长树立信心，转变观念，调动家长的积极性，让家长参与到孩子的康复训练中来，了解一定的教育训练技巧和方法。

（二）特教指导中心的“医教结合”实践模式探索

上海市青浦区特殊教育指导中心在“送教上门”中实践“医教结合”[②]。“医教结合”的送教队伍由特教教师、普教教师、助残员和指导医生组成。其中，教师负责定期上门进行知识教育和康复训练。指导医生负责定期巡回送医，早期诊断、训教方法手段的选择、训教康复效果的评估，提供医学上的指导。实施过程根据学生的实际，选择合适的送教计划。送教计划主要包括教育计划、康复计划和保健计划。其中，教育计划包含普通学校课程、特教学校课程、利用自编教材实施送教（个性化课程）、进行网上课程的教学（康复云互动平台）、利用家庭资源进行送教、利用生活资源进行送教。康复计划包含自编康复教材进行系统康复训练，如认知、感统、运动、作业治疗等；根据医生提供的康复训练建议和方法进行康复训练，并实现康复训练技术向家长的转移；利用特奥运动项目进行趣味康复，如举重、滚球等；利用家庭资源进行情境康复，如进行跨门槛训练、剥毛豆等活动；利用社区资源进行户外康复，如利用社区活动中心的设施以及铺有鹅卵石的路面等。

上海市长宁区特殊教育中心进行了区域医教资源平台硬件配置，开发并逐步扩大了医教专家资源，涉及上海四大儿科医院与精卫中心儿童康复科、发育行为儿科、临床心理科、神经内科、小儿耳鼻喉科、儿童骨科等科室的多位专家医生、国际专业治疗师等。中心整合了社会团体志愿者、企业家、艺术家等社会各界资源，组建了区域医教多学科合作团队。特殊教育主导下的多学科团队成员涉及儿科所有领域，通过直接链接多学科优质资

---

① 孙晓宇．特殊教育学校“医教结合”教学模式的实践与探索[J]．黑河教育，2016(9)：51—52.

② 陈建军．彰显“送教上门”工作的区域特色[J]．现代特殊教育，2016(6)：23—25.

源，破解了国内治疗师资源短缺的问题，便于特教指导中心集中配给医教资源。如此投入成本少，可聚焦区域特殊教育现场多样化需求，不仅提高了经费使用效益，还拓展了区域特殊教育医教结合服务的深度与广度。长宁区医教结合多学科合作服务具有以下七个特点：服务平台实体化、服务团队国际化、服务对象多元化、服务年限终身化、服务项目多样化、服务资源菜单化、服务效益最大化①。

（三）跨地区“医教结合”实践探索

浙江省衢州和丽水两个地市各有四所特殊教育学校进入浙江省教育厅第一批医教结合实验校名单。两地共同建构跨地区医教结合研究共同体，本着“优势互补，互相协作，共同提高”的原则，充分发挥共同体的力量，整合优质资源，以强带弱，积极探索资源共享、优势互补、区域协作、共同发展的共同体新模式。② 各成员学校可以共享专家资源、信息资源、课程资源等，进行课题研究、师资队伍建设、特色课程建设等合作。各成员学校不是行政上的隶属关系，而是资源共建和共享的业务合作关系。但是，作为研究共同体，他们也具有一定的组织目标、组织架构、合作章程、合作协议。在课题研究的合作形式上，以自愿的原则组建研究团队，由某个专业的骨干教师带领团队进行研究。研究的领域可根据学校的实际情况来确定，如“医教结合理念下送教上门模式的研究”“县域内构建学校与医院合作开展医教结合服务体系的研究”等，以开展课题的形式来解决医教结合工作中遇到的问题。研究共同体每学期轮流在两地学校开展研讨交流活动，如问题分析、方案研讨、课堂展示、个案分享、专家报告等。研究共同体还建立了“衢丽医教结合工作群”，开展网上研讨，最大可能地为各成员学校搭建交流平台。

（四）“医教结合”管理机制的探索

上海市宝山区形成了有效的医教结合管理机制。③ 首先，加强特殊教育医教结合项目的组织领导。宝山区政府办公室制定了宝山区特殊教育联席会议制度，规定了教育局、发改委、财政局、人力资源与社会保障局、卫生与计生委、编制办、民政局及残联八个委办局为医教结合的参与单位，并规定了各单位的具体职责（如表 8－1－2 所示）。

表 8－1－2　上海市宝山区八个委办局医教结合工作具体职责

委办局	具体职责
教育局	统筹制定本区特殊教育事业发展规划，整体设计医教结合工作目标任务，实施对特教机构的管理和特教师资队伍建设，对残疾儿童进行合理安置，开展课程建设与教科研
发展和改革委员会	将特殊教育事业纳入社会事业发展的整体规划，对特教学校进行合理设点布局，研究制定并推进实施特教学校的建设标准

① 夏峰．区域终身特殊教育服务体系的构建——来自上海市长宁区的探索[J]．现代特殊教育，2016(6)：19—22.
② 周志英．探索建立跨地区医教结合研究共同体[J]．现代特殊教育，2016(11)：14—15.
③ 张洁华等．融合教育背景下上海市宝山区特殊教育医教结合管理机制的策略研究[J]．中国特殊教育，2016(1)：17—21.

续 表

委办局	具体职责
财政局	制定适合本区特殊教育发展需求的经费投入政策，并根据有关规定为本地区特殊教育事业发展提供经费保障
人力资源与社会保障局	研究制定教师待遇、职称评定标准等特殊教育教师管理政策，提高教师专业化水平
卫生与计生委	对残疾儿童的筛查、随访、诊断与评估，组织医疗机构和医学专家为特教机构提供医学服务
机构编制委员会办公室	合理配备特殊教育各类教职工，为本市特殊教育事业的科学发展提供保障
民政局	制定残疾学生帮困助学政策，关心残疾学生生活，配合教育部门做好重残学生的教育康复工作
残疾人联合会	开展残疾儿童的调查摸底和随访工作，协助教育部门、卫生和计生部门做好残疾学生的入学、医教结合服务、残疾学生毕业后的就业工作

其次，建立特殊教育医教结合项目的工作机制。八个参与单位都制定了相应的工作制度，明确了各单位工作职责，形成了各部门协调机制，以确保医教结合工作的有序开展。

再次，搭建特殊教育医教结合支持保障体系。区教育、卫生、残联三部门将医教结合经费纳入财政预算，为医教结合工作的推进提供了经费保障，并为特殊教育学校优化了设施设备。教育局提供医教结合专项经费支持；卫生局提供指导医生专项经费支持；区残联提供医教结合康复救助经费支持。在医教结合人员配备上，宝山区成立了特殊教育入学鉴定委员会，重点配备特殊教育专家、特殊教育导师以及特殊教育专任教师队伍。此外还建立了“一校一医”“指导医生”“专家医生”三支队伍。宝山区还建立了市、区两级培训机制对医教结合从业者开展培训。

最后，提供特殊教育医教结合的有效服务。宝山区建立高危婴幼儿早期干预通报系统、特殊教育残疾儿童信息平台系统、残联的儿童残疾情况信息平台，做到实时监控儿童的情况，完善残疾儿童发现、诊断、安置、转介流程。借助上海市特殊教育信息通报系统，了解本区残障儿童情况和动态变化。区教育局、残联与卫计委合力协作健全特殊教育办学体系，确保每个街镇设立一个学前特殊教育班(点)，实现学前特教各街镇全覆盖。宝山区特教指导中心在培智学校建立自闭症康复中心，与上海金惠康复医院相合作，为每位脑瘫儿童制定个别化教育及康复训练方案。该中心还配合上海市听障、视障教育指导中心为随班就读听障、视障学生提供服务，满足各类残疾学生的康复需求。

四、医教结合的简要评价

(一) 医教结合政策法规的评价

医教结合政策法规的制定能促进医教结合由理念转向实践，能够让实践工作者执行有参照。2016年国家层面的政策法规涉及开展医教结合区域试验，探索推动医教结合的运行机制；中央增加经费支持开展医教结合区域实验；以医教结合扩展中西部地区特殊教育服务模式；师范院校与医学院校联合培养医教结合人才。2016 年地方层面涉及医教结合的内容主要体现在各省市“十三五”规划的相关文件中。各省市文件出台时间有先后，本报告仅以 2016 年各省市出台的“十三五”规划文件为研究对象。上海和浙江的文件对医教结合的规定较为详细，如上海对医教结合的发展目标、主要发展任务、专业服务机制、课程体系建设、课程实施方式等有明确规定；浙江对医教结合的总体目标、多种医教结合模式、医教结合的开展有明确规定。北京指出政府在医教结合中应发挥的作用。其他省市文件中只提及政府推动建立医教结合。国家层面的政策法规对地方有一定影响，特别是关于加快中西部教育发展文件的发布促使中西部地区相应政策法规的制定。整体来看，政策法规中或是未涉及医教结合，或是用少量文字一带而过，并没有专门规范的医教结合的政策法规，也没有详细阐述医教结合该如何实施的政策法规。基于此，非常有必要在政策法规上对医教结合的实施要求、实施过程、管理细则、保障措施等进行明确规定，使医教结合具有可操作性。

（二）特殊教育医教结合理论的评价

基于目前对医教结合人才的需求，无论是职前培养还是职后培训都应坚持培养“双师型”人才。但高校的培养模式和开设课程还存在一些问题，课程偏重理论的学习，培养偏重间接经验的获得，导致学生到工作岗位后“用非所学”。学生在校期间实践机会少，从专业学习到职业工作还需要经历很长的过渡期。高校如何为在校学生提供实践的机会，保证学生实践的质量成为高校最应思考的问题。特校的职后培训问题也应引起重视。一些教师进行了培训，而培训所学与实际教学工作难以有效结合，导致“学不能用”。特校无论是培养单一类型的人才，还是培养一专多能的人才，务必使教师所学有所用，真正将所学康复技能与教学做到紧密结合。在医教结合的工作体系上，各部门应制定自己的工作制度，做到各司其职。更重要的则是各部门应相互配合，做到无缝衔接，合力促进特殊儿童发展。对于医教结合模式的建构则应细化，探索符合各类障碍儿童特点和需求的模式。学校或教师建构的先进医教结合模式可以总结发表，作为范例进行推广。

（三）特殊教育医教结合实践的评价

一些特殊教育学校根据自身特点开展了医教结合实践，如培训教师，设置主题技能课程和康复课程，构建个别与集体相结合、学校与家庭相结合的教学方式，增强功能学科实用性等方式。已经开展医教结合的特殊教育学校应关注后续效果，总结经验并进行推广。有经验的学校可尝试细化，探索针对各类障碍儿童的医教结合模式。还未开展医教结合实践的学校应注重培养教师，注重校内教研活动或向有经验的学校学习，共同研讨如何将康复内容与教学内容有机融合，如何有效利用教学设施设备，如何使学校教育与家庭康复形成一体化等问题。上海市特殊教育指导中心无论是整合本区内资源，还是送教上门，都为医教结合实践做出了重要贡献。浙江省衢州市和丽水市的跨地区医教结合研究共同体为医教结合实践建构出新模式，能够整合优质资源，做到优势互补，共同发展。无论是建立特殊教育指导中心，还是建立区域研究共同体，都为医教结合实践打开了新视角。如何使东部地区带动中西部地区，特殊教育优势地区帮扶落后地区，让医教结合经验得到推广与学习应成为需要思考的实践问题。

第二节　2016年中国特殊儿童的送教上门服务

《中华人民共和国残疾人保障法》第二十一条规定："国家保障残疾人享有平等接受教育的权利。"《残疾人教育条例》第十七条规定："各级地方政府应当逐步创造条件，对因身体不适而不能到学校就读的适龄残疾儿童少年，采取其他适当形式进行义务教育。"可见国家非常关注特殊儿童义务教育的普及。目前我们国家在推进特殊教育的普及方面取得了一定的成绩，但截至2013年，我国还有8.3万学龄残疾儿童未入学，其中近70%属于重度残疾。[①] 这部分特殊儿童由于障碍程度较重，不能顺利到学校就读。因此如何让这部分特殊儿童拥有接受教育的机会，推进特殊儿童义务教育的普及，是我们需要解决的第一个问题。

1994年，联合国教科文组织在西班牙萨拉曼卡市召开的"世界特殊教育大会"上提出了全纳教育的理念，强调为特殊儿童提供尊重、接纳、包容的教育，从此全纳教育的理念逐渐成为特殊儿童教育的核心价值文化。受全纳教育理念的影响，我们国家在《特殊教育提升计划(2014—2016年)》中也明确提到"全面推进全纳教育，使每一个残疾孩子都能接受合适的教育"的目标。因此，我们不能仅仅只满足于让重度障碍的特殊儿童接受教育，而且还要追求教育的质量，即让这些重度障碍的特殊儿童能够接受适合其自身发展和家庭需求的教育。这也就成为我们需要关注的第二个问题。

国外家长对学校统一教育弊端的批判、对子女教育的独有期望、受客观原因限制不能赴校就读等现实原因，催生了"居家教育"模式，即家长向政府申请获批后，由教育部门和家长结合情况为孩子安排在家教学，并接受政府的教育监控和考核，最终可以选择回归学校教育。对于因重度障碍不能到校就读的特殊儿童而言，如果满足居家教育的实施条件，在一定程度上居家教育就可以解决他们的教育问题。但是如何让他们接受系统的、真正有助于他们生活成长所需的教育，将要求我们在参考"国际先进居家教育模式"的基础上，结合特殊教育的基本理念和我国特殊教育的发展情况，提出系统、规范的特殊儿童居家教育模式。这将是我们需要解决的第三个问题。

因此，基于推进重度障碍特殊儿童义务教育的普及、追求重度障碍特殊儿童教育质量、系统规范实施重度障碍特殊儿童居家教育的诉求，特殊儿童送教上门服务得以提出。

一、送教上门服务的实施

(一) 理论探讨——送教上门的内涵

在普通教育中，送教上门的提法由来已久，教育史上最早的送教上门便是家庭教

---

① 罗瑞垚. 中国仍有8.3万残疾儿童失学 特教形势艰巨[EB/OL]. (2016-07-20). http://china.caixin.com/2015-12-01/10088001.html.

师。[1] 在推进特殊儿童教育的普及过程中，送教上门的提法被逐渐引入，它是特殊儿童教育安置方式的一种。但我国大陆还没有对送教上门的概念进行严格界定。各地相关文件虽然对送教上门的指导思想、服务对象、教育形式、保障等方面有所规定，但是并没有对送教上门进行专门定义，只是个别研究对它做了界定。例如，高宇翔在 2012 年指出，“送教上门是一种由专业教师或接受过专门培训的志愿者上门免费提供教育教学服务的个别化教育方式，服务对象主要是接受学校教育有困难但具备基本受教育能力的 6 到 15 周岁学龄阶段中重度残疾儿童少年”。[2] 台湾地区将“送教上门”称为“在家教育”，陈英豪将“在家教育”解释为“适龄的学童，因身心障碍程度严重而无法到校上课，另由教育单位派教师到该学童家里为其施教”。[3] 日本将“送教上门”称为“访问教育”，指“部分县市针对无法到特殊学校就读或是免除就学义务的学生，派遣特殊学校的教师前往学生家中教育”，并将“访问教育”纳入特殊学校安置形态的一种服务模式。[4] 送教上门在美国的称谓呈现多样化，比如有“在家/医院教育方案”(Homebound/Hospitalized Program)、“在家方案”(Homebound Program)、“家庭/医院服务”(Home or Hospital Service)、“在家教育”(Homebound Instruction)等。[5]

作为特殊儿童的一种教育安置形式，送教上门与“全纳教育”和“零拒绝”这两个理念密切相关。为了理解送教上门，我们需要厘清“零拒绝”和“全纳教育”的含义。“零拒绝”是“在教育公平价值观的基础上提出来的特教理念，指我们没有任何权力、任何借口，拒绝有身心障碍，哪怕是重度残疾儿童接受教育”[6]，“全纳教育”(inclusive education，又称和谐教育)指“通过增加学习、文化和社区参与，减少教育系统内外的排斥，应对所有学习者的多样化需求，并对其做出反应的过程”[7]。可见从“零拒绝”的角度而言，送教上门在于保障那些因为重度残疾而不能到校就读学生的教育机会，具有公益的特征；从“全纳教育”的角度而言，送教上门需要关注到特殊儿童的发展性，即通过接受教育让其获得融入社区生活所必备的技能和知识，强调以促进学生的全人发展为最终目标，具有很强的专业性，又由于每个特殊儿童身心状况存在差异，因此注定以促进特殊儿童全人发展为目标的“送教上门服务”具有极强的个体差异性，需要为学生制订个别化的教育与康复计划。因此，可以认为送教上门的根本目的在于保障重度障碍的特殊儿童通过接受合适的教育，实现全人发展，获得融入主流社会生活的知识和技能，且具有免费、专业性及个别化的特征。

(二) 政策设计

不少地方结合国家相关政策的要求，制定了“送教上门工作实施方案”，从对象、原则、内容等方面对“送教上门服务”予以明确，为更好地开展“送教上门服务”提供了有力的政策保障。

---

① 方俊明. 送教上门支持保障体系的构建与完善[J]. 现代特殊教育，2017(7)：28—29.

② 高宇翔. 北京郊区县学龄残疾儿童少年不在学及送教上门需求情况调查[J]. 南京特教学院学报，2012(1)：14—18.

③ 田艳萍. 上海市送教上门家庭现状与服务需求研究[D]. 上海：华东师范大学，2014.

④ 黄俊玮. 在家教育巡回辅导措施成效评估之研究[D]. 台湾：彰化师范大学，1998.

⑤ 高宇翔. 北京郊区县学龄残疾儿童少年不在学及送教上门需求情况调查[J]. 南京特教学院学报，2012(1)：14—18.

⑥ 罗瑞垚. 中国仍有 8.3 万残疾儿童失学 特教形势艰巨[EB/OL]. (2016-07-20). http://china.caixin.com/2015-12-01/10088001.html.

⑦ 周满生. 全纳教育：概念及主要议题[J]. 教育研究，2008(7)：16—20.

1. 进一步明确了“送教上门服务”的对象

比如《宁夏回族自治区重度残疾儿童少年送教上门工作指导意见》、安徽省淮南市《关于开展义务教育阶段适龄重度残疾儿童少年“送教上门”工作的实施意见》、浙江省乐清市《乐清市义务教育阶段适龄重度残疾儿童少年“送教上门”服务工作实施方案》、山东省《关于开展义务教育阶段重度残疾儿童少年送教上门服务工作的意见》等均指出送教上门服务的对象为“不能到校就读且具有一定接受教育能力的重度残疾儿童少年”。

2. 明确了服务原则与服务时间

在服务原则方面,《遵义市特殊教育送教上门工作实施方案》《乐清市义务教育阶段适龄重度残疾儿童少年“送教上门”服务工作实施方案》《义乌市义务教育阶段适龄重度残疾儿童少年“送教上门”的实施意见》等确立了“免费教育、量身定制、定期入户、家庭自愿”等送教服务原则。在服务时间方面,不少地方将“送教上门服务”的时间细化到了每周或者每学年的具体学时数,比如山东、河南、辽宁出台的《关于开展义务教育阶段重度残疾儿童少年送教上门服务工作的意见》规定“每个服务对象每周送教 2 次,每次 3 课时,每学年不少于 216 课时”,《义乌市义务教育阶段适龄重度残疾儿童少年“送教上门”的实施意见》规定“送教上门时间为每周 1 次,每次不少于 2 课时,每学年不少于 100 课时”。

3. 明确了“送教上门服务”的内容

比如《遵义市特殊教育送教上门工作实施方案》要求送教的内容应该涵盖“残疾儿童身体康复、心理康复、潜能开发、认知能力、语言能力、运动协调能力、生活自理能力和社会适应能力培养训练”。《顺德区适龄重度残疾儿童少年送教上门服务工作实施细则》要求送教服务应该包括“认知课程和康复课程为主,重在提高残疾儿童认知能力和适应生活、适应社会能力及培训残疾儿童家长”。

4. 逐步明确了“送教上门服务”的激励机制

比如《瑞安市义务教育阶段适龄重度残疾儿童少年“送教上门”服务工作实施方案》规定:“承担送教上门服务的教师按照每生每课时 60 元劳务费(含交通、通讯费)给予补助,承担送教上门服务的学校,市教育局在教师编制、办学经费、教学设备设施等方面予以倾斜和支持。”《遵义市汇川区特殊教育“送教上门、随班就读、医教结合”工作实施方案》规定:“每次送教安排 3—4 人,送教人员的劳务补助费为主教每次 100 元、助教 80 元、服务人员 50 元;对家长的培训每次 100 元。送教上门人员的交通费、差旅费由送教人员回原单位报销。”《青岛市开展义务教育阶段重度残疾儿童少年送教上门服务工作实施意见》规定:“各学校要为送教上门服务的教师发放伙食补助费、交通补贴和工作补贴等。”

（三）实验先行

为了更好推进“送教上门服务”,解决“送教上门工作中面临的重难点问题”,教育部启动了“包括‘送教上门服务’在内的特殊教育改革实验区建设”,从“围绕教什么、怎么教、谁来教等关键问题,探索为确实不能到校就读的重度障碍特殊儿童构建合适的送教模式,形成学校、家庭和社区相互支持的送教长效机制”,为全国其他地区开展“特殊儿童送教上门服务”提供经验,发挥示范作用。各地根据《关于组织申报国家特殊教育改革实验区的通知》,积极进行了实验改革区的申报工作,最终确定了天津市北辰区等 37 个市(州)、县

(区)为国家特殊教育改革实验区。

各实验区在"送教上门服务"工作建设中取得了一定的成绩:① 相关实验区构建了以政府为主导、教育行政部门为主体、各职能部门紧密配合、社会共同参与的管理模式,形成了"送教上门"的组织结构和联席会议机制,充分发挥了市级特殊教育资源中心作用,并以特殊教育资源中心为载体进行了资源整合和部门联动。[①] ② 通过调查推进"送教上门服务"的针对性和有效性。比如2016年上半年,山东省青岛市教育局与市残联对全市3 000余名残疾儿童进行摸查,详细摸清未入学的重度残疾儿童情况,确定送教上门服务对象。[②] ③ 出台了区域性的文件,为送教上门服务工作提供政策支持。比如江西省信丰县先后共下发了四份有关送教上门的文件。[③]

(四) 实践模式

一个好的"送教上门服务"构想或者方案,需要以能够达成目标而且具有效能的实践模式加以体现,各地在实施"送教上门服务"的过程中,探索出了一系列良好的实践模式,其中比较具有代表性的是云南玉溪元江自治县的"三合一加"送教模式[④]和江苏镇江特教中心的"家庭、社区、回归特校"多元送教模式[⑤]。

1. 基于西南少数民族地区的玉溪元江自治县"三合一加"送教模式

西南少数民族存在着语言不通、路途遥远、学生分布分散等问题,这给"送教上门服务"带来较大的不便。云南玉溪市元江自治县作为少数民族地区,在开展"送教上门服务"中探索出了"三合一加"的模式(见表8-2-1)。

"三合"指的是"系统整合、医教结合、普特融合","一加"指的是"互联网+"。其中,"系统整合"指的是"由特校教师、中心校教师、残联康复员、乡镇康复员组成送教团队,同时聘请特教专家指导送教上门的实践工作",有助于解决在送教过程中出现的专业乏力、语言沟通不畅等问题。

"医教结合"指的是"安排拥有康复医学背景的教师和拥有医教结合工作经验的专业人员为残障儿童送去医疗、康复、教育服务",对于可以通过医疗手段改善障碍情况的学生,重点辅之以医,对于无法从医学角度改变的学生,重点辅之以教,提高其融入社会的能力,对于垂危的孩子给予临终关怀,让其感受到社会的温暖。[⑥]

"普特融合"指的是"在系统整合的基础上,普校与特殊教育学校合作,让普校的教师负责送教学生的学科教学,重点利用距离学生家最近的普校资源",普校教师参与到送教过程中,本身也体现出了一种融合。

"互联网+"指"将送教过程中的孩子评估、内容制定、指导等过程搭载到网络平台上,并且实现资源的上传与下载",通过网络进行远程送教,可以实现及时的跟踪指导,解决交

---

① 方俊明.送教上门支持保障体系的构建与完善[J].现代特殊教育,2017(4):28—29.

② 方俊明.送教上门支持保障体系的构建与完善[J].现代特殊教育,2017(4):28—29.

③ 方俊明.送教上门支持保障体系的构建与完善[J].现代特殊教育,2017(4):28—29.

④ 夏峰,杜亚洲,吴金廉.西部民族地区送教上门的实践探索——以云南省玉溪市元江县为例[J].现代特殊教育,2016(17):7—9.

⑤ 吴善亮,王玉兰.融合教育架构下"送教上门"模式的探索与实践[J].现代特殊教育,2016(7):9—11.

⑥ 黄俊玮.在家教育巡回辅导措施成效评估之研究[D].台湾:彰化师范大学,1998.

通不便问题，也有助于促进送教人员的学习。

“三合一加”模式立足于解决我国西部欠发达少数民族地区制约“送教上门服务”的难点问题，构建了“政府主导，多部门配合”的区域送教保障体系，体现了可持续发展的理念，值得其他偏远地区少数民族借鉴。

表 8-2-1　云南玉溪市元江自治县“三合一加”送教模式

三合			一加
系统整合	医教结合	普特融合	互联网+

2. 江苏镇江特教中心的“家庭、社区、回归特校”多元送教模式

为更好地推进融合教育，江苏镇江特教中心在为特殊儿童提供送教服务的过程中，探索出了“家庭、社区、回归特校”的多元送教模式(见表 8-2-2)。在家庭送教方面，镇江特教中心开创了两种方式：一是由教师上门送文化、技能、康复等“送教学”活动，二是由社会志愿者上门送轮椅、陪伴等“送温暖”活动。在社区送教方面，该中心将有一定生活自理能力和接受能力的学生带到公共场所，比如商店、公共汽车站、社区健身运动场所等地方进行生活适应、文明秩序教育和康复训练，进而提高学生的生活适应能力和社会对残疾儿童的接纳度。在回归特校方面，该中心为具有一定自理、接受和适应能力的残疾儿童安排定期回归特校，接受一定的系统教育，一是定期回学校接受一定的康复、文化、技能等训练，培养其与同伴的沟通交往能力，二是将定期回归效果好的学生转为全日制的在校生。

“家庭、社区、回归特校”多元送教模式启示我们应该重新定义特殊儿童的“送教上门服务”实施场域，即应该由封闭的家庭扩大到开放融合的社区生活环境，为我们更好地探索如何在“融合教育”理念下开展“送教上门服务”提供了宝贵的借鉴意义。

表 8-2-2　镇江特教中心的“家庭、社区、回归特校”多元送教模式

家庭送教		社区送教	回归特校	
教师“送教学、送康复”	义工“送温暖”	商店、公共汽车站、社区健身运动场所等公共场所送“生活适应、文明秩序教育、康复训练”	定期回归特校	转为特校全日制在校生

(五) 送教上门工作的成功经验

不少地方在实施“送教上门服务”的过程中，从不同角度探索出了一些成功经验，能够为其他地方更好地开展“送教上门服务”提供一定的借鉴意义。通过对相关研究、报道进行梳理，本研究就一些具有代表性的经验进行了整理。

1. 加强对送教对象的研究

江苏省扬州市江都区特殊教育学校在开展特殊儿童送教上门工作中，从“明确送教对象的基本情况”和“对送教对象的需要进行排序”两方面落实对送教对象的研究，极大地提

高了送教工作的实效性。[①]

(1) 明确送教对象的基本情况

该校将"明确送教对象的基本情况"作为提高送教工作实效性的基本前提,包括对送教对象的性别、障碍程度、障碍类别、家庭距离等进行调查,便于进一步安排后续工作。

(2) 对送教对象的需要进行排序,为优化教育内容提供依据

该校在走访与评估的基础上,依据"需要帮助的程度"将送教对象分为三个级别。

第一级学生障碍程度较轻,有一定的认知能力、生活适应能力和社交能力,由于肢体残疾或者家庭原因,没能到校就读。送教的内容聚焦于培养他们的认知能力、生活常识、社交礼仪技能,方便他们更好地融入社会生活。

第二级学生缺乏独立的生活自理能力和较强的社交能力或行动能力,但有一定的认知能力,需要大量的帮助。送教内容注重康复训练和认知训练的结合,对感觉统合中的视、听、嗅觉的辨别记忆,精细动作中的手眼协调以及认知训练中的接受性指令、命名、分类等进行训练。

第三级学生严重缺乏生活自理能力、沟通能力和认知能力,需要高强度的帮助。这类学生主要需要康复技能的介入和训练,包括粗大动作、站立行走、视觉追踪、语言沟通前能力等。送教内容应注意增强他们的活动能力并为满足其生活需要做准备。

通过加强对"送教对象"的研究,该校极大地提高了开展送教上门工作的针对性和实效性,并为科学制定送教内容及调度相关资源提供了翔实客观的依据。

2. 加强教师队伍建设

教师作为"送教上门服务"的一线实践主体,其专业水准直接决定了"送教上门服务"的质量,因此加强送教教师队伍建设,提高其专业水准,也就成为影响"送教上门服务"工作质量的核心问题。石家庄和晋江市在加强送教教师队伍的建设方面,探索出了一些成功经验,表现如下。

(1) 加强培训、强化职能

石家庄市从加强培训、强化职能两方面推进送教教师队伍专业化建设。[②] 在培训方面,各区县将送教上门教师和巡回指导教师的培训纳入计划,着力从特殊教育理论知识和实践操作技能两方面提高教师的教育教学能力,打造双师型教师。在强化职能方面,要求从事送教工作的教师严格依据本地区制定的《送教上门教师工作职责》《巡回指导教师工作职责》的要求,积极展开对接受送教服务学生的生理、心理、学习和行为特点的研究学习,并调动学生、家长、社会的支持,为学生的学习营造良好的氛围。

(2) 打造普特教师协作教学模式

不少地区在开展送教上门工作中,将普校教师纳入了送教的教师队伍,但存在一个现实问题,即不少普校教师在开展送教上门工作中存在专业性不足的问题,比如佛山市通过对送教上门教师工作现状的调查发现,普校教师在送教内容的安排、处理送教过程中突发

---

① 谈慧. 提高送教上门工作实效性的实践与思考[J]. 现代特殊教育,2016(17):37—39.

② 袁建. 关于开展对残障儿童"送教上门"工作的几点思考[J]. 教育现代化,2015(8):100—102.

事件的能力都存在一定的局限性[①],因此,如何提升普校教师的送教能力也就成为一个关键问题。福建省晋江市打造了"普特教师'协作教学'的送教上门模式",即通过选派普校教师参与一线送教,特殊教育学校派出骨干教师进行巡回指导的方式极大地提高了普校教师送教工作的专业性。[②]

二、送教上门工作存在的不足

在国家的大力重视下,针对残疾儿童的送教上门工作取得了一定的成绩,但由于总体上我们国家开展送教上门工作的时间较晚,缺乏系统的规划与实施模式,所以我们的送教上门工作存在一定的不足。

(一) 教学内容有待进一步优化

教学内容是确保送教上门工作质量的核心要素,但目前还存在一定的问题。

1. 过于注重学科教学,与特殊儿童的需求脱节

虽然目前开展了一些康复与生活技能、感统的训练,但主要还是以学科教学为主,实际上重度障碍特殊儿童对文化知识的学习需求很弱,他们更希望获得身体机能康复和生活自理能力训练,[③]明显学科化倾向的送教内容并不能很好地满足特殊儿童及其家庭的需求。

2. 个别化教育计划的规范不够,制约了教学内容的科学性

在送教上门服务中,应该依据个别化教育计划(Individualized Education Program,以下简称 IEP),制定适合学生发展特点的教学内容,但现实的情况是 IEP 文本的规范性不足,比如撰写和实施往往由送教老师一人完成,其他送教老师鲜有参与,难以保证对文本的合理性和执行有效性进行评价。[④] 当然这也与我们国家特殊教育政策缺乏对 IEP 的规范性要求有关,直接导致教学内容的设置出现随意性强等问题,从而影响了教学内容的针对性与合理性。

(二) 康复效果有待提升

虽然"送教上门服务"使得特殊儿童的生活适应、认知学习等方面的能力获得了一定的进步,但是这种进步还未达到一般意义上的显著水平。比如梁爽对"上海市送教上门学生发展现状"的研究指出:在自理领域,只有极少数的学生能够独立完成生活自理活动;在感知运动领域,仅个别学生能够通过所有项目;在认知与表达领域,只有近 30%的学生能实现正常的理解与表达;在社会适应与情绪领域,所有学生都存在社会适应不良的问题,且 30%的学生存在情绪行为问题;在学习领域,学生的学习水平也平均落后于同年级普通学生 2 个年级段。[⑤] 董玮倩对我国台湾地区特殊儿童在家教育的研究也表明实施效果

---

① 董桂林,陈小玲,何志芳. 佛山市重度残疾儿童送教上门教师工作现状的调查研究[J]. 现代特殊教育,2015(16):8—11.

② 许文权. 打造普、特教师"协作教学"的送教上门模式[J]. 现代特殊教育,2016(21):71—72.

③ 梁爽. 上海市送教上门学生发展现状与需求研究[D]. 上海:华东师范大学,2014.

④ 谈慧. 提高送教上门工作实效性的实践与思考[J]. 现代特殊教育,2016(17):37—39.

⑤ 梁爽. 上海市送教上门学生发展现状与需求研究[D]. 上海:华东师范大学,2014.

不尽如人意，在学习和生活上的改善情形也不甚乐观。① 这些都说明在目前的“送教上门服务”工作背景下，特殊儿童的教育康复效果还有待进一步提升。

（三）对特殊儿童家庭的支持不够

“送教上门服务”的对象应该包括残疾儿童的家庭，但是目前送教上门的受惠对象主要是特殊儿童，②对其家庭的关注和支持不够，主要表现为如下几点。

1. 对信息的支持不足

特殊儿童家庭非常需要对相关信息进行了解，因为这可以让他们明白自身享有的合法权益，进而去主动争取自身权益，但相关家庭目前接收到的信息支持明显不够，导致他们掌握的信息类型单一，了解不详尽，特别对与孩子相关的教育帮扶政策、就业保障政策、康复保障政策（康复救助、康复补助）、医疗保障政策、生活保障政策等根本不了解或者了解不全面。③

2. 对家庭经济状况的支持不够

相关研究指出接受“送教上门服务”的特殊儿童家庭面临着沉重的经济负担，而且这类家庭最大的需求还是改善家庭经济状况。④ 因为对绝大多数这类家庭而言，由于孩子的障碍程度较重，往往要耗费掉一个家庭劳动力来照顾孩子，这使得家庭的劳动力减少，直接导致家庭经济收入减少，同时孩子的各项医疗、辅助器具等开支导致家庭经济支出增加，再加上虽然目前国家对于这类家庭经济状况有所关注，但是更多体现的是免费提供“送教上门服务”，对于真正意义上的经济投入性帮助则少有涉及。

3. 对家长心理疏导不够

特殊儿童家长面临着较大的心理压力，更多的家长有着消极的情绪，这种消极情绪一方面影响其自身的健康，另一方面如果这种消极情绪长期不能得到舒缓，还会直接影响家长对待孩子的养护态度，比如导致家长对孩子的期望降低等，因此“送教上门服务”应该为特殊儿童家长提供心理疏导。但相关研究表明，多达半数以上的接受送教上门服务的家长仍有巨大的心理压力，而且选择封闭自己，不愿向他人倾诉，也没有认识到心理疏导和解压的重要性。⑤ 这种情况表明“送教上门服务”对于特殊儿童家长的心理疏导工作还有待加强。

三、反思

结合国家对开展特殊儿童“送教上门服务”的指导精神、“送教上门服务”面临的不足及取得的成功经验，从目的和价值、地位、主体等方面对送教上门服务进行系统反思，有助于丰富“送教上门服务”的理论内涵，保障特殊儿童“送教上门服务”得到更好的实施。

---

① 董玮倩. 美国与中国台湾地区特殊儿童在家教育比较研究及启示[D]. 上海：华东师范大学，2013.

② 邹燕君，孙玉梅等. 残疾儿童家庭对送教上门的需求调查——以武汉市为例[J]. 现代特殊教育，2016(24)：59—64.

③ 田艳萍. 上海市送教上门家庭现状与服务需求研究[D]. 上海：华东师范大学，2014.

④ 夏峰，杜亚洲，吴金廉. 西部民族地区送教上门的实践探索——以云南省玉溪市元江县为例[J]. 现代特殊教育，2016(17)：7—9.

⑤ 夏峰，杜亚洲，吴金廉. 西部民族地区送教上门的实践探索——以云南省玉溪市元江县为例[J]. 现代特殊教育，2016(17)：7—9.

（一）送教上门的目的和价值

《特殊教育提升计划(2014—2016年)》在“扩大残疾儿童义务教育规模”这一主要措施里明确指出,“县(市、区)教育行政部门要统筹安排特殊教育学校和普通教育学校资源,为确实不能到校就读的重度残疾儿童少年提供送教上门或远程教育等服务,并将其纳入学籍管理”。可见“送教上门服务”的目的在于保障重度障碍特殊儿童义务教育的实现。

送教上门作为一项系统工作,涉及教师、学生、政府及学校,彼此相互影响。对于教师,“送教上门”让他们为特殊儿童送“教”,体现了“师道的专业性和人文关怀价值”;对于特殊儿童,“送教上门”瞄准的是他们的“学”,让他们实现作为学生“成长和发展的权利”;对于政府和学校,他们在“送教上门服务”中扮演着管理组织的角色,承担了组织统筹“送教上门服务”工作开展的义务,也体现了作为公共职能部门社会公益性的价值。

概而言之,“送教上门”作为一项系统工程,其价值在于:送的是“教育、康复”,瞄准的是特殊儿童的“学”,实现的是作为学生的“权利”,规范的是政府和学校的“义务”,核心在于维护教育的“公平”。

（二）送教上门的地位

对于重度障碍的特殊儿童而言,他们接受教育的方式永远被定格为“送教上门服务”吗?如果将他们的教育方式永远定格为“送教上门服务”,将会与“融合教育”的理念相违背,因为单纯的“送教上门服务”已经将重度障碍特殊儿童所处的教育学习环境限定在了家庭,隔绝了其与同龄人接触的机会,不利于他们更好地融入主流社会,而且对于送教上门的资源也是一种负担。

如果将“送教上门服务”定位为辅助、补充的地位,让重度障碍特殊儿童在接受“送教上门服务”的同时,在知识能力获得一定发展的情况下,定期回归学校,或者直接转为全日制的在校学生,则可以让他们接受更为系统的教育康复训练,获得更多的接触外界环境的机会,帮助他们更好地成长,同时也有利于减轻“送教上门服务”的资源压力。

（三）送教的主体

送教的主体指的是具体由谁负责实施“送教上门服务”。

教育行政部门是送教上门工作的管理部门,相应的特殊教育学校(中心)应该成为送教的主要实施主体,具体负责实施送教,因为教育行政部门不可能去管理医院。但在“医教结合”的理念中,送教的内容不再是单独认知、学科知识教育,还包括康复治疗,因此单纯依靠特殊教育学校(中心)的教育资源还远远不能满足重度障碍特殊儿童的需求,真正的实践机制还应该是,由特殊教育学校(中心)代表政府,集成相关资源及相关服务,比如让医院的康复师等参与到送教队伍中,为特殊儿童实施送教。

（四）送教的内容

确定合适的送教内容是“送教上门服务”的核心。那么如何确定合适的送教内容呢?

1. 以教育为核心,整合相关服务

在“医教结合”理念中,不能仅单纯地为特殊儿童送“教育”,还应该整合医疗服务,为他们送“康复”,同时还应该联合社会公益力量,为特殊儿童及其家庭送“温暖”。

2. 坚持贯彻"特殊教育学校课程标准"的相关要求

2016年教育部发布了最新的"三类特殊教育学校(盲、聋、培智)课程标准"。新的三类特殊教育学校课标注重与普通教育的衔接,强调个别化、差异教学,同时课程的目标和内容充分考虑到了特殊儿童的缺陷补偿和潜能开发,高度关注学生的社会适应性。因此,在确定送教内容时应注意如下两点。① 应该突出个别化原则,即从认知、沟通、社会适应等方面对特殊儿童进行评估,并结合家长的期望,制订个别化教育计划(IEP),然后根据IEP的目标确定教学内容。② 以实现学生生活适应为导向。课程设置可以突出学科课程、功能性课程和生态环境课程。[①] 学科课程包括适应语文和适应数学,发展学生基本的生活认知能力。功能性课程主要包括生活自理和居家生活技能,通过缺陷补偿和潜能开发,重在培养学生独立生活的能力。生态环境课程关注的是学生与生活环境的互动能力,帮助学生将所学学科知识和功能性课程有效运用于生活。

3. 关注特殊儿童及其家庭的需求

在设计送教内容时,应该关注特殊儿童及其家庭的实际需求。送教上门的对象主要是重度障碍的特殊儿童,他们的生活自理、适应能力较差,实现明显的康复成长并非短期可以达到,因此送教的课时量必须充足。可以结合孩子的发展情况和目标确定全年的课时数,并细化到每周、每次的课时数。对于特殊儿童家长,他们在养育孩子的过程中面临巨大的精神压力,导致身心疲倦,因此送教的内容也应该适当包含对家长的喘息服务。

(五) 送教方法

送教干预是以特殊儿童,还是以整个家庭单元为中心?如果送教服务仅仅以特殊儿童为中心,虽然会取得一定成效,但这种方式更多关注的是特殊儿童及其家庭所面临的不足和缺陷,缺乏对特殊儿童家庭优势能力的利用,而且以特殊儿童的分类为基础,会导致负面标签效应的出现。相反,如果以特殊儿童的整个家庭作为送教干预的中心,将可以在发挥专业人员知识技能的基础上,集成并强化特殊儿童家庭优势力量,关注特殊儿童及其家庭成员的需求,为特殊儿童的康复成长营造一个健康、持续、和谐、智慧的有机环境。

在送教服务的过程中,以"家庭为中心",要求以"家庭本位实践的核心要素"为依据构建服务体系。

1. 以特殊儿童家庭整体作为送教服务的对象

特殊儿童的缺陷及弱势,极大地强化了其与家庭成员的纽带关系。可以认为特殊儿童的成长无时无刻不依赖于其家庭成员的支持帮助,因此家庭系统的稳定健康对特殊儿童的成长意义重大。所以,送教服务人员应该立足于维持特殊儿童家庭系统的良好运转,关注家人所需,让他们有一个良好的身心状态,从而不断激发并维持家人对特殊儿童的关怀、帮助和支持,发挥家庭的正能量。

2. 发挥特殊儿童家庭对送教服务的选择权和决定权

当以特殊儿童家庭作为送教服务的对象时,也就相当于将家庭作为送教服务的消费者,那么家庭也就具有了作为消费者的选择权和决定权。同时由于家庭成员对孩子的情

---

① 朱红民.重度残疾学生送教上门的实践与思考[J].现代特殊教育,2016(22):59—62.

况最了解，对孩子的需要和发展最有发言权，因此应该赋予特殊儿童家庭在送教服务中的绝对权利。在实践的过程中应注意：首先，送教专业人员可以根据家长的意见，为他们提供相关理念、知识、技能培训，让他们在孩子的教育康复过程中，有能力做出合理的选择；其次，帮助家长厘清家庭及孩子面临的困境，和家长一起制定可供选择的送教服务实施方案，并让家长最终决定选择何种方案；最后，在送教服务实施过程中，专业人员要积极听取家庭成员的反馈意见，不断优化调整送教服务。

3. 建立特殊儿童家庭成员与专业人员的伙伴协作关系

既然家长在送教服务中拥有选择权与决定权，那么送教的专业人员就应该充分获取特殊儿童家庭的支持，以保障送教服务的顺利实施。而获取家庭支持的有效途径便是专业人员与特殊儿童家庭成员之间建立并维持一种正向、积极、友好、协作的伙伴关系。建立维系这种关系的重要途径便是使用积极有效的沟通、尊重家庭文化、真诚帮助对方解决家庭面临的困境，[①]比如可以陪伴家长，给他们提供倾诉的机会，做到让家长习惯交流，同时对他们的处境表示真诚的理解，尽专业人员所能为特殊儿童及他们的家庭提供多方面的帮助，并积极就特殊儿童状况和家庭成员进行沟通，合理采纳家长的建议等。

（六）效果评价

“送教上门服务”作为推进特殊儿童义务教育普及的一种方式，有必要对其实施效果进行评价。教育评价是一项系统的过程，一个好的评价需要解决好评价方式（评价模式）和评价内容两个方面的问题。

1. 评价模式

在教育评价模式方面，在对泰勒模式进行批评的基础上，诞生了很多教育评价模式，但在现实的教育评价活动中，起主导作用、得到最广泛应用的仍是泰勒模式和后来发展的CIPP模式。[②] 泰勒模式过于关注预定教育方案的达成情况，对于方案本身的评价不够，过于强调专业人员的强势地位，并不适用于“倡导发挥特殊儿童及其家庭主导地位的送教上门服务”；而CIPP模式则集结了对背景（context）、输入（input）、过程（process）和结果（product）的评价，超越了泰勒模式的局限，具有系统性、打破专业人员强势地位的特征，因此在一定程度上适合作为“送教上门服务”的效果评价方式。

在“送教上门服务”中实施CIPP评价模式应该注重如下方面：① 在背景评价方面，关注送教服务目标制定的合理性，比如是否与国家特殊教育课程标准的总体要求、特殊儿童自身及家长的期望等相符合。② 在输入评价方面，对送教服务计划的可行性和合法性进行判断，包括政府和学校为开展“送教上门服务”提供的资源保障是否到位，送教人员的专业知识储备是否充足，教学计划是否具有可行性，教学过程安排是否能够与教育目标实现总体上的对应。③ 在过程评价方面，对送教上门工作进行连续不断的检查和反馈，比如教师的教学行为是否有效，教学内容设置是否体现了对特殊儿童的缺陷补偿和潜能开发，是否尊重了特殊儿童家庭的决定权，特殊儿童和其家庭在送教上门服务中的参与情况如

---

① 申仁洪.走向伙伴协作的残障儿童家庭参与——基于美国研究的考察[J].比较教育研究，2016，38(4)：100—106.

② 戚业国，杜瑛.教育价值的多元与教育评价范式的转变[J].华东师范大学学报(教育科学版)，2011，29(2)：11—18.

何。④ 在结果评价方面，对送教服务的最终结果进行考察，一是考察送教服务目标的达成情况；二是考察教学目标实现的效能，即送教服务资源投入与目标实现的效率情况；三是考察非预期效果，在送教服务的过程中可能会出现一些创造性的非预期成果，比如转变了家长对孩子残疾的逃避、不接纳观念，对这些非预期成果进行考察，可以激发送教教师的创造性，并为其后续开展送教服务工作提供更多的指导。

2. 评价内容

在评价内容方面，需要重点关注对特殊儿童发展情况及家庭状况的评价。

(1) 对特殊儿童发展情况的评价

关于特殊儿童发展情况的评价，目前我国大陆地区还没有正式的关于送教上门儿童评估工具，但台湾地区嘉义县在家教育评估表、Gesell 发育诊断量表(Gesell Developmental Diagnosis Schedules)、Bayley 婴幼儿发育量表(第三版)(the Bayley Scales of Infant and Toddler Development-Third Edition，Bayley-Ⅲ)可以为我们提供一定的借鉴。

嘉义县在家教育评估表将接受"送教上门服务"的特殊儿童评估分为身体健康、动作、生活自理、社会情绪、沟通及认知学习几部分①；Gesell 发育诊断量表主要包括适应性行为、运动行为(粗大、精细)、语言、个人—社会行为四个领域②；Bayley-Ⅲ包括动作、语言、认知、社会情感、适应性行为五个方面③。

这几个评估工具基本都涵盖了对特殊儿童"身体健康与感知运动、生活自理能力、社会适应与情绪、语言沟通、认知学习"等方面的评估，因此我们可以初步从这几个方面，对在接受"送教上门服务"的特殊儿童进行评价，当然后续还应该进一步编制相应的评估量表。

(2) 对特殊儿童家庭状况的评价

对于特殊儿童家庭状况的评价，可以依据家庭生活质量取向，即通过"送教上门服务"是否让"家庭成员需求的满足、家庭成员共享生命时光以及家庭成员有机会深度参与重要活动的情况"④得到改善。目前关于特殊儿童家庭生活质量的评价模型比较多样化，特别是国外已经形成了比较成熟的理论，具有代表性的有美国堪萨斯大学提出的家庭生活质量五因素理论⑤和加拿大多伦多大学提出的家庭生活质量九因素理论⑥。目前国内在这方面的研究还不多，主要有黄儒军、申仁洪等提出的家庭生活质量八因素理论⑦。家庭生活质量是一个容易受到地域文化差异影响的主观变量，有着一定的复杂性，因此我们并不

---

① 梁爽. 上海市送教上门学生发展现状与需求研究[D]. 上海：华东师范大学，2014.

② 张秀玲，李寄平，秦明镜，等. Gesell 发展诊断量表 3.5—6 岁北京修订本的制定[J]. 中国临床心理学杂志，1994，2(3)：148—150.

③ Greene M, Patra K, Nelson M, Silvestri J. Evaluating Preterm Infants with the Bayley-Ⅲ: Patterns and Correlates of Development[J]. Research In Developmental Disabilities: A Multidisciplinary Journal，2012，33(6)：1948—1956.

④ Park J, HoffmanL, Marquis J, et al. Toward Assessing Family Outcomes of Service Delivery: Validation of a Family Quality of Life Survey[J]. Journal of Intellectual Disability Research, 2003(4—5)：367—384.

⑤ Isaacs B J, Brown I, Brown R I, et al. The International Family Quality of Life Project: Goals and Description of a Survey Tool[J]. Journal of Policy and Practice in Intellectual Disabilities, 2007(3)：177—185.

⑥ Hoffman, L., Marquis, J. G., Poston, D. J., et al. Assessing Family Outcomes: Psychometric Evaluation of the Family Quality of Life Scale[J]. Journal of Marriage and Family, 2006(68)：1069—1083.

⑦ 黄儒军，申仁洪，等. 发展性障碍儿童家庭生活质量问卷结构及其编制[J]. 绥化学院学报，2017，37(7)：125—130.

能简单地将国外成熟的家庭生活质量评价理论直接运用到对国内的特殊儿童家庭的评价中。我们在开展对"送教上门服务"家庭生活质量的评价时，需要进一步结合这类家庭的主要需求和实际状况，参照已有的成熟理论，开发出适合国内本土情景的评价体系。

今天，在"医教结合""融合教育"的理念下，开展特殊儿童"送教上门服务"需要将其定位为一种辅助教育形式，让学生逐步回归开放、多元的教育安置环境，并注重以特殊儿童的家庭为服务中心，为其赋权增能，推动特殊儿童实现全人发展，同时坚持系统全面、非专业人员强势地位的方式对特殊儿童及其家庭的发展进行评价，保障"送教上门服务"的效果。

第三节　中国特殊教育的学前融合教育

学前教育是基础教育的基础、终身教育的开端。[①] 公平优质的学前教育对于个体身心的健康发展、国民素质的提高具有重要的意义。特殊儿童作为社会弱势群体，由于自身障碍的限制而易受环境的负性影响，而优质的学前特殊教育可以使特殊幼儿的缺陷得到及早补偿和教育，为其以后接受优质高效的教育创造基础条件，同时，于社会而言，它是促进社会公正、阻断贫困代际循环的重要调节器之一。

自1994年"萨拉曼卡宣言"明确提出融合教育以来，融合教育理念迅速影响了各国教育体制的各个层面。随着教育公平的推进和融合教育实践在学前教育阶段的延伸，学前融合教育走过了从隔离型特殊教育到群体间接纳的大众融合式教育，从"残疾儿童"到"有特殊教育需要儿童"的反标签化教育，从提倡普通教育"提供最少受限制的环境"到普通教育与特殊教育更紧密的合作。[②] 学前融合教育主张所有学龄前儿童，无论性别、种族、身体条件、智力水平、社会地位如何，都应与普通幼儿共同接受保育和教育，[③]即在融合性的幼儿园，通过课程与教学的调整、资源与服务的提供和相关人员的协作，保障特殊幼儿获得与普通儿童同样的教育权利、发展权利。近年来，国家通过实施连续两期"学前教育三年行动计划"和"特殊教育提升计划"，学前融合教育取得了显著成就，但也面临着问题和挑战。为此，我们梳理了我国学前融合教育的现状，分析影响学前融合教育深入发展的因素，并提出相应的对策，以期为促进学前融合教育的发展提供建议。

一、我国学前融合教育现状

（一）普惠性学前教育服务体系受惠面逐步扩大

2010年我国政府出台了《国务院关于当前发展学前教育的若干意见》。该意见作为近年来推动学前教育领域改革和发展的重要文件，明确提出要建立普惠性学前教育服务体系。普惠性学前教育服务体系所体现的核心思想是公益性、普惠性原则，依据的标准是

---

① 王宏艳. 幼儿学前教育[M]. 北京：清华大学出版社，2015：205.
② 王国光. 孤独症儿童的早期融合教育[M]. 北京：中国妇女出版社，2012：13.
③ 雷江华，刘慧丽. 学前融合教育[M]. 北京：北京大学出版社，2015：1.

公民权利而非身份地位，[1]以公益为基础，以普及大众为目的，努力构建覆盖城乡、布局合理的学前教育公共服务体系，保障所有适龄儿童都能够接受基本的、有质量的学前教育。通过建立广覆盖、保基本的普惠性学前教育公共服务体系，使得特殊儿童受惠面逐步普遍化、扩大化，其中广覆盖强调面向大众，旨在将所有儿童包括多种障碍类型和程度的特殊儿童纳入学前教育公共服务体系，为其提供基本有质量的学前教育服务。

为了深入贯彻落实国家政策，各地制定和实施了学前教育三年行动计划。2014 年国家颁发的《特殊教育提升计划（2014—2016 年）》将学前特殊教育列为近三年的重要任务之一，要求各地将学前特殊教育纳入学前教育总体规划和第二期学前教育三年行动计划中。各地通过连续实施学前教育发展计划，极大地普及了特殊儿童的学前教育。

截至 2017 年，各地已相继实施了第一期、第二期学前教育三年行动计划和特殊教育提升计划。以上海市为例，上海市自 2006 年起制订了三期学前教育行动计划，分别是学前教育三年行动计划（2006—2008 年）、学前教育三年行动计划（2011—2013 年）、学前教育三年行动计划（2015—2017 年）。上海市 2006 年提出要达成学前教育覆盖率 98%的目标，经过一年的发展，2007 年全市适龄幼儿的入园率已达到 99%以上，全市幼儿园在园幼儿数达到 31.3 万人。[2] 为了进一步提高学前教育覆盖率，上海市 2015 年提出要满足该市 3—6 岁儿童 100%接受学前教育，学前教育服务基本惠及上海市所有特殊幼儿的目标。

此外，《国务院关于当前发展学前教育的若干意见》中针对特殊幼儿群体，要求通过多种渠道加大学前教育投入，建立学前教育资助制度，资助家庭经济困难的特殊幼儿接受普惠性学前教育。自“十二五”以来，中央财政在彩票公益金中设立专项，加大对残疾人教育支持力度，实施“残疾人事业专项彩票公益金助学项目（学前教育）”。根据中国残疾人联合会发布的 2011—2016 年历年的中国残疾人事业统计公报显示（见表 8-3-1），2011—2016 年，残疾人事业专项彩票公益金助学项目资助人次累计达 6.7 万，各地通过多渠道争取资金对特殊幼儿给予资助，受助人数累计达 21 827 人。

表 8-3-1　2011—2016 年特殊幼儿受助表

年份	残疾人事业专项彩票公益金助学项目资助人次（万）	各地特殊幼儿资助人数（人）
2011	1.0	6 627
2012	1.0	4 429
2013	1.0	3 489
2014	1.1	2 908
2015	1.2	1 767
2016	1.4	2 607
合计	6.7	21 827

① 王海英.从特权福利到公民权利——解读《国务院关于当前发展学前教育的若干意见》中的普惠性原则[J].幼儿教育（教育科学），2011(1,2)：7—11.

② 2008—2020 年上海学前教育资源配置研究[J].教育发展研究，2010(20)：9—11.

（二）学前融合幼儿园试点范围逐步扩展

1. 普通幼儿园以完全融合或半融合为主要形式的融合试点

2014 年国家出台了《特殊教育提升计划（2014—2016 年）》，随后各省市自治区也根据当前特殊教育发展水平相继出台了特殊教育提升计划。针对特殊幼儿群体，各省市均提出要积极发展特殊幼儿学前教育，将特殊幼儿学前教育纳入学前教育行动计划，支持普通幼儿园创造条件接收特殊幼儿，提高 3—5 周岁特殊幼儿入园率，实现特殊教育领域和学前教育领域双向互动合作，共同推进学前融合教育的发展。

多个省市随即开展学前融合教育试点工作。例如上海市根据本地区特殊幼儿的发生和分布情况，通过创办特殊幼儿园、在普通幼儿园开设学前特教班等多种方式，增设学前特教点，以满足各类特殊幼儿接受早期教育和康复训练的需求；河南省要求每个县市区选择 1—2 所幼儿园开展学前融合教育试点，并依托郑州幼儿师范高等专科学校，整合各方资源，成立河南省学前融合教育发展支持中心，在试点的基础上推动学前融合教育发展；湖南省要求每个县市区明确 1 所公办幼儿园开展随园就读试点，并全面实施“启明工程”，支持普通幼儿园等机构开展随园就读试点。随着政策推进，湖南省开展了特殊幼儿随园就读的幼儿园已有 500 多所，2 000 多名特殊幼儿在园接受教育；①河南省近两年投入 800 万元专项资金发展融合教育，73 所幼儿园纳入学前教育融合试点，共招收了 240 名特殊幼儿入园接受融合教育。②

2. 特殊教育学校以反向融合为主要形式的融合试点

学前融合教育与我国义务教育阶段以随班就读为主要融合形式的实践有所不同的是，学前融合教育除了有以普通环境为安置地点的半融合或完全融合实践，还有以特殊教育学校学前教育部或儿童康复机构学前教育部等隔离式环境为融合安置地点的反向融合实践。自 20 世纪 90 年代以来，多所隔离式的学前特殊教育机构开始招收普通幼儿入园。江苏省徐州市特殊教育学校自 20 世纪末就开展反向融合的教育实践，学校采取分步推进的科学方式，探索“聋健合一”的学前教育融合模式。在课程设置上，学校将普通幼儿涉及的五大领域课程和听障儿童的听力言语康复教育课程进行融合，在教学上凸显游戏性、活动性，并通过开展专业培训提升教师和家长的教育能力，同时加强家园合作，以形成教育合力。③

（三）融合教育过程质量逐渐提高

2009 年美国特殊儿童协会幼儿教育分会（DEC）和全美幼儿教育协会（NAEYC）联合发表了关于早期融合教育的立场声明，指出以下三大特征可用来衡量特殊幼儿是否享受到了高质量的学前融合教育。第一，可接近性，即特殊儿童能够自由地使用教育环境和环境中的各项设施及参与活动；第二，参与度，即环境和活动的设计能保证特殊儿童有意义

---

① 基础教育 2016：特殊教育提升目标圆满实现[EB/OL].（2017 - 02 - 08）. http://www.hunan.gov.cn/2015xxgk/szfzcbm/tjbm_6677/zwdt/201702/t20170210_3982037.html.

② 河南全省 73 所幼儿园纳入试点“融合教育”[EB/OL].（2016 - 12 - 03）. http://www.ha.xinhuanet.com/news/20161203/3560416_c.html.

③ 李之刚，王庆宝. 反向融合：听障儿童与普通儿童融合教育之路探索[J]. 现代特殊教育，2016(10)：13—15.

地参与游戏和学习活动;第三,支持性,即建构一个完整的支持系统。[①] 因此,优质的学前融合教育主要体现在三个方面:物理环境的通达性、课程教学的通用性、支持系统的完备性。

1. 物理环境

当前我国学前融合教育领域物理环境的创设更多地关注室外建筑和设施的无障碍,较少关注室内空间与设施的无障碍。吴梦嘉从园所通道、标识系统、活动室布局设计、常用设施设备、功能性区域和设施等方面对杭州两所甲级融合幼儿园进行质性研究,发现当前幼儿园的物理环境能够保证基本的可通达性、便利性和安全性,幼儿园的环境设置结构化程度较高,可以基本满足幼儿对环境的可预期性需求。[②] 区角活动作为集体教育活动的补充和调整,是实施个别化教育、促进幼儿个性发展的有效途径,区角内创设的活动环境、投放的活动材料也含有隐性的教育价值。广东越秀区启智学校在学前融合班级中开展丰富多彩的区角活动,投放的区角材料凸显层次性,以适应不同能力发展水平的幼儿,并且在材料的选择上考虑幼儿兴趣,让特殊幼儿通过亲身体验、主动探索去认识环境、了解事物之间的关系。[③]

2. 幼儿课程

各类型的特殊幼儿由于自身障碍的限制,在参加普通幼儿课程时,存在课程参与度低的情况。当前我国为特殊幼儿采取的课程调整路径主要通过普通幼儿课程和个别化教育来实现,但越来越多的融合幼儿园已开始整体设计学前融合课程。

当特殊幼儿在正常的教育活动中表现出困难时,教师可以在资源教室或区角活动中进行补偿性教学或个别化教育,以帮助儿童达成目标。广州市越秀区启智学校在学前融合教育实践中首先对特殊幼儿进行课程评量,评估特殊幼儿的课程起点,结合《3—6岁儿童学习与发展指南》、生活实际、学生兴趣和家长期望,制订幼儿个别化教育计划,并制定融合教育课程实施路线,一条是有计划的,以主题活动和补救性教学的形式展开,另一条则是相对自由的、以区角活动的形式展开。[④]

苏州市2013年起通过资金投入布点实施幼儿园资源教室的建设,如苏州花朵幼儿园面向听障儿童设立资源教室,配置了听觉、语音评估和训练仪,并从苏州市盲聋学校引进三名资源教师,实施"双模块"(即普通幼儿教育、特殊教育两大模块)课程融合,对听障儿童进行听觉训练、言语矫治和语言教育等个别化的康复教育。[⑤] 面对特殊幼儿在普通幼儿课程中参与度低的状况,许多幼儿园还设计了整体融合的幼儿课程。该类型的课程具有较强的灵活性,可以服务多种类型的特殊幼儿。例如上海市普陀区兰溪幼儿园作为一所普特融合的幼儿园,一直开展融合性的"亲社会"课程,以普特儿童共同生活为背景,以

---

① 胡碧颖,李克建.学前融合教育质量:相关概念解析与评价工具的理论构想[J].中国特殊教育,2012(5):3—7.

② 吴梦嘉,李伟亚.幼儿园开展融合教育物理环境准备度的质性研究[J].幼儿教育,2013(1,2):88—92.

③ 吴群娣,陈霞.学前融合教育模式初探——以广州市越秀区启智学校学前融合班为例[J].现代特殊教育,2015(11):11—13.

④ 吴群娣,陈霞.学前融合教育模式初探——以广州市越秀区启智学校学前融合班为例[J].现代特殊教育,2015(11):11—13.

⑤ 顾瑞华.合作办学:聋儿学前融合教育的实践与思考[J].现代特殊教育,2011(4):9—11.

一日活动为基点，以积极有效、内涵丰富的活动为基础，关注孩子的"亲社会"行为，思考融合的价值，探究适宜的融合教育策略，为普特幼儿提供平等的学习与发展机会，促进普特幼儿的正向社会情绪、亲社会性行为以及良好社交技能的发展。①

3. 支持系统

优质的普惠性学前教育离不开多方位的系统支持，上到制度化的教育政策的制定、公共财政的投入，下到教育实践中幼儿园融合氛围的营造、师资力量的建设。

自国家颁布《特殊教育提升计划(2014—2016年)》以来，多地通过专项政策和经费对特殊幼儿提供支持。例如福建省对特殊幼儿的支持不仅力度大，而且涉及面广。福建省规定对特殊教育学校和普通学校附设特教班(学前至高中阶段)的学生实施"三免两补"政策，2014—2016年省级财政将生活补助费每人每年提高到2000元、2500元、3000元(按10个月计算)，寄午的学生按寄宿生补助标准的一半给予补助，并根据本地实际对学生交通费进行补助，并纳入校车服务方案统筹解决，保证残疾儿童少年不因交通问题而辍学，有条件的地方要对残疾学生校服、床上用品等生活必需品支出予以补助。2014—2016年，特殊教育学校学前至高中阶段残疾学生生均公用经费拨款标准逐年提高到普通初中的6倍、7倍、8倍。此外陕西省建立了从学前到高中的免费教育，江苏省对在公办幼儿园接受教育的特殊幼儿免收保育费和管理费。

幼儿园融合氛围主要通过幼儿园园长、教师的接纳态度，以及幼儿的接纳态度得以体现。目前幼儿园园长和教师已认识到学前融合教育的必要性和意义，但是相关支持和服务体系的不完善导致其在实际的工作中接纳度较低。史丽君通过问卷调查的方式对当前幼儿园园长关于特殊幼儿随园就读看法进行研究，调查结果显示幼儿园园长在思想上认为幼儿园应该开展随园就读，所调查的幼儿园中有特殊幼儿就读的幼儿园达67个，占总数的47.2%，对特殊幼儿进入普通幼儿园接受教育，选择比较赞同和非常赞同的园长占42.8%，选择愿意接受特殊幼儿到自己所在幼儿园就读的园长有30.9%。②

孙玉梅通过问卷调查的方式对湖北省幼教工作者的学前融合教育观念和态度进行了研究，幼教工作者对特殊幼儿进入自己所在幼儿园或班级的态度较中立，持中立态度的占到了五分之二，但是当师资、设备与教育方式能够兼顾的前提下，幼教工作者对特殊幼儿进入幼儿园的态度以乐意接受居多。③ 普通幼儿作为特殊幼儿重要的早期同伴之一，对于发起、维持双方的交往以及在包容、接纳特殊幼儿方面发挥着更为重要的能动作用，受幼儿自身认知发展水平的影响，普通幼儿对特殊幼儿的接纳态度呈现出积极与消极并存的态度。

刘颂、钱红等人通过个别访谈法对北京市学前融合班级中普通幼儿对残疾的认识与接纳态度进行研究，在调查普通幼儿跟特殊幼儿的交往意愿时，显示54.8%的幼儿表示愿意和特殊幼儿一起生活，在调查普通幼儿对特殊幼儿的接纳态度时，66.6%的幼儿表明

---

① 周骏蔚."亲社会"课程促进学前融合教育[J].现代特殊教育，2016(4)：75—76.

② 史丽君.幼儿园园长接纳特殊幼儿随班就读态度调查[J].现代特殊教育，2015(7—8)：118—120.

③ 孙玉梅.湖北省幼教工作者学前融合教育观念与态度的研究[D].武汉：华中师范大学，2012.

他们不害怕残疾人。①

师资是保证学前融合教育质量的关键因素。目前，我国学前融合教育乃至学前教育整体上存在师资不足、专业化水平低的问题，但是国家正逐渐通过加强职前培养和职后培训改善这一现状。许多中高等师范院校已在学前专业开设特殊教育相关课程，培养学生的融合理念。南京市特殊教育师范学院为填补我国学前特殊教育师资职前培养的空白，开设了学前特殊教育学科，坚持“学前＋特教”的办学特色，已建设了国内唯一拥有特殊教育特色的、规模最大的学前教育专业方向，专为学前特殊教育、学前融合教育培养合格师资。② 湖南省、江苏省、上海市等地已开展学前特殊教育教师培训。江苏省规定普通幼儿园资源教师每五年至少接受1次省级培训。上海市将学前特教教师纳入特教骨干教师培养范围。此外为提高师幼比例，保证教师配备的科学性和合理性，上海市要求为学前特教班每班配备3名教师，负责特殊幼儿教育工作。湖南省要求开展特殊幼儿随园就读的学前教育机构师生比按1∶5的标准配备专业教师，按照专业教师的25％配备教辅人员。

二、我国学前融合教育发展面临的问题

（一）入园率低，区域城乡发展差异大

2001年，卫生部、公安部、中国残联、国家统计局在联合国儿童基金会的资助下，在我国天津市、吉林省、河南省、江苏省、贵州省、甘肃省六省市的12个市县进行了0—6岁特殊幼儿抽样调查。结果显示我国0—6岁特殊幼儿约有139.5万，我国3—6岁特殊幼儿接受学前教育率仅为43.92％，而我国普通儿童的入园率为70.55％，学龄特殊儿童义务教育阶段的入学率为63.19％。③ 特殊幼儿不仅入园率低，同时也表现出较大的城乡与区域差异。根据2001年的调查数据显示，城市特殊幼儿学前教育普及率为61.48％，农村特殊幼儿接受学前教育率仅为26.41％。④ 叶小红通过问卷调查的方式对江苏省学前融合教育情况进行调查，调查数据显示江苏省有学前特殊教育需要幼儿的教育安置基本处于自发状态，很多幼儿园声称本园无特殊幼儿，⑤而上海市学前教育的普及率早于2007年就达99％，基本惠及所有特殊幼儿。

（二）过程服务质量欠佳

尽管多地普通幼儿园响应国家政策招收特殊幼儿随园就读，但是大多数幼儿园重“安置”、轻“服务”，致使“随园就读”往往成为“随园混读”。有的特殊幼儿在“半融合”的环境中，接受隔离式的早期干预，有的特殊幼儿则在完全融合的环境中，接受过度的普通幼儿教育，且幼儿园支持系统不足，普通幼儿教育课程和个别化教育目标融合困难，加上教师专业知识和技能不足，其在授课的过程中教学组织形式单一刻板，因而教学效果不佳，课程实施困难，特殊幼儿课程参与度低。

---

① 刘颂. 北京市学前融合班级中普通幼儿对残疾的认识与接纳态度[J]. 中国特殊教育，2015(10)：3—8.
② 学前(特殊)教育专业的特色[EB/OL]. (2016-09-16). http://xq.njts.edu.cn/2014/0916/c386a24348/page.htm.
③ 张磊. 我国残疾儿童学前教育开展状况述评[J]. 上海教育科研，2011(10)：83—86.
④ 郭启华. 农村残疾儿童学前教育不应成为被遗忘的角落[J]. 合肥学院学报，2011(4)：116—120.
⑤ 叶小红. 江苏省学前融合教育的现状及应对建议[J]. 早期教育，2015(12)：2—7.

李伟亚等人用随机抽样的方式对浙江省不同地区普通幼儿园的275名一线教师进行问卷调查，研究了在园不同特殊儿童相关活动类型的参与状况。结果显示有发展缺陷的儿童和有发展缺陷可能的幼儿对幼儿园生活常规活动的参与程度最高；有发展缺陷的儿童参与区角活动的人数比例较小，有发展缺陷可能的儿童参与区角活动的人数比例则较高；两类儿童对结构化集体教学活动、体育活动和游戏的参与程度相似，其中体育活动的参与程度相对较低，两类儿童都有一半以上不能融入体育活动中去；在五大领域课程活动中，有发展缺陷的儿童能参与语言课程的接近75%，有发展缺陷可能的儿童参与语言课程的比例尚不足60%，两类儿童参与音乐和美术课程的程度都较高，参与社会和科学课程的程度最低，且参与质量存在很大疑问。①

服务模式较为单一僵化，缺乏灵活性。由于当前我国幼儿园师资不足，一个教师服务数十个幼儿的情况并不鲜见，如果幼儿园招收了特殊幼儿，教师则需要花更多的精力照顾他们，因此教师对其采取的措施往往是同普通幼儿进行集体教育，或者将其送至资源教室进行个别教育，将教育的责任推给资源教师。在集体教育活动中，教师为保证原有的课程质量和课程进度往往会采取一刀切的方式，这势必会忽视特殊幼儿的发展水平和个人需求，使得特殊幼儿在课程教学中处于边缘化的地位，特殊幼儿被排斥在有质量的学前教育之外；同样，如果普通教师将教育的责任推给资源教师，那么就剥夺了特殊幼儿与他人互动的机会，学前融合教育便流于形式，失去了其本应有的意义。

（三）支持体系不完善

当前许多参与学前融合教育的幼儿教师不仅上岗前没有接受特殊教育知识和能力的培养，而且职后培训中也缺少相关的进修学习。虽然许多师范院校逐渐在学前教育专业开设特殊教育课程，但是比例仍然偏低且多为理论、通识类课程，实操课程比例很小甚至没有，导致普通幼儿园教师上岗前特殊教育知识和技能储备不足，因而上岗后无法为特殊幼儿提供优质的教育教学支持。叶小红对江苏省学前融合教育的现状进行调查，研究发现参与本次调查的教师中86.7%所学专业是学前教育，0.5%是特殊教育，12.8%是其他专业。她们中93.6%未受过任何形式的特殊教育职后培训，只有6.4%曾接受过讲座等非系统的特殊教育职后培训。② 天津市学前特殊教育教师中，本科学历的有26人，专科学历的有20人，中专或高中的有18人，在所学专业方面，特殊教育专业的有6人，学前教育专业的有12人，其余46人都是非教育类专业。③

政策和经费的支持是推进教育公平强有力的保障。但纵观我国相关法律政策，特殊教育领域将政策经费等支持重点放在了义务教育阶段特殊教育的普及和提升上，学前教育阶段则成为薄弱环节。在政策中有关对学前融合教育的描述多以“软法”出现，号召多实策少，导致政策执行困难。在经费支持上，由于当前国家对学前融合教育的公共财政投入总量不足、投入结构失衡，所以特殊幼儿的学前教育多由家庭承担，且特殊幼儿专项资

---

① 李伟亚. 普通幼儿园有特殊教育需要儿童的在园生存现状[J]. 学前教育研究，2011(12)：34—40.

② 叶小红. 江苏省学前融合教育的现状及应对建议[J]. 早期教育，2015(12)：2—7.

③ 王晶. 天津市城区学前特殊教育的发展现状调查[J]. 长春教育学院学报，2011(8)：5—6.

助体系较为单一，资助金额总量小，相对于我国庞大的特殊幼儿群体，受惠范围较小。

当前，整个幼儿园系统对特殊幼儿接纳度较低。史丽君通过问卷对普通幼儿园园长的接纳态度进行研究，研究发现目前幼儿园园长对特殊幼儿随园就读的接纳度比较低，虽然在思想上认识到开展融合教育的必要性，但在实际工作中并不希望自己去实现。虽然我国教师目前已从理念上认为特殊幼儿应该接受融合教育，同时也会在实际工作中做出相应的调整，但是在接受特殊幼儿的障碍类型和程度上表现出一定的倾向性。

刘佳芬等人对宁波市幼儿教师关于融合教育的接纳态度进行调查，研究发现在障碍类型上倾向接受感觉障碍儿童和学习障碍儿童，在障碍程度上，倾向接受轻度障碍儿童，其他障碍类型和中重度障碍程度的特殊幼儿被拒之门外。① 普通幼儿对特殊幼儿所持的接纳态度也不容乐观。李伟亚等人对普通幼儿园中特殊幼儿在园生存现状进行研究，在研究普通幼儿的同伴应对行为和应对态度上，普通幼儿对特殊幼儿的接纳度偏低，80%有特殊教育需要的儿童在同伴眼中是特殊的，只有约20%的儿童在同伴眼中与其他正常儿童没什么差别，有超过2/3的有发展缺陷的儿童会遭到同伴的拒绝，有将近一半的有发展缺陷可能的幼儿会遭到同伴的拒绝。②

三、学前融合教育存在问题的原因

（一）教育供给关系失衡

普惠性一词作为社会福利用语运用到学前教育领域中，内含这样的目的和价值取向，即根据公民身份由国家提供学前教育公共服务给全体公民，人人享有，惠及人人，强调学前教育必须具有一定的公共产品性质，尽管当前我国对于学前教育的产品属性界定不清，学前教育具有一定的公共产品属性却已达成共识，基于此，特殊幼儿对于普惠性的融合幼儿园的刚性需求应由政府来满足。但受20世纪末国企改革和行政企业改革的影响，公办幼儿园数量急剧减少，市场作为另一种重要的供给体满足大众对于学前教育的需求。民办幼儿园作为市场化的产物，深受市场弊端的影响。民办幼儿园一方面考虑到人力和物力的额外投入，另一方面还考虑招收特殊幼儿后生源大幅减少的问题，致使特殊幼儿入园难或需支付额外的教育成本，特殊幼儿成为这一形势下的隐形牺牲者。此外，长期以来政府角色在学前教育阶段弱化，有限的公共教育资源并未实现对社会弱势群体的福利转移，特殊幼儿被排斥在公办园、试点园狭小的供给能力之外，尤其在农村地区，融合教育供给失范、入园难的问题更加突出。公办园入园难、民办园入园贵的教育供给现状导致特殊幼儿依然无法享受优质的学前融合教育服务。

（二）教育资源配置不均

受20世纪80年代新公共管理理论的影响，众多公共服务领域逐渐引入市场因素，与政府共同承担职责，提高资源配置的效率，且恰逢企业改革和行政事业单位改革，市场逐渐成为学前教育服务提供的主体。但是从学前教育市场化的发展过程来看，受市场自身

---

① 刘佳芬，陆雪萍，贺晓霞．宁波市幼儿教师对融合教育接纳度的调查研究[J]．现代特殊教育，2014(7—8)：105—106.

② 李伟亚．普通幼儿园有特殊教育需要儿童的在园生存现状[J]．学前教育研究，2011(12)：34—40.

运作方式的影响，大量优质的教育资源流向东部和城市地区，而许多中西部和农村地区出现“真空”现象。同时教育资源向普通儿童倾斜，面对特殊幼儿巨大的需求，市场参与较少，经营者为了获得利益的最大化，会采用压缩教育成本、提供低质量教育的方式以满足自身私益。这不仅没有保证教育质量，也背离了教育公益性。因此，政府开始逐渐加大公共财政投入，强化行政管理手段，以满足特殊幼儿对于普惠性学前教育的需求，保证教育公平。但是受我国分税制制度的影响，经济发达程度不同的地区对学前教育的财政投入水平差异巨大，且加受税费制改革、城乡二元结构的影响，政府始终局限于扶植城市幼儿园和一些民办的试点园，相当数量的民办机构和农村地区的幼儿园，资源投入比例小，教育的公益性不足。因此，公办幼儿园数量少，民办幼儿园收费高，教育质量良莠不齐，东部和城市地区发展较快，中西部和农村地区发展滞后。

（三）权益保障不足

当前我国主要通过公共财政投入和专项资金对学前融合教育予以资助，但是我国对学前教育阶段投入的公共财政呈现出不确定性和随意性。在法律政策方面，我国已有的特殊教育法律法规原则性表述多，缺乏制度化的解释，从而使法律的可操作性大打折扣，权威性不足，法律条文规定不具体，法律责任不明确，造成相关部门互相推诿责任，行政执法困难，使得法律政策支持保障有限。权益保障不足不仅体现在制度层面，在实际的教育过程中也存在忽视和侵犯特殊幼儿的受教育权，导致出现特殊幼儿入园机会难以保障，教育质量难以提高，社会支持难以到位的情况。当前我国特殊幼儿入园难，深刻反映了其在学前教育阶段教育起点的不平等，特殊幼儿融合质量欠佳，反映了特殊幼儿在受教育过程中的不平等，而特殊幼儿在义务教育阶段回流到特殊教育学校，反映了其在受教育结果中的不平等。

四、学前融合教育的对策建议

（一）扩展学前融合教育供给空间

受制于当前我国的基本国情，作为基本公共服务范畴内的普惠性学前教育现阶段必不可能是简单的国家供给，而应是基于国情的适宜设定，是渐进式、过渡式的“适度型”普惠。而适度普惠意味着国家供给相对不足，社会和家庭需要合理分担。[①] 因此，市场参与也是必然。为了调动市场参与的积极性，政府可以通过税费减免、保证合理用地等激励措施引导市场进入学前融合教育领域，并以财政支持和行政管理的手段，支持社会资本创办普惠性、非营利性的学前融合幼儿园。然而，市场因其趋利性无法解决公共产品的公益性供给，故由政府实现国家供给才是发展学前融合教育的可靠途径。首先，可以通过改建、兴建一批价格低廉的优质公办幼儿园，增加融合性的公办幼儿园的数量和覆盖范围，尤其是市场资源难以进入、人口密度低、学前融合教育需求大的农村地区，使特殊幼儿有园可进。其次，可以探索建立混合制的学前融合幼儿园，构建政府主导的多主体合作办学的学

---

① 王东.普惠性学前教育：内涵与政策意蕴[J].教育科学，2014(2)：26—31.

前融合教育幼儿园。最后，政府可以转变自身角色，由直接生产者转变为服务提供者，通过购买服务的手段，调动社会力量，整合社会资源，实现学前融合教育服务效率的最大化，提高教育供给的有效性。

在保障每一位特殊幼儿享有基本标准服务以外，对于非基本公共服务范围内的学前融合教育需求，由于产品性质更接近于私人产品，因此可以适度引入市场机制，科学核定成本，合理定价收费，提供符合学前教育规律与社会发展规律、满足个性化需求与公共利益性质的学前教育公共服务。①

（二）优化学前融合教育供给结构

普惠性学前教育服务体系的公益属性即强调国家在保障每一个儿童最基本的学前教育机会和权利的基础上，进一步关注资源的公平享用，②而公益性需由公平的公共资源配置来保证。因而政府应把握住"保基本"的基本定位，合理把握在参与学前教育资源配置与市场的关系，合理分配公办民办幼儿园的比例，将资源向中西部和农村地区倾斜，向符合标准的普惠性融合幼儿园倾斜而非"示范园""骨干园"；鼓励社会资本支持农村和中西部地区投资办园，政府通过补贴或福利的方式予以支持并与公办幼儿园统一纳入行政管理，淡化民办幼儿园追求盈利的心态，引导民办幼儿园通过提高教育质量、提供品牌吸引力等途径，合理取得市场回报和利润。

探索多元化多层次的学前教育服务体系，实现效率与公平兼顾。随着教育公平理念的逐步深入，大众对于融合教育也表现出多元化和多层次的教育需求，这种基本公共服务范围内的学前融合教育服务主要由市场予以提供，但是学前教育的信任品属性及其信息的不完全与不对称、市场结构的层级分化等决定了单纯依靠市场不可能实现资源的最优分配，③因此需要政府加强服务监管，规范市场行为，对市场介入学前融合教育非基本公共服务进行合理约束、规范与监管，从而提高教育质量。

（三）保障特殊幼儿教育权益

我国学前融合教育领域由于缺乏系统条理化的政策，政府主体职责不明确，市场缺乏有效监管，使得特殊幼儿的融合教育质量呈现出不稳定性。因此，国家应加强制度化建设，理顺学前融合教育政策体系，明确特殊教育法律的价值目标，深化教育公平的理念，强化法律责任，建立责权明晰的体系，保证法律的真正落实。同时应加大公共财政投入，优化财政投入结构，设立专项资助计划，建立以公共财政投入为主，其他多方渠道筹措经费的机制，有条件的地区可以开展特殊幼儿学前教育阶段的免费教育，或者以政府助学金为主导的特殊幼儿学前教育资助，实施特殊幼儿专项救助计划，对于招收特殊幼儿的民办和公办幼儿园按照一定的比例予以资助。

进一步探索行之有效的融合模式。第一，应做好现阶段的资源教室建设工作，探索巡

---

① 庞丽娟，冯江英. 学前教育公共服务分类与"一主多元"供给机制设计[J]. 中国教育学刊，2014(7)：1—6.

② 王东. 普惠性学前教育：内涵与政策意蕴[J]. 教育科学，2014(2)：26—31.

③ 崔世泉，袁连生，田志磊. 政府在学前教育发展中的作用——来自经济学理论和实践经验的分析[J]. 学前教育研究，2011(5)：3—8.

回辅导模式，推广反向融合的经验。第二，树立融合的课程观，设置普特融合的课程体系，提高课程的适宜性，制定个体教育发展目标和幼儿五大领域发展目标相结合的个别化课程方案，开设多样灵活的课程，调整教学形式和手段。第三，推广融合观念，使幼儿园园长、教师从思想上消除对融合教育的犹疑，相信融合教育的可行性，实现从思想上到行为上的转变，同时根据幼儿的认知发展水平，帮助普通幼儿认识身边的特殊幼儿，消除其对特殊幼儿的错误看法，促进两类儿童的交往与接纳，使普通幼儿更好地认识与了解个体差异性与多样性。第四，培育优秀师资，在中高等师范院校学前教育专业提升特殊教育课程比例，理论课程和实操课程并重，鼓励中高等师范院校开设学前特殊教育专业，为学前融合教育定向培养合格教师队伍，开展多种形式的职后培训模式，除了参与省培、国培计划以外，幼儿园内部也可以利用资源教师或当地的特殊教育学校教师自行组织培训活动，同时教师自身可以在实际工作中通过发现问题、寻求知识和资源解决问题的过程中，提高自身的特殊教育能力。第五，政府、幼儿园应与区域内的高校加强合作，高校也应为幼儿园的融合教育实践提供专业支持和指导，三方之间通过资源的整合和调动，共同形成“政府—学术—市场”多元主体多边互动的质量保障体系。第六，促进家园共育，形成跨学科、多主体的合作模式，建立特殊幼儿信息管理平台，建立“家庭—幼儿园—康复机构—社会”互通的一体化网络，通过信息管理平台从幼儿早期进行记录追踪，加强家庭、幼儿园、康复机构、社会的合作和联系，形成联动机制，改变以往各主体职责分散、各自为营的状况，从而提供给幼儿更佳的早期疗育和融合教育的环境。

第四节　中国高校残障学生的融合教育

高等教育的根本任务是为充分展示人的价值和实现人的价值服务。① 我国高等教育的大众化为残疾人步入高等学府深造创造了良好的氛围。高等特殊教育的发展不但是社会公平在高等教育领域的延伸，而且是教育公平在优质均衡发展中的重要体现。随着教育公平的深入推进，残疾人在普通高等院校接受教育的安置方法已成为高等特殊教育的主要形式。高等融合教育倡导残疾大学生在融合而非隔离的学校环境中接受教育，强调普通高等院校在残疾人接受高等教育中作为“主角”之角色。为此，本节试图梳理我国残疾人高等融合教育的现状，分析影响高等融合教育深入发展的原因，并提出相应的对策，以期为促进高等融合教育发展提供思考和建议。

一、我国高等融合教育现状

我国作为残疾人数量较多的国家，专门化的特殊教育学院由于招生名额有限、教育资源单一，导致大量的残疾学生游离在高等教育大门之外，这种精英式的高等特殊教育已无法满足庞大的残疾人群体需求和多样化的个体发展期望。因此，国家在普通高等院校开展融合教育是解决残疾人高等教育大众化的基本途径。自 1987 年北京大学首次招收 21 名

---

① 王洪才. 大众高等教育论[M]. 广州：广东教育出版社，2004.

肢体残疾学生进入高等学府深造开始，经过30余年的发展，我国高等融合教育取得巨大的进步。[①]

（一）残疾人入学总量稳中有升

近年来，在国家相关政策及残疾人争取自身受教育权的努力下，我国残疾人受教育权得到了更好保障，高等融合教育在我国逐步发展起来。根据中国残疾人联合会发布的中国残疾人事业发展统计公报历年数据显示（见表8－4－1），2003—2016年我国进入普通高等院校学习的残疾学生人数总体呈现出上升趋势，2003年有3 072名残疾学生进入普通高等院校学习，到2016年这一数据增至9 592人，14年入学总增长人数为6 520人，总增长率为212％，说明高等融合教育已经成为当前我国高等特殊教育格局的重要组成部分，是残疾人接受高等教育的主要形式。

表8－4－1　2003—2016年我国高等院校录取的残疾学生人数

年份	普通高等院校	增长率	特殊教育学院	增长率	总数	占比
2003	3 072	—	827	—	3 899	78.8％
2004	4 104	25.1％	842	1.8％	4 926	83.3％
2005	4 335	5％	904	7.4％	5 239	82.7％
2006	4 148	－4.3％	986	9％	5 134	80.8％
2007	5 234	26.1％	1 086	10.1％	6 320	82.8％
2008	6 273	19.8％	1 032	－5％	7 305	85.9％
2009	6 586	5％	1 196	15.9％	7 782	84.6％
2010	7 673	16.5％	2 057	72％	8 731	87.9％
2011	7 150	－6.8％	877	－57.4％	8 027	89.1％
2012	7 229	1.1％	1 134	29.3％	8 363	86.4％
2013	7 538	4.3％	1 388	22.4％	8 926	84.4％
2014	7 864	4.3％	1 678	20.9％	9 542	82.4％
2015	8 508	8.1％	1 687	0.5％	10 195	83.5％
2016	9 592	12.7％	1 941	15.1％	11 533	83.1％

从表8－4－1来看，我国高等院校录取残疾大学生人数总体呈现不断上涨的趋势，其中特殊教育学院基本保持平稳的状态，而普通高等院校招收残疾大学生的人数总体趋于上升的态势。根据表8－4－1，在2004年、2007年普通高等院校残疾学生入学人数增幅较大。在2003—2004年，我国普通高等院校招收残疾人的人数出现大幅增长，增长人数为1 032人，增长率为25.1％。从政策的原因看，2003年国家出台了《普通高等学校招生体检工作指导意见》，由于体检标准的调整，录取要求的放宽，使得更多的残疾学生有机会参加普通高等院校入学考试，接受高等教育。

在2006—2007年，我国普通高等院校招收残疾人出现了第二个小高峰，增长人数为1 086人，增长率为26.1％。从政策的原因看，2006年国家对《义务教育法》进行了修订，

① 熊琪.融合理念下我国残疾人高等教育的发展历程、问题及建议[J].绥化学院学报，2016(1)：5—10.

其中有五条(6款)涉及了特殊教育领域。虽然新修订的《义务教育法》涉及的是特殊教育的义务教育阶段,但是提升了特殊教育领域的整体发展。2006年至2007年间,特殊教育在校生人数大幅增长,由36.29万人增长到41.93万人,随着在校人数的增长,高校招生生源也随之扩大。由此可见,教育政策是提升高等融合教育水平,促进教育公平强有力的保障。

(二) 培养质量不断提高

高等融合教育质量从纵向过程来看,可以分为入学质量、过程质量、结果质量。残疾大学生首先通过入学和受教育获得生存与发展能力的可能空间;其次获得了入学、升学机会和学生身份以后,社会支持主体便为其提供合理便利的教育资源以保障教育教学过程中的质量;最后残疾大学生在获得入学机会、享有和利用教育条件经过一个受教育过程后,获得与其受教育结果相匹配的就业或升学机会。

1. 入学质量

保障残疾大学生平等的入学权是高等教育阶段受教育权保护的主要内容之一。过去听障、视障学生多通过参加独立设置的高等特殊教育院校的"单考单招"实现自己的大学梦,然而由于这一类院校相对较少,可供他们选择的空间不大。在2014年,河南省46岁盲人李金生争取到了参加普通高考的权利,并顺利参加高考。自此"破冰"之后,便掀起浪潮,2015年我国盲人首次大范围参加普通高考,有8个省份专门为盲生提供了盲文试卷,[①]普通高考的大门逐渐为他们打开。2015年参加普通高考的盲人考生,多数获得了不俗的成绩,且多人被普通高等院校录取。为进一步给残疾人参加普通高考提供合理便利服务,提高服务质量和水平,2015年教育部出台《残疾人参加普通高等学校招生全国统一考试管理规定(暂行)》,要求为残疾人参加高考提供平等机会和合理便利,这一政策从起点上为残疾人接受高等教育提供了公平的机会。

目前我国高等融合教育在招生的类型上多集中于肢体障碍和部分轻度听力障碍、视力障碍学生。普通高等院校为这三类残疾大学生提供多个专业,以尽可能满足其个人兴趣和职业发展需求。现阶段视障学生就读的专业多以按摩、针灸和推拿为主。少数学校开设钢琴调律、音乐表演和外语等专业。听障学生就读的专业多以美术专业为主。少数学校开设服装设计、园林设计和计算机等专业。[②] 肢体障碍大学生除了运动功能存在明显障碍以外,其生理和心理基本同普通大学生无异,他们在达到了普通高等院校的入学资格后,便可广泛选择普通高等院校开设的专业,因而肢残大学生就读的专业相对来说较为广泛。

2. 过程质量

残疾大学生在普通高等院校受教育的过程中,享有平等的接受教育、利用教育设施以及获得相应资助的权利,普通高等院校为他们提供的服务主要包括无障碍环境建设、课程

---

① 2015盲人首次大范围参加高考,成绩令人吃惊[EB/OL].(2015-08-04).http://edu.qq.com/a/20150804/038525.htm.

② 张雪慧,韩梅,王妍.从教育公平视角看我国高等特殊教育的发展[J].绥化学院学报,2013(10):57—60.

调整和支持服务三个方面。

2012年颁布的《无障碍环境建设条例》要求优先推进对高校无障碍设施的改造。普通高等院校中无障碍环境建设包括环境无障碍和信息无障碍建设两个方面。图书馆作为学校的文献资源中心，信息资源最为丰富。目前普通高等院校利用现代信息技术和计算机软硬件技术，积极推进图书馆信息无障碍服务，保障残疾大学生学习与发展权。当前图书馆信息无障碍服务主要集中在图书馆网站建设上。赵林静、郑宏等人用网页无障碍测试工具Bobby对2009年国内外综合排名前5位的大学图书馆网站进行检测，检测结果表明国内南京大学图书馆网站首页通过了第一等级的检测，北京大学、清华大学等4所学校的图书馆网站首页进行人工检测的代码更多。① 在环境无障碍方面，许多普通高等院校已经拥有一定数量的物质环境设施，例如地面道路、坡道的改造，无障碍电梯的安装，语音系统和盲文系统等教学设备的安装。

在高等融合教育活动中，残疾大学生的培养主要通过课程来实现。残疾大学生由于自身障碍的限制，在完成学业上存在一定的困难，因此普通高等院校应为其做出适宜的课程调整。各地的普通高等院校依托本校本地的资源，以及残疾大学生的就业现状、残疾大学生自身的特点，调整其课程培养方案，以培养学生较强的社会适应力和较广泛的专业适应性。福州职业技术学院为208名听障学生量身定制了培养方案和课程，重视培养听障学生的写作沟通能力，学校还全面引进先进技术和项目进行课程置换，以公司需求为标准，聘请企业一线技术人员到校担任项目课程教师。② 长春大学根据特殊教育学院的专业优势与视障大学生的专业兴趣，为其提供英语、汉语言文学、特殊教育等三个辅修专业课程。③ 此外有的普通高等院校主要采用减少课程、减少学分、降低难度的方式④调整视障学生的培养课程。

完善的支持服务可以帮助残疾大学生顺利地参与融合教育。目前，普通高等院校的支持服务体系建设尚处于起步阶段，对残疾大学生提供的支持服务较不完善，但是均做出了积极的努力。普通高等院校中残疾大学生接受的支持主要来自教师、同伴、学校管理部门。部分普通高等院校的教师虽然缺乏特殊教育专业背景，但是对于高等融合教育持接纳态度，对残疾人的学习与生活给予积极的支持。普通大学生对残疾学生的是否接纳不仅影响着残疾学生的人际交往、心理健康、社会适应能力，也对残疾人高等融合教育是否成功起着重要的作用。陈莲俊等人对上海9所高校的在校大学生进行问卷调查，研究表明当在校大学生为高等融合教育中的残疾大学生提供支持性服务时，大学生们普遍表现出较为积极的行为倾向。⑤ 此外，普通高等院校中各行政管理部门、教学部门和后勤部门为残疾大学生的学习与生活提供保障，使其能够顺利度过大学生活。上海某普通高等院

---

① 赵林静，郑宏．高校图书馆信息无障碍服务研究[J]．现代情报，2010(7)：69—72.

② 听障大学生实现就业梦[EB/OL]．(2014-08-12)．http://edu.ifeng.com/gundong/detail_2014_08/12/38086424_0.shtml.

③ 徐明．视障大学生全纳教育专业设置思考[J]．长春大学学报，2013(11)：1493—1495.

④ 杜颖颖．视障高等教育现状、问题及对策研究[D]．上海：华东师范大学，2010.

⑤ 陈莲俊，卢天庆．在校大学生对残疾学生接受高等融合教育的态度调查[J]．中国特殊教育，2006(12)：22—26.

校拨专款和专用教室为视障大学生建设视障大学生学习室并配备相关的设备。① 福州职业技术学院为听障大学生配备手语翻译老师及生活指导老师，并为他们提供生活补助金。②

3. 结果质量

高等融合教育的结果质量主要体现在残疾大学生的就业和升学两个方面。

2008年中国残疾人联合会就业指导中心和IBM公司调查了58所高校的225名在校残疾大学生。结果显示，83.1%的残疾大学生选择“就业”，13.3%选择“继续深造”，在3.3%选择“其他”的学生中有1.8%的学生选择“自主创业”。③ 同时，我国残疾大学生的就业率呈现出地区差异，有些省市的残疾大学生就业率在90%以上，有些省市的残疾大学生就业率低于40%，甚至只有30%。其中辽宁、内蒙古和河北三省的残疾大学生未就业率超过三分之二，四川和山东两省的残疾大学生未就业率低于10%。比较部分省市残疾毕业生与普通毕业生的就业率，发现两类人群呈现较大差距，有部分省份(如浙江省)残疾毕业生的就业率超过普通大学毕业生，辽宁省、重庆市、吉林省、青海省的残疾毕业生就业率远低于普通毕业生的就业率。④

除了选择就业，少部分残疾大学生选择继续深造。例如，湖北省听障女孩刘轶，在华中师范大学攻读硕士学位期间，不仅通过了大学英语四、六级考试，而且顺利通过GRE考试，于2013年赴美国攻读博士学位。⑤ 在国内知名社交网站“知乎”进行相关检索，发现部分听障大学生选择攻读国内外硕士、博士学位，专业涉及计算机、电子通信工程、聋人教育等多个学科领域。

(三) 高等融合教育体系不断完善，高等教育体系是由横向划分的高校类型和纵向划分的高校层级纵横交错而形成，⑥高等融合教育作为高等教育的一部分也无出其外

从纵向划分的高校层级来看，目前我国高等融合教育已覆盖了从专科到研究生阶段的各个层次，表现出以专科为主，少数专科、本科兼收的特点。不少普通高等院校也开始逐渐向残疾人开放研究生阶段的教育，涉及专业有医学、中文等多个学科领域。例如湖北省听障人士郑璇两岁时因病注射卡那霉素过量，导致双耳听力基本丧失，但通过个人不断奋斗，以较高的高考成绩被武汉大学录取，后以各方面的优异表现被学校保送攻读汉语言文学硕士研究生；⑦肢残人士黄通昀在4岁时不幸失去双腿，求学路上他用手独自行走，先后获得西南科技大学学士学位、首都师范大学凝聚态核物理专业硕士学位，2016年又

---

① 杨立雄. 残疾大学生就业问题与对策研究[J]. 残疾人研究，2016(2)：12—19.

② 陈莲俊，卢天庆. 在校大学生对残疾学生接受高等融合教育的态度调查[J]. 中国特殊教育，2006(12)：22—26.

③ 中国残联就业指导中心，IBM. 残疾大学生就业状况白皮书[M]. 2009.

④ 杨立雄. 残疾大学生就业问题与对策研究[J]. 残疾人研究，2016(2)：12—19.

⑤ 飞越无声世界的精灵，听障女硕士刘轶的成长故事[EB/OL]. (2013-06-07). http://edu.ifeng.com/gaoxiao/detail_2013_06/07/26199164_0.shtml.

⑥ 姚佳惠. 高等教育学制比较研究[M]. 厦门：厦门大学出版社，2014：282.

⑦ 郑璇：武汉大学文学院汉语言文字学专业硕士研究生[EB/OL]. (2017-01-10). http://mingren.21hubei.com/view/860.html.

以优异的成绩考取北京师范大学凝聚态核物理专业的博士研究生。①

从横向划分的学校类型来看，接收残疾人的既有以学术型和应用型为主的全日制普通高校，也有以夜大、职大等不脱产或半脱产形式的成人继续教育高等学校。华东师范大学、上海师范大学、辽宁师范大学积极探索听障、视障学生在普通高等院校随班就读，中央广播电视大学、上海开放大学先后开设残疾人教育学院，运用现代远程教育手段，面向残疾人开展高等学历教育，一些残疾人中等职业学校与高等院校采取合作办学的模式，招收残疾中职毕业生修习大专课程，还有部分残疾人参加夜大等非全日制学历高等教育。②

这些情况表明我国已建立了从认可度较高的高等学历教育到非学历教育下的培训、进修，从全日制到非全日制，从专科到研究生教育的高等融合教育体系雏形。③

二、我国高等融合教育发展面临的问题

（一）规模有限

在高等教育大众化的发展过程中，残疾人在普通高等院校接受教育的比例仍远低于平均水平，只有少部分优秀的残疾人可通过努力争取到来之不易的入学机会。高等融合教育走向大众化首先势必要求提高残疾大学生的入学率，然而现阶段我国高等融合教育发展规模依然有限，残疾大学生在全体大学生中比例偏低。根据2015年中国教育事业统计公报数据显示，我国现有普通高等学校和成人高等学校2 852所，全国各类高等教育在学总规模达到3 647万人，高等教育毛入学率达到40.0%。然而，2015年普通高等院校录取残疾大学生的人数占所有大学生总数的比例不过千分之二。残疾大学生不仅与同龄普通大学生相比人数较少，而且与特殊教育整个学龄阶段的学生人数相比，所占比例也很小。根据2015年中国教育事业统计公报数据显示，全国小学、初中、高中残疾学生在校生人数达442 223人，从以上数据可以看出，义务教育阶段、中等教育阶段在校生人数远远超过高等教育，这与高等教育衔接还不够完善，与当前高等融合教育的发展规模极不相称。此外，我国普通高等院校录取残疾大学生的人数虽然整体保持上涨的趋势，但是也呈现出较大的波动，根据表8-4-1可发现，在2005—2006年，2010—2011年中均出现了负增长，且2010—2011年呈现的负增长率较大。在2011年以后，略有回升，经过两年的发展，又呈现出较好的势头。

（二）质量欠佳

1. 入学质量

在高等融合教育入学阶段，残疾人的平等入学权首先并未得到强有力的保障。虽然我国相继出台了相关的法律条款，均要求普通高等院校按照国家政策法规，努力创造条件，积极招收符合录取标准的残疾考生，不得因其残疾而拒绝招收，然而在普通高等院校

---

① 28岁轮椅上的博士，4岁失去双腿后自强不息[EB/OL].(2016-09-02). http://news.china.com/social/1007/20160902/23456634.html.

② 黄伟.我国残疾人高等教育公平研究[J].中国特殊教育，2011(4)：10—15.

③ 兰继军.关于残疾人高等教育发展战略的探讨[J].中国特殊教育，1995(3)：45—48.

依然存在“拒招”的现象。例如2015年浙江省高考考生郑荣权取得了570分的高分，尽管分数不错，但是报考大学的过程并不顺利，多所高校以师资短缺、教学经验缺乏等为由，将其拒之门外。经过多番波折，他才最终被温州大学思想政治教育专业录取。① 此外，残疾大学生在报考专业时面临可供选择的专业单一的困境，他们可选择专业的范围空间较小，限制了残疾大学生的个性发展，导致我国残疾大学生培养类型较为单一。这也在一定程度上影响了残疾大学生的总体培养质量。

2. 过程质量

无障碍环境建设尚不完善。首先，许多普通高等院校的教学楼和学生宿舍年代相对比较久远，一方面由于在规划建设之初缺乏相关意识，并未考虑到残疾人的需求，另一方面由于改造成本过高，在随后的使用中也疏于改造。其次，有些普通高等院校在进行规划建设时，往往过于重视无障碍环境硬件设施的投入，而对软件的投入不足，具体表现为无障碍环境设施缺乏相应的维护，缺乏相应的工作人员或符号标识为残疾大学生提供支持。

课程调整不足。目前我国普通高等院校为残疾大学生进行的课程调整尚处于探索阶段，大多数残疾大学生只能适应大学设置的一般课程，学校鲜以通过专门的课程调整来应对残疾大学生的学习需求，其中有的高等院校采用降低课程难度、减少学分等方式来保证残疾大学生顺利地完成学业，但在一定程度上也人为地造成了残疾大学生和普通大学生的差距。

支持服务体系尚不健全。首先，有的残疾大学生进入普通高等院校以后，由于其自身障碍的限制，与普通大学生交往缺乏积极性，学校也并未为其提供丰富多样的途径让他们融入普通大学生群体中，且由于残疾大学生人数在普通高等院校较少，学校在校园文化建设中，也主要是从普通大学生的角度出发，甚少考虑到残疾大学生的文化认同感。其次，国内高校的大部分普通教师缺乏融合教育的理念，对高等融合教育认识不深，且由于缺乏特殊教育相关培训，不了解残疾大学生的学习特点和需求，专业课与特殊教育教法结合困难，因此大部分教师仍沿用学科型教育和健全人教育的策略，②限制了其教学效果和教学质量。再次，由于现阶段我国高等教育融合程度不够深入，高校中的特殊教育教师和普通教师缺乏合作，资源缺乏共享。两者往往只负责职责内的教学任务，缺乏有效的沟通。高校普通教师不知如何有针对性地解决残疾大学生的需求，特殊教育教师则不了解高校普通教师的困惑，双方沟通不畅，使得残疾大学生的培养质量大打折扣。此外，许多学校没有为残疾学生设置专门的辅导人员，而且缺乏必要的人力资源系统和教学仪器，例如普遍没有为盲生和低视力学生印制盲文教材、提供放大镜和助视器，为听障学生提供手语翻译教师、助听器和康复设备等。

3. 结果质量

就业难。当前我国大学生存在就业难的现象，而残疾大学生作为弱势群体，就业情况更为艰难。根据上海市残疾人职业技能培训中心的2005—2007年上海市应届残疾大学

---

① 2015盲人首次大范围参加高考，成绩令人吃惊[EB/OL].(2015-08-04). http://edu.qq.com/a/20150804/038525.htm.

② 滕祥东，杨冰，郝传萍.我国残疾人高等教育院校教师队伍建设探讨[J].中国特殊教育，2011(11):9—13.

毕业生就业情况统计，上海市应届残疾大学毕业生总人数为248人，到2007年6月，就业人数为150人，就业率60％，而同期上海市高校毕业生的就业率均在95％以上。[①]

升学难。目前残疾大学生本科毕业后继续深造，需要与普通大学生竞争研究生教育资格，受到研究生招录政策中导师主导选拔，以及学位与英语成绩挂钩等多重不利因素影响，使得残疾大学生很难实现继续深造的梦想。国内还没有专门招收听力残疾和视力残疾大学毕业生的研究生教育机构，有许多优秀的听力残疾和视力残疾大学生只能选择到国外继续攻读研究生学位。[②]

（三）办学层次低

当前我国高等残疾人教育体系仍以专科为主，少数专科、本科兼收，与普通高等教育中研究生教育的发展不成比例，且没有鼓励优秀残疾学生继续学习（或直通）的专科升本科乃至继续攻读研究生学位的政策和制度。这一方面导致一些优秀毕业生选择到国外继续深造，造成国内人才流失，另一方面也影响了高等融合教育的总体培养质量。第二次全国残疾人抽样调查数据显示，6岁及6岁以上残疾人口抽样调查总量158 783人，接受高等教育的残疾人口占总数的1.44％，远低于普通人口样本总量2 360 030人中接受高等教育的普通人口比例（5.46％）。其中接受大学专科、本科和研究生教育的残疾人数和比例分别为1 406人（0.89％），863人（0.54％），22人（0.01％）。[③] 由此可见，在大众享受高等教育的过程中，残疾人研究生阶段的教育普及率仍远低于大众的平均水平。

三、高等融合教育存在问题的原因分析

（一）大学招考制度限制了残疾人入学数量的增长

残疾人进入普通高等院校接受高等教育，首先需要与普通考生一样接受高考的甄选，人们往往强调绝对公平，在普通高考中强调统一选拔考生，而不考虑学生原来的处境。残疾考生由于生理或心理的某些特征，其在接受普通高考测验过程中会产生一定程度的作答障碍，残疾学生往往要付出更多的努力才能获得进入普通高等院校的机会。对他们要求与正常学生一样的入学条件显然是不公平的，这是变相地将他们排除在高等教育的大门之外。这就需确保残疾人接受的高考测验是公平且有效的。目前，我国强调要保障残疾学生参加高考及使用合理便利的权利，具有同等的录取资格，但忽略了残疾人参加普通高考时测验本身的公平合理性，如试题背景材料、呈现方式、试题功能等，缺乏规范的残疾考生测验公平性标准与审查程序。[④] 其次，尽管近年来国家通过法律法规政策保障残疾大学生接受高等教育的力度不断增强，普通高等院校拒收残疾考生的现象逐渐减少，但仍有个别院校以“高等学校可根据本校情况提出补充规定”或教学资源缺乏为由拒收残疾考生。

---

① 杨立雄.残疾大学生就业问题与对策研究[J].残疾人研究，2016(2)：12—19.
② 黄伟.我国残疾人高等教育公平研究[J].中国特殊教育，2011(4)：10—15.
③ 黄伟.我国残疾人高等教育公平研究[J].中国特殊教育，2011(4)：10—15.
④ 田霖，韦小满.我国残疾人参加普通高考的问题与对策[J].中国特殊教育，2015(11)：3—7.

（二）过程条件保障不足制约了残疾人教育质量的提升

越来越多的残疾大学生选择进入普通高等院校，但是一些普通高等院校并没有为此做好充分的准备。物理环境建设的通达性和公平性是实施融合的基础。由于我国当前普通高等院校中无障碍环境建设相对落后，限制了残疾大学生出行的自由，给其生活和学习带来了不便。

融合教育强调教育要适合每个个体，因此高等融合教育也应为残疾大学生在课程、教学评价等方面提供相应的调整。但是现阶段由于法律基础的薄弱，实践经验的缺乏，大部分高校都欠缺相关经验，融合教育仍处于摸索阶段。条件保障的不足一方面使得残疾学生在入学的时候更倾向于选择教学资源更加专业、丰富的特殊教育学院，另一方面普通高等院校也会以此为由拒绝残疾学生。此外，条件保障的不足会导致残疾大学生在受教育过程中无法真正享受高校中优质的教育资源，因而也制约了残疾人高等融合教育质量的提升。

（三）落后的社会观念阻碍了高等融合教育的实践

价值观念的融合是提升高等融合教育质量的先导，指导着高等融合教育的实践。但是目前我国普通高等院校对大学生群体进行的分级划类、贴标签，有意或无意地将其推向边缘化，导致残疾人被排斥在普通高等院校之外。他们有的甚至认为残疾学生很难成才，到学校来学习只会加重学校的负担，给学校的各项工作带来麻烦，或担心残疾学生到普通高等院校学习会受到正常学生的歧视；认为残疾学生接受高等教育应该到特殊教育学院，这样对他们的学习更为有利。[①]

四、高等融合教育的对策建议

（一）完善政策法规，创造融合氛围

根据国际融合教育发展的经验，高等融合教育的发展需要有政策法规的保障。因此，我国应完善政策法规，关注残疾人正当权益诉求，做好残疾人入学时的招生工作、在学时的教学管理工作、毕业时的就业工作等，以促进高等融合教育的发展。

当前我国尽管有些政策法规多少涉及一些高等融合教育的内容，但多局限于强调为残疾人个体提供更多的支持，而很少涉及关于大学整体的改变。因此高等教育不仅要立足残疾学生的需要，也要超越残疾学生的需要，在大学精神和学校的组织上设计对残疾人的教育方案。[②] 大学章程是高等院校办学的纲领性文件，在大学中具有“宪章”的地位和功能。[③] 目前我国许多普通高等院校的章程中均未提及残疾人教育及各项权利。普通高等院校也应在遵从国家政策指导的基础上，发挥高校的自主权，将融合理念融入大学精神建设和教育活动实际，从而保障残疾人顺利接受高等教育。

（二）拓宽升学渠道和残疾招生类型，扩大融合规模

扩大高等融合教育规模，不仅要保证残疾大学生有学上，也要保障他们能上学。首

① 雷江华.关于残疾学生在普通高等学校接受教育的思考[J].中国特殊教育，2003(5)：85—89.
② 陆莎，傅王倩.论社会公平视野下的残疾人高等教育[J].中国特殊教育，2014(3)：12—16.
③ 陈立鹏.关于我国大学章程几个重要问题的探讨[J].中国高教研究，2008(7)：19—22.

22

先，调整普通高考制度，探索多种考试制度，提高残疾大学生招生名额，拓宽残疾人进入高等教育的渠道。例如在每年的招生名额中，预留出一部分给残疾人，在录取时考虑残疾学生整体的学习与发展能力，适当降低录取要求，而不是以普通学生为标准。其次，扩大残疾人的招生类型。高等融合教育实现大众化应根据考生的障碍类型、程度做出适当调整，让更多不同类别的残疾人能上大学。例如智障学生在学业上会存在一定困难，如果单以学业作为入学的唯一考核方法，会限制他们进入高职院校接受高等职业教育。普通高等院校应结合残疾大学生个体未来的发展方向，调整考核方式，以保障更多的残疾人有机会接受高等教育，保障他们的受教育权利。最后，普通高等院校应积极贯彻执行入学"零拒绝"的原则，保证符合入学条件的残疾大学生能上学。普通高等院校应担负起全民教育的职责，不能找各种理由拒收残疾人，并在教育过程中探索建立残疾大学生多方位支持保障体系。

（三）满足多样化个体差异，提升融合质量

在扩大高等融合教育规模的同时，普通高等院校也应保证融合教育的质量，坚持"内涵式"和"外延式"发展并重。融合是基于满足所有学生多样需要的信念，在具有接纳、归属和社区感文化氛围的邻近学校内的高质量、年龄适合的班级里为特殊儿童提供平等接受高效的教育与相关服务的机会。① 高等融合教育作为融合教育在高等教育阶段的延伸和扩展，也应在入学、在学以及毕业时，满足个体多样化的差异，尽量为他们提供支持服务。为此，首先，普通高等院校应逐渐开放相关专业，尽可能为残疾人提供适合他们发展的专业，只要要求合理，可考虑在教学、学习上为他们提供必要的资源。普通高等院校应加强开发应用于残疾大学生获取信息资源的辅助技术，优先推进信息化无障碍建设，切实满足其需求。其次，调整培养课程的模式和内容，以培养残疾大学生较强的社会适应力和较广泛的专业适应性。再次，提高教师融合教育教学能力，使其能够拥有一种或多种适应不同残疾类型的教学能力，或采用与特殊教育老师合作指导的方式来进行合作教学。此外，应在构建校园环境和校园文化时，充分考虑到要消除残疾人群体可能会遭遇到的显性或隐性不平等，营造良好的环境氛围。最后，积极探索多元化的教育评价，根据残疾大学生的学习特点进行科学评价，完善培养模式，培养适应能力强、职业技能精的"残而有为"的人才，以适应就业市场和残疾大学生个人发展的需求。

（四）提升办学层次，健全高等融合教育体系

健全高等融合教育体系，重点在于提升当前的办学层次。长久以来我国高等残疾人教育体系以专科为主，本科教育起步较晚且发展不足。因此提升高等融合教育体系的办学层次首先应培养能达到本科教育阶段要求的残疾学生，提升本科教育的普及率。教育作为一项系统的工程，学前教育、初等教育、中等教育、高等教育各个学段间相互影响、相互制约，前一阶段是后一阶段的基础，所以应提升各个阶段融合教育的整体水平，尤其应开展作为终身发展基础的学前融合教育，做好学前融合教育、初等融合教育以及中等融合

---

① 邓猛.融合教育理论反思与本土化探索[M].北京：北京大学出版社，2014：67.

教育与高等融合教育的衔接，为高等融合教育输送稳定合格的生源，使残疾学生能够适应更高层次的学习。其次逐渐开放研究生教育。一方面可在高等融合教育已取得一定成就的优势学科基础上向研究生教育阶段进行延伸，例如文学、医学、计算机等学科，这些学科在一些高校已发展较为成熟，可以尝试在这些高校开展残疾人研究生教育；另一方面需保障残疾考生的研究生考试资格，并为其在研究生考试中提供合理便利，在录取过程中做到公平公正，不因残疾而拒绝录取，广泛增加专业设置以满足其发展需求。

（五）推进残健融合，改革特殊教育学院办学模式

残疾学生进入高等特殊教育学院深造是我国高等特殊教育格局的一种重要形式。然而专门化隔离式的高等特殊教育学院由于其较为封闭的教育形式，制约了残疾学生融入社会的能力，尤其是在毕业以后进入工作环境所应具备的能力的获取与提升，因此为提升残疾学生社会交往能力，顺应融合教育的趋势，扩大高等融合教育的规模，特殊教育学院应改革自身的办学模式，推进残健融合，实现特殊教育与普通教育的融合，学校教育与社会教育的融合，专业技能教育与综合素质教育的融合。① 首先，特殊教育学院可以利用已有的学科优势招收普通学生就读，探索“反向融合”的融合教育实践。其次，特殊教育学院还可以利用学院置身于普通高校内的优势，或加强与本地普通高校的合作，打破专业设置单一的局面，广泛开展跨学院跨学校辅修或选修等多种学位、课程管理形式，以拓宽残疾学生的专业视野，同时为这些残疾学生提供专业的支持和服务。最后，特殊教育学院还可以丰富多样的社会实践、见习活动为载体，提升残疾学生就业竞争力和社会适应能力，为其日后融入就业环境、参与社会生活奠定基础。

① 孙莼芳，陈宏，刘吉山．积极推进“三个融合”全面加强残疾大学生的素质教育[J]．中国特殊教育，2001(2)：9—12．

第九章　特殊儿童生涯发展研究的进展

进一步保障和改善残疾人民生，帮助残疾人和全国人民共建共享全面小康社会，已经成为“十三五”时期残疾人事业发展的重大课题。特殊儿童康复、教育和就业等方面的内涵发展和质量提升成为基本主题，特殊儿童“生涯发展”成为与“学业水平提升”和“人格—社会性健全”并驾齐驱的三大核心特殊教育领域之一。

一、特殊儿童生涯发展主题的提出

特殊教育始终都要将特殊儿童的个人适应、社会适应和职业适应作为努力的方向。特殊儿童的生涯发展既是特殊教育的核心组成，又是特殊教育的努力目标。这既是特殊人群存在的客观现实的要求，也是落实特殊教育法制化的要求，更是落实“人本教育理想”的要求。

（一）特殊人群的客观存在

根据人类身心发展的正态分布特点以及人类的生理疾病和感官缺陷的不可避免性，特殊儿童的存在是人类进化中的一个永恒的主题，同时也是人类社会的基本特性。根据我国第二次残疾儿童抽样调查结果，截至 2006 年 4 月 1 日，我国有各类残疾人（视力残疾、听力残疾、言语残疾、肢体残疾、智力残疾、精神残疾、多重残疾）8 296 万人，占全国总人口的 6.34%。全国有残疾人的家庭户共 7 050 万户，占全国家庭户总户数的 17.80%；其中有 2 个以上残疾人的家庭户 876 万户，占残疾人家庭户的 12.43%。有残疾人的家庭户的总人口占全国总人口的 19.98%。这意味着全国有将近五分之一的家庭直接受到残疾的影响。

全国残疾人中，0—14 岁的残疾儿童人口为 387 万人，占 4.66%；15—59 岁的残疾人口为 3 493 万人，占 42.10%；60 岁及以上的为 4 416 万人，占 53.24%（65 岁及以上的人口为 3755 万人，占 45.26%）。全国城镇残疾人口中，在业的残疾人为 297 万人，不在业的残疾人为 470 万人。城镇残疾人口中，有 275 万人享受到当地居民最低生活保障，占城镇残疾人口总数的13.28%。9.75%的城镇残疾人领取过定期或不定期的救济。农村残疾人口中，有 319 万人享受到当地居民最低生活保障，占农村残疾人口总数的5.12%。11.68%的农村残疾人领取过定期或不定期的救济。这意味着在我国，大多数的残疾人主要依赖政府的救济和家庭的支持，而不是靠自我的生产与创造来维持生活。

如果按照当前国际流行的对特殊教育的定义，以学习上有“特殊需要的儿童”为教育对象的话（包括阅读障碍、书写障碍、写作障碍、计算障碍等在内的学习障碍、情绪情感障碍、言语障碍、行为困扰、品行问题、交往障碍、心理健康问题、身体病弱等），则苏联特殊儿童的比例占 5%—8%；美国学习方面有“特殊需要”的学生占总数的 8%—12%；英国“特殊教育需要"儿童的检出率为 20%；荷兰报告问题儿童的患病率为 26%；波兰特殊儿童的比例为 30%。①

庞大的特殊人群的教育需求之满足构成了和谐教育与公平教育不可或缺的有机组成部分。无论是哪一个年龄阶段的残疾儿童，高质量的生活水平都是社会发展程度和个人发展程度的最终体现。而高质量的生活水平意味着自我、社会、职业三重适应的相互调适与支持。这三重适应的相互调适与支持的实现就其实质而言，就是残疾儿童的生涯发展历程的体现。对于特殊儿童而言，其生涯发展与促进不仅具有现实的学习价值，而且对于未来整个生命历程的意义都具有强大的支撑作用。这样，特殊儿童生涯发展问题就不仅具有个人生活的意义，而且具有社会生活的价值。于是特殊儿童生涯发展问题不可避免地需要提上议事日程。

（二）法律法规的约束

我国已经形成了相对完备的特殊教育法律体系。《中华人民共和国宪法》第 45 条规定："国家和社会帮助安排盲、聋、哑和其他有残疾的公民的劳动、生活和教育。"2008 年修订的《中华人民共和国残疾人保障法》明确了要"维护残疾儿童的合法权益，发展残疾儿童事业，保障残疾儿童平等地充分参与社会生活，共享社会物质文化成果。"为此需要对残疾儿童进行恰当的康复、教育、劳动就业保障、参与文化生活保障、社会保障、无障碍环境建设，并对此分别进行详细的规定。

《中共中央国务院关于促进残疾人事业发展的意见》指出："促进残疾人事业发展，有利于维护残疾人合法权益，促进社会公平正义，实现全体人民共享改革发展成果；有利于调动残疾人的积极性、主动性和创造性，发挥残疾人在促进改革发展稳定中的重要作用，实现经济社会又好又快发展；有利于促进我国人权事业全面发展，体现社会主义制度的优越性，树立我国良好的国际形象。"②2016 年，国务院印发了《"十三五"加快残疾人小康进程规划纲要》，其中提出"到 2020 年，残疾人权益保障制度基本健全、基本公共服务体系更加完善，残疾人事业与经济社会协调发展；残疾人社会保障和基本公共服务水平明显提高，共享全面建成小康社会的成果。农村贫困残疾人实现脱贫，力争城乡残疾人家庭人均可支配收入年均增速比社会平均水平更快一些，残疾人普遍享有基本住房、基本养老、基本医疗、基本康复，生活有保障，居家有照料，出行更便利。残疾人平等权益得到更好保障，受教育水平明显提高，就业更加充分，文化体育生活更加丰富活跃，自身素质和能力不断增强，社会参与更加广泛深入。残疾人基本公共服务基础条件明显改善，服务质量和效益不断提高，基层残疾人综合服务能力显著增强，形成理解、尊重、关心、帮助残疾人的良好社会环境"。③

所有这些意味着在法律上为残疾儿童的生涯发展制定了相应的制度要求和制度规范。其中在对残疾儿童进行教育的时候，应当根据残疾儿童的身心特性和需要，在进行思

① 钱志亮. 中国特殊儿童教育的现状报告[J]. 现代特殊教育，1999(1)：3—8.
② 中共中央国务院. 中共中央国务院关于促进残疾人事业发展的意见[Z]. 中发〔2008〕7 号. 2008 - 3 - 18.
③ 国务院关于印发《"十三五"加快残疾人小康进程规划纲要》的通知[Z]. 国发〔2016〕47 号. 2016 - 8 - 3.

想教育、文化教育的同时，加强身心补偿和职业教育。

二、生涯发展所指

发达国家对生涯发展的关注始于1850年，直到1971年由原美国教育署长马兰(Sidney P. Marland)博士提出了生涯教育概念，并将其作为全民教育的重要组成，使之延伸到义务教育、高等教育以及继续教育的整个过程，从而贯穿于个体发展的终生。

(一) 生涯

1. 词源学分析

在汉语中，“生”原为活着之意，“涯”则为“边界”，二者合为“生涯”则是“活着的边界”，即“毕生经历”的意思。汉语中的“生涯”对应于英文“career”，源自拉丁文“carrus”，意指一种马车，在古代等级森严的社会，不同的人乘坐的木制马车是不同的，于是不同的木制马车表示出这个人的职业生涯，于是“career”就演化为“职业”。“career”的另一个来源是古法文“carriere”，指的是赛马场，因此“career”作为名词，蕴含疯狂竞赛的精神，后来被引申为名词“道路”，即人生发展道路与轨迹。作为动词，则通常指驾驭赛马“尽全速移动或奔跑、疾行”，后来被引申为人生终身发展进程，同时也指个体一生所扮演的系列角色与职位。通过对生涯的词源学考察，我们获得了对于生涯的原始意义的理解。在此基础上，需要对其含义的逻辑表达进行分析，以便在此基础上关注生涯发展问题。

2. 学术性理解

通常而言，对于一个概念的定义有三种基本形式：规定性定义、描述性定义和纲领性定义。[①] 规定性定义是创制性定义，也就是作者在讨论某个问题时对某个概念的含义进行规定。从逻辑上讲，任何定义都可以充当规定性定义，这就使得规定性定义都有可能被否定。就其实质而言，任何规定性定义都可以是一种描述性定义。描述性定义就是适当地描述被界说的对象或使用该术语的方法，也就是要提供在不同语境中某个概念的不同使用方法或表达的意思，描述性定义可能使我们明白某个概念在不同语境中的特定用法，但是对任何客观事物的描述，只是试图使其符合公众的观念，毕竟不加区别、不加评价的用法不大可能真正有用，所以规定性定义可能无法使我们了解概念的真正本质。纲领性定义则通过某种形式或明或暗地表达某个概念或事物应该是怎样的，这就需要以某种立场或信仰作为基础，因而必须涉及价值判断的问题。于是对于生涯概念的学术性理解多数就处在纲领性定义基础上。因为纲领性定义涉及价值判断的问题，所以学者们因其所处的时代精神不同、研究的视角不同、秉承的价值规范不同，对于生涯的理解也就不同。

美国生涯管理学家Donald E. Super(1957)从发展的视角出发，认为生涯乃生活中各种事件的演进方向和历程，它统合了人一生中的各种职业和生活角色，由此表现出个人独特的自我发展形态。而Hood &Banathy(1972)则从结构的角度认为生涯包括个体对职业的选择与发展，对非职业性或休闲活动的选择与追求，以及在社交活动中参与的满足感。与此相似，Hall(1976)认为生涯指人终其一生，伴随工作或职业的有关经验与活动。

---

① [美]索尔蒂斯.教育的定义[M]//瞿葆奎.教育与教育学.北京：人民教育出版社，1993：32.

Webster(1986)则从更为广泛意义上认为生涯指个人一生职业、社会与人际关系的总称，即个人的终身发展历程。[①] 美国国家生涯发展协会(National Career Development Association)从最广义上将生涯定义为：个人通过从事工作所创造出来的一个有目的的、延续一定时间的生活模式。[②] 延续一段时间意味着生涯在本质上是持续一生的过程，受到个人内在或外在力量的影响，而不是作为一个事件或选择的结果而发生的事情。创造意味着生涯是个体的愿望与可能性之间、理想和现实之间妥协或平衡的产物；有目的的则意味着生涯对于个体是有意义的和有价值的，需要规划、思考、制订和执行，反映了个体价值观和信念。生活模式意味着生涯不仅仅是个体的职业或工作，而是与所有生活角色交互作用以及人们整合安排这些角色的方式。工作不仅意味着特定的职位，而且更多地意味着一种活动，一种为自己或他人创造价值的活动。

通过上述的考察，生涯实际上是一个处于职业和生命之间的概念，一方面与个体成年之后所从事的职业或工作有关，另一方面又超越单纯的职业范畴，而与个体的生命生活状态有关。生涯是个人一生职业、休闲、社会与人际关系的总称，是一个人的终身发展历程中的个人适应、社会适应和职业适应。它强调的是个体生涯知识、技能及观念的获得与发展，并在此基础上走向生涯成熟。

（二）生涯发展

生涯咨询与辅导肇始于 Frank Parsons 的工作。按照 Parsons 的理解，生涯发展实质上就是将个体的特征与社会职业的要求进行匹配的过程。Susan Sears 将生涯发展定义为"那些综合起来塑造我们生涯的经济、社会、心理、教育、生理与机遇等因素的总和"。[③] 按照这一理解，生涯发展是一个很大的概念，受到资金和财政、团队关系和社会阶层、心理健康和人格发展、教育水平和经历、生理能力与特质以及各种机遇的影响。任何单一的因素都无法决定一个人的生涯发展，所有这些内在的和外在的因素结合起来影响到个体生涯道路的展开方式。因此 Anne Roe 等认为生涯发展取决于 4 大类 12 个因素：生涯选择 $=S[(eE+bB+cC)+(fF,mM)+(lL+aA)+(pP\times gG\times tT\times iI)]$($S=$性别，$E=$一般经济状况，$B=$家庭背景、种族，$C=$机遇，$F=$朋友、同伴关系，$M=$婚姻状况，$L=$一般学习和教育，$A=$后天习得的特殊技能，$P=$生理特征，$G=$认知或特殊天赋能力，$T=$人格，$I=$兴趣)。公式中小写字母表示校正系数。[④]

虽然生涯与职业相关联，然而职业并不是生涯的全部。与职业发展相比，生涯发展更超越了职业选择、准备、就业与适应，而达致以自我了解、自我接受和自我发展为基础，逐渐形成一个整合而适当的自我概念(包括职业自我)，同时将此概念转化为实际的生涯选

---

① 邱美华，董华欣. 生涯发展与辅导[M]. 台湾：心理出版社，1997：11.

② Reardon, R. C. , etc. Career Development and Planing a Comprehensive Approach[M]. Wadsworth：Thomson Learning, 2000.

③ Sears S. A Definition of Career Guidance Terns：A National Vocational Guidance Association Perspective[J]. Vocational Guidance Quarterly, 1982(31)：137－143.

④ Roe, A. &Lunneborg, P. Personality Development and Career Choice[M]. D. Brown & L. Brooks(Eds.). Career Choice and Development (2nd ed.). San Francisco：Jossey-Bass, 1980：68—101.

择与生活方式，达到个人的生涯发展目标，并满足社会的需要。[①] 因此，生涯发展更多地倾向于与职业相关的一生的经验与活动，不仅包括职业选择和发展，而且包括非职业性的活动，如休闲活动、社交活动选择、追求与参与所获得满足感等。因此，生涯发展是指个体在与社会互动过程中，恰当地扮演系列角色和履行相应职业要求的持续调适过程。这个过程受到个体内在因素和外在社会因素的综合影响。就其实质而言，生涯发展的过程就是一个了解自我和各种选择可能性的过程。由于过去的学习以多种方式影响着个体的生涯决策，因此生涯发展是一个持续的学习过程。

三、特殊儿童生涯发展的基本理念

特殊儿童生涯发展是其学习和职业生命存在及其活动与优化，它不仅着眼于未来对社会职业的适应与创生，而且着眼于现实的学习生命历程和学习生活的意义建构。

（一）差异与补偿

特殊儿童与一般意义上的普通儿童相比，处于相对不利的境遇之中。目前我们正在从物理环境、制度规范和意识观念等不同层次上逐渐树立起平等与正义的价值取向。然而特殊儿童的生涯发展并不是一味地强调所谓的绝对平等，而是在正义的原则下，以平等作为追求目标，在尊重差异的基础上，给予特殊儿童以必要和适当的补偿。

特殊儿童的生涯发展实质就是教育正义的基本体现。罗尔斯《正义论》中的关于正义的原则："第一原则，每个人对与所有人所拥有的最广泛平等的基本自由体系相容的类似自由体系都应有一种平等的权利。第二原则，社会和经济的不平等应这样安排，使他们在与正义的储存原则一致的情况下，适合于最少受惠者的最大利益；并且，公共职位在机会的公正、平等下对所有的人开放。"[②]因此正义的精神实质，一是每个人获得最广泛的与他人相同的自主的平等权利；二是获得不均等待遇及地位、职位、利益的机会应该对所有人开放；三是如起始状况（收入和财富分配）不同，处于不利地位者的利益应用补偿的办法来保证。按照这种精神实质，"以人为本"的特殊儿童生涯发展应该表现在不同儿童之间是否在生涯发展过程中得到了相对公平的对待，以及在促进他们生涯发展的运作过程中是否对弱势群体予以必要的补偿。具体表现为如下三个方面：第一，是否有同等的学习和发展机会，其实质的表现就是特殊教育和生涯发展的普及问题，也就是每个儿童是否都有机会进入学校接触和享受到国家或地方或学校相应资源支持。第二，是否在学习和发展过程中得到相对公平资源的支持。第三，是否获得一个相对均衡的学习和发展结果。所谓相对公平的学习和发展结果并不是说每个儿童都能够达到一个绝对一致的水平，而是指他们经过学习能在自身遗传素质所给定的范围内，潜能获得最充分的发展，从而最大程度地获得成长与进步，最大程度地获得成功并达成自我实现。这三个方面的均衡发展实质是平等、差异和补偿的动态均衡的过程。在这一过程中，从平等的前提出发，对特殊儿童群体的补救与补偿教学是基本路径和有效保证。

---

① 沈之菲. 生涯心理辅导[M]. 上海：上海教育出版社，2000：10.

② John Rawls. A Theory of Justice[M]. Cambridge, Massachusetts: Harvard University Press, 1971: 302.

（二）缺陷与潜能

当我们以特殊儿童作为代表来考察特殊儿童生涯发展的时候，不可避免地面临着一个问题：按照通行的说法，特殊儿童在心理、生理、人体结构上，某种组织、功能丧失或者不正常，全部或者部分丧失以正常方式从事某种活动能力。这就意味着当我们提到特殊儿童时，首先就会在大脑中获得一个预先植入的先验性观念：特殊儿童是有缺陷的。于是在探讨特殊儿童生涯发展过程中聚焦缺陷便成为一种流行的价值取向。缺陷的补偿与代偿成为人们关注的重心。

但是我们需要明白的是，缺陷导向的生涯发展观，是一种消极的态度。这种消极的态度可能带来消极的影响：第一，缺陷取向关注残疾、损伤和能力上的缺陷，一些人可能只根据特殊儿童不能做什么而不是他们能够做什么来考虑问题。第二，缺陷取向可能会给儿童带来侮辱，导致同伴的拒绝或嘲笑。第三，缺陷取向可能会通过暗示的机制对儿童的自尊心产生消极的影响。第四，缺陷取向导致其他人对儿童产生低期望，并以缺陷为基础区别对待他们，从而导致消极的自我实现与自我预言效应的产生。第五，缺陷取向通常扮演着负面解释的作用（如张三之所以出现这样的问题是因为他有听力障碍）。第六，缺陷取向可能会导致人们以类别来区分儿童的倾向，认为所有被归入某类缺陷的儿童都具有相同的特征，而忽视或者减少了对每个儿童特殊性的探究和正确的评价。第七，缺陷取向通常意味着问题或不足主要是由儿童本身的一些特质所决定的，因此忽视或减少了对导致能力缺陷的社会和教育因素的系统性考察，也忽视或减少了社会与教育因素对能力缺陷应该负有的责任，缺陷为无效的社会应对和教育应对提供了一个内在的借口。总之，缺陷取向的生涯发展观会在相当的程度上造就隔离教育和低估儿童的真正价值与能力，可能会限制一个人对另外一个人的看法，改变儿童在学校和社会中的命运。

与缺陷取向的生涯发展观相反，本研究极力主张潜能取向的生涯发展观。在潜能取向的生涯发展观看来，特殊儿童的缺陷只是可能的缺陷。这种可能性是否会变为现实，并不主要取决于儿童本身内在的因素，而主要取决于外在的社会与教育因素。每一个特殊儿童都有着自身的优势与潜能。这种潜能使得除残疾之外，特殊儿童可做任何事情。古今中外大量的事实也证明，感官残疾儿童几乎可以有效地完成所有的任务。现代心理学的最新研究成果也有效地证明了这一点。潜能取向的生涯发展观意味着要给予特殊儿童控制和选择自己生活的机会，根据他们的需要尽可能提供帮助，让他们有机会独立地生活。同样也意味着经过教育的特殊儿童必须有一定的生产能力，获得一定的收入，为家庭和社会贡献自我的价值。

（三）隔离与融合

在 20 世纪 60 年代以前，特殊儿童通常都按照残疾的类型分类安置在专门的特殊教育学校中接受教育和训练。美国前特殊儿童协会主席 Lloyd Dunn 以敏锐的眼光对把轻度残疾或轻度障碍儿童安置在特殊教育学校接受教育的效果提出了质疑，并认为应该将更多的特殊儿童安置在普通学校，而不是把他们隔离在主流社会之外。① Dunn 的工作提醒人们隔离式的特殊教育并一定是最有效的安置与教育形式。在此基础上，Evelyn Deno 从社会经济学和人类学的视角着重探讨了学前与小学阶段的特殊儿童教育问题，强调公立学校应该为不同学生提供所需要的相应服务，②而特殊教育体系应该是以提高公立学校特殊教育的质量为目的，是为特殊儿童提供发展服务的大本营。③ 为了重构学校体系，Deno 提出了瀑布式特殊教育的服务安置体系。特殊教育瀑布式安置体系的提出，推动了特殊教育由隔离教育向融合教育的演进。1975 年美国 PL94 - 142 法案（Education of All Handicapped Students Act），以及 1990 年对此法案修订的《残疾儿童教育法》（Individuals with Disabilities Education Act，IDEA），2004 年修订的《2004 年残疾儿童教育促进法》（Individuals with Disabilities Education Improvement Act of 2004）通过最少受限制环境（Least Restrictive Environment，LRE）的原则确保特殊儿童最大程度地进入主流社会和普通学校，获得普通课堂中学习的权利。只有当残疾的性质或严重程度使得儿童不能在配有额外辅助的普通班级所提供的设备与服务中受益，才能将儿童安置在隔离的班级与特殊学校中去学习。融合取向的发展观通过法律的形式加以确立。

在我国，随班就读作为特殊儿童融合教育取向的主要形式，从 20 世纪 80 年代开始就逐渐推行，并确立了"以一定数量的特殊教育学校为骨干，以大量的特殊班和随班就读为主体，城乡兼顾地发展残疾儿童少年的教育新格局"。在法律上，2006 年修订的《中华人民共和国义务教育法》第十九条规定："县级以上地方人民政府根据需要设置相应的实施特殊教育的学校（班），对视力残疾、听力语言残疾和智力残疾的适龄儿童、少年实施义务教育。特殊教育学校（班）应当具备适应残疾儿童、少年学习、康复、生活特点的场所和设施。普通学校应当接收具有接受普通教育能力的残疾适龄儿童、少年随班就读，并为其学习、康复提供帮助。"2008 年修订的《中华人民共和国残疾儿童保障法》第二十五条规定："普通教育机构对具有接受普通教育能力的残疾儿童实施教育，并为其学习提供便利和帮助。普通小学、初级中等学校，必须招收能适应其学习生活的残疾儿童、少年入学；普通高级中等学校、中等职业学校和高等学校，必须招收符合国家规定的录取要求的残疾考生入学，不得因其残疾而拒绝招收；拒绝招收的，当事人或者其亲属、监护人可以要求有关部门处理，有关部门应当责令该学校招收。普通幼儿教育机构应当接收能适应其生活的残疾幼儿。"这就为特殊儿童的融合发展观提供法律的依据。

因此，在本研究看来，无论是从实践层面，还是从制度层面，特殊儿童生涯发展都需要从隔离取向的发展观转换到融合取向的发展观。从生涯发展终极目标——提升儿童的社会参与度和学习与生活质量的角度，融合取向也是必须要采纳的。因为隔离式的发展体系使得儿童没有机会或者很少有机会去了解社会、了解职业及其需要，所以无法提升特殊

---

① Dunn, L. M. Special Education for the Mildly Retarded—Is Much of It Justifiable? [J]. Exceptional Children, 1968: 527—535.

② Deno, E. Special Education as Developmental Capital Revisited: A Quarter Century Appraisal of Means versus Ends[J]. The Journal of Special Education, 1994(27): 375—392.

③ Deno, E. Special Education as Developmental Capital[J]. Exceptional Children, 1970(37): 229—237.

儿童对社会的理解和参与度。

（四）适应与支持

传统上，人们对待残疾儿童的生涯发展采取的是一种医学模式。传统的医学模式把残疾儿童的特殊性看成是他们自身内部的种种缺陷和不足的自然结果，因此其生涯发展与职业能力的促进主要从他们内部的角度进行考虑。于是“适应”就成为其就业医学模式的关键词。所有的教育和就业准备都着眼于如何利用各种手段减轻或者消除残疾儿童内部的缺陷或不足所导致的种种障碍，使他们适应现实生活。按照这种观点，残疾儿童或其家长本身应该对他们的特殊性负责，社会、学校、国家只是在尽道义上的责任，帮助他们学习和发展。

但是，残疾儿童生涯发展走到今天，已经突破了传统的医学模式的思维架构，而走向生态化模式。人们对残疾儿童的特殊性有了一个全新的认识。残疾儿童的特殊性被看成是其自身与社会环境的复杂互动关系的结果。换句话说，残疾儿童的特殊性固然有他们内部的原因，但是，这种内部的原因并不是唯一的。残疾儿童自身的特殊性可能带来不利的文化环境，而社会文化环境对他们的特殊性也应该承担相当甚至是主要的责任。因为社会物理环境、社会制度环境和社会心理意识环境都是按照所谓正常人的标准进行建构的。以这种标准下的环境去要求残疾儿童，理所当然就会使其表现出这样或那样的不适应。这是造成残疾儿童特殊性的主要原因所在。社会文化环境原因与残疾儿童自身内部的问题复合叠加并交互作用，就造成了他们的种种问题与障碍。如果我们改进社会文化环境，照顾残疾儿童的需要，其境况就会大大改善，障碍程度就会减轻甚至完全消除。而残疾儿童境况的改善又会带来一个适切的环境支持。因此“社会支持”就成为残疾儿童就业的另外一个关键词。这样，残疾儿童就业就要从两个角度同时展开，一方面改善残疾儿童内部状况，另一方面则主要从社会环境入手，营造适合残疾儿童需要的社会文化环境。

四、特殊儿童生涯发展的理论范畴

（一）普适性与特殊性

特殊儿童生涯发展的普适性与特殊性问题是特殊儿童生涯发展的基石。

1. 特殊儿童作为个体的存在

每个人都有自己生命活动的范围，跟其他任何人都不完全相同。尽管人和人之间有种种差别，各种生命活动范围归结起来可以分为四等人生境界，由低到高依次为自然境界、功利境界、道德境界和天地境界。在这四种人生境界中，前两种是人的自然状态，后两种是人应有的生命状态。前两个境界来自自然，后两个境界则是人自己的心灵所创设的。生涯发展的最终结果是为了帮助人达到后两种人生境界，特别是天地境界。特殊儿童生涯发展的实质是达成其全面发展，实现残疾儿童个人成才与社会发展的和谐统一。人都是自然生命、社会生命和精神生命的三重统一存在的整体。因此，特殊儿童的生涯发展既包括自然性存在的人的发展，也包括社会性存在的人的发展，还包括精神生命存在的人的发展。

（1）自然生命的存在

人是自然界的一部分。人的出现标志着生物组织的高级水平的产生，这种水平是生物劳动的结果。人作为自然生命的存在是一切生命活动的基础。特殊儿童生涯发展的可能性是毋庸置疑的，他们和普通儿童一样，具有发展的生物学基础，但仅有发展的可能性还不一定获得相应或充分的发展，特殊儿童和普通儿童都只有在一定的条件下，这种可能性才能变为现实。特殊儿童的身心发展为其生涯发展奠定了终身发展的基础，人的自然生命的存在决定了特殊儿童生涯发展本身，还决定了特殊儿童生涯发展的方向和程度。特殊儿童在进入职业工作领域，能够养活自己的生活以及之前的生活都属于自然境界。“自然境界”是人生境界中一种层次最低的境界，生活在这个境界中的人是按照个人的本能或社会习俗而生活的，这样的人好像儿童或原始社会中的人，对自身的生活和行为没有了解，所做的事情对于他来说没有意义或很少有意义。由于这种人对自己生活的性质完全没有了解，他虽然也有自己的人生，但人生对他而言，并没有任何意义和价值。

（2）社会生命的存在

人既是自然界的一部分，也是历史的产物和创造者，具有社会本质。人的这种社会本质是在实践活动的基础上产生、发挥作用和发展起来的。“人与动物的本质区别在于他的社会性。一个人若是只有人类的身体结构，那他还不是真正意义上的人。只有等他通过一定的社会学习和社会生活实践获得了适应人类社会生活的社会性，形成了人类的心理结构和行为动力系统，并且获得明确的自我概念，使自己的行为具有明确的自我引导和自我控制，他才成为真正意义上的人。”[①]特殊儿童要得到充分的生涯发展，不仅要有积极向上的人生态度和坚强的意志等内在品质，还需要有一定的外部条件。特殊儿童作为社会生命的存在，离不开健康的家庭环境和良好的物质条件，需要接受特殊的教育。先进的医学措施在某些时期或在某些情况下具有辅助或再生的作用，国家的法律、政治经济条件、文化条件也在大的背景下影响着特殊儿童的生涯发展。特殊儿童的生涯发展既是个人问题，也是社会问题。人类的潜能是无限的，只要有条件就会发展。大部分特殊儿童也有无穷的发展潜力，也能达到很高的发展水平。在教育过程中，对特殊儿童不断提出通过努力可达到的任务，通过引发教育提出的新任务与特殊儿童现有的心理水平的矛盾，并通过教育解决这种矛盾，进而使特殊儿童在身体和心理上得到发展，最终成为适应社会的人。

（3）精神生命的存在

人不仅是自然存在物和社会存在物，具有自然属性和社会属性，还是有意识的存在物，具有精神属性。作为有意识的动物，人的行为并不是处在无意识的目的中，也不是处在自己不能支配的形式中。相反，人会对自己提出某种任务和问题，并有意识地寻找解决这些任务和问题的途径。在特殊儿童生涯发展这个漫长的过程中，首先，需要理性的参与，正确认识客观事物的属性和规律，主体自身的需要和能力，主客体的价值关系，从而进行有目的、有计划、有选择性和创造性的活动；其次，需要情感的参与，特殊儿童对主客体价值关系的判断决定其采取积极或消极的情感进行活动；最后，还需要意志的努力，特殊

---

① 章志光. 社会心理学[M]. 北京：人民教育出版社，2004：73.

儿童会遇到很多难以想象的来自自身以及外界的困难和障碍，为达到他们所能达到的最高发展水平，离不开意志对行动的支配和调节。同时，精神和心理方面的健康，对特殊儿童走上社会具有重要意义。

2. 特殊儿童作为人类的存在

社会是人类相互交往的产物，是各种社会关系的总和。换言之，社会是由一群人组成的，人类群体生活建立在物质资料生产基础上，并产生共同的习惯、心理、民俗等。随着社会的发展，原始人慢慢发展成为现代社会的人。人类心理受到社会历史的制约，不同社会、不同时代、不同民族的人有其不同的心理特点。社会经济、政治、文化、人口、环境等的变化，都会对人一生的发展提出各种不同的新的需要。婴幼儿阶段初步接触社会并发展学习能力；儿童青少年阶段结束学校教育，为进入社会做准备；成人阶段是人一生中最长的阶段，成人作为社会的中坚力量，在成人期的不同阶段永远面临着社会的瞬息万变，担负着推动社会不断进步的责任，例如，个体必须承担家庭的责任，具备适应工作竞争的能力，与他人和谐相处的能力等等。

（1）特殊儿童的特殊性

特殊儿童与普通儿童相比，在心理、生理以及身体结构上存在不同程度的差异，从而给他们的生活带来许多不便。特殊儿童生涯发展比正常人生涯发展更困难，发展方向和程度常常受到他们身体因素的巨大影响和限制。对于智力有缺陷的儿童，在与智力有关的各种活动方面跟正常儿童有差异；盲童看不到或看不清周围的世界；聋童则听不到或听不清周围的声音；肢体残疾儿童则是运动或感觉器官或中枢出了问题，使得他们感知世界的渠道不通畅，存在障碍。普通教育无法满足特殊儿童的教育需要。

针对特殊儿童各自的特点，应采用与正常儿童不同的教育方法和措施。例如，智力落后儿童因为智力发展迟滞和发展水平不高，所以应注重教授其生活各方面的知识；盲童不能像普通儿童那样自然地学会定向和行走，就应专门教授这些课程，在教学中想办法利用他们的残存视力，使用有关的助视手段和能够发挥残存视力的教学方法，如眼镜、大字课本、盲用计算机软件等；聋童不能自然地学会说话或获得他人的口语信息，因此应专门教授其如何看话、听话，在教学中注意利用他们的残存听力，使用有关的助听手段和能够发挥残存听力的教学方法，如使用助听器材、使用读唇的方法等。

（2）特殊儿童的一般性

特殊儿童与普通儿童同属于一个物种，即人类，具有相同的本质特征。特殊儿童与普通儿童的差异，是个体之间以及某个特定个体内部的差异，这些差异性和特殊性是以相同性和一般性为基础的，没有相同，自然也就谈不上差异。

特殊儿童与普通儿童一样，都应该平等地参与社会生活，在政治、经济、文化、社会和家庭生活等方面平等享有同其他正常人一样的权利；都应该平等享有接受教育的权利。受教育是每个人生涯发展中不可或缺的一部分，针对特殊儿童的身心特性和需要，特殊儿童受教育过程中更应注意在进行思想教育、文化教育的同时，加强其身心补偿和职业教育，并且依据残疾类别和接受能力，自主选择普通教育方式或者特殊教育方式。对于可以适应普通中小学、职业学校和高等学校的学习生活的残疾学生可以就在普通学校学习，学校也不得拒绝招收符合国家规定的录取要求的残疾学生。而对于不能适应普通学校学习生活的残疾学生就可以选择一些特殊的教育机构。在安排特殊教育的课程设置、教材、教学方法、入学和在校年龄方面可以有适度弹性。提供特殊教育的机构应当具备适合特殊儿童学习、康复、生活特点的场所和设施。

（二）职业性与生命性

生涯一方面与个体成年之后所从事的职业或工作有关，另一方面又超越单纯的职业范畴，而与个体的生命、生活状态有关。儿童生涯发展是个体终身发展历程中的个人适应、社会适应和职业适应。它不仅关注个人与职业的匹配，更强调个体生涯知识、技能及观念的获得与发展，并在此基础上走向生涯成熟。

1. 职业导向的生涯发展

毫无疑问，特殊儿童生涯发展首先与职业有关。西方国家近 30 年来的实践有效证明，残障人士的高质量就业具有无比重大的意义，可以带来一个多赢的格局。残障人士本身在富有意义的就业中可以获得薪水回报①、工作满意度②、对有意义活动的参与③、自我决定机会的增加和能力的提升④、良好自尊水平的提升⑤，从而获得高水平的生活质量⑥；残障人士作为巨大的人力资源库，雇主可以聘用到优秀的员工，并因为为残障人士提供工作而获得政府或社会团体特殊的支持；家庭能够看到一个在工作场所履行完全能力角色责任的最新就业家庭成员；与支持一个在隔离环境中的残障人士相比，纳税人可以支付更少的费用；对于整个社会而言，因为对残障人士的接纳与融合，因为对其就业的支持和发展，因为对于多元文化的认同与建构，残障人士的就业同时还对非残障同事也具有社会互动方面的积极意义。⑦ 因此，随着时代的演进，就业已经成为残障人士的权利而存在。

传统上，就业是残障人士作为谋生手段而存在的，属于工具论的范畴。对于那些具有明显残障特征的发展型障碍者而言，按照传统观念的操作模式，真正能够运用就业手段获得基本生活保障的人少之又少，于是在更多的时候，庇护性就业就成为终身照护和福利的代名词，仁慈的行政当局通常将之安置在主流经济生活之外的机构中对其缺陷进行补偿。在新的时代精神下，这既无助于残障者真正谋生的实现，更与其平等发展权利的实现背道

---

① Noble, J. H., Conley, R. W., Banerjee, S., & Goodman, S. Supported Employment in New York State: A Comparison of Benefits and Costs[J]. Journal of Disability Policy Studies, 1991(2):39—73.

② Test, D. W., Hinson, K. B., Solow, J., & Keul, P. Job Satisfaction of Persons in Supported Employment[J]. Education and Training in Mental Retardation and Developmental Disabilities, 1993(28):38—46.

③ Kilsby, M., & Beyer, S. Engagement and Interaction: A Comparison between Supported Employment and Day Service Provision[J]. Journal of Intellectual Disability Research, 1996(40):348—357.

④ Wehmeyer, M. - L. Employment Status and Perceptions of Controlof Adults with Cognitive and Developmental Disabilities[J]. Research inDevelopmental Disabilities, 1994(15):119—131.

⑤ Griffin, D. K., Rosenberg, H., & Cheyney, W. A Comparison of Self-Esteem and Job Satisfaction of Adults with Mild Mental Retardation in Sheltered Workshops and Supported Employment[J]. Educationand Training in Mental Retardation and Developmental Disabilities, 1996(31):142—150.

⑥ McCaughrin, W. B., Ellis, W. K., Rusch, F. R., & Heal, L. W. Cost-effectiveness of Supported Employment[J]. Mental Retardation, 1993(31):41—48.

⑦ Beyer, S., Kilsby, M., &Willson, C. Interaction and Engagement of Workers in Supported Employment: A British Comparison between Workers with and without Learning Disabilities[J]. Mental Handicap Research, 1995(8):137—155.

而驰。[①] 基于谋生的职业康复模式通常无法带来真正的生涯发展与高质量的生活。因此《残疾人权利公约》缔约国"确认残疾人在与其他人平等的基础上享有工作权，包括有机会在开放、具有包容性和对残疾人不构成障碍的劳动力市场和工作环境中，为谋生自由选择或接受工作的权利"。[②] 欧盟要求各成员国的全国性就业行动计划中，必须提出聘用残障人士的具体策略[③]。我国《残疾人保障法》中也明确提出："国家保障残疾人劳动的权利。各级人民政府应当对残疾人劳动就业统筹规划，为残疾人创造劳动就业条件。……政府有关部门设立的公共就业服务机构，应当为残疾人免费提供就业服务。残疾人联合会举办的残疾人就业服务机构，应当组织开展免费的职业指导、职业介绍和职业培训，为残疾人就业和用人单位招用残疾人提供服务和帮助。"[④]至此，就业就作为一种基本的人权而存在。人们期望这些权利能够在平等的机会中得到实现。对于成年残障人士而言，就业权利是至高无上的，因为就业带来收入、改进的生活方式和自尊。作为权利主体的残障人士的就业意味着其就业需求在国家的主流政策中得到强化。根据联合国《残疾人权利公约》，各国政府应当采取适当步骤，包括通过立法及其他措施达成禁止歧视、机会均等、同工同酬、就业服务、开放市场、合理便利、工作经验、康复服务、可持续发展等目标。

2. 生命导向的生涯发展

作为生命历程的一个奠基阶段，特殊儿童的早期经验对其生涯发展有着关键性的影响。每个人早期经验所形成的人格结构成为推动其职业选择的重要心理动力来源，这些经验主要是从父母那里获得的。因此，亲子关系在特殊儿童个体生涯发展和职业选择中占有十分重要的地位。父母不仅是儿童基本需要的直接满足者，还是他们与客观世界的"中间人"。儿童如果缺少与成人的交往，他们的环境就变成了没有"应答性"的死环境。在这样的环境中，由于儿童的行为和情感表露得不到成人的任何反应，就会逐渐减少，甚至消失。因此，成人对儿童行为的反应（应答）具有强化的作用。长期得不到应有的及时强化，儿童的活动积极性就会降低，而且会因为自己的努力"毫无结果"而丧失"信心"，形成被动、退缩的行为模式。特殊儿童在家庭中受到父母更多的关注，父母的抚养方式和教育方式在很大程度上影响儿童的人格发展。[⑤]

（三）匹配性与生长性

特殊儿童生涯发展的职业性和生命性紧密联系在一起的就是匹配与生长的问题。

1. 匹配式的就业及其局限

早期的生涯发展研究者们从不同的角度出发探讨了个体人格特质与社会职业环境的相互匹配问题。尽管这些研究存在着很大的差异，但是他们在这样几个方面却是共同的：① 对于主体的人来讲，一个个体不可能适应所有的职业及其环境；② 对于社会职业环境

---

① 申仁洪. 发展性障碍者支持性就业：融合发展视角的职业康复模式[J]. 现代特殊教育，2016(18)：9—16.

② 联合国《残疾人权利公约》[EB/OL]. http://www.cdpf.org.cn/zcfg/content/2001-11/06/content_74429.htm.

③ Commission of the European Communities-DG/V-Unit 1，1998.

④ 《中华人民共和国残疾人保障法》于 1990 年 12 月 28 日第七届全国人民代表大会常务委员会第十七次会议通过，2008 年 4 月 24 日第十一届全国人民代表大会常务委员会第二次会议修订。

⑤ 陈帼眉，冯晓霞，等. 学前儿童发展心理学[M]. 北京：北京师范大学出版社，2008：48.

来讲,每一种职业,每个环境都有特定的要求,不可能每一个个体都能适应这种职业和环境的要求;③ 每个个体都是唯一的,其人格特质可以被测量出来;④ 不同职业要求人们具备相应的特质,职业的选择应与个人的特征相匹配;⑤ 生涯发展的过程就是人格特质与职业要求相互匹配的过程;⑥ 个体特质与职业环境要求越匹配,则生产效率和生涯满意度就越高;⑦ 影响生涯发展的个体特质并不是一成不变的,适合个人的工作环境能够促进个人职业技巧与能力的锻炼。一个好的生涯发展导向的教育计划必须具备三个关键性特征:第一,强调功能性的技能学习,即学生必须学会他们将来在职业生涯中真正需要并能够用得上的技能;第二,学校和课堂上学习的东西必须尽可能付诸实践,在日常社会生活中得到充分的应用;第三,将社会职业环境需求尽可能在社区中从早期开始训练,并日益增多。

对于特殊儿童而言,与特定职业的成功匹配具有重要的意义和价值。它不仅可以带来直接的经济收益,获得独立自主的生活,而且可以有效促进障碍者自尊发展、社区利用和社会关系改进。让发展性障碍者进入工作领域,鼓励他们参与劳动力市场,实现有效就业的过程中,职业康复服务扮演着关键性的角色。① 20 世纪 70 年代以前,在欧美等发达国家职业康复领域,占主导地位的是庇护性工场和成人日间照护模式之下的庇护性就业。庇护性就业导向的职业康复模式是特殊教育隔离发展的体现。根据能力岗位匹配准则,人们致力于职业能力评估、职前就业技能培训和就业安置服务。庇护性就业要求职业康复咨询者在提供就业服务之前评估个体就业的可能性,并根据障碍者的能力水平对其进行工作安置。在评估上应用可行性决定原则,在职业教育和培训上采取"工作准备"实践模式,在安置上采取机构本位的隔离安置方式。庇护性就业希望通过发展性障碍的能力发展和工作准备,获得一技之长,在此基础上获得工作机会,这实际上将职业能力评估、职业教育培训和工作安置割裂,将工作场所和社区割裂,将就业与生活割裂。它可能促进了少数残障程度不重或障碍特征不明显者就业,但更多的却是失败。既不能为发展性障碍者提供常态化的真实工作情境,也不能有效促进已经就业的残障者重新融入社区,更不能紧跟迅速发展的经济趋势②;由于大量发展性障碍者在比较性评估和职业评价方面的糟糕表现,被鉴定为不可能就业而被拒绝;从事庇护性工作的残障者即便接受了长时间的训练,也不能达到竞争性市场所需要的技能标准;剩下部分残障者在竞争性的面试中失去雇用机会;或者即便被雇用,也很快因为不断发生的问题而丢失工作,而一旦失业便很难在开放的市场体系中重新就业。③ 正是因为基于准备模式的职业匹配存在这些自身无法克服的局限,人们希望从生长的视角探索特殊儿童的生涯发展问题。

---

① Glassel, A., Rauch, A., Selb, M., Emmenegger, K., Luckenkemper, M., & Escorpizo, R.. A Case Study on the Application of International Classification of Functioning, Disability and Health (ICF)-based Tools for Vocational Rehabilitation in Spinal Cord Injury[J]. Work, 2012,41(4):465—474.

② Andy S. K. C., Frank P. F. C., Manfred S. M. F. & Raymond W. C. A. A Review of Supported Employment Services for People with Mental Disabilities in Hong Kong[J]. Journal of Vocational Rehabilitation, 2015(42):75—83.

③ Michon, H., Ketklaars, D., Weeghel, J. V., & Smit, F. Accessibility of Government-run Sheltered Workshops to People with Psychiatric Histories[J]. Social Psychiatry and Psychiatric Epidemiology, 1998(3):254—257.

2. 生长的可能及其超越

按照人本主义的观点，个体所有的行为都取决于自我的发展与自我的实现。每一个个体都有积极的自我关注需要和自我实现需要。因此儿童的生涯发展并不完全是对于社会职业环境的消极应答和消极适应，而是一个通过主动选择达成积极自我关注和自我实现的过程。人们在生涯发展过程中之所以有着这样或者那样的困惑，不是因为个体本身的缺陷，而是因为个体所处的环境阻碍了个体自我积极关注与自我实现的需要的满足。如此，对于困惑与问题的根本解决之道不在于对个体内在的干预，而在于对良好环境的塑造与优化，从而发挥个体自我的潜能。因此不是教师或者家长或者生涯辅导者促进了儿童生涯发展，而是儿童自身在主动地寻求生涯发展。按照这样的逻辑，特殊儿童的生涯发展与生涯决策同样也应该基于儿童个体本身。对于特殊儿童生涯发展的帮助要具体了解个体的情况，营造良好的氛围，使其基本的需要得到满足，在成果的经验中逐步发展起积极的自我关注，最终走向自我实现需要的满足。

在马斯洛看来，个体的发展取决于动机系统，而动机系统则依赖于个体需要的满足。对于个体需要系统而言，① 个体需要不是唯一的，而是在同一时间内有多种需要，其中有一种需要或几种需要处于支配地位。② 这多种需要并不是平行的，个体的多种需要具有层次性。③ 在这些具有层次性的需要中，处于底层的需要对于个体具有更为强大的动力作用。④ 具有层次性的多种需要并不是同时出现的，而是具有先后的顺序，处理上层的需要是在下层需要获得相对满足之后方可产生出现。⑤ 需要的不断满足最终逐渐导向自我实现需要的满足。⑥ 儿童在发展过程中出现这样或者那样的问题在于由于环境的不利而使得不同层次需要满足的愿望受到挫折的结果。综合这些观点，特殊儿童生涯发展中之所以会出现这样那样的问题，其根源在于环境对儿童的塑造作用。如果一个特殊儿童从一开始就没有一个不利的后天环境，那么即使有残疾的存在，也不会产生不利的影响。因此，有效促进特殊儿童生涯发展需要：① 要相信特殊儿童本身具有发展动力和发展的能力。② 构筑良好的环境，在这个环境中，儿童是中心。③ 关注儿童在不同发展阶段和不同情境中主导需要的满足情况，并在满足主导需要的基础上导向高级需要的产生和满足。④ 意识到成功的经验对于特殊儿童生涯发展的意义。⑤ 善于发现特殊儿童的闪光点，并以此作为生涯发展的基石。⑥ 促进儿童在不断的成功经验中获得成就动机。

3. 支持作为一种价值

生长性的确立使得人们试图寻找庇护性就业的替代性职业康复模式。20 世纪 70 年代，为那些长期以来被认为不能就业的重度发展性障碍者设计的“小组就业”模式作为庇护性工场的替代品开始出现。在这一模式中，残障者在服务提供者的监护下，在一个小团队中工作。20 世纪 80 年代，小组就业模式的成功逐渐催生出个别化的支持性就业服务(Supported Employment, SE)模式。[1] 支持性就业服务模式为解决传统庇护性就业问题提供了有效的解决方案。美国、欧洲各国、拉美各国、澳洲各国等相继从法律和实践层面促

① Wehman P. Competitive Employment: New Horizons for Severely Disabled Individuals[M]. Baltimore: Paul H. Brookes Publishing, 1981: 270.

进支持性就业的推广并取得了卓越成效。支持性就业坚持就业假设、人本控制、取得报酬、提供支持、独立性、在社区中建立社会联系等基本范畴。[①] 在严重智力障碍、心理障碍、自闭症、情绪障碍等发展性障碍者的职业康复领域，取得了卓越成效[②]，实现了障碍者、雇主和社会多赢发展。然后经过调整和改造，逐渐用于服务聋和重度听障者、盲和低视力者等其他残障者。支持性就业在美国的成功，使其迅速获得世界性声誉，并在全球推广。

对于支持性就业而言，持续的支持服务是残障者获得有竞争力的就业能力和就业结果的天然保障。成熟的支持性就业要求为残障雇员在整个工作期间提供至少每月两次的特定服务。一旦残障雇员在工作中稳定下来，则就业专家要提供至少一月两次的联系，以满足其个别化的需要。服务可以在工作场所之中也可以在工作场所之外发生。怎样提供服务和提供什么样的服务由雇员决定，以保证就业专家尊重个体意愿。随着支持性就业理论和实践的演进，自然支持和同伴支持已经成为两种有效的支持模式。

（四）阶段性与连贯性

从发展心理学的角度而言，人的一生可分为婴儿期、幼儿期、儿童前期、儿童后期、青少年期、青年期、成年期、中年期及老年期等阶段，每个阶段各有其不同的心理特征及发展任务。从学校教育来看，人的受教育历程也是有小学、初中、高中和大学等不同阶段。在各个不同的阶段，对于特殊儿童和健全人的学校教育有不同的特点和教学手段，但是从个体生涯发展的最终目标来说，却是共同的，都是满足社会发展和学生个体发展的需要，使学生成为社会合格的劳动者。

1. 特殊儿童生涯发展的阶段性

无论是艾里克森、斯金伯格，还是舒伯都认为个体生涯发展具有阶段性。对 18 岁以前的儿童而言，大多处于生涯发展的成长与探索阶段，其主要特征是尝试和探索，但是这个阶段十分重要。儿童通过与家庭、学校、社会的接触形成自己的兴趣、能力和价值观，树立正确的自我概念，对今后的职业进行探索。这个阶段的发展为未来的职业和生活奠定了坚实基础。如果这个基础牢固，则可能带来满意的职业发展和富有意义的生命历程。相反，则可能导致职业失败和生活质量的低劣。

3 岁以前，儿童处于一种完全受到周围环境影响的阶段。他们通过与周围事物的接触来探索世界。父母作为他们接触最多的人，若给予较好的抚养并形成良好的亲子关系，将使儿童对世界产生信任感，否则将产生怀疑和感到不安。因此，对于特殊儿童而言，良好的亲子关系将有助于儿童获得信任感。遗憾的是，许多家长在怀疑或者确认孩子的残疾情况的时候通常都是从负面角度来看待问题，而不是以积极应对的方式来处理相关的问题。于是在很大程度上破坏了儿童信任感的建立，而促使儿童向负面的方向发展，怀疑和不安占据了中心位置。

在 3 岁到 6 岁，儿童开始表现出对外界的好奇，他们自我意识开始发展，也会通过游

① Wehman P. et al. Twenty-five Years of APSE: The Association of People Supporting Employment First[J]. Journal of Vocational Rehabilitation, 2013(38): 157—162.

② Wehman P. Integrated Employment: If not now, When? If not us, Who? [J]Research and Practice for Persons with Severe Disabilities, 2006, 31(2): 122—126.

戏和角色扮演的方式参与家庭事务和探索家庭之外的世界。他们的这些行为若能得到成人的关注或取得成功，则可以帮助其自信心的形成，使其更愿意去尝试新事物。根据这些特征，成人就应该给予儿童适当的关怀和保护，多鼓励儿童学习新的知识和技能，帮助他们自信心的形成。此年龄阶段的儿童出于自我利益和动机，开始追求一些成年人的角色，他们为能够胜任这些角色而感到愉快。因此，成人应站在监督和认可的立场上，使儿童保持活动的热情，同时又能认识到控制那些可能产生危害的行为。针对特殊儿童表现出的渴望独立但又害怕失败和别人的嘲笑的情况，成人要努力为他们创造与同伴交往的机会，鼓励其主动参与活动，主动与同伴进行有效交往，使他们在与同伴的共同游戏和活动中发展主动性。成人可以通过为特殊儿童提供不完全环境，不仅为他们留有一定的视觉空间和思维空间，而且为他们的安全提供一定的保障。如果成人能够鼓励特殊儿童的好奇心和想象力，理解和尊重他们，能耐心地对待他们相对发展缓慢的心智和行为，而不是一味地保护或禁止。那么，他们就能以主动自信的方式对待所面临的一切事物，并表现出强烈的进取心。这样，不仅能使其主动性行为在被强化的基础上形成习惯，还能培养他们明辨是非的道德感。此外，成人要给他们尝试错误的自由，一定要以宽容的态度对待在主动探索过程中的失误和失败。

在小学教育阶段，学生的基本任务是通过进入正式的社会团体将自己归属一定社会群体之中，并在此基础上获得读写算听说的基本技能，形成人际交往和社会行为的基本规范。所以小学阶段生涯发展的重点是扩展生活经验，提升生涯认知。具体表现为：在了解自我的基础上，试图将自己的能力、价值和兴趣与未来教育和职业生涯关联起来；获得基础的规划与计划技能，并试图将之与自己未来的目标进行衔接；掌握学习技能，学会学习，以此为基础拓展自己的学习经验，定向于终身的可持续发展；通过参与家庭计划、社区服务以及描述服务他人的各行各业，了解工作与职业的神圣性，尊重劳动与劳动者，建立服务意识；由家庭逐步扩展到学校、社区、城市或农村、地区、国家以及全球生活与职业生存方式的知识获得、经验体验。

当特殊儿童进入学校之后，开始面临家庭、学校、同伴的要求和挑战，他们力求保持一种平衡，从而形成一种压力。此时，儿童在不同社交范围活动的经验，以及完成任务和从事集体活动的成功经验，会助长其胜任感，而困难和挫折则可能会使其产生自卑感。这些成功的经验有助于他们在以后的社会中建立勤奋的特质，表现为乐于工作和有较好的适应性。因此，成年人应对儿童在此阶段表现出的勤奋进行鼓励。特殊儿童在从事一些活动的时候可能更易比同龄的正常儿童获得失败的体验，此时成年人就应及时对这些儿童的尝试性行为进行鼓励，帮助其分析失败的原因，多让其融入集体，感受社会的温暖。

初中阶段处于青春期阶段，其中心任务是解决强烈的自我意识与身心限制的矛盾，最终实现自我同一性的发展。因此，初中生涯发展的重点也就从小学生涯的认知与幻想逐渐转向生涯发展的试探与尝试，进行生涯探索和生涯规划与计划，具体表现为：学生充分了解自己的兴趣、能力和价值观，并尽可能接触不同行业与职业领域，发掘适合自己的职业生涯领域；提升学习技能与学习策略，进行有效学习和恰当休闲，并结合自己未来发展有针对性地了解与选择高一级学校的相关资料与信息，进行生涯与职业定向；了解生涯发展理念，扩展生涯认知，并掌握生涯规划技能；进行生涯探索，习得基本而恰当的自我展示技能；扩展社区与社会参与经验，了解个人特质、知识技能与职业的匹配性；建立良好的责任心、自主性、创造性与职业道德观念。

高中阶段处于许多重要选择决定的时期，学生们面临着理想向现实的回归，需要协调自我与社会的关系。因此，高中阶段生涯发展的重点是逐渐接近特定的生涯定向，即在充分了解相关信息的基础上规划特定的生涯发展目标，并制定确定的生涯发展计划，最终通过相关课程的研修与学习实行该计划。具体表现为：综合而深入地了解自己能力倾向、价值观念、兴趣、生涯期望、职业喜好及其相互关联性；针对自己实际和未来选择，恰当分析自己的能力与特质，并发展出相应的生涯发展计划以增加自己的能力；研修恰当的课程，进行相应的学习充实自我，以取得相应的资格或者符合未来工作与学校的资格；发展出有效利用闲暇时光的能力；对未来学习或职业生活进行总体规划；发展替代性的选择方案；进一步发展自我展示与求职面试的技能与技巧。

贯通初中和高中的整个中学阶段，儿童开始思考"我是谁"的问题。角色同一性的形成与职业的选择有着十分重要的关系。埃里克森认为，前几个阶段中冲突的解决会帮助个体更自信地面对各种选择，成功地获得角色同一性。当个体面临角色获得过程中产生的冲突时，会产生获得角色同一性、同一性排斥、同一性迷乱和同一性延迟四种情况。其中，最后一种危机在儿童中比较常见。特殊儿童在成长过程中，可能因为生活环境的相对狭小和单一，在初次接触社会的时候会有不适应的情况，从而产生同一性延迟的现象。因而，成人更应注意在有限的生活环境内帮助其正确地认识自己。当特殊儿童在与外界交往的过程中遇到困难，容易产生自卑或自暴自弃的情绪。根据这一特点，成人更应重视其早期良好情感的培养，要给他们适当的宣泄情绪的机会，避免使其过度体验内疚感。同时，成人要为他们自由抒发情感提供轻松愉快的氛围，绝不能采取恐吓、威胁，也不能溺爱或过分严厉对待。这样，特殊儿童也能同普通儿童一样，不仅能逐步增强主动性，还能克服和转化内疚感、增强安全感，从而容易适应环境，能主动与周围人群建立良好的人际关系。

同时，处于这一阶段的儿童也是生涯发展的探索期，个体开始思考今后的职业和自己所面临的任务，并把这个任务作为奋斗的目标。在这个时期，兴趣、能力、价值观起主导作用。该阶段的青少年逐渐认识到工作的需要，认识到兴趣、能力、工作报酬、价值观和时间观；他们将能力和兴趣进行整合，进一步发展价值观，对职业的选择具体化，形成了一定的工作方式。① 因此，客观因素对职业的选择有着重要的影响。成人应尽量为儿童提供接受良好教育的机会，有意识地让其接触相关的职业知识，促进其发展，培养职业技能。在特殊儿童的教育方面，成人要根据他们的兴趣，安排不同的工作实习机会，以发现他们的潜能，帮助他们最终做出正确的职业决策。

上述不同阶段的生涯发展任务与重点主要通过两种模式在基础教育课程中得到实现：一是将其整合到学习领域与学习科目之中；二是开设独立的生涯发展课程，进行生涯

① Nadene Peterson, Roberto Cortez Gonzalez. 职业咨询心理学：工作在人们生活中的作用[M]. 时勘，等，译. 北京：中国轻工业出版社，2007：107.

发展辅导，设置基础教育生涯发展课程，目前学界实际上主要存在两种基本取向：第一种是以学科为中心的从学术教育发展而来的课程模式；第二种是以综合和专业实践活动为中心的课程模式。具体采用哪种模式则依赖于学生的年龄发展阶段和生涯发展的内容与经验侧面。综合西方国家生涯发展的成功经验，无论采取哪种模式，都要注意如下几点：① 强调以学生为中心的学习；② 强调学生个体隐性生涯经验的习得；③ 强调在学校和工作场所都能操作的技能；④ 评价以真实生活情境为取向；⑤ 课程与学生密切相关；⑥ 为学生提供灵活的选择；⑦ 允许在不同课程与技能模块之间互相转换并相互认可学分；⑧ 生涯发展的多样性与连贯性互补；⑨ 相关教师的专业知识与专业素养的发展配套保证；⑩ 相对于学术发展领域的生涯发展领域地位的确认。

2. 特殊儿童生涯发展的连贯性

特殊儿童生涯发展本身并不是一个终结性的教育，而是一个动态的过程，它贯穿于个体毕生发展历程，一方面适应不断变迁的社会经济、政治和文化的发展，另一方面在不断地满足个体自身的生涯与职业期望的基础上，尽可能地获得完满的幸福生活。因此，各个阶段之间应该相互贯通，具有连贯性。尽管每个阶段都有每个阶段的角色和发展任务，但是每个阶段又都是建立在前一阶段发展的基础上，同时又为后一阶段的发展奠基。

作为一个不断发展、循序渐进的过程，特殊儿童生涯发展就其实质是在处理"人与文化""儿童与职业""个体与社会""整合与同一"的基本问题。基于特殊儿童个人特质、职业生涯发展和社会资源支持的三向互动，特殊儿童生涯发展具有"可持续性""终身化""内容的整合性与结构化""过程心理化和经验化""课程设置的学术性和职业性""支持辅导的专业化""生涯发展资源学习化""支持系统的生态化""环境的正常化、一体化和社区化""评价的发展性、过程性和形成性"等特征，从而形成一个生涯发展的整合性支持模式(如图 9－1)。

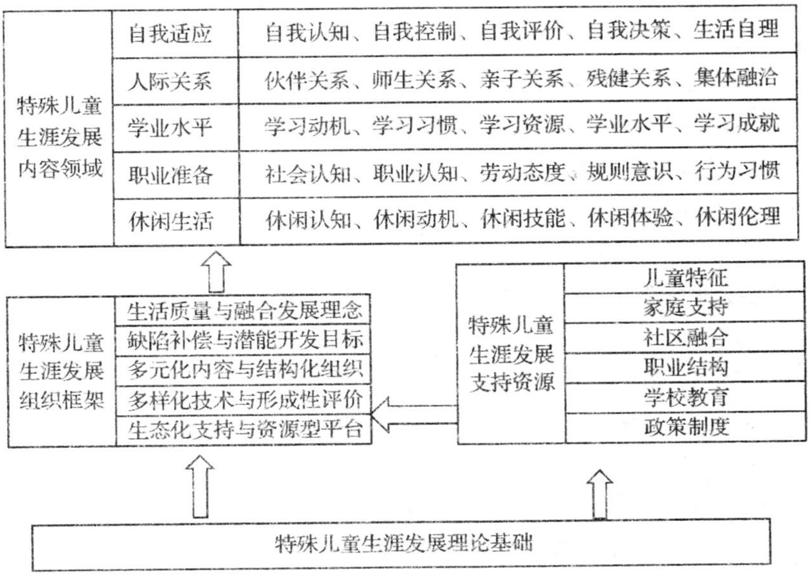

图 9－1　特殊儿童生涯发展的整合性支持模式

在这一模式中，内容领域是空间属性的表现，根据特殊儿童18岁以前的角色与发展任务，主要由自我适应、人际关系、学业水平、职业准备、休闲生活等领域构成；组织框架则是时间属性的表现，其实质是特殊儿童生涯发展的支持过程，主要由生活质量与融合发展理念、缺陷补偿与潜能开发目标、多元化内容与结构化组织、多样化技术与形成性评价、生态化支持与资源型平台组成。支持资源属于发展境域，其实质是特殊儿童生涯发展的条件和推动力量，主要由儿童特征、家庭支持、社区融合、职业结构、学校教育和政策制度构成。三者相互作用构成了一个有机整体，这就意味着：① 职业/职业生涯的意识和发展是同步的、相互作用的，应将生涯规划提前到儿童时期，从小就为特殊儿童进行意识和能力的培养；② 在为特殊儿童进行生涯规划时要充分考虑到那些特殊因素，同时对其能力和天资进行评估，此时家庭的影响尤其重要；③ 通过对特殊儿童的生活技能和工作技能的培养，使他们具备一定的生活和工作能力；④ 努力为特殊儿童创造良好的社会环境，满足他们的基本需要，使其能够较好地融入社会生活，从事相关的工作，以此提高他们的生活满意度。

3. 特殊儿童的转衔服务

特殊儿童生涯发展是一个具有连贯性的进程，但是同时由于障碍程度演变、年龄阶段发展、教育机构和生活场域设置体系，儿童从一个阶段到另外一个阶段、从一个机构到另外一个机构、从一个场所到另外一个场所的学习、工作和生活必然存在不同程度的脱节。为了解决这一问题，特殊儿童的转衔服务（transition service）就是非常重要的支持内容。个别化转衔服务计划（ITSP）也与个别化家庭服务计划（IFSP）和个别化教育计划（IEP）一并称为特殊儿童教育和服务的基本依据和重要保障。

（1）转衔阶段

第一，3岁转衔服务，主要聚焦从家庭到幼儿园（早期教育机构或康复机构）的转衔服务。它一般持续六个月（从2岁半到3岁），不仅仅是学习和发展方面的服务，还包括支持性服务。服务对象不仅局限在孩子，也包括家庭和家长。转衔服务提供者（如美国加州）：服务协调人、学区、家庭资源中心、早期服务提供者。第二，14岁（义务教育行将结束），转衔服务成为正式服务内容。第三，16岁（义务后教育），转衔服务开始强调转向成人生活所必需的职业和独立生活技能，并使之成为恰当教育目标之一。在美国，如果当事人没有毕业，公共教育服务可以持续到22岁，这一时间非常适合审视包括就业第一政策实现、为整合而选择、竞争性就业和中学后教育在内的信息，这些信息可以增强个体由学校转向工作，达成转衔结果的能力实现；公共教育服务是这一年龄群体首要服务资源；IEP团队将会帮助年轻人决定在离开公共教育系统前哪些技能仍然需要。第四，18岁—22岁（高中以后大学教育或进入社会），向成人过渡。18岁意味着不同的责任和权利的承担，如公共权利、保健决定、选民登记、教育或职业决策、法律责任等。作为一个成人，个体要能够选择他或她就相关事务做出决策（除非有一个法庭做出判断这个人没有能力做这个事）。

（2）18岁之前的个体和家庭转衔清单

计划：与计划团队讨论转衔过程，设定决定时间；确保自己的IPP（Individual Program Plans）以成人生活的视角反映出来；审视发展性障碍咨询信息手册。

法律和财政：更新财政状况和家庭资产计划；建立个人银行账户；考虑（审视）能够获得的财政资源，包括公共福利；调查特殊需要信托。

责任与独立：发展社区安全和急救技能；发展获得家外经验的机会；通过当地公园和娱乐部门寻找可行特殊奥林匹克与融合项目。

教育：通过学校了解可行的教育和转衔项目；探索选择中学后项目，如合适的社区学院和四年制大学。

生活安排：调查得到许可的住房、支持性生活服务或独立生活服务；寻找政府补贴廉租房（Section 8 of the Housing Act of 1937, 42 U. S. C. 1437），如果有兴趣租赁，可将自己的名字添加到等待名单之中。

工作与意愿（volunteering）：研究意愿和社区服务活动；在18岁以前获得就业可能；探索青年就业机会；浏览从区域中心获得的关于就业第一政策的信息手册；了解成人日间和职业服务。

交通：评估社区移动技能，开发交通选择计划，包括公共交通和旅行训练。

（3）18岁以后的转衔清单

计划：确保自己为人本计划和讨论而设的支持协作圈子；体验成人日间和职业服务方案；使支持转衔的成人目标和服务具体化；关注参加机会与过渡市场（Opportunity or Transition Fairs, Open Houses）。

法律和财政：为未来关注建立长期计划；发展或审查资产计划；与就业计划一道申请补助保险收入，如果有必要，决定保险补助的代表性收款人；申请地方医疗福利；考虑健康保健相关政府项目；18岁时，当决策权利转移到个体身上时，通过签署和授权相关文件承担责任。

责任与独立：生成健康记录笔记本；持续了解如何保证社区安全；探索社会和娱乐性社区机会；通过办理身份证、驾照等申请ID卡。

教育：把握职业经验机会和IEP中功能性生活技能结果的机会；决定中学毕业证或结业证书哪一个是目标。

生活安排：完成居家生活计划，寻找被许可的居住设施或在自己拥有的设施中生活，支持性生活服务（Supported Living Service, SLS）和独立生活服务（Independent Living Service, ILS）可以提供相应支持；如果计划独立生活，跟踪相关福利政策。

工作与意愿（volunteering）：探索支持性就业机会；根据自己兴趣和才能寻找工作；了解小微企业和各种贷款政策。

交通：完成交通计划。